U0742764

剑鱼 ———— 著

中国纺织出版社有限公司

## 内 容 提 要

数独是一种非常有趣的逻辑推理游戏，只需要运用1–9九个数字，设置不同的填数规则，数独就能变幻出无穷无尽、不同难度的填数游戏。作者首先介绍了数独的规则和基本技巧，然后结合不同类型的数独盘面讲解数独技巧的具体运用。标准数独是所有变形数独的基础，只有把标准数独准确快速地解开，再掌握变形数独的规则，才能灵活地应对变形数独，因此作者最后以标准数独为主，变形数独为辅，设计了600道难度适合中小学生刷题以提高速度的题目，同时本书还提供了标准答案。

**图书在版编目（CIP）数据**

解数独：挑战脑力的600个逻辑游戏 / 剑鱼著. --
北京：中国纺织出版社有限公司，2022.1
ISBN 978-7-5180-9012-9

Ⅰ. ①解… Ⅱ. ①剑… Ⅲ. ①智力游戏 Ⅳ.
①G898.2

中国版本图书馆CIP数据核字（2021）第208319号

---

责任编辑：郝珊珊　　责任校对：高　涵　　责任印制：储志伟

---

中国纺织出版社有限公司出版发行
地址：北京市朝阳区百子湾东里A407号楼　邮政编码：100124
销售电话：010—67004422　传真：010—87155801
http://www.c-textilep.com
中国纺织出版社天猫旗舰店
官方微博 http://weibo.com/2119887771
天津千鹤文化传播有限公司印刷　各地新华书店经销
2022年1月第1版第1次印刷
开本：880×1230　1/32　印张：6.5
字数：172千字　定价：52.80元

---

# 目录

第一章

# 数独入门

## 第一节　什么是数独

数独是一种有趣的逻辑推理游戏。它需要让玩家在空格内填入数字1到9，使每一行、每一列和每一个由粗线围起来的3×3的“九宫格”（以后简称为“宫”）内，填入的数字都必须包含数字1到9各一个；而且，数字是不重复的。也就是说，没有一样的数字会同时出现在同一行、列、宫内。以下就是一个题目（左图），和它的解（右图）。

|   |   |   |   |   |   |   |   |   |
|---|---|---|---|---|---|---|---|---|
|  |  | 6 | 2 |  | 7 | 3 |  |  |
|  | 7 |  |  | 6 |  |  | 1 |  |
| 4 |  |  |  |  |  |  |  | 5 |
| 5 |  |  |  |  |  |  |  | 2 |
| 1 |  |  |  |  |  |  |  | 9 |
|  | 2 |  |  |  |  |  | 8 |  |
|  |  | 3 |  |  |  | 7 |  |  |
|  |  |  | 4 |  | 6 |  |  |  |
|  |  |  |  | 5 |  |  |  |  |

|   |   |   |   |   |   |   |   |   |
|---|---|---|---|---|---|---|---|---|
| 8 | 5 | 6 | 2 | 1 | 7 | 3 | 9 | 4 |
| 3 | 7 | 9 | 5 | 6 | 4 | 2 | 1 | 8 |
| 4 | 1 | 2 | 9 | 8 | 3 | 6 | 7 | 5 |
| 5 | 9 | 8 | 6 | 7 | 1 | 4 | 3 | 2 |
| 1 | 3 | 7 | 8 | 4 | 2 | 5 | 6 | 9 |
| 6 | 2 | 4 | 3 | 9 | 5 | 1 | 8 | 7 |
| 9 | 4 | 3 | 1 | 2 | 8 | 7 | 5 | 6 |
| 7 | 8 | 5 | 4 | 3 | 6 | 9 | 2 | 1 |
| 2 | 6 | 1 | 7 | 5 | 9 | 8 | 4 | 3 |

我们要求，一个合格的题目只允许有一个解。如果一个题目包含两个甚至更多个答案，或者怎么填都有错，就可以说明题目是不合格的。

另外，有一些新手小伙伴可能会觉得这个题对角线上是有重复的数字出现的，其实在数独的基础规则里，它只要求了每一行、列、宫不含有重复的数字。所以对角线本身是不包含在数独规则里的；另外，规则也并未要求数字之和等于特定数值，所以不要认为数独是需要加减运算的。

我们也将这种基础规则的数独题，称为标准数独；当然了，与之对应的，还存在变型数独。变型数独指的是，除了标准数独规则以外，还含有额外数独规则的数独类型，或是将标准数独规则重新更改后产生的数独类型，例如下面这个题（左图），就是一个变型数独，它是变型数独里的一种，称为杀手数独。它的解如右下图。

| | | | | | | | | |
|---|---|---|---|---|---|---|---|---|
| 15 | 21 | | 10 | | 12 | | 28 | |
| | | | | 7 | | | | 10 |
| 14 | | 14 | | 10 | | 10 | | |
| | 11 | 6 | | 33 | | | | 16 |
| 10 | | | | | | 17 | 5 | |
| | 30 | 11 | 14 | | | | | 5 |
| | | | | | 3 | | 29 | |
| | 17 | | 5 | | 19 | | | |
| | | 9 | | 14 | | | | |

| | | | | | | | | |
|---|---|---|---|---|---|---|---|---|
| 3 | 2 | 4 | 1 | 9 | 5 | 7 | 8 | 6 |
| 1 | 6 | 7 | 8 | 4 | 3 | 9 | 5 | 2 |
| 9 | 5 | 8 | 6 | 2 | 7 | 4 | 1 | 3 |
| 5 | 7 | 3 | 2 | 8 | 1 | 6 | 4 | 9 |
| 8 | 4 | 1 | 9 | 3 | 6 | 5 | 2 | 7 |
| 2 | 9 | 6 | 5 | 7 | 4 | 8 | 3 | 1 |
| 7 | 8 | 5 | 3 | 6 | 2 | 1 | 9 | 4 |
| 6 | 3 | 9 | 4 | 1 | 8 | 2 | 7 | 5 |
| 4 | 1 | 2 | 7 | 5 | 9 | 3 | 6 | 8 |

杀手数独的规则是，在满足标准数独规则的前提下，盘面内具有众多的虚线框，每一个虚线框上也都标注有数值。在每一个虚线框内，填入的数字都不能有相同的数字，并且它们的和就等于这个

虚线框左上角的那个数值。例如第1排第1格、第2排第1、2格和第3排第2格，这四格的填数互不相同，而且它们的和就等于15。可以从答案之中看出，3+1+6+5，确实等于15。

## 第二节 数独的坐标

当然了，为了简化我们的叙述，就产生了约定俗成的东西——坐标描述。我们使用坐标的描述，就可以精准地定位到每一个单元格。

我们将每一行用字母A到I表示出来，A表示第1排、B表示第2排、C表示第3排……直到字母I表示第9排（最后一排）；而我们用数字1到9表示列，数字1就表示第1列、2表示第2列、3表示第3列，依此类推。

这样我们就可以使用字母加数字的方式描述每一个单元格的位置，比如上一页杀手数独里，虚线框为15的四格分别为A1、B1、B2和C2。

另外，B1和B2可以简写为B12，将重复出现了的字母B省略一个，然后直接拼接在一起即可。当然了，BD12就表示B1、B2、D1和D2。你可以将其看成是先将B1和B2拼接为B12，D1和D2拼接为D12，然后再将B12和D12里相同的部分“12”省略一个，然后B和D拼接在一起：BD12。

我们知道了这一点后，叙述一些内容就很轻松了。

# 第三节　基本解题技巧

当然了，不靠一些数独技巧也是无法完成题目的，所以这里简单介绍一些数独技巧，帮助你完成后面的一些题目。

## 排除

### 宫排除

|  |  | 5 |  |  | 9 |  | 6 |  |
|---|---|---|---|---|---|---|---|---|
|  |  |  | 5 | 8 | 3 |  |  |  |
|  |  | 2 |  |  | 6 | 1 |  | 3 |
|  | 4 |  |  | 3 |  |  | 2 |  |
| 3 |  |  |  |  |  |  |  | 4 |
|  | 2 |  |  | 6 |  |  | 8 |  |
| 7 |  | 9 |  |  |  | 6 |  |  |
|  |  |  | 6 | 7 | 8 |  |  |  |
|  | 6 |  | 1 |  |  | 4 |  |  |

如图所示，我们可以观察到，数字6在第2个宫内，填数的位置只有唯一一处。根据数独规则，“每一行、每一列、每一个宫内的填数必须是数字1到9，没有重复的数字出现”。所以我们可以观察到，A4和A5两处明显是不可以填入6的，否则A行内就会出现两个

6，违背数独规则；同理，C4和C5也是一样。

因此，根据这样的要求，我们发现，第2个宫内，可以填入6的位置只有C6，所以C6一定填入6。

因为这个技巧对于宫内进行排除，所以称为宫排除法。

在观察宫排除时，我们只需要忽略其他的数字，然后逐个从数字1到数字9进行观察即可。对于初学者而言，建议按从数字1到数字9的顺序（或是从数字9到数字1）挨个查找宫排除。

行 / 列排除法

除了宫排除外，还有对行和列作排除的技巧。

| 8 |  |  | 9 |  | 7 |  |  | 3 |
|---|---|---|---|---|---|---|---|---|
|  | 7 |  | 8 |  | 5 | 9 |  | 1 |
| 4 | 9 | 2 |  |  |  | 5 | 7 | 8 |
| 1 | 3 | 6 | 2 |  |  | 7 | 9 | 4 |
| 9 | 2 | 7 | 4 |  |  | 3 | 8 | 5 |
| 5 | 4 | 8 | 3 | 7 | 9 | 6 | 1 | 2 |
| 2 |  | 4 |  | 9 |  | 1 |  | 7 |
|  |  |  | 7 |  | 4 |  |  | 9 |
| 7 |  | 9 | 1 |  | 2 |  |  | 6 |

如图所示，我们发现第4列，填入4的位置只有E4一处，而C4和G4都不能填入4，否则对应行上会有两处4，产生重复。

当然，也存在行排除技巧。不过这里不给予示例，请自行观察和寻找。

## 区块

行列排除不好观察，所以我们可能会采用一种名为区块的技巧来代替一部分行/列排除。区块同排除一样，分宫区块和行/列区块。

宫区块

| | | | | | | | | |
|---|---|---|---|---|---|---|---|---|
| 3 | 2 | 8 | | 1 | | 5 | | 7 |
| | 1 | | | | 7 | 8 | 2 | 3 |
| 5 | | 7 | 3 | 2 | 8 | | | 1 |
| 4 | | 1 | 2 | 7 | 9 | 3 | 8 | |
| 7 | 8 | | | | 3 | 2 | 1 | 9 |
| 9 | 3 | 2 | 8 | | 1 | 6 | 7 | 4 |
| 8 | | 3 | 7 | | 2 | 1 | | 6 |
| 1 | 7 | | | 8 | | | 3 | 2 |
| 2 | | 4 | 1 | 3 | | 7 | | 8 |

如图所示，观察第4个宫，我们发现4只能填入到D1或D2。虽然具体我们确定不下来，但我们可以确定的是，D1和D2内有一个单元格一定是填4的。而恰好，它们又处于同一行，所以D行内其余位置都不能填入4。

于是我们观察第6个宫（或观察第9列），我们发现4只能填入F9。所以F9应填4。

这样的宫排除比较起行/列排除来说，要轻松一些。我们称，类似于“D1和D2内一定有一格填4”这样的结构为区块。因为结构是从宫内推导得到的，所以称为宫区块。

### 行 / 列区块

有宫区块，就一定存在行/列区块。

|  | 1 |  |  | 8 | 6 | 5 |  |  |
|---|---|---|---|---|---|---|---|---|
|  | 8 | 3 | 2 | 4 |  | 1 |  |  |
|  | 6 | 9 |  | 1 |  | 4 | 8 |  |
| 6 |  |  | 5 |  | 3 |  | 1 | 8 |
| 8 | 3 |  | 1 | 6 | 4 | 9 | 5 |  |
| 1 |  | 5 |  |  | 8 | 6 |  |  |
|  |  | 6 | 8 | 3 | 1 | 2 | 7 |  |
|  |  | 8 | 6 |  | 2 | 3 |  | 1 |
| 3 | 2 | 1 | 4 |  |  | 8 |  |  |

如图所示，观察E行，我们发现，E行能够填入数字9的位置，只有E7和E9。而我们发现，它们又刚好处于同一个宫，所以第6个宫内的其余位置都不可以填入数字9。

于是观察第7列，由于9不能填入D7，所以数字9只能填入E7了。

这个技巧称为行区块。因为区块产生于行内。不过，这样的结构是比较难观察到。所以，我们还有比它规模更大一些的区块，它们的视角会更轻松一些。

级联区块

| | | | | | | | | |
|---|---|---|---|---|---|---|---|---|
| 5 | 3 | 1 | | 5 | | 6 | | 2 |
| 4 | | | | 3 | | | 5 | |
| | 8 | | 7 | | 1 | 4 | 9 | 3 |
| 3 | 2 | 8 | | 7 | | 9 | 4 | 1 |
| 6 | 4 | 7 | | 1 | | 2 | 3 | 5 |
| 1 | 9 | 5 | | | | 7 | 8 | 6 |
| | 5 | 4 | | | 7 | | | |
| | | | | 8 | | | | 4 |
| 8 | | 3 | | | | 5 | 2 | |

如图所示，我们可以观察到，第1列和第5列，填入5的位置恰好只有A1、A5、C1和C5（AC15）四格。

这两个区块，能够表示AC1内只有一格是5；AC5内也是一样。那么，我们可以清楚地了解到，这样两个区块恰好可以构成一个长方形的形状，所以5的填数位置是错开的。也就是说，如果A1是5的话，那么右边的区块内，只能是C5是5；换过来，C1是5的话，右边的区块内A5是5。

不论如何，A行和C行内，这四格之中必有填入5的位置，所以A行和C行之中，其余位置都不可能是5，否则必然会有数字5重复的情况发生。所以，A8自然就不能是5了。

于是，我们发现，第8列内，填入5的位置只能是B8。所以B8是5。

这种区块有一点点难受的地方在于结构可能是产生于行列的。不过，这样的结构往往都有与之互补的区块，比如下面这样：

| | | | | | | | | |
|---|---|---|---|---|---|---|---|---|
| | 3 | 1 | | | | 6 | | 2 |
| 4 | | | | 3 | | | 5 | |
| | 8 | | 7 | | 1 | 4 | 9 | 3 |
| 3 | 2 | 8 | 5 | 7 | | 9 | 4 | 1 |
| 6 | 4 | 7 | | 1 | | 2 | 3 | 5 |
| 1 | 9 | 5 | | | | 7 | 8 | 6 |
| | 5 | 4 | | | 7 | | | |
| | | | 5 | 8 | | | | 4 |
| 8 | | 3 | | | | 5 | 2 | |

它和前面一题是一样的，不过换了个角度。观察第5、8两个宫，可以发现5的填数位置形成了区块，位于D4、D6、H4和H6（DH46）四格。

所以根据B行的排除法，可以发现5的填数位置只有一处。

不过，你可以看到，这样的区块其实只需要一个行/列区块就可以搞定，这样组合起来看，只是为了观察的方便。

## 唯一余数

唯一余数是另一种得到数字的技巧。

| 2 | 6 | 9 | 8 | 3 |  | 5 |  | 1 |
|---|---|---|---|---|---|---|---|---|
| 8 | 5 | 3 | 2 |  |  |  | 6 |  |
| 4 | 7 | 1 | 5 | 9 | 6 | 3 | 8 | 2 |
| 5 | 4 | 6 | 3 |  | 2 |  |  |  |
| 3 |  | 2 | 9 | 6 |  |  | 5 |  |
| 9 |  | 7 |  |  | 5 | 2 | 3 | 6 |
| 7 | 9 | 8 |  | 5 | 3 |  | 2 | 4 |
| 6 | 2 | 5 |  |  | 9 | 8 |  | 3 |
| 1 | 3 | 4 |  | 2 | 8 |  | 9 | 5 |

如图所示，当排除法不好用的时候，我们可以尝试观察唯一余数。

我们发现，G9单元格只可能填入4。原因在于，G9所在的行、列、宫内，恰好存在1、2、3、5、6、7、8、9，就只有数字4没有出现。

如果填入这些数，显然会重复。所以只能让G9填入4。

这个技巧称为唯一余数，简称唯余。

## 割补法

割补法，是借助于另外一种变型数独“锯齿数独”（接下来会介绍到）而产生的数独观察技巧。所有这样的技巧都能被改写为区块技巧或接下来要介绍的“数组”技巧的观察，不过由于割补法的存在，这样的区块就会较为容易地被观察出来。

| 1 | 3 | 2 |  |  | 5 |  | 9 | 7 |
|---|---|---|---|---|---|---|---|---|
|  | 9 |  | 7 | 2 |  | 3 |  |  |
| 8 | 6 | 7 |  | 3 |  |  |  |  |
|  | 2 |  | 8 | 7 | 3 |  | 5 |  |
|  | 1 |  | 9 |  |  |  | 3 |  |
|  | 4 |  | 5 | 1 | 2 | 9 |  |  |
|  | 7 |  | 3 | 5 |  |  | 2 | 9 |
|  | 8 |  | 2 | 4 | 7 |  | 6 |  |
| 2 | 5 |  | 1 |  |  |  |  | 3 |

如图所示，观察第4个宫和D行，因为这两个区域内，都必须有1到9各一次，而它们还具有D1、D2和D3三格是“共用”部分。所以，我们可以知道一点，D4、D5、D6、D7、D8和D9（D456789）这六格和E1、E2、E3、F1、F2和F3（EF123）这六格的填数必然是一样的。

可以观察到，D456789中已经填了四个数，EF123中也已经填了两个数，它们恰好都不重复，也恰好是六个数。那么我们可以直接知道，D456789和EF123内一定都是数字1、3、4、5、7、8。

随即观察第7列，数字9的填数位置只有F7可填。E7不能填9的原因是，在第5个宫内，9形成区块，E4、E5和E6之中有一格是9，所以E行内不能再填9。

## 数对

### 隐性数对

| 1 |  |  | 2 | 3 |  | 7 | 5 | 8 |
|---|---|---|---|---|---|---|---|---|
| 38 |  | 5 |  | 7 |  |  |  |  |
| 7 |  |  |  | 8 | 5 | 3 |  |  |
|  | 1 | 2 |  |  |  | 8 | 7 |  |
| 5 |  |  |  | 2 |  |  |  | 1 |
|  | 9 | 3 |  |  |  |  |  |  |
|  |  | 8 | 4 | 9 | 2 |  |  | 7 |
| 9 |  |  |  | 1 |  | 2 | 8 |  |
| 2 |  | 1 |  | 6 | 8 |  |  | 4 |

如图所示，我们可以直接观察到，数字3和数字8在第1个宫的填数情况都只有同样的两格：B12。因为我们可以直接找到旁边的一簇3和8的提示数的排除，发现这一点。

因为3和8这两个数字都恰好只能填入到B12两格之中，所以这两格一定是3和8，别无其他。

于是，观察第1列，数字9的填数位置就只剩下H1。所以H1是9。

这个技巧称为隐性数对，因为数对的存在是“隐性”的，它需要提示数作出排除后才能发现，它是隐藏在盘面之中的。而这里的3和8，我们可以说，它们是一个数对。

## 显性数对

有隐性数对，就有显性数对。

| | | | | | | | | |
|---|---|---|---|---|---|---|---|---|
| 1 | | 4 | | | | | 5 | 2 |
| | 5 | | | | | 4 | 3 | |
| 7 | 9 | 3 | 4 | 5 | 2 | | | 68 |
| | | 7 | 2 | 6 | 1 | 5 | 9 | |
| | | | 5 | 8 | 9 | | | |
| 9 | | 5 | 7 | 4 | 3 | | 2 | 68 |
| 5 | 7 | 9 | 6 | 2 | 8 | 3 | 4 | 1 |
| 4 | 2 | 8 | | | 5 | 6 | 7 | |
| | | | 9 | 7 | 4 | 2 | 8 | 5 |

如图所示，观察第9列，发现C9只可能填入数字6或8；而恰好，同样位于第9列的F9，也只可能填入6或8。所以，CF9这两格的填数只能是“此6彼8”或“此8彼6”的状态。但是不论是哪种情况，因为6和8被确定下来在CF9两格，所以第9列其余位置肯定都不会是6和8了。不然的话，一定会有一个数和这两格的填数有重复。

随即观察第9个宫。发现根据如此得到的结论后，数字6只能填入到H7，所以H7一定填6。

这个技巧称为显性数对，因为数对是直接裸露存在的，通过类似唯一余数的数数方式，就可以直接看到它们。

说来简单，但使用起来可没有那么简单。所以以后还需要多加练习，巩固这些数独技巧。这些技巧也就是数独里最为基础的技巧，不论是标准还是变型数独题，这些技巧都能使用。

## 数组

当然了，有没有办法将数对进行推广呢？当然是有的，数对大致指的是“一个区域下，只有两格填入两种不同数字”的情况，那么将其推广，就只需要修改里面的“两”字：

一个区域下，只有$n$格填入$n$种不同数字的情况。这种说法我们称为数组（或链数），其中$n$为2的时候叫作数对（或二数组、二链数）；$n$为3的时候，叫三数组（或三链数）；$n$为4的时候叫四数组（或四链数）。

这就是数组的基本描述。不过这种东西在一定程度上是比较难观察到，并且难理解，所以本书不着重讲解这一点。你只需要了解即可[1]，以便后续提到类似的情况时，可以马上运用它。这里给出一个示例帮助你理解数组。

---

[1] 如果需要了解关于数组的知识点和逻辑的话，可以参考如下链接：https://www.bilibili.com/read/cv6916808以及https://www.bilibili.com/read/cv6943007

### 隐性三数组

| 5 |  |  | 6 | 2 | 9 |  | 8 | 4 |
|---|---|---|---|---|---|---|---|---|
| 2 |  | 4 | 7 | 8 | 1 | 5 | 6 |  |
|  | 8 |  | 3 | 4 | 5 |  | 2 |  |
| 7 | 4 |  |  | 9 | 3 |  | 5 | 6 |
| × | × | 28 | 248 | × | × | 24 | × | 3 |
| 3 |  |  |  |  |  |  | 9 | 8 |
| 1 | 7 | 5 | 9 | 6 | 4 | 8 | 3 | 2 |
| 4 | 2 | 9 | 5 | 3 | 8 | 6 |  |  |
| 8 |  |  | 1 | 7 | 2 | 9 | 4 | 5 |

如图所示，可以观察E行，发现2、4、8的填数位置只可能在E347三个单元格。很显然，数字2、4、8只可能填入到这三格的话，那这三格就一定是2、4、8，别无其他。

再次观察E行，发现数字3的填数位置只剩下E9。所以E9一定是3。

### 显性三数组

| 4 |  | 2 |  |  | 3 | 1 |  | 7 |
|---|---|---|---|---|---|---|---|---|
| 3 |  |  |  | 1 | 7 |  |  | 2 |
| 1 | 7 | 5 | 2 | 4 |  |  | 3 |  |
| 8 | 3 | 4 | 6 |  |  | 2 | 7 | 1 |
| 7 | 2 | 9 | 1 | 8 | 4 | 3 | 6 | 5 |
| 6 | 5 | 1 | 3 | 7 | 2 |  | 4 |  |
| 2 |  | 7 | 489 | 3 | 89 | 5 | 1 | 6 |
| 5 |  | 3 | 489 | 2 |  | 7 |  |  |
| 9 |  |  | 7 | × |  |  | 2 | 3 |

如图所示，观察第8个宫，发现G46和H4三个单元格内，只有4、8、9这三个数字可以填入。试想一下，这样三个单元格同一个宫，并且只有三个不同的数字可以填入进三个单元格内，那么不管怎么换着填数，这三格都只可能是4、8、9。

因为这样三格只能是4、8、9[1]，所以这一个宫内的其余位置都不能是4、8、9，否则就必然会和这三格内的填数产生重复。

此时观察第5列，发现数字4只有C5唯一一处可以填入。所以，C5一定是4。

## 总结

标准数独的基础技巧就已经全部介绍完毕了。下面我们来做一个总结，教大家如何观察这些技巧。

排除法，需要你用观察“消消乐”的方式来观察它。在玩消消乐的时候，我们是针对同一种颜色的物件来着重观察的；而排除则是观察同一种数字。排除法仅会涉及同一种数字，所以在观察之

[1] 如果多一个单元格可以且只能填4、8、9的话，就有四格只能填4、8、9，假如选定了三格填入4、8、9，最后一格就无法填入任何数字，这样肯定是不行的；如果只有两格只能填入4、8、9的话，就会有其中一个数找不到位置可以填入，这样也不行。所以就必须要三个单元格恰好只能填入三个不同的数字。

中，先看填入的一些数字是否有基础的排除结果，注重观察数字的分布状况，进而得到一些结论；这个时候可以配合一些宫区块来观察。

唯一余数法，这种技巧较为难观察到，由于它的逻辑和排除基本上可以说是“完全相反”的，所以在观察它的时候，就需要切换角度，不能再使用消消乐的眼光来看它了。这个时候，先纵观整个盘面，有哪些种类的提示数，以便找到一格，比较容易得到唯一余数的结果；其次确定好一些“可能是唯一余数”的位置时，再通过快速的数数操作[1]，确定单元格内填入的数是否真的只有唯一的一种情况。

数对里，显性数对比隐性数对的观察要难一些，因为显性数对的思维方式和唯一余数类似；而隐性数对则和排除的思维类似。所以在观察的时候，我们尽量优先观察隐性数对，然后再观察显性数对以节省时间。在观察数对的时候，为了快速观察到，我们通常通过分解成两个区块的形式来观察：即先观察到一个$a$的区块，随后发现$b$的区块也在$a$区块所在两格，于是$a$和$b$就形成了隐性数对结构。当然，这种结构一般只产生于同宫又同一行/列的情况。较为

[1] 针对于数数操作，你可以登录这个网站努力练习：http://www.sudokufans.org.cn/finder.php。

复杂的结构，就需要使用行/列排除类似的逻辑来找了，不过，也是需要观察两种不同的数字的。

那么，接下来就是5道例题啦，请先自行尝试解开，再看解析吧！

第二章

# 题目解析

# 题目1——标准数独

我们来看一则标准数独的例子。

|  |  |  |  | 7 |  | 4 | 3 |  |
|---|---|---|---|---|---|---|---|---|
|  | 2 | 6 |  |  | 4 | 7 |  |  |
|  |  |  | 8 | 6 |  |  |  |  |
|  | 8 |  |  |  |  | 3 | 9 |  |
|  |  |  | 4 |  | 9 |  |  |  |
|  | 7 | 3 |  |  |  |  | 6 |  |
|  |  |  |  | 2 | 5 |  |  |  |
|  |  | 2 | 6 |  |  | 5 | 1 |  |
|  | 3 | 9 |  | 4 |  |  |  |  |

这一则标准数独比较难的是，它的第1、9列是空的。

首先，我们可以通过基础的排除，做到这里。

|  |  |  |  | 7 |  | 4 | 3 | 6 |
|---|---|---|---|---|---|---|---|---|
|  | 2 | 6 |  |  | 4 | 7 |  |  |
|  |  |  | 8 | 6 |  |  |  |  |
|  | 8 |  | 7 |  | 6 | 3 | 9 |  |
|  |  |  | 4 | 3 | 9 |  |  |  |
| 9 | 7 | 3 |  |  |  |  | 6 | 4 |
|  |  |  |  | 2 | 5 |  | 4 |  |
|  | 4 | 2 | 6 |  |  | 5 | 1 |  |
| 5 | 3 | 9 | 1 | 4 |  | 6 |  |  |

仔细观察第5个宫里可以填入2和8的位置。由于D2的8和G5的2的关系，D5肯定是不能填入2和8的，所以2和8只能在F456上，于是F456将同时产生2和8的区块结构。

|  |  |  |  |  |  |  |  |  |
|---|---|---|---|---|---|---|---|---|
|  |  |  |  | 7 |  | 4 | 3 | 6 |
|  | 2 | 6 |  |  | 4 | 7 |  |  |
|  |  |  | 8 | 6 |  |  |  |  |
|  | 8 |  | 7 | 1 | 6 | 3 | 9 |  |
|  |  |  | 4 | 3 | 9 |  |  |  |
| 9 | 7 | 3 |  |  |  | 1 | 6 | 4 |
|  |  |  |  | 2 | 5 |  | 4 |  |
|  | 4 | 2 | 6 |  |  | 5 | 1 |  |
| 5 | 3 | 9 | 1 | 4 |  | 6 |  |  |

于是我们照着这个结构可以往下继续，观察F7，我们可以找到唯一余数：F7=1，如右图。

接下来观察第1个宫，仔细一些就可以发现，4和7在第1个宫都只能放在C13上，所以C13此时构成了隐性数对结构。于是3就只能放在C6，所以C6=3，此题完结（如下图）。

|  |  |  |  |  |  |  |  |  |
|---|---|---|---|---|---|---|---|---|
| 8 | 9 | 5 | 2 | 7 | 1 | 4 | 3 | 6 |
| 3 | 2 | 6 | 9 | 5 | 4 | 7 | 8 | 1 |
| 4 | 1 | 7 | 8 | 6 | 3 | 2 | 5 | 9 |
| 2 | 8 | 4 | 7 | 1 | 6 | 3 | 9 | 5 |
| 6 | 5 | 1 | 4 | 3 | 9 | 8 | 7 | 2 |
| 9 | 7 | 3 | 5 | 8 | 2 | 1 | 6 | 4 |
| 1 | 6 | 8 | 3 | 2 | 5 | 9 | 4 | 7 |
| 7 | 4 | 2 | 6 | 9 | 8 | 5 | 1 | 3 |
| 5 | 3 | 9 | 1 | 4 | 7 | 6 | 2 | 8 |

# 题目2——对角线数独

规则：在满足标准数独规则的前提下，同在一条对角线上的9个单元格，它们的填数也必须是1到9，各自出现一次，不得有重复的数字。

下图是一个例题。

| 9 | 6 | 8 |  |  |  |  |  |  |
|---|---|---|---|---|---|---|---|---|
|  |  | 4 |  |  |  |  |  |  |
|  | 3 |  | 9 | 8 | 4 |  |  |  |
| 8 |  |  | 2 |  | 1 |  |  |  |
| 1 | 2 | 3 | 4 | 5 | 6 | 7 | 8 | 9 |
|  |  |  |  |  | 8 |  |  | 1 |
|  |  |  | 8 | 1 | 3 |  | 5 | 2 |
|  |  |  |  |  |  |  |  | 7 |
|  |  |  |  |  |  | 8 | 9 | 3 |

在一系列的宫排除操作后，可以观察到对角线区块，如下图。

| 9 | 6 | 8 |  |  |  |  |  | 4 |
|---|---|---|---|---|---|---|---|---|
|  |  | 4 |  |  |  | 9 |  | 8 |
|  | 3 |  | 9 | 8 | 4 |  |  |  |
| 8 |  |  | 2 |  | 1 |  |  |  |
| 1 | 2 | 3 | 4 | 5 | 6 | 7 | 8 | 9 |
|  |  |  |  |  | 8 |  |  | 1 |
|  |  | 9 | 8 | 1 | 3 | × | 5 | 2 |
| 3 | 8 |  |  |  | 9 | 1 | × | 7 |
|  |  |  |  |  |  | 8 | 9 | 3 |

第1个宫内，可以填入1的位置仅剩B2和C3两处。而它们恰好同在一条对角线上，所以该条对角线上的1一定在B2和C3的其中一格里，于是，该对角线其余位置都不允许再填入1了。

接着观察第9个宫，发现1的位置就可以确定了：最终可以得到，H7=1。

接着，可以使用区块和唯一余数的复合技巧。

首先，I1只有唯一的填数可能：I1=6。原因在于，数字1、3、4、5、8、9显然是不能填入I1的，否则都会和I1所在的行、列、宫中另一处的1、3、4、5、8、9其一重复。举个例子，例如，I1=1，则第1列就有两个1了，和数独规则矛盾。

其次，2和7也不行。这是比较难观察到的地方：观察第1个宫，发现2的填数位置仅剩下BC1两处。但是它们恰好同列。于是我们就可以知道，第1列填2的位置一定只能是B1或C1。所以，第1列就不能再填入数字2。这也就表明了，I1不能是2。

同样地，我们可以类比刚才的逻辑，发现第8个宫内，7的位置一样形成了这样的结构：7的位置只能是第8个宫的I456三格其一。而它们恰好同行，所以第9行的其余位置不能是7，自然I1就不能是7了。

最后，I1不能是1、3、4、5、8、9，也不能是2、7，就只能是6了，所以I1=6。于是题目就解开了（如下图）。

| 9 | 6 | 8 | 3 | 7 | 2 | 5 | 1 | 4 |
|---|---|---|---|---|---|---|---|---|
| 2 | 7 | 4 | 1 | 6 | 5 | 9 | 3 | 8 |
| 5 | 3 | 1 | 9 | 8 | 4 | 2 | 7 | 6 |
| 8 | 9 | 7 | 2 | 3 | 1 | 4 | 6 | 5 |
| 1 | 2 | 3 | 4 | 5 | 6 | 7 | 8 | 9 |
| 4 | 5 | 6 | 7 | 9 | 8 | 3 | 2 | 1 |
| 7 | 4 | 9 | 8 | 1 | 3 | 6 | 5 | 2 |
| 3 | 8 | 5 | 6 | 2 | 9 | 1 | 4 | 7 |
| 6 | 1 | 2 | 5 | 4 | 7 | 8 | 9 | 3 |

# 题目3——锯齿数独

规则：在每一个空格内填入数字1到9，使得同一行/列内没有一样的数字，即1到9各自出现一次；并且，每一个由粗线围住的区域内，数字一样不得有重复。

|   |   |   | 4 |   | 7 |   |   |   |
|---|---|---|---|---|---|---|---|---|
|   |   | 5 |   |   |   | 3 |   |   |
|   | 3 |   |   | 4 |   |   | 6 |   |
| 3 |   |   |   | 8 |   |   |   | 1 |
|   |   | 9 | 8 |   | 4 | 1 |   |   |
| 8 |   |   |   | 2 |   |   |   | 9 |
|   | 5 |   |   | 6 |   |   | 1 |   |
|   |   | 3 |   |   |   | 5 |   |   |
|   |   |   | 1 |   | 6 |   |   |   |

如图所示，这是一个锯齿数独。我们要记得，锯齿数独大多都没有和标准数独一样的宫，所以排除法用起来会很困难。

观察第6列，我们可以发现，1的填数位置只剩下C6。由于B6和E7（数字1）同在一个锯齿宫里，所以B6是不能为1的；另外FGH6也都不能是1，它们和I4是同宫的。

| | | | | | | | | |
|---|---|---|---|---|---|---|---|---|
| | | | 4 | | 7 | | | |
| | | 5 | | | | 3 | | |
| | 3 | | | 4 | 1 | | 6 | |
| 3 | | | | 8 | | | | 1 |
| | | 9 | 8 | | 4 | 1 | | |
| 8 | | | | 2 | | | | 9 |
| | 5 | | | 6 | | | 1 | |
| | | 3 | | | | 5 | | |
| | | | 1 | | 6 | | | |

接着观察上图涂色的锯齿宫。数字3只有A5可以填入，因为其余位置都会受到外部提示数3的影响。比如A3，第3列含有3的提示数；而B45、C4和D4也都分别受到第2、3、4行提示数3的影响，所以A5=3。

| | | | | | | | | |
|---|---|---|---|---|---|---|---|---|
| | | 6 | 4 | 3 | 7 | | | |
| 6 | | 5 | | 1 | | 3 | | |
| | 3 | | | 4 | 1 | | 6 | |
| 3 | 6 | | | 8 | | | | 1 |
| | | 9 | 8 | | 4 | 1 | 3 | 6 |
| 8 | | 1 | | 2 | | 6 | | 9 |
| | 5 | | | 6 | | | 1 | |
| | | 3 | 6 | | | 5 | | |
| | | | 1 | | 6 | | | 3 |

| | | | | | | | | |
|---|---|---|---|---|---|---|---|---|
| | | 6 | 4 | 3 | 7 | | | |
| 6 | | 5 | | 1 | | 3 | | |
| | 3 | | | 4 | 1 | | 6 | |
| 3 | 6 | | | 8 | | | | 1 |
| | | 9 | 8 | | 4 | 1 | 3 | 6 |
| 8 | | 1 | | 2 | | 6 | | 9 |
| | 5 | | | 6 | | | 1 | |
| | | 3 | 6 | | | 5 | | |
| | | | 1 | | 6 | | | 3 |

下面是一个比较复杂的割补法技巧。可以观察左上侧图的第4列，我们可以看到的是第4列还没有填数，且不在上方涂色锯齿宫

（A3所在锯齿宫）的空格只剩下两处，即FG4。FGHI4的填数一定和锯齿宫里A3、A5、A6和B5的数字是一样的。而HI4是6和1，所以FG4只能是3和7，如右上图。

既然3和7确定了，那么处于盘面正中间的锯齿宫里，9只能放在D6，所以D6=9。这也是这个题目里最难的一个步骤。

答案如下：

| | | | | | | | | |
|---|---|---|---|---|---|---|---|---|
| 2 | 1 | 6 | 4 | 3 | 7 | 8 | 9 | 5 |
| 6 | 4 | 5 | 9 | 1 | 2 | 3 | 8 | 7 |
| 9 | 3 | 8 | 5 | 4 | 1 | 7 | 6 | 2 |
| 3 | 6 | 7 | 2 | 8 | 9 | 4 | 5 | 1 |
| 7 | 2 | 9 | 8 | 5 | 4 | 1 | 3 | 6 |
| 8 | 7 | 1 | 3 | 2 | 5 | 6 | 4 | 9 |
| 4 | 5 | 2 | 7 | 6 | 3 | 9 | 1 | 8 |
| 1 | 9 | 3 | 6 | 7 | 8 | 5 | 2 | 4 |
| 5 | 8 | 4 | 1 | 9 | 6 | 2 | 7 | 3 |

# 题目4——连续数独

规则：在满足标准数独规则的前提下，如果相邻两格的填数是连续的，则在两个单元格之间会有黑色粗线条（称为“挡板”）标注以提示。本题之中，所有具有连续填数情况的地方都标注了挡板。

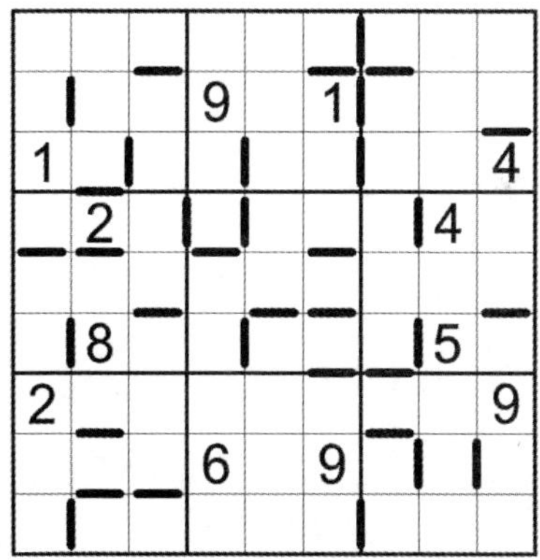

连续数独也是一个比较常见的题目类型，我们来看看这个例子怎么完成。

连续数独一般会观察挡板旁边是1或9的情况，因为这样的填数一定是唯一确定的。可以发现，D2是2，而C2、D2之间有挡板，所以C2只能是1或3。而显然，C2不能是1，因为C1是1，所以C2只能填入3；而根据这样的关系，我们立马可以得到E2=1。而A6=2，

A7=1，B7=2，C3=2，D7=3，F7=6，这些比较简单的结论我们马上都可以得到（如下图）。

| | | | | | 2 | 1 | | |
|---|---|---|---|---|---|---|---|---|
| | | | 9 | | 1 | 2 | | |
| 1 | 3 | 2 | | | | | | 4 |
| | 2 | | | | | 3 | 4 | |
| | 1 | | | | | | | |
| | 8 | | | | | 6 | 5 | |
| 2 | | | | | | | | 9 |
| | | | 6 | | 9 | | | |
| | | | | | | | | |

下面思考G7的填数。由于F7的填数是6，这使得G7要么是7，要么是5。如果G7是7的话，那么H7肯定就只能是8了，但这样会造成H6=9，H7=8，是一组连续的数字，但它们之间并没有挡板的标记，这违背了全标的连续数独规则，所以G7只能是5。所以，这条连续序列（G7、H7、H8、H9）就只能是5、4、3、2（如下图）。

| | | | | | 2 | 1 | | |
|---|---|---|---|---|---|---|---|---|
| | | | 9 | | 1 | 2 | | |
| 1 | 3 | 2 | | | | | | 4 |
| | 2 | | | | | 3 | 4 | |
| | 1 | | | | | | 2 | |
| | 8 | | | | | 6 | 5 | |
| 2 | | | | | | 5 | | 9 |
| | | | 6 | | 9 | 4 | 3 | 2 |
| | | | | | | | | |

观察第7列，7的位置只能放在C7（如下图）。因为如果E7=7，会导致E7、F7是连续的数字，却没有挡板标记，违背连续数独的规则；而如果I7=7，则可以立马确定I6=8，但H6、I6会成为是一组连续数字，但它们之间没有挡板，所以也矛盾了。

|  |  |  |  |  | 2 | 1 |  |  |
|---|---|---|---|---|---|---|---|---|
|  |  |  | 9 |  | 1 | 2 |  |  |
| 1 | 3 | 2 |  |  |  | 7 |  | 4 |
|  | 2 |  |  |  |  | 3 | 4 |  |
|  | 1 |  |  |  |  |  | 2 |  |
|  | 8 |  |  |  |  | 6 | 5 |  |
| 2 |  |  |  |  |  | 5 |  | 9 |
|  |  |  | 6 |  | 9 | 4 | 3 | 2 |
|  |  |  |  |  |  |  |  |  |

然后观察第6个宫，发现1的位置只能放在D9。EF9是不能放入1的，否则EF9有1，那么另外一个单元格必须是2，但2已经放在了这一个宫的另外一处位置：E8上，这意味着出现矛盾。又由于第5行含有我们填入的数字1，所以1此时只能放在D9。

|  |  |  |  |  | 2 | 1 |  |  |
|---|---|---|---|---|---|---|---|---|
|  |  |  | 9 |  | 1 | 2 |  |  |
| 1 | 3 | 2 |  |  |  | 7 |  | 4 |
|  | 2 |  |  |  |  | 3 | 4 | 1 |
|  | 1 |  |  |  |  | 9 | 2 | 8 |
|  | 8 |  |  |  |  | 6 | 5 | 7 |
| 2 |  |  |  |  |  | 5 | 7 | 9 |
|  |  |  | 6 |  | 9 | 4 | 3 | 2 |
|  |  |  |  |  | 7 | 8 | 1 | 6 |

现在第6个宫只剩下7、8、9没有填入。显然，7此时只能放在F9里。这意味着另外一个

数字一定是和7连续的8，所以E7此时是9（见上图）。

我们再来看第3个宫。可以看到，由于9列只剩下3和5没有填入了，所以AB9一定是3和5，所以根据这个规则，ABC8只能是6、8、9。不过，由于C78之间没有挡板标记，意味着两个数字是不连续的，所以7旁边只能是9，故C8=9。

再观察第4个宫，由于F9是7，所以唯一能和F2连续的数字只有9，所以F1=9。此题完结（如下图）。

| 4 | 9 | 6 | 3 | 7 | 2 | 1 | 8 | 5 |
|---|---|---|---|---|---|---|---|---|
| 8 | 7 | 5 | 9 | 4 | 1 | 2 | 6 | 3 |
| 1 | 3 | 2 | 5 | 6 | 8 | 7 | 9 | 4 |
| 5 | 2 | 7 | 8 | 9 | 6 | 3 | 4 | 1 |
| 6 | 1 | 4 | 7 | 3 | 5 | 9 | 2 | 8 |
| 9 | 8 | 3 | 1 | 2 | 4 | 6 | 5 | 7 |
| 2 | 6 | 1 | 4 | 8 | 3 | 5 | 7 | 9 |
| 7 | 5 | 8 | 6 | 1 | 9 | 4 | 3 | 2 |
| 3 | 4 | 9 | 2 | 5 | 7 | 8 | 1 | 6 |

# 题目5——斜线数独

规则：在满足标准数独规则的前提下，在同一条斜线上的数字不得重复。

|  | 8 | 2 |  | 5 |  |  |  |  |
|---|---|---|---|---|---|---|---|---|
|  |  | 5 |  |  |  |  |  | 6 |
|  |  |  |  |  |  |  | 2 | 5 |
|  |  |  | 9 |  | 6 |  |  |  |
| 7 |  |  |  |  |  |  |  | 1 |
|  |  |  | 5 |  | 1 |  |  |  |
| 3 | 4 |  |  |  |  |  |  |  |
| 2 |  |  |  |  |  | 6 |  |  |
|  |  |  |  | 1 |  | 7 | 8 |  |

如图所示，斜线数独的规则一样基于标准数独。除此之外，每一条斜线上的数字都是不重复的；换句话说，没有一条斜线上含有相同的数字。

| | | | | | | | | |
|---|---|---|---|---|---|---|---|---|
| | 8 | 2 | | 5 | | | | |
| | | 5 | | | | | | 6 |
| | | | | | | | 2 | 5 |
| | | | 9 | | 6 | | | |
| 7 | | | | | | | | 1 |
| | | | 5 | | 1 | | | |
| 3 | 4 | | | | | | 1 | 9 |
| 2 | | | | | | 6 | | |
| | | | | 1 | | 7 | 8 | |

我们可以通过宫排除得到上图的结果。接下来仔细观察第6个宫，可以发现6只能放在E8上。F8为什么不可以填入6呢？因为在F8所在的斜线上，已经出现了数字6，这使得这条斜线上都不再能填入6了。

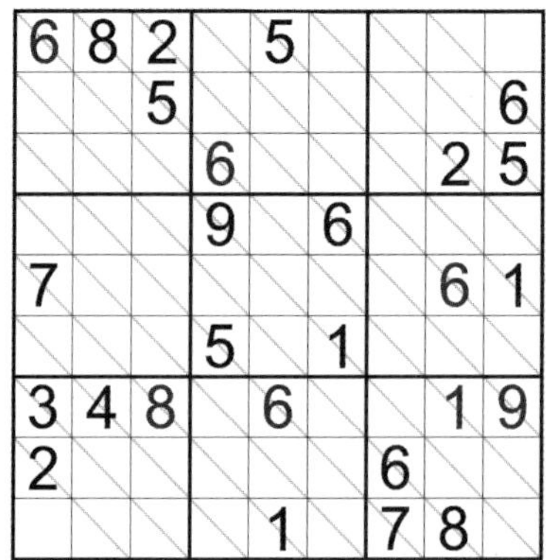

到上图这一步，我们接着观察一下5的填数位置。观察第8列，首先AB8是不可以放5的，接着是D8，可以看到，D8所在斜线上是

含有5的，所以D8不可以是5。而第6行有5，所以F8不能是5，因此5此时只能填入H8。

| | | | | | | | | |
|---|---|---|---|---|---|---|---|---|
| 6 | 8 | 2 | | 5 | | | | |
| | | 5 | | | 2 | | | 6 |
| | | | 6 | | | | 2 | 5 |
| | | | 9 | 2 | 6 | | | |
| 7 | 2 | | | | | | 6 | 1 |
| | | | 5 | | 1 | | | 2 |
| 3 | 4 | 8 | 7 | 6 | 5 | 2 | 1 | 9 |
| 2 | | | | | | 6 | 5 | |
| | | | 2 | 1 | | 7 | 8 | |

和刚才的逻辑类似，到上图这一步，我们着重观察第4个宫的5的填数位置。相信你已经有了思路，我们就不作出说明了。

| | | | | | | | | |
|---|---|---|---|---|---|---|---|---|
| 6 | 8 | 2 | | 5 | | | | |
| | | 5 | | | 2 | | | 6 |
| | | | 6 | | | | 2 | 5 |
| 5 | | | 9 | 2 | 6 | | | |
| 7 | 2 | | | | | 5 | 6 | 1 |
| 8 | 6 | | 5 | | 1 | | | 2 |
| 3 | 4 | 8 | 7 | 6 | 5 | 2 | 1 | 9 |
| 2 | | | | | | 6 | 5 | |
| 9 | 5 | 6 | 2 | 1 | | 7 | 8 | |

看上图，接下来我们进入这个题目最难的一步，也是不好观察的一步。

观察第5个宫，可以发现8只有唯一的一处填数：E5。E4不能填入8，因为I8和E4在同一条斜线上；而F6也不能填入8，因为它和A2在同一条斜线上。算上F1的8，所以8此时只能放在E5。

答案如下：

| | | | | | | | | |
|---|---|---|---|---|---|---|---|---|
| 6 | 8 | 2 | 1 | 5 | 9 | 3 | 4 | 7 |
| 4 | 7 | 5 | 8 | 3 | 2 | 1 | 9 | 6 |
| 1 | 9 | 3 | 6 | 4 | 7 | 8 | 2 | 5 |
| 5 | 3 | 1 | 9 | 2 | 6 | 4 | 7 | 8 |
| 7 | 2 | 9 | 3 | 8 | 4 | 5 | 6 | 1 |
| 8 | 6 | 4 | 5 | 7 | 1 | 9 | 3 | 2 |
| 3 | 4 | 8 | 7 | 6 | 5 | 2 | 1 | 9 |
| 2 | 1 | 7 | 4 | 9 | 8 | 6 | 5 | 3 |
| 9 | 5 | 6 | 2 | 1 | 3 | 7 | 8 | 4 |

第三章

# 专题精练

# 专题1　标准数独

A001

|  |  | 7 |  | 3 |  | 9 |  |  |
|---|---|---|---|---|---|---|---|---|
|  |  |  | 2 | 9 | 6 |  |  |  |
| 8 |  | 6 |  |  |  | 4 |  | 2 |
|  | 5 |  |  | 2 |  |  | 8 |  |
| 2 | 3 |  | 6 |  | 1 |  | 9 | 5 |
|  | 6 |  |  | 7 |  |  | 4 |  |
| 4 |  | 3 |  |  |  | 5 |  | 9 |
|  |  |  | 5 | 1 | 9 |  |  |  |
|  |  | 5 |  | 4 |  | 1 |  |  |

A002

|  | 4 |  | 8 | 6 |  |  | 7 |  |
|---|---|---|---|---|---|---|---|---|
| 2 |  |  |  |  |  | 8 |  | 3 |
|  |  |  | 9 | 1 |  |  | 4 |  |
| 7 |  | 3 |  |  | 5 |  |  |  |
| 6 |  | 2 |  |  |  | 4 |  | 1 |
|  |  |  | 6 |  |  | 7 |  | 5 |
|  | 8 |  |  | 7 | 4 |  |  |  |
| 9 |  | 7 |  |  |  |  |  | 4 |
|  | 2 |  |  | 8 | 9 |  | 1 |  |

A003

| 9 |  | 1 | 6 | 8 | 3 |  |  |  |
|---|---|---|---|---|---|---|---|---|
|  |  | 7 |  |  |  |  |  |  |
|  |  | 8 |  | 2 |  | 1 |  |  |
|  | 2 |  |  |  | 1 |  | 5 |  |
| 7 |  |  | 8 |  | 2 |  |  | 6 |
|  | 5 |  | 4 |  |  |  | 1 |  |
|  |  | 3 |  | 1 |  | 5 |  |  |
|  |  |  |  |  |  | 9 |  |  |
|  |  |  | 3 | 4 | 9 | 8 |  | 1 |

A004

| 4 |  | 7 |  |  | 1 |  | 6 |  |
|---|---|---|---|---|---|---|---|---|
|  |  |  | 4 |  |  | 3 |  | 5 |
| 3 |  |  | 5 |  | 9 |  | 7 |  |
|  | 2 | 9 |  |  |  | 5 |  | 6 |
|  |  |  |  |  |  |  |  |  |
| 7 |  | 8 |  |  |  | 2 | 9 |  |
|  | 1 |  | 8 |  | 7 |  |  | 4 |
| 2 |  | 5 |  |  | 4 |  |  |  |
|  | 8 |  | 9 |  |  | 7 |  | 3 |

A005

| 5 |  |  | 7 | 6 | 9 |  |  |  |
|---|---|---|---|---|---|---|---|---|
|  |  |  |  |  |  | 9 |  |  |
| 9 |  | 8 |  |  |  |  |  | 1 |
|  | 2 |  |  | 7 |  |  |  |  |
|  | 9 | 4 |  |  |  | 5 | 2 |  |
|  |  |  |  | 9 |  |  | 8 |  |
| 6 |  |  |  |  |  | 8 |  | 9 |
|  |  | 5 |  |  |  |  |  |  |
|  |  |  | 4 | 3 | 1 |  |  | 6 |

A006

|  |  | 7 |  | 4 | 3 |  |  |  |
|---|---|---|---|---|---|---|---|---|
| 9 |  |  | 2 |  |  |  |  |  |
| 4 |  |  |  |  |  | 6 |  | 8 |
|  | 6 |  | 1 |  | 2 |  | 5 |  |
|  | 5 |  |  |  |  |  | 9 |  |
|  | 9 |  | 6 |  | 8 |  | 2 |  |
| 3 |  | 9 |  |  |  |  |  | 7 |
|  |  |  |  |  | 1 |  |  | 2 |
|  |  |  | 4 | 7 |  | 3 |  |  |

A007

|  | 3 |  |  | 5 |  |  |  |  |
|---|---|---|---|---|---|---|---|---|
|  |  |  | 9 |  |  | 3 |  | 6 |
|  | 6 | 7 | 2 |  |  | 5 |  |  |
|  |  |  |  | 2 |  | 6 | 9 |  |
| 8 |  |  | 4 |  | 9 |  |  | 3 |
|  | 1 | 6 |  | 8 |  |  |  |  |
|  |  | 4 |  |  | 1 | 9 | 6 |  |
| 2 |  | 5 |  |  | 8 |  |  |  |
|  |  |  |  | 4 |  |  | 7 |  |

A008

|  |  |  | 1 |  | 5 |  |  |  |
|---|---|---|---|---|---|---|---|---|
| 3 |  | 4 |  |  |  | 5 |  | 1 |
|  | 7 |  | 2 |  | 3 |  | 8 |  |
| 9 |  | 5 |  |  |  | 2 |  | 4 |
| 7 |  |  |  |  |  |  |  | 9 |
| 8 |  | 2 |  |  |  | 7 |  | 3 |
|  | 8 |  | 6 |  | 1 |  | 2 |  |
| 2 |  | 3 |  |  |  | 1 |  | 8 |
|  |  |  | 3 |  | 2 |  |  |  |

A009

|  | 3 |  | 6 | 4 |  |  |  |  |
|---|---|---|---|---|---|---|---|---|
|  |  | 8 |  |  |  | 7 |  | 4 |
|  | 5 |  |  | 2 | 1 |  | 3 |  |
|  |  | 1 | 7 |  | 9 |  |  | 5 |
| 8 |  | 5 |  |  |  | 1 |  | 7 |
| 4 |  |  | 2 |  | 5 | 8 |  |  |
|  | 8 |  | 3 | 9 |  |  | 4 |  |
| 5 |  | 3 |  |  |  | 9 |  |  |
|  |  |  |  | 7 | 4 |  | 8 |  |

A010

|  | 9 |  | 6 |  | 4 |  | 5 |  |
|---|---|---|---|---|---|---|---|---|
| 3 |  | 2 |  |  |  | 6 |  | 4 |
|  | 4 |  |  | 1 |  |  | 9 |  |
| 4 |  |  | 8 |  | 6 |  |  | 1 |
|  |  | 7 |  |  |  | 9 |  |  |
| 8 |  |  | 5 |  | 7 |  |  | 6 |
|  | 3 |  |  | 6 |  |  | 8 |  |
| 9 |  | 8 |  |  |  | 1 |  | 3 |
|  | 5 |  | 1 |  | 3 |  | 4 |  |

A011

| | | | | | | | | |
|---|---|---|---|---|---|---|---|---|
| 4 | | 3 | | | 6 | | | |
| | | | 4 | 1 | 9 | | | |
| 6 | | | 7 | | | 1 | | |
| | 4 | 7 | | | | | 8 | 5 |
| | 8 | | | | | | 9 | |
| 1 | 2 | | | | | 3 | 4 | |
| | | 5 | | | 4 | | | 2 |
| | | | 5 | 9 | 7 | | | |
| | | | 1 | | | 6 | | 7 |

A012

| | | | | | | | | |
|---|---|---|---|---|---|---|---|---|
| | | | 2 | 4 | 5 | | | |
| | | 8 | | | | 6 | | |
| | 1 | | 7 | | 6 | | 5 | |
| 7 | | 4 | | | | 3 | | 9 |
| 2 | | | | 7 | | | | 8 |
| 3 | | 9 | | | | 1 | | 5 |
| | 7 | | 6 | | 8 | | 9 | |
| | | 6 | | | | 2 | | |
| | | | 9 | 1 | 2 | | | |

A013

| | | | | | | | | |
|---|---|---|---|---|---|---|---|---|
| | | | | 8 | | | 1 | |
| | 6 | 8 | | | | 7 | | 5 |
| | 4 | | 3 | 5 | | | 6 | |
| | | 3 | | | 7 | | | |
| 9 | | 4 | | | | 1 | | 2 |
| | | | 9 | | | 8 | | |
| | 3 | | | 7 | 8 | | 5 | |
| 4 | | 6 | | | | 2 | 8 | |
| | 5 | | | 4 | | | | |

A014

| | | | | | | | | |
|---|---|---|---|---|---|---|---|---|
| 4 | 9 | | | 6 | 8 | | | |
| 7 | | | 3 | | | | 5 | |
| | | 3 | | 5 | | 4 | | |
| | 8 | | | | 3 | | | 7 |
| 9 | | 1 | | | | 2 | | 3 |
| 5 | | | 4 | | | | 9 | |
| | | 9 | | 2 | | 8 | | |
| | 5 | | | | 7 | | | 4 |
| | | | 9 | 1 | | | 2 | 5 |

A015

| | | | | | | | | |
|---|---|---|---|---|---|---|---|---|
| | | | 1 | 3 | 8 | | | |
| 1 | | | | | | | | 3 |
| | | 3 | 7 | | 2 | 1 | | |
| | 2 | | | | | | 4 | |
| | 8 | | 5 | | 4 | | 6 | |
| | 3 | | | | | | 8 | |
| | | 9 | 6 | | 3 | 2 | | |
| 7 | | | | | | | | 6 |
| | | | 4 | 9 | 5 | | | |

A016

| | | | | | | | | |
|---|---|---|---|---|---|---|---|---|
| | 2 | | | 3 | | | 5 | |
| 3 | | | 6 | 5 | 7 | | | 9 |
| | | 4 | | | | 8 | | |
| | 7 | | 2 | | 4 | | 3 | |
| 2 | 9 | | | | | | 4 | 6 |
| | 6 | | 7 | | 3 | | 1 | |
| | | 9 | | | | 5 | | |
| 1 | | | 5 | 2 | 9 | | | 4 |
| | 4 | | | 7 | | | 9 | |

A017

| | | | | 9 | | 8 | | |
|---|---|---|---|---|---|---|---|---|
| 2 | 1 | 4 | | | | | | |
| | | | | 6 | 2 | 3 | | |
| 1 | | | | | 5 | | 7 | |
| | 8 | | 6 | | 9 | | 1 | |
| | 3 | | 1 | | | | | 8 |
| | | 6 | 2 | 3 | | | | |
| | | | | | | 9 | 4 | 6 |
| | | 1 | | 7 | | | | |

A018

| | | | | 3 | 7 | | 6 | |
|---|---|---|---|---|---|---|---|---|
| 1 | | 7 | 5 | | | | | |
| | | 6 | | | 8 | 7 | 5 | |
| 7 | | 1 | | 2 | | | 3 | |
| 2 | | | 8 | | 3 | | | 7 |
| | 3 | | | 7 | | 4 | | 2 |
| | 7 | 8 | 3 | | | 1 | | |
| | | | | | 9 | 2 | | 5 |
| | 2 | | 7 | 1 | | | | |

A019

| | 6 | | 9 | 4 | 2 | | 5 | |
|---|---|---|---|---|---|---|---|---|
| | | 9 | | 3 | | 4 | | |
| | 3 | | | | | | 1 | |
| 6 | | | 1 | | 5 | | | 9 |
| 7 | 2 | | | | | | 4 | 5 |
| 3 | | | 4 | | 6 | | | 1 |
| | 1 | | | | | | 3 | |
| | | 6 | | 1 | | 5 | | |
| | 4 | | 2 | 5 | 7 | | 9 | |

A020

| 8 | | | | | 3 | | 7 | 9 |
|---|---|---|---|---|---|---|---|---|
| 5 | | 9 | 2 | | | | | |
| | | | | | 8 | | 4 | |
| 3 | | 1 | | 6 | | | 5 | |
| | | | 7 | | 1 | | | |
| | 6 | | | 2 | | 8 | | 1 |
| | 1 | | 5 | | | | | |
| | | | | | 4 | 5 | | 7 |
| 6 | 7 | | 9 | | | | | 8 |

A021

| | | 6 | | | 3 | | 1 | |
|---|---|---|---|---|---|---|---|---|
| 5 | | 2 | | 1 | 8 | | | |
| | | 1 | | | | 5 | 4 | 8 |
| 1 | 5 | | 9 | | 6 | | | |
| | 8 | | | | | | 9 | |
| | | | 8 | | 1 | | 5 | 7 |
| 3 | 7 | 4 | | | | 9 | | |
| | | | 3 | 8 | | 4 | | 6 |
| | 6 | | 5 | | | 3 | | |

A022

| | | 3 | | | | 6 | | |
|---|---|---|---|---|---|---|---|---|
| | 4 | | | | | | 7 | |
| 7 | | 5 | | 3 | | 8 | | 1 |
| | 1 | | 4 | | 3 | | 8 | |
| 9 | | | 5 | | 6 | | | 4 |
| | 8 | | 9 | | 7 | | 3 | |
| 3 | | 4 | | 9 | | 1 | | 8 |
| | 6 | | | | | | 5 | |
| | | 1 | | | | 9 | | |

A023

| 8 |  | 9 |  |  |  | 1 | 7 |  |
|---|---|---|---|---|---|---|---|---|
|  |  |  | 8 |  | 2 |  |  | 3 |
| 3 |  |  |  |  | 9 |  |  | 8 |
|  | 4 |  |  | 2 |  | 3 | 8 |  |
|  |  |  | 5 |  | 1 |  |  |  |
|  | 6 | 2 |  | 9 |  |  | 1 |  |
| 2 |  |  | 9 |  |  |  |  | 7 |
| 4 |  |  | 6 |  | 3 |  |  |  |
|  | 1 | 3 |  |  |  | 4 |  | 9 |

A024

|  |  | 2 | 1 |  | 9 |  |  |  |
|---|---|---|---|---|---|---|---|---|
|  |  |  |  | 5 |  | 8 | 2 | 7 |
| 4 |  | 5 |  | 3 |  |  |  |  |
|  |  |  |  |  | 5 |  |  | 6 |
|  | 9 | 4 |  |  |  | 7 | 5 |  |
| 2 |  |  | 7 |  |  |  |  |  |
|  |  |  |  | 7 |  | 9 |  | 1 |
| 9 | 4 | 8 |  | 1 |  |  |  |  |
|  |  |  | 4 |  | 2 | 3 |  |  |

A025

|  |  | 5 |  | 8 | 9 |  | 4 |  |
|---|---|---|---|---|---|---|---|---|
|  |  |  |  |  | 6 | 7 |  | 3 |
| 3 |  |  |  | 2 |  |  | 6 |  |
|  |  |  |  |  | 1 |  | 2 | 5 |
| 7 |  | 9 |  |  |  | 4 |  | 6 |
| 2 | 5 |  | 6 |  |  |  |  |  |
|  | 4 |  |  | 5 |  |  |  | 2 |
| 5 |  | 2 | 7 |  |  |  |  |  |
|  | 9 |  | 4 | 6 |  | 5 |  |  |

A026

|  | 4 |  | 6 |  | 2 |  | 7 |  |
|---|---|---|---|---|---|---|---|---|
| 8 |  |  |  |  |  | 1 |  | 2 |
|  |  |  |  | 7 | 8 |  | 4 |  |
| 9 |  |  |  |  |  | 8 |  | 4 |
|  |  | 2 |  |  |  | 7 |  |  |
| 7 |  | 1 |  |  |  |  |  | 6 |
|  | 7 |  | 5 | 6 |  |  |  |  |
| 5 |  | 4 |  |  |  |  |  | 3 |
|  | 6 |  | 9 |  | 1 |  | 2 |  |

A027

| 1 |  |  | 9 |  | 2 |  |  | 5 |
|---|---|---|---|---|---|---|---|---|
|  |  |  | 6 | 1 | 5 |  |  |  |
|  |  | 7 |  |  |  | 1 |  |  |
| 7 | 9 |  |  | 2 |  |  | 5 | 6 |
|  | 5 |  | 7 |  | 3 |  | 9 |  |
| 8 | 2 |  |  | 6 |  |  | 1 | 3 |
|  |  | 6 |  |  |  | 8 |  |  |
|  |  |  | 8 | 9 | 6 |  |  |  |
| 4 |  |  | 2 |  | 7 |  |  | 1 |

A028

|  |  | 7 |  | 9 | 3 |  |  |  |
|---|---|---|---|---|---|---|---|---|
|  |  |  | 1 |  |  | 7 | 4 |  |
| 3 |  | 5 |  |  |  |  | 1 |  |
|  | 7 |  | 8 |  | 1 |  |  | 2 |
| 8 |  |  |  |  |  |  |  | 4 |
| 4 |  |  | 3 |  | 5 |  | 7 |  |
|  | 8 |  |  |  |  | 4 |  | 5 |
|  | 6 | 9 |  |  | 4 |  |  |  |
|  |  |  | 7 | 6 |  | 3 |  |  |

A029

| 6 |  | 2 |  |  |  | 1 | 7 | 8 |
|---|---|---|---|---|---|---|---|---|
| 8 |  |  | 6 |  |  |  |  |  |
| 3 |  |  |  | 2 | 1 |  |  | 5 |
|  |  | 6 | 1 |  | 5 |  | 4 |  |
|  |  | 8 |  |  |  | 7 |  |  |
|  | 3 |  | 2 |  | 7 | 5 |  |  |
| 9 |  |  | 4 | 5 |  |  |  | 1 |
|  |  |  |  |  | 6 |  |  | 4 |
| 5 | 4 | 3 |  |  |  | 2 |  | 7 |

A030

| 6 |  |  | 8 |  |  | 7 |  | 2 |
|---|---|---|---|---|---|---|---|---|
|  | 9 | 8 |  |  |  |  | 1 |  |
| 2 |  |  | 6 |  | 3 |  | 8 |  |
|  |  | 4 |  | 3 |  | 9 |  | 8 |
|  |  |  | 5 |  | 8 |  |  |  |
| 3 |  | 7 |  | 2 |  | 1 |  |  |
|  | 2 |  | 3 |  | 9 |  |  | 1 |
|  | 1 |  |  |  |  | 8 | 3 |  |
| 4 |  | 5 |  |  | 7 |  |  | 9 |

A031

|  | 8 |  | 3 |  |  | 5 |  |  |
|---|---|---|---|---|---|---|---|---|
| 4 | 9 | 2 |  |  |  |  |  |  |
|  | 3 |  |  | 9 | 7 |  |  | 8 |
| 6 |  |  |  | 7 |  | 9 |  |  |
|  |  | 4 | 9 |  | 2 | 3 |  |  |
|  |  | 5 |  | 6 |  |  |  | 4 |
| 7 |  |  | 6 | 2 |  |  | 9 |  |
|  |  |  |  |  |  | 2 | 1 | 6 |
|  |  | 1 |  |  | 9 |  | 8 |  |

A032

| 5 |  | 1 | 3 |  |  |  | 7 |  |
|---|---|---|---|---|---|---|---|---|
|  |  |  |  | 7 |  | 2 |  | 1 |
| 7 |  | 3 |  | 2 |  |  | 8 |  |
| 3 |  |  |  |  | 8 |  |  |  |
|  | 9 | 2 |  |  |  | 8 | 4 |  |
|  |  |  | 2 |  |  |  |  | 7 |
|  | 4 |  |  | 3 |  | 7 |  | 5 |
| 2 |  | 9 |  | 6 |  |  |  |  |
|  | 3 |  |  |  | 2 | 4 |  | 6 |

A033

|  |  | 8 |  | 5 | 1 |  |  |  |
|---|---|---|---|---|---|---|---|---|
|  |  |  | 6 |  |  | 8 |  |  |
|  | 3 |  |  | 9 |  |  |  | 2 |
| 6 |  |  | 9 |  | 5 |  | 8 |  |
| 5 |  | 1 |  |  |  | 2 |  | 6 |
|  | 8 |  | 7 |  | 2 |  |  | 4 |
| 7 |  |  |  | 3 |  |  | 4 |  |
|  |  | 6 |  |  | 9 |  |  |  |
|  |  |  | 2 | 7 |  | 3 |  |  |

A034

| 4 |  |  | 2 |  |  |  | 5 |  |
|---|---|---|---|---|---|---|---|---|
|  |  | 8 |  |  |  | 9 |  | 7 |
| 3 |  |  |  | 6 | 4 |  |  |  |
|  | 1 | 4 |  |  |  |  | 3 |  |
|  |  |  | 5 |  | 1 |  |  |  |
|  | 9 |  |  |  |  | 6 | 2 |  |
|  |  |  | 9 | 4 |  |  |  | 3 |
| 7 |  | 2 |  |  |  | 1 |  |  |
|  | 4 |  |  |  | 6 |  |  | 2 |

A035

|   | 9 |   |   | 5 | 2 |   |   |   |
|---|---|---|---|---|---|---|---|---|
| 4 |   |   |   |   |   | 9 | 6 | 5 |
| 1 | 7 |   |   | 9 |   |   |   |   |
|   |   | 7 | 2 |   |   | 5 |   |   |
|   |   | 8 | 7 |   | 1 | 6 |   |   |
|   |   | 1 |   |   | 5 | 8 |   |   |
|   |   |   |   | 7 |   |   | 2 | 9 |
| 7 | 5 | 4 |   |   |   |   |   | 6 |
|   |   |   | 3 | 1 |   |   | 5 |   |

A036

| 2 |   |   |   |   |   |   |   | 1 |
|---|---|---|---|---|---|---|---|---|
|   |   |   | 4 | 1 | 7 |   |   |   |
|   |   | 7 |   | 2 |   | 9 |   |   |
|   | 9 |   | 5 |   | 4 |   | 8 |   |
|   | 4 | 6 |   |   |   | 5 | 7 |   |
|   | 5 |   | 2 |   | 8 |   | 4 |   |
|   |   | 1 |   | 4 |   | 6 |   |   |
|   |   |   | 9 | 8 | 6 |   |   |   |
| 9 |   |   |   |   |   |   |   | 7 |

A037

|   |   |   |   | 3 | 9 | 1 |   |   |
|---|---|---|---|---|---|---|---|---|
|   |   |   | 2 |   | 1 | 8 |   |   |
| 1 | 3 | 6 |   |   |   | 9 |   |   |
| 7 | 5 |   | 3 |   | 8 |   | 9 |   |
| 9 |   |   |   |   |   |   |   | 3 |
|   | 8 |   | 1 |   | 4 |   | 5 | 2 |
|   |   | 7 |   |   |   | 2 | 6 | 8 |
|   |   | 9 | 6 |   | 5 |   |   |   |
|   |   | 8 | 4 | 7 |   |   |   |   |

A038

| 3 |   |   | 8 |   |   | 7 | 9 |   |
|---|---|---|---|---|---|---|---|---|
| 8 |   |   | 9 | 7 |   |   |   |   |
| 6 |   |   | 3 |   |   | 5 |   |   |
|   |   |   |   | 4 |   |   | 7 |   |
|   | 5 | 9 |   |   |   | 3 | 6 |   |
|   | 8 |   |   | 3 |   |   |   |   |
|   |   | 8 |   |   | 3 |   |   | 7 |
|   |   |   |   | 9 | 1 |   |   | 8 |
|   | 1 | 2 |   |   | 8 |   |   | 9 |

A039

|   |   | 8 | 1 |   |   |   | 7 |   |
|---|---|---|---|---|---|---|---|---|
|   |   |   |   |   |   | 2 | 9 | 4 |
| 4 |   |   | 3 |   | 9 |   | 8 |   |
| 1 |   | 5 |   | 7 |   | 4 |   |   |
|   |   |   | 5 |   | 3 |   |   |   |
|   |   | 2 |   | 4 |   | 5 |   | 7 |
|   | 6 |   | 4 |   | 1 |   |   | 2 |
| 5 | 4 | 3 |   |   |   |   |   |   |
|   | 2 |   |   |   | 7 | 9 |   |   |

A040

|   | 1 | 4 |   |   |   | 2 |   |   |
|---|---|---|---|---|---|---|---|---|
| 8 |   |   | 7 |   | 2 |   |   |   |
| 3 |   |   | 1 |   |   | 4 |   | 7 |
|   | 7 | 2 |   | 5 |   |   | 9 |   |
|   |   |   | 2 |   | 7 |   |   |   |
|   | 4 |   |   | 1 |   | 7 | 5 |   |
| 6 |   | 7 |   |   | 9 |   |   | 3 |
|   |   |   | 3 |   | 8 |   |   | 6 |
|   |   | 3 |   |   |   | 9 | 7 |   |

A041

| | | 7 | | | 3 | | 6 | |
|---|---|---|---|---|---|---|---|---|
| 4 | | | | 9 | | | | |
| | | 6 | | | | 1 | | |
| | | | 5 | | 2 | | 7 | 1 |
| 6 | | | 9 | | 4 | | | 8 |
| 2 | 9 | | 3 | | 7 | | | |
| | | 2 | | | | 5 | | |
| | | | | 5 | | | | 3 |
| | 8 | | 1 | | | 4 | | |

A042

| | 6 | | 8 | | | | | |
|---|---|---|---|---|---|---|---|---|
| | | | | | | 8 | 2 | 1 |
| 8 | 2 | 1 | | 7 | | | | |
| | | | 3 | | 4 | | | 7 |
| 3 | | 4 | | | | 9 | | 2 |
| 2 | | | 9 | | 5 | | | |
| | | | | 4 | | 1 | 3 | 5 |
| 6 | 4 | 3 | | | | | | |
| | | | | | 9 | | 6 | |

A043

| 4 | 5 | 6 | | | | | | 7 |
|---|---|---|---|---|---|---|---|---|
| | | | 5 | | 6 | | | 2 |
| | | 2 | | 7 | | 6 | | 9 |
| | 1 | | 6 | | 4 | | 7 | |
| | | 7 | | | | 1 | | |
| | 2 | | 7 | | 9 | | 3 | |
| 1 | | 4 | | 6 | | 2 | | |
| 2 | | | 8 | | 7 | | | |
| 5 | | | | | | 7 | 9 | 4 |

A044

| 3 | | 7 | 2 | | | 6 | | |
|---|---|---|---|---|---|---|---|---|
| | | | 3 | | 9 | | | |
| 2 | | 4 | | | | 8 | | |
| | 2 | | | 4 | | | 6 | |
| | 8 | | | | | | 3 | |
| | 7 | | | 5 | | | 4 | |
| | | 8 | | | | 3 | | 1 |
| | | | 1 | | 2 | | | |
| | | 2 | | | 6 | 5 | | 4 |

A045

| | | | 4 | | 9 | | | |
|---|---|---|---|---|---|---|---|---|
| | 2 | 6 | | | | 7 | 9 | |
| 4 | | 1 | | | | 3 | | 8 |
| | 8 | | 3 | | 4 | | 7 | |
| 7 | | | | | | | | 5 |
| | 5 | | 2 | | 7 | | 6 | |
| 5 | | 4 | | | | 6 | | 7 |
| | 6 | 8 | | | | 9 | 4 | |
| | | | 6 | | 1 | | | |

A046

| | | | 5 | 4 | 2 | | | |
|---|---|---|---|---|---|---|---|---|
| 2 | 4 | | | | | | 1 | 8 |
| | | 5 | | | | 7 | | |
| | 7 | | 4 | | 5 | | 6 | |
| 4 | 3 | | | | | | 5 | 9 |
| | 6 | | 1 | | 8 | | 4 | |
| | | 6 | | | | 4 | | |
| 1 | 2 | | | | | | 9 | 3 |
| | | | 2 | 6 | 4 | | | |

A047

|   | 7 |   | 1 |   |   | 8 |   | 6 |
|---|---|---|---|---|---|---|---|---|
| 3 |   | 5 |   |   | 9 |   |   |   |
|   | 1 |   | 8 |   |   |   |   | 5 |
| 9 |   | 8 |   | 2 |   |   | 4 |   |
|   |   |   | 5 |   | 4 |   |   |   |
|   | 5 |   |   | 9 |   | 2 |   | 1 |
| 8 |   |   |   |   | 6 |   | 3 |   |
|   |   |   | 4 |   |   | 9 |   | 8 |
| 5 |   | 7 |   |   | 8 |   | 6 |   |

A048

|   | 1 |   |   | 5 |   |   | 9 |   |
|---|---|---|---|---|---|---|---|---|
| 3 |   | 7 |   |   |   | 1 |   | 4 |
|   | 6 | 9 |   | 2 |   | 7 | 3 |   |
|   |   |   | 5 |   | 2 |   |   |   |
| 2 |   | 3 |   |   |   | 5 |   | 9 |
|   |   |   | 3 |   | 6 |   |   |   |
|   | 2 | 1 |   | 8 |   | 9 | 5 |   |
| 7 |   | 5 |   |   |   | 8 |   | 6 |
|   | 3 |   |   | 1 |   |   | 7 |   |

A049

|   | 9 |   |   | 1 |   |   | 6 |   |
|---|---|---|---|---|---|---|---|---|
|   | 7 |   | 3 |   | 6 |   | 2 |   |
|   |   | 5 | 9 |   | 8 | 7 |   |   |
| 6 |   | 8 |   |   |   | 2 |   | 7 |
|   |   |   |   |   |   |   |   |   |
| 4 |   | 7 |   |   |   | 1 |   | 9 |
|   |   | 2 | 4 |   | 1 | 8 |   |   |
|   | 8 |   | 2 |   | 5 |   | 9 |   |
|   | 4 |   |   | 8 |   |   | 3 |   |

A050

|   |   |   |   | 3 |   | 2 | 6 |   |
|---|---|---|---|---|---|---|---|---|
| 6 |   | 8 | 5 |   |   | 4 |   |   |
| 1 | 2 |   | 6 |   | 9 |   | 8 |   |
|   |   | 6 |   |   |   | 5 | 2 |   |
| 4 |   |   |   |   |   |   |   | 3 |
|   | 9 | 5 |   |   |   | 1 |   |   |
|   | 5 |   | 1 |   | 6 |   | 3 | 8 |
|   |   | 3 |   |   | 8 | 6 |   | 1 |
|   | 6 | 1 |   | 9 |   |   |   |   |

A051

|   |   |   | 8 | 7 | 2 |   |   |   |
|---|---|---|---|---|---|---|---|---|
|   | 1 | 6 |   |   |   | 7 | 4 |   |
|   |   | 5 |   |   |   | 3 |   |   |
|   |   |   | 9 |   | 6 |   |   |   |
| 5 |   | 8 |   |   |   | 9 |   | 2 |
|   |   |   | 5 |   | 7 |   |   |   |
|   |   | 9 |   |   |   | 6 |   |   |
|   | 6 | 2 |   |   |   | 5 | 8 |   |
|   |   |   | 6 | 1 | 4 |   |   |   |

A052

|   | 9 | 7 |   |   |   | 2 | 6 |   |
|---|---|---|---|---|---|---|---|---|
|   |   |   | 7 |   | 5 |   |   |   |
| 6 | 5 |   |   |   |   |   | 7 | 3 |
| 4 |   |   | 2 | 3 | 8 |   |   | 6 |
|   |   | 6 |   |   |   | 1 |   |   |
| 2 |   |   | 1 | 5 | 6 |   |   | 8 |
| 5 | 6 |   |   |   |   |   | 2 | 9 |
|   |   |   | 5 |   | 9 |   |   |   |
|   | 8 | 3 |   |   |   | 5 | 1 |   |

A053

| | 4 | | 7 | | | 5 | | 6 |
|---|---|---|---|---|---|---|---|---|
| 8 | 7 | | | | 5 | | | |
| | | | 8 | | 1 | | | 3 |
| 7 | | 2 | | 3 | | 6 | 5 | |
| | | | 9 | | 7 | | | |
| | 3 | 6 | | 8 | | 9 | | 7 |
| 2 | | | 3 | | 8 | | | |
| | | | 4 | | | | 9 | 1 |
| 4 | | 7 | | | 9 | | 3 | |

A054

| | 3 | 2 | | | | 4 | 6 | |
|---|---|---|---|---|---|---|---|---|
| | | | 6 | 8 | 9 | | | |
| | | 1 | | | | 5 | | |
| | 9 | | 5 | | 6 | | 2 | |
| | | | | | | | | |
| | 7 | | 9 | | 4 | | 1 | |
| | | 8 | | | | 9 | | |
| | | | 1 | 6 | 2 | | | |
| | 2 | 5 | | | | 1 | 4 | |

A055

| | 9 | | 5 | | 3 | | | |
|---|---|---|---|---|---|---|---|---|
| 5 | | | | | | 3 | 4 | |
| | 3 | | 7 | | 8 | | | |
| 3 | | | | | | 7 | | 6 |
| | | 8 | | 5 | | 2 | | |
| 6 | | 2 | | | | | | 8 |
| | | | 6 | | 4 | | 3 | |
| | 2 | 4 | | | | | | 9 |
| | | | 8 | | 1 | | 2 | |

A056

| | | 3 | 7 | | 5 | 1 | | |
|---|---|---|---|---|---|---|---|---|
| | | 9 | | | | 7 | | |
| 6 | 8 | | | | | | 3 | 4 |
| 4 | | | 1 | 8 | 6 | | | 5 |
| | | | 9 | | 2 | | | |
| 8 | | | 5 | 7 | 3 | | | 1 |
| 7 | 2 | | | | | | 8 | 9 |
| | | 5 | | | | 4 | | |
| | | 8 | 4 | | 7 | 6 | | |

A057

| 7 | 4 | | 8 | | | 6 | | |
|---|---|---|---|---|---|---|---|---|
| 9 | | | | | 6 | | 5 | |
| | | 5 | 4 | | | 3 | | 9 |
| 6 | | 2 | | 9 | | | 3 | |
| | | | 6 | | 4 | | | |
| | 3 | | | 8 | | 7 | | 5 |
| 5 | | 6 | | | 8 | 1 | | |
| | 2 | | 5 | | | | | 8 |
| | | 8 | | | 7 | | 4 | 6 |

A058

| | | 7 | | 6 | | 5 | | |
|---|---|---|---|---|---|---|---|---|
| | 4 | | 8 | | 9 | | 6 | |
| 9 | | 3 | | | | 8 | | 4 |
| | | | 9 | 4 | 1 | | | |
| 4 | | | | | | | | 2 |
| | | | 3 | 7 | 2 | | | |
| 3 | | 5 | | | | 6 | | 8 |
| | 9 | | 6 | | 8 | | 5 | |
| | | 4 | | 9 | | 2 | | |

A059

| | | | 3 | 4 | 8 | | | |
|---|---|---|---|---|---|---|---|---|
| | | 4 | | | | 3 | | |
| | 8 | | 1 | | 5 | | 7 | |
| 6 | | 9 | | 7 | | 8 | | 3 |
| 8 | | | 4 | | 2 | | | 7 |
| 4 | | 7 | | 8 | | 2 | | 5 |
| | 9 | | 7 | | 4 | | 3 | |
| | | 1 | | | | 6 | | |
| | | | 6 | 2 | 3 | | | |

A060

| 2 | | | | | | 5 | 6 | 7 |
|---|---|---|---|---|---|---|---|---|
| 6 | | | 2 | 8 | 5 | | | |
| 4 | | | | 9 | | | | |
| | 8 | | 3 | | 6 | | 7 | |
| | 5 | 7 | | | | 2 | 3 | |
| | 6 | | 5 | | 9 | | 4 | |
| | | | | 1 | | | | 2 |
| | | | 8 | 5 | 4 | | | 1 |
| 5 | 3 | 1 | | | | | | 4 |

A061

| | 7 | 8 | | | | | 1 | |
|---|---|---|---|---|---|---|---|---|
| 4 | | 6 | | 8 | | | | 7 |
| | | | 2 | | 7 | | 4 | 6 |
| | | 4 | | 5 | | 3 | | |
| | 3 | | 4 | | 8 | | 6 | |
| | | 1 | | 2 | | 7 | | |
| 8 | 4 | | 6 | | 9 | | | |
| 5 | | | | 3 | | 4 | | 1 |
| | 2 | | | | | 6 | 3 | |

A062

| | | | 6 | 2 | 7 | | | |
|---|---|---|---|---|---|---|---|---|
| | 5 | | | 4 | | | 1 | |
| | 3 | 2 | | | | 8 | 6 | |
| 5 | | | 2 | | 3 | | | 6 |
| 6 | | 7 | | | | 1 | | 3 |
| 4 | | | 9 | | 1 | | | 7 |
| | 7 | 5 | | | | 6 | 9 | |
| | 6 | | | 5 | | | 7 | |
| | | | 7 | 1 | 6 | | | |

A063

| | 8 | | | 7 | | 5 | 3 | |
|---|---|---|---|---|---|---|---|---|
| 1 | | | | | | 8 | | 9 |
| 7 | 4 | | 3 | 9 | | | | |
| | | | 2 | | 4 | 9 | | |
| 5 | | 2 | | | | 3 | | 7 |
| | | 8 | 7 | | 1 | | | |
| | | | | 1 | 3 | | 9 | 5 |
| 8 | | 3 | | | | | | 1 |
| | 5 | 1 | | 6 | | | 8 | |

A064

| | | | 4 | 2 | 9 | | | |
|---|---|---|---|---|---|---|---|---|
| 4 | 8 | | | | | | 1 | 9 |
| | | 2 | | 1 | | 4 | | |
| | 1 | | 9 | | 5 | | 2 | |
| | 2 | 9 | | | | 7 | 3 | |
| | 4 | | 2 | | 3 | | 5 | |
| | | 3 | | 9 | | 1 | | |
| 6 | 5 | | | | | | 9 | 2 |
| | | | 6 | 4 | 2 | | | |

A065

| | | | | | | | | |
|---|---|---|---|---|---|---|---|---|
| | 6 | | | | | 4 | | |
| | | | 5 | 1 | 2 | | | 7 |
| 7 | | 1 | | 4 | | 5 | | |
| | 7 | | 8 | | 9 | | 2 | |
| | 3 | 4 | | | | 6 | 5 | |
| | 1 | | 4 | | 5 | | 8 | |
| | | 6 | | 2 | | 8 | | 5 |
| 4 | | | 3 | 5 | 6 | | | |
| | | 7 | | | | | 4 | |

A066

| | | | | | | | | |
|---|---|---|---|---|---|---|---|---|
| | | 2 | | | 1 | | | |
| | | 9 | 4 | 8 | | | | |
| | | 1 | | | | 8 | 5 | 7 |
| 4 | | | | 6 | | | 8 | |
| | 1 | | 3 | | 4 | | 2 | |
| | 3 | | | 1 | | | | 9 |
| 8 | 9 | 3 | | | | 4 | | |
| | | | | 9 | 8 | 2 | | |
| | | | 5 | | | 1 | | |

A067

| | | | | | | | | |
|---|---|---|---|---|---|---|---|---|
| | | | | 6 | | 2 | | 1 |
| | 9 | 3 | | | 2 | | 5 | |
| | 1 | | | 3 | | | | 8 |
| | | | 6 | | | | 2 | |
| 5 | | 2 | | | | 4 | | 3 |
| | 3 | | | | 7 | | | |
| 9 | | | | 2 | | | 8 | |
| | 5 | | 7 | | | 3 | 4 | |
| 3 | | 7 | | 1 | | | | |

A068

| | | | | | | | | |
|---|---|---|---|---|---|---|---|---|
| | 8 | | 4 | 7 | 1 | | 6 | |
| 7 | | 1 | | | | 2 | | 9 |
| | 3 | | | | | | 1 | |
| 8 | | | 3 | | 7 | | | 6 |
| 1 | | | | | | | | 7 |
| 5 | | | 6 | | 4 | | | 1 |
| | 5 | | | | | | 7 | |
| 2 | | 7 | | | | 1 | | 4 |
| | 1 | | 7 | 5 | 2 | | 8 | |

A069

| | | | | | | | | |
|---|---|---|---|---|---|---|---|---|
| | | 9 | | 3 | | 4 | | |
| | | | 5 | | 8 | | | |
| 2 | | 4 | | | | 8 | | 7 |
| | 7 | | | 2 | | | 5 | |
| 8 | | | 3 | | 9 | | | 4 |
| | 4 | | | 1 | | | 7 | |
| 4 | | 1 | | | | 7 | | 6 |
| | | | 6 | | 7 | | | |
| | | 7 | | 8 | | 2 | | |

A070

| | | | | | | | | |
|---|---|---|---|---|---|---|---|---|
| 9 | | | | | | 6 | | |
| | | | 3 | 8 | | | | 9 |
| 6 | 3 | 2 | | | | 5 | | |
| | 9 | | 8 | | | | 5 | 1 |
| | | 6 | 9 | | 1 | 8 | | |
| 1 | 2 | | | | 5 | | 7 | |
| | | 5 | | | | 1 | 9 | 2 |
| 4 | | | | 9 | 8 | | | |
| | | 9 | | | | | | 8 |

A071

|   | 7 |   |   |   |   | 5 |   | 9 |
|---|---|---|---|---|---|---|---|---|
|   | 2 |   | 4 |   |   | 1 |   |   |
|   |   |   | 3 | 7 |   | 4 |   |   |
|   | 1 |   | 7 |   | 8 |   | 5 |   |
| 9 |   |   |   |   |   |   |   | 4 |
|   | 8 |   | 5 |   | 4 |   | 9 |   |
|   |   | 9 |   | 2 | 6 |   |   |   |
|   |   | 2 |   |   | 5 |   | 7 |   |
| 8 |   | 6 |   |   |   |   | 4 |   |

A072

| 7 |   | 8 |   |   |   |   |   |   |
|---|---|---|---|---|---|---|---|---|
|   |   |   | 2 | 1 | 5 |   |   |   |
| 1 |   |   |   | 3 |   | 6 |   |   |
|   | 8 |   | 5 |   | 6 |   | 3 |   |
|   | 4 | 3 |   |   |   | 7 | 6 |   |
|   | 7 |   | 1 |   | 3 |   | 2 |   |
|   |   | 6 |   | 9 |   |   |   | 4 |
|   |   |   | 3 | 2 | 4 |   |   |   |
|   |   |   |   |   |   | 3 |   | 7 |

A073

|   |   |   | 1 | 2 | 5 |   |   |   |
|---|---|---|---|---|---|---|---|---|
|   |   | 5 |   |   |   | 4 |   |   |
|   | 6 |   |   | 4 |   |   | 8 |   |
| 4 |   |   | 8 |   | 6 |   |   | 7 |
| 5 | 8 |   |   |   |   |   | 1 | 3 |
| 2 |   |   | 5 |   | 1 |   |   | 9 |
|   | 9 |   |   | 8 |   |   | 5 |   |
|   |   | 1 |   |   |   | 7 |   |   |
|   |   |   | 4 | 1 | 3 |   |   |   |

A074

|   | 2 |   | 3 |   | 6 |   | 8 |   |
|---|---|---|---|---|---|---|---|---|
|   |   | 8 |   |   |   | 9 |   |   |
|   |   | 1 | 8 |   | 2 | 4 |   |   |
| 6 |   |   |   | 4 |   |   |   | 7 |
|   | 4 |   |   |   |   |   | 9 |   |
| 3 |   |   |   | 2 |   |   |   | 8 |
|   |   | 6 | 2 |   | 8 | 3 |   |   |
|   |   | 3 |   |   |   | 7 |   |   |
|   | 1 |   | 7 |   | 4 |   | 5 |   |

A075

|   |   |   | 2 | 8 | 1 |   |   |   |
|---|---|---|---|---|---|---|---|---|
|   |   | 8 |   |   |   | 5 |   |   |
| 2 | 9 |   |   |   |   |   | 7 | 8 |
|   | 3 |   | 5 |   | 8 |   | 2 |   |
| 6 |   |   |   | 9 |   |   |   | 1 |
|   | 2 |   | 7 |   | 6 |   | 4 |   |
| 3 | 6 |   |   |   |   |   | 1 | 9 |
|   |   | 5 |   |   |   | 2 |   |   |
|   |   |   | 1 | 3 | 9 |   |   |   |

A076

| 2 |   |   | 8 | 1 | 7 |   |   |   |
|---|---|---|---|---|---|---|---|---|
|   |   | 7 |   |   | 6 |   | 2 |   |
|   |   |   |   |   |   | 6 |   | 5 |
|   |   |   | 2 | 7 |   |   | 4 |   |
|   | 2 |   |   |   |   |   | 3 |   |
|   | 5 |   |   | 9 | 8 |   |   |   |
| 5 |   | 2 |   |   |   |   |   |   |
|   | 9 |   | 7 |   |   | 4 |   |   |
|   |   |   | 4 | 5 | 3 |   |   | 9 |

A077

| | 7 | 9 | 6 | | | | | |
|---|---|---|---|---|---|---|---|---|
| | | 4 | | | | 3 | | 1 |
| | 2 | | | | 7 | | 6 | 4 |
| | | 3 | | 1 | | | | 7 |
| | | | 8 | 5 | 3 | | | |
| 9 | | | | 7 | | 8 | | |
| 8 | 4 | | 1 | | | | 3 | |
| 2 | | 6 | | | | 1 | | |
| | | | | | 4 | 6 | 8 | |

A078

| 5 | 4 | | 9 | | | | 2 | |
|---|---|---|---|---|---|---|---|---|
| 2 | | | | | | 3 | | 8 |
| | | | 2 | | 8 | | 4 | |
| 8 | | 4 | | 3 | | 7 | | |
| | | | 8 | | 6 | | | |
| | | 9 | | 4 | | 5 | | 2 |
| | 8 | | 7 | | 1 | | | |
| 9 | | 6 | | | | | | 4 |
| | 3 | | | | 4 | | 5 | 1 |

A079

| | | | 4 | 5 | | | 9 | |
|---|---|---|---|---|---|---|---|---|
| | | | 8 | | | 2 | 4 | 6 |
| 4 | 7 | 8 | | | | | | |
| | | | 1 | | 2 | 3 | | 4 |
| 7 | | | | | | | | 9 |
| 2 | | 5 | 6 | | 9 | | | |
| | | | | | | 8 | 1 | 2 |
| 1 | 2 | 4 | | | 8 | | | |
| | 8 | | | 6 | 1 | | | |

A080

| | 9 | | 2 | | 8 | | 4 | |
|---|---|---|---|---|---|---|---|---|
| 1 | 3 | | | | | | 2 | 8 |
| | | 2 | | | | 5 | | |
| 3 | | | 5 | | 2 | | | 7 |
| | | 8 | | | | 4 | | |
| 2 | | | 7 | | 4 | | | 1 |
| | | 7 | | | | 6 | | |
| 4 | 5 | | | | | | 8 | 9 |
| | 2 | | 4 | | 9 | | 1 | |

A081

| | 9 | | | 6 | | | 4 | |
|---|---|---|---|---|---|---|---|---|
| 3 | | | 9 | | 1 | | | 2 |
| | 8 | | 3 | | 4 | | 5 | |
| 4 | | 6 | | 7 | | 3 | | 5 |
| | | | | | | | | |
| 8 | | 9 | | 1 | | 4 | | 7 |
| | 1 | | 7 | | 6 | | 8 | |
| 7 | | | 1 | | 8 | | | 4 |
| | 3 | | | 5 | | | 7 | |

A082

| 9 | | | | | | 4 | 3 | 6 |
|---|---|---|---|---|---|---|---|---|
| 5 | | 2 | | | 6 | | | |
| 1 | | | 4 | | 9 | | 7 | |
| | 1 | 4 | | 5 | | 2 | | |
| | | | 9 | | 1 | | | |
| | | 6 | | 4 | | 3 | 1 | |
| | 5 | | 6 | | 2 | | | 1 |
| | | | 3 | | | 6 | | 7 |
| 6 | 7 | 1 | | | | | | 3 |

A083

|  |  | 6 |  |  | 2 |  |  |  |
|---|---|---|---|---|---|---|---|---|
|  |  |  | 9 | 1 | 3 |  |  |  |
| 1 |  | 7 |  |  |  | 8 |  |  |
|  | 6 |  |  | 5 |  |  | 7 | 4 |
|  | 4 |  | 3 |  | 1 |  | 6 |  |
| 7 | 2 |  |  | 9 |  |  | 3 |  |
|  |  | 3 |  |  |  | 9 |  | 6 |
|  |  |  | 6 | 2 | 9 |  |  |  |
|  |  |  | 8 |  |  | 4 |  |  |

A084

|  | 5 |  | 8 |  | 6 |  | 3 |  |
|---|---|---|---|---|---|---|---|---|
| 8 |  | 6 |  |  |  | 1 |  | 9 |
|  | 2 |  |  | 9 |  |  | 6 |  |
| 6 |  |  | 7 |  | 8 |  |  | 5 |
|  |  | 4 |  |  |  | 8 |  |  |
| 2 |  |  | 9 |  | 5 |  |  | 6 |
|  | 6 |  |  | 3 |  |  | 8 |  |
| 7 |  | 2 |  |  |  | 6 |  | 3 |
|  | 8 |  | 1 |  | 4 |  | 5 |  |

A085

|  | 5 |  | 6 |  |  | 4 |  | 3 |
|---|---|---|---|---|---|---|---|---|
|  | 7 |  | 9 |  |  |  |  |  |
|  |  |  | 3 | 7 |  | 1 |  | 6 |
|  |  | 3 |  |  |  | 8 |  |  |
|  | 9 |  |  | 4 |  |  | 6 |  |
|  |  | 5 |  |  |  | 3 |  |  |
| 6 |  | 4 |  | 5 | 2 |  |  |  |
|  |  |  |  |  | 1 |  | 8 |  |
| 5 |  | 8 |  |  | 6 |  | 4 |  |

A086

|  |  |  | 8 | 9 |  | 2 | 6 |  |
|---|---|---|---|---|---|---|---|---|
| 9 |  | 8 | 6 |  | 7 |  |  |  |
| 2 |  |  |  |  |  |  | 9 |  |
|  | 9 |  | 7 |  | 5 |  | 8 | 3 |
| 8 |  |  |  |  |  |  |  | 7 |
| 7 | 3 |  | 2 |  | 1 |  | 5 |  |
|  | 2 |  |  |  |  |  |  | 1 |
|  |  |  | 3 |  | 2 | 6 |  | 9 |
|  | 4 | 9 |  | 6 | 8 |  |  |  |

A087

| 5 |  | 1 |  |  |  | 9 |  |  |
|---|---|---|---|---|---|---|---|---|
|  |  |  | 8 |  | 5 |  | 7 |  |
| 9 |  |  |  |  | 4 |  |  | 5 |
|  | 2 |  |  |  |  | 7 | 8 |  |
|  |  |  |  | 8 |  |  |  |  |
|  | 9 | 6 |  |  |  |  | 3 |  |
| 3 |  |  | 6 |  |  |  |  | 4 |
|  | 6 |  | 5 |  | 8 |  |  |  |
|  |  | 9 |  |  |  | 8 |  | 1 |

A088

|  |  | 3 |  |  |  | 6 |  |  |
|---|---|---|---|---|---|---|---|---|
|  |  |  | 2 | 7 | 3 |  |  |  |
| 1 |  |  |  | 9 |  |  |  | 2 |
|  | 6 |  | 1 |  | 2 |  | 8 |  |
|  | 7 | 2 |  |  |  | 1 | 5 |  |
|  | 4 |  | 9 |  | 7 |  | 3 |  |
| 9 |  |  |  | 2 |  |  |  | 1 |
|  |  |  | 4 | 8 | 9 |  |  |  |
|  |  | 8 |  |  |  | 9 |  |  |

A089

| | | | | | | | | |
|---|---|---|---|---|---|---|---|---|
| | | 8 | | 9 | 6 | | 5 | |
| | | | | 4 | | 8 | | 3 |
| 4 | | 6 | | | | | 7 | |
| | | | 7 | | 4 | | | 5 |
| 1 | 8 | | | | | | 4 | 6 |
| 5 | | | 8 | | 2 | | | |
| | 4 | | | | | 6 | | 8 |
| 8 | | 9 | | 3 | | | | |
| | 1 | | 6 | 2 | | 4 | | |

A090

| | | | | | | | | |
|---|---|---|---|---|---|---|---|---|
| 9 | | 1 | 2 | | | | 6 | |
| | | | | 5 | | 8 | | 7 |
| 7 | | 5 | | 3 | | | 1 | |
| 8 | | | | | | | | |
| | 9 | 4 | | | | 2 | 5 | |
| | | | | | | | | 6 |
| | 2 | | | 7 | | 4 | | 5 |
| 5 | | 8 | | 6 | | | | |
| | 7 | | | | 4 | 6 | | 3 |

A091

| | | | | | | | | |
|---|---|---|---|---|---|---|---|---|
| | | 4 | | 1 | | 2 | | |
| 6 | | | 8 | | 4 | | | 3 |
| 8 | | 1 | | | | 5 | | 9 |
| | 1 | | 5 | | 8 | | 2 | |
| | 9 | | | | | | 5 | |
| | 8 | | 2 | | 7 | | 3 | |
| 1 | | 5 | | | | 3 | | 7 |
| 2 | | | 1 | | 3 | | | 5 |
| | | 3 | | 7 | | 8 | | |

A092

| | | | | | | | | |
|---|---|---|---|---|---|---|---|---|
| 7 | 4 | | 5 | | 9 | | | |
| | 2 | | | | | 9 | 7 | |
| | | | 7 | | 3 | 2 | | |
| 3 | | 7 | | 8 | | | | |
| 9 | | 8 | | | | 3 | | 4 |
| | | | | 3 | | 7 | | 1 |
| | | 4 | 2 | | 6 | | | |
| | 3 | 1 | | | | | 2 | |
| | | | 3 | | 1 | | 5 | 6 |

A093

| | | | | | | | | |
|---|---|---|---|---|---|---|---|---|
| 4 | | | 5 | | | 1 | | |
| | | | 1 | 4 | | | 5 | |
| 1 | | | | | | 8 | | |
| | | | | | 4 | | 7 | 2 |
| 7 | | | | | | | | 1 |
| 5 | 1 | | 6 | | | | | |
| | | 4 | | | | | | 7 |
| | 6 | | | 9 | 3 | | | |
| | | 9 | | | 8 | | | 3 |

A094

| | | | | | | | | |
|---|---|---|---|---|---|---|---|---|
| 1 | | | 8 | | 3 | | | |
| 5 | | | | 4 | | 7 | | 3 |
| | | 6 | | | 7 | | 2 | |
| | 1 | | | 8 | | | | |
| | 7 | 4 | | | | 3 | 5 | |
| | | | | 3 | | | 9 | |
| | 6 | | 3 | | | 5 | | |
| 3 | | 9 | | 1 | | | | 6 |
| | | | 6 | | 5 | | | 9 |

A095

| | | | | | | | | |
|---|---|---|---|---|---|---|---|---|
| | 5 | | | | | | 3 | |
| | 2 | | 1 | 8 | 6 | | 4 | |
| | | 6 | | | | 2 | | |
| 6 | | | 8 | | 9 | | | 2 |
| 3 | | | 2 | | 4 | | | 1 |
| 4 | | | 5 | | 7 | | | 6 |
| | | 7 | | | | 1 | | |
| | 8 | | 6 | 4 | 3 | | 2 | |
| | 6 | | | | | | 5 | |

A096

| | | | | | | | | |
|---|---|---|---|---|---|---|---|---|
| | 3 | | 4 | 9 | | | | |
| 4 | | 6 | | | | 3 | | |
| | 5 | | | 3 | | | 7 | |
| 5 | | | 9 | | 8 | | | |
| 6 | | 2 | | | | 5 | | 7 |
| | | | 2 | | 5 | | | 6 |
| | 1 | | | 5 | | | 9 | |
| | | 5 | | | | 1 | | 2 |
| | | | | 2 | 9 | | 4 | |

A097

| | | | | | | | | |
|---|---|---|---|---|---|---|---|---|
| | 4 | | 3 | | 5 | | | |
| 8 | | | | | | 9 | 5 | |
| 7 | | | 2 | | | | | |
| | | 6 | | 1 | | | | 3 |
| | | 9 | | | | 6 | | |
| 2 | | | | 9 | | 1 | | |
| | | | | | 4 | | | 8 |
| | 9 | 5 | | | | | | 4 |
| | | | 5 | | 1 | | 7 | |

A098

| | | | | | | | | |
|---|---|---|---|---|---|---|---|---|
| | | | | | 9 | 5 | | 7 |
| | 6 | 7 | | | | | 2 | |
| | 1 | | | | 7 | | | 8 |
| | | | | 4 | | 2 | | 3 |
| | | | 8 | 1 | 3 | | | |
| 3 | | 6 | | 7 | | | | |
| 2 | | | 3 | | | | 9 | |
| | 9 | | | | | 4 | 1 | |
| 8 | | 1 | 4 | | | | | |

A099

| | | | | | | | | |
|---|---|---|---|---|---|---|---|---|
| | | | 1 | 4 | | | 8 | |
| | 3 | 8 | | | | | 2 | |
| | | 4 | | 7 | | | 3 | |
| 5 | | | | | 1 | | | |
| 7 | | 6 | | | | 9 | | 2 |
| | | | 9 | | | | | 5 |
| | 5 | | | 8 | | 1 | | |
| | 2 | | | | | 4 | 5 | |
| | 1 | | | 9 | 4 | | | |

A100

| | | | | | | | | |
|---|---|---|---|---|---|---|---|---|
| | 4 | | | 9 | | | 7 | |
| 2 | | | | | | | | 5 |
| | | 9 | 2 | 7 | 5 | 3 | | |
| | 1 | | 4 | | 7 | | 3 | |
| 3 | | | | | | | | 7 |
| | 5 | | 1 | | 9 | | 6 | |
| | | 1 | 5 | 4 | 3 | 6 | | |
| 8 | | | | | | | | 3 |
| | 3 | | | 2 | | | 9 | |

A101

| 4 |  | 8 |  |  | 2 |  |  | 6 |
|---|---|---|---|---|---|---|---|---|
|  |  | 5 | 7 |  | 3 |  |  |  |
|  |  |  |  |  |  |  | 4 | 9 |
| 5 | 4 |  |  | 9 |  |  | 1 |  |
|  |  |  | 2 |  | 5 |  |  |  |
|  | 7 |  |  | 1 |  |  | 6 | 5 |
| 9 | 8 |  |  |  |  |  |  |  |
|  |  |  | 5 |  | 6 | 9 |  |  |
| 3 |  |  | 4 |  |  | 1 |  | 7 |

A102

|  | 6 |  | 1 |  | 3 |  | 8 |  |
|---|---|---|---|---|---|---|---|---|
| 4 |  | 9 |  |  |  | 5 |  | 1 |
|  | 2 |  |  |  |  |  | 6 |  |
| 9 |  |  | 5 |  | 8 |  |  | 6 |
|  |  |  |  |  |  |  |  |  |
| 2 |  |  | 3 |  | 6 |  |  | 9 |
|  | 4 |  |  |  |  |  | 7 |  |
| 1 |  | 3 |  |  |  | 6 |  | 4 |
|  | 9 |  | 6 |  | 7 |  | 2 |  |

A103

|  | 2 | 4 |  |  |  | 5 | 1 |  |
|---|---|---|---|---|---|---|---|---|
|  |  |  | 4 | 2 | 1 |  |  |  |
|  | 6 |  |  | 9 |  |  | 8 |  |
| 7 |  | 9 |  |  |  | 6 |  | 8 |
| 6 |  |  | 9 |  | 3 |  |  | 4 |
| 4 |  | 3 |  |  |  | 9 |  | 1 |
|  | 9 |  |  | 1 |  |  | 7 |  |
|  |  |  | 7 | 5 | 6 |  |  |  |
|  | 4 | 7 |  |  |  | 2 | 6 |  |

A104

|  | 6 | 1 |  |  | 4 |  |  |  |
|---|---|---|---|---|---|---|---|---|
|  |  | 7 |  |  | 2 |  |  | 3 |
|  |  |  |  | 7 |  |  | 4 | 6 |
| 9 | 1 |  | 5 |  | 8 |  |  |  |
|  |  | 2 |  |  |  | 9 |  |  |
|  |  |  | 2 |  | 9 |  | 1 | 5 |
| 7 | 4 |  |  | 2 |  |  |  |  |
| 3 |  |  | 7 |  |  | 2 |  |  |
|  |  |  | 4 |  |  | 6 | 9 |  |

A105

| 2 |  |  | 7 |  |  |  | 4 |  |
|---|---|---|---|---|---|---|---|---|
|  | 6 | 3 |  |  |  | 9 |  | 8 |
|  | 4 |  | 1 |  | 9 |  | 2 |  |
| 3 |  | 1 |  | 7 |  | 4 |  |  |
|  |  |  | 2 |  | 6 |  |  |  |
|  |  | 6 |  | 3 |  | 5 |  | 2 |
|  | 7 |  | 3 |  | 8 |  | 5 |  |
| 6 |  | 8 |  |  |  | 7 | 9 |  |
|  | 3 |  |  |  | 7 |  |  | 4 |

A106

|  |  |  | 4 | 8 | 9 |  |  |  |
|---|---|---|---|---|---|---|---|---|
| 5 |  |  |  |  |  |  |  | 7 |
|  | 1 | 2 |  | 7 |  | 9 | 8 |  |
| 3 |  |  | 1 |  | 4 |  |  | 9 |
|  | 9 |  |  |  |  |  | 4 |  |
| 7 |  |  | 3 |  | 2 |  |  | 1 |
|  | 2 | 7 |  | 1 |  | 3 | 5 |  |
| 1 |  |  |  |  |  |  |  | 8 |
|  |  |  | 9 | 4 | 7 |  |  |  |

A107

| 9 |  |  | 2 |  |  |  |  | 4 |
|---|---|---|---|---|---|---|---|---|
|  |  | 8 |  |  | 4 |  |  |  |
|  |  |  | 3 | 5 |  |  | 2 |  |
|  | 1 |  |  |  |  | 5 |  | 9 |
|  |  | 4 |  | 9 |  | 3 |  |  |
| 2 |  | 6 |  |  |  |  | 4 |  |
|  | 5 |  |  | 8 | 6 |  |  |  |
|  |  |  | 9 |  |  | 2 |  |  |
| 4 |  |  |  |  | 7 |  |  | 1 |

A108

| 7 |  | 9 |  | 6 |  |  |  |  |
|---|---|---|---|---|---|---|---|---|
|  |  | 3 |  |  |  |  |  | 2 |
|  |  |  | 2 | 1 |  | 5 |  |  |
|  |  |  | 4 |  |  |  | 5 | 7 |
|  | 4 |  | 8 |  | 6 |  | 9 |  |
| 6 | 3 |  |  |  | 9 |  |  |  |
|  |  | 6 |  | 8 | 7 |  |  |  |
| 8 |  |  |  |  |  | 7 |  |  |
|  |  |  |  | 9 |  | 8 |  | 5 |

A109

|  | 4 |  | 3 |  | 5 |  |  |  |
|---|---|---|---|---|---|---|---|---|
| 3 |  | 8 |  | 2 |  |  |  |  |
|  | 2 |  |  |  | 4 | 7 |  |  |
| 8 |  |  |  | 1 |  | 2 |  | 4 |
|  | 1 |  | 2 |  | 9 |  | 3 |  |
| 2 |  | 4 |  | 7 |  |  |  | 5 |
|  |  | 9 | 4 |  |  |  | 6 |  |
|  |  |  |  | 3 |  | 5 |  | 7 |
|  |  |  | 8 |  | 7 |  | 2 |  |

A110

|  | 2 |  | 3 |  | 4 |  |  |  |
|---|---|---|---|---|---|---|---|---|
|  |  |  |  | 6 |  | 3 | 7 |  |
| 1 | 8 |  |  |  |  |  | 4 |  |
|  |  |  |  | 9 |  |  |  | 7 |
|  |  | 4 |  |  |  | 8 |  |  |
| 9 |  |  |  | 2 |  |  |  |  |
|  | 7 |  |  |  |  |  | 8 | 2 |
|  | 5 | 6 |  | 8 |  |  |  |  |
|  |  |  | 5 |  | 2 |  | 6 |  |

A111

|  |  |  |  |  | 3 |  | 8 | 1 |
|---|---|---|---|---|---|---|---|---|
| 2 | 4 | 7 |  |  |  |  |  |  |
|  |  | 1 |  |  | 9 |  |  |  |
| 1 |  |  |  | 3 |  |  |  | 6 |
|  |  | 2 |  | 8 |  | 3 |  |  |
| 6 |  |  |  | 9 |  |  |  | 8 |
|  |  |  | 1 |  |  | 5 |  |  |
|  |  |  |  |  |  | 6 | 7 | 3 |
| 4 | 7 |  | 3 |  |  |  |  |  |

A112

|  |  |  | 8 |  |  |  | 5 |  |
|---|---|---|---|---|---|---|---|---|
| 3 |  | 7 |  |  |  |  | 6 |  |
|  |  | 6 | 5 |  | 9 |  | 7 |  |
| 1 |  |  |  | 8 | 5 |  |  | 4 |
| 4 |  | 8 |  |  |  | 6 |  | 5 |
| 5 |  |  | 1 | 7 |  |  |  | 3 |
|  | 3 |  | 4 |  | 6 | 1 |  |  |
|  | 8 |  |  |  |  | 2 |  | 6 |
|  | 1 |  |  |  | 8 |  |  |  |

A113

| 2 |  | 6 | 1 |  | 8 |  |  |  |
|---|---|---|---|---|---|---|---|---|
|  |  |  | 6 |  |  | 1 |  |  |
| 1 |  | 8 |  |  |  |  | 3 |  |
| 6 | 2 |  |  | 7 |  |  |  | 9 |
|  |  |  | 5 |  | 6 |  |  |  |
| 9 |  |  |  | 3 |  |  | 6 | 8 |
|  | 8 |  |  |  |  | 4 |  | 2 |
|  |  | 2 |  |  | 9 |  |  |  |
|  |  |  | 2 |  | 4 | 8 |  | 5 |

A114

|  | 2 |  | 7 | 1 | 8 |  | 9 |  |
|---|---|---|---|---|---|---|---|---|
| 6 |  |  |  |  |  |  |  | 1 |
|  |  | 3 |  | 6 |  | 2 |  |  |
| 9 |  |  | 4 |  | 6 |  |  | 7 |
|  |  | 4 |  |  |  | 8 |  |  |
| 7 |  |  | 2 |  | 3 |  |  | 9 |
|  |  | 8 |  | 4 |  | 7 |  |  |
| 3 |  |  |  |  |  |  |  | 4 |
|  | 4 |  | 5 | 3 | 7 |  | 1 |  |

A115

|  |  | 9 | 2 |  |  |  | 3 |  |
|---|---|---|---|---|---|---|---|---|
|  |  |  |  | 4 |  | 8 |  | 6 |
| 5 |  | 6 |  | 9 |  |  | 1 |  |
| 8 |  |  | 3 |  | 1 |  |  |  |
|  | 2 | 5 |  |  |  | 1 | 4 |  |
|  |  |  | 4 |  | 7 |  |  | 9 |
|  | 6 |  |  | 3 |  | 4 |  | 1 |
| 3 |  | 7 |  | 1 |  |  |  |  |
|  | 1 |  |  |  | 6 | 3 |  |  |

A116

| 8 | 3 |  |  | 7 |  |  |  |  |
|---|---|---|---|---|---|---|---|---|
| 7 |  |  |  |  | 8 | 9 | 5 |  |
|  |  |  |  | 4 |  |  | 8 |  |
|  |  |  | 3 |  |  |  | 4 |  |
| 6 |  | 8 |  |  |  | 3 |  | 7 |
|  | 5 |  |  |  | 2 |  |  |  |
|  | 1 |  |  | 3 |  |  |  |  |
|  | 2 | 7 | 4 |  |  |  |  | 9 |
|  |  |  |  | 2 |  |  | 1 | 6 |

A117

| 6 | 3 |  | 8 |  | 7 |  |  |  |
|---|---|---|---|---|---|---|---|---|
| 8 |  |  |  |  |  | 4 |  |  |
|  |  |  | 5 | 3 |  |  | 9 |  |
| 7 |  | 9 |  |  |  |  |  | 2 |
|  |  | 6 |  | 2 |  | 7 |  |  |
| 1 |  |  |  |  |  | 8 |  | 3 |
|  | 2 |  |  | 1 | 5 |  |  |  |
|  |  | 1 |  |  |  |  |  | 4 |
|  |  |  | 9 |  | 6 |  | 2 | 5 |

A118

|  |  |  | 9 | 1 | 7 |  |  |  |
|---|---|---|---|---|---|---|---|---|
|  |  | 2 | 5 |  | 6 | 7 |  |  |
|  | 6 |  |  |  |  |  | 3 |  |
| 6 | 3 |  |  | 2 |  |  | 8 | 7 |
| 4 |  |  | 8 |  | 3 |  |  | 2 |
| 2 | 9 |  |  | 6 |  |  | 5 | 3 |
|  | 8 |  |  |  |  |  | 7 |  |
|  |  | 4 | 2 |  | 8 | 3 |  |  |
|  |  |  | 6 | 9 | 1 |  |  |  |

A119

| | | 5 | 2 | 1 | | | | |
|---|---|---|---|---|---|---|---|---|
| | | 7 | | | | 2 | | |
| | 2 | | 8 | | 5 | | 6 | 3 |
| | | 9 | | | | 1 | | 4 |
| 4 | | | | 3 | | | | 5 |
| 7 | | 3 | | | | 9 | | |
| 5 | 3 | | 4 | | 1 | | 8 | |
| | | 2 | | | | 5 | | |
| | | | | 6 | 9 | 3 | | |

A120

| | | | 1 | | | 3 | 9 | |
|---|---|---|---|---|---|---|---|---|
| | | 1 | | | 9 | | | 7 |
| | 6 | | 2 | | | | | 5 |
| 9 | | 7 | | 8 | | | 2 | |
| | | | 7 | | 6 | | | |
| | 5 | | | 9 | | 8 | | 4 |
| 7 | | | | | 3 | | 4 | |
| 4 | | | 9 | | | 5 | | |
| | 9 | 8 | | | 5 | | | |

A121

| | | 4 | | | | | 9 | |
|---|---|---|---|---|---|---|---|---|
| 3 | | 7 | 5 | | 4 | | | |
| | | | | 6 | | | 3 | 4 |
| | 5 | | 6 | | 7 | | 2 | |
| | | 6 | | | | 9 | | |
| | 3 | | 8 | | 1 | | 7 | |
| 5 | 7 | | | 1 | | | | |
| | | | 3 | | 5 | 7 | | 6 |
| | 1 | | | | | 2 | | |

A122

| | | 1 | | | | 3 | | |
|---|---|---|---|---|---|---|---|---|
| | 5 | | 1 | | 3 | | 7 | |
| 3 | 6 | | | | | | 1 | 2 |
| | | 6 | 8 | | 7 | 5 | | |
| 9 | | | 3 | | 5 | | | 7 |
| | | 3 | 2 | | 9 | 8 | | |
| 7 | 4 | | | | | | 3 | 1 |
| | 2 | | 5 | | 4 | | 6 | |
| | | 8 | | | | 4 | | |

A123

| | 9 | | 4 | | 1 | | | 3 |
|---|---|---|---|---|---|---|---|---|
| | | 3 | | | | 1 | | 5 |
| | | | | | 3 | | | 8 |
| | | | | 9 | | 3 | 8 | 4 |
| | | | 8 | | 5 | | | |
| 3 | 8 | 1 | | 4 | | | | |
| 8 | | | 3 | | | | | |
| 1 | | 7 | | | | 2 | | |
| 6 | | | 7 | | 4 | | 9 | |

A124

| | | | 1 | 4 | 3 | | 7 | |
|---|---|---|---|---|---|---|---|---|
| 2 | | 4 | | | | | | 3 |
| | | 9 | | | | | 6 | |
| | | | 3 | 5 | | | | 4 |
| | 5 | 8 | | | | 3 | 9 | |
| 4 | | | | 8 | 7 | | | |
| | 6 | | | | | 9 | | |
| 9 | | | | | | 7 | | 2 |
| | 7 | | 9 | 3 | 2 | | | |

A125

| | | | | | | | | |
|---|---|---|---|---|---|---|---|---|
| 7 | | | | | 4 | | 5 | |
| | | | 6 | | | 1 | 9 | 3 |
| | | | | 5 | 1 | | 6 | |
| | 4 | | | | | 6 | | 1 |
| | | 6 | | 8 | | 7 | | |
| 1 | | 3 | | | | | 2 | |
| | 5 | | 4 | 1 | | | | |
| 3 | 1 | 8 | | | 2 | | | |
| | 9 | | 7 | | | | | 6 |

A126

| | | | | | | | | |
|---|---|---|---|---|---|---|---|---|
| | | | | 8 | 2 | | 6 | |
| 8 | 5 | | | | | 7 | | |
| 3 | | | | 1 | | | 8 | |
| | | | 5 | | 9 | 1 | | |
| | | 5 | | | | 3 | | |
| | | 9 | 8 | | 3 | | | |
| | 7 | | | 3 | | | | 6 |
| | | 3 | | | | | 4 | 1 |
| | 9 | | 4 | 2 | | | | |

A127

| | | | | | | | | |
|---|---|---|---|---|---|---|---|---|
| | | | 4 | | | 7 | 3 | |
| 6 | 5 | 2 | | | | | 9 | |
| 7 | | | 5 | | | | 2 | |
| | | | | 6 | | 1 | | 7 |
| | | | 1 | 8 | 2 | | | |
| 1 | | 6 | | 5 | | | | |
| | 1 | | | | 5 | | | 2 |
| | 8 | | | | | 9 | 6 | 4 |
| | 6 | 4 | | | 7 | | | |

A128

| | | | | | | | | |
|---|---|---|---|---|---|---|---|---|
| | 9 | | | 6 | | | 8 | |
| 5 | | 6 | | | | 9 | | 3 |
| | 8 | | 5 | | 9 | | 6 | |
| | | 3 | | 5 | | 6 | | |
| 2 | | | 7 | | 3 | | | 1 |
| | | 5 | | 2 | | 8 | | |
| | 2 | | 1 | | 7 | | 5 | |
| 4 | | 1 | | | | 2 | | 9 |
| | 3 | | | 9 | | | 1 | |

A129

| | | | | | | | | |
|---|---|---|---|---|---|---|---|---|
| | 2 | | 7 | | | 6 | 3 | |
| 1 | | | | 8 | | 2 | | 7 |
| 8 | 7 | | 2 | | | | | |
| | | | | 4 | | 3 | | 2 |
| | 9 | | 6 | | 8 | | 5 | |
| 4 | | 2 | | 7 | | | | |
| | | | | | 2 | | 1 | 4 |
| 5 | | 6 | | 3 | | | | 9 |
| | 4 | 9 | | | 7 | | 6 | |

A130

| | | | | | | | | |
|---|---|---|---|---|---|---|---|---|
| | 4 | | 1 | | 2 | | 9 | |
| | | 3 | | 5 | | 1 | | |
| 8 | | | | 9 | | | | 4 |
| 1 | | 4 | | | | 8 | | 3 |
| | | | 6 | | 5 | | | |
| 6 | | 2 | | | | 5 | | 9 |
| 7 | | | | 6 | | | | 2 |
| | | 6 | | 4 | | 9 | | |
| | 9 | | 2 | | 1 | | 3 | |

A131

| | 3 | | 2 | | 5 | | | |
|---|---|---|---|---|---|---|---|---|
| | 9 | | | | | 3 | | 5 |
| | 6 | | 3 | | | 1 | | |
| 2 | | 9 | | 8 | 4 | | | |
| | 4 | | | | | | 1 | |
| | | | 9 | 5 | | 8 | | 2 |
| | | 1 | | | 9 | | 6 | |
| 9 | | 7 | | | | | 5 | |
| | | | 1 | | 2 | | 3 | |

A132

| 9 | | | | | 4 | | 7 | |
|---|---|---|---|---|---|---|---|---|
| | | | 7 | | | 8 | | 1 |
| | | 7 | | 5 | | 4 | 6 | |
| | 2 | | 9 | | 7 | | | 5 |
| | | 8 | | | | 2 | | |
| 5 | | | 6 | | 2 | | 4 | |
| | 7 | 1 | | 2 | | 6 | | |
| 8 | | 9 | | | 1 | | | |
| | 3 | | 8 | | | | | 4 |

A133

| | 7 | | 5 | | 8 | | 3 | |
|---|---|---|---|---|---|---|---|---|
| | | 3 | | | | 8 | | |
| | | 4 | | 7 | | 5 | | |
| 3 | | | 7 | | 6 | | | 1 |
| 4 | | 7 | | | | 6 | | 3 |
| 1 | | | 8 | | 9 | | | 5 |
| | | 5 | | 8 | | 9 | | |
| | | 9 | | | | 1 | | |
| | 8 | | 9 | | 4 | | 6 | |

A134

| | | 3 | | | | 1 | | |
|---|---|---|---|---|---|---|---|---|
| | | | 9 | 4 | 2 | | | |
| 6 | | | 3 | | 1 | | | 7 |
| | 1 | 2 | | 8 | | 4 | 6 | |
| | 3 | | 5 | | 4 | | 2 | |
| | 5 | 4 | | 2 | | 8 | 3 | |
| 4 | | | 2 | | 5 | | | 6 |
| | | | 4 | 1 | 8 | | | |
| | | 7 | | | | 5 | | |

A135

| | | | 9 | | 8 | | | |
|---|---|---|---|---|---|---|---|---|
| | 6 | | 2 | 3 | 7 | | 5 | |
| | 8 | 9 | | | | 2 | 3 | |
| 8 | | | 5 | | 3 | | | 1 |
| 5 | | | | | | | | 3 |
| 6 | | | 4 | | 2 | | | 5 |
| | 4 | 8 | | | | 1 | 6 | |
| | 3 | | 6 | 2 | 4 | | 8 | |
| | | | 8 | | 9 | | | |

A136

| | 7 | | 9 | | | 1 | | |
|---|---|---|---|---|---|---|---|---|
| | | | 1 | | 6 | 3 | | 2 |
| 1 | 5 | 3 | | | | 7 | | |
| | 4 | | 2 | | 5 | | 3 | 1 |
| | | | | | | | | |
| 3 | 2 | | 7 | | 1 | | 8 | |
| | | 1 | | | | 9 | 6 | 3 |
| 5 | | 7 | 6 | | 9 | | | |
| | | 9 | | | 8 | | 2 | |

**A137**

|  |  | 3 |  | 6 |  | 5 | 2 |  |
|---|---|---|---|---|---|---|---|---|
| 9 |  |  | 2 |  | 4 |  |  |  |
| 2 |  |  |  | 9 |  |  |  | 1 |
|  | 9 |  | 7 |  | 8 |  | 5 |  |
| 7 |  | 2 |  |  |  | 9 |  | 8 |
|  | 5 |  | 3 |  | 9 |  | 4 |  |
| 1 |  |  |  | 3 |  |  |  | 5 |
|  |  |  | 5 |  | 2 |  |  | 4 |
|  | 3 | 4 |  | 7 |  | 6 |  |  |

**A138**

|  | 1 |  | 8 |  |  |  | 7 |  |
|---|---|---|---|---|---|---|---|---|
| 7 |  | 2 |  | 4 |  | 6 |  | 3 |
|  | 6 |  |  | 3 |  |  | 2 |  |
|  |  |  | 7 |  | 3 |  |  | 6 |
|  | 7 | 9 |  |  |  | 2 | 5 |  |
| 5 |  |  | 2 |  | 9 |  |  |  |
|  | 8 |  |  | 6 |  |  | 3 |  |
| 6 |  | 7 |  | 9 |  | 5 |  | 2 |
|  | 9 |  |  |  | 5 |  | 6 |  |

**A139**

|  | 9 |  |  |  |  | 3 |  | 2 |
|---|---|---|---|---|---|---|---|---|
| 7 | 2 |  | 8 |  |  |  |  |  |
|  |  |  | 7 |  | 3 |  |  | 1 |
|  | 4 | 7 |  | 3 |  | 9 |  |  |
|  |  |  | 5 |  | 9 |  |  |  |
|  |  | 9 |  | 8 |  | 6 | 3 |  |
| 6 |  |  | 3 |  | 8 |  |  |  |
|  |  |  |  |  | 4 |  | 6 | 3 |
| 5 |  | 4 |  |  |  |  | 8 |  |

**A140**

|  |  |  |  |  |  | 6 | 7 | 5 |
|---|---|---|---|---|---|---|---|---|
|  |  | 5 |  |  | 1 |  |  | 3 |
|  | 3 |  | 4 |  | 5 |  |  | 9 |
|  |  | 1 |  | 8 |  | 2 | 6 |  |
|  |  |  | 6 |  | 9 |  |  |  |
|  | 7 | 6 |  | 2 |  | 5 |  |  |
| 7 |  |  | 3 |  | 8 |  | 4 |  |
| 4 |  |  | 9 |  |  | 7 |  |  |
| 8 | 1 | 9 |  |  |  |  |  |  |

**A141**

|  | 3 |  |  | 5 |  |  | 9 |  |
|---|---|---|---|---|---|---|---|---|
| 2 |  |  |  |  |  |  | 1 | 3 |
|  |  |  | 4 | 3 | 2 |  |  |  |
|  |  | 6 | 2 |  |  | 7 |  |  |
| 8 |  | 9 |  |  |  | 2 |  | 5 |
|  |  | 4 |  |  | 5 | 1 |  |  |
|  |  |  | 3 | 6 | 4 |  |  |  |
| 4 | 9 |  |  |  |  |  |  | 6 |
|  | 1 |  |  | 7 |  |  | 8 |  |

**A142**

|  |  | 2 | 4 |  | 1 | 5 |  |  |
|---|---|---|---|---|---|---|---|---|
|  |  |  | 9 | 8 | 2 |  |  |  |
|  | 1 | 4 |  |  |  | 6 | 8 |  |
| 4 |  |  |  | 5 |  |  |  | 9 |
|  |  |  | 2 | 3 | 4 |  |  |  |
| 3 |  |  |  | 9 |  |  |  | 6 |
|  | 6 | 7 |  |  |  | 9 | 2 |  |
|  |  |  | 5 | 1 | 9 |  |  |  |
|  |  | 3 | 6 |  | 7 | 4 |  |  |

A143

|  | 1 |  | 4 |  | 5 |  | 7 |  |
|---|---|---|---|---|---|---|---|---|
|  | 3 |  |  |  |  |  | 5 |  |
|  | 7 | 9 |  |  |  | 4 | 6 |  |
| 9 |  |  |  | 2 |  |  |  | 1 |
| 6 |  |  | 1 |  | 7 |  |  | 5 |
| 1 |  |  |  | 3 |  |  |  | 6 |
|  | 9 | 1 |  |  |  | 6 | 3 |  |
|  | 6 |  |  |  |  |  | 1 |  |
|  | 2 |  | 8 |  | 1 |  | 9 |  |

A144

|  | 9 |  | 1 |  | 7 |  | 6 |  |
|---|---|---|---|---|---|---|---|---|
| 7 |  | 6 |  |  |  | 1 |  | 5 |
|  |  |  | 4 |  | 3 |  |  |  |
| 2 |  | 4 |  |  |  | 6 |  | 8 |
|  |  |  | 8 |  | 4 |  |  |  |
| 9 |  | 5 |  |  |  | 4 |  | 1 |
|  |  |  | 5 |  | 9 |  |  |  |
| 5 |  | 9 |  |  |  | 3 |  | 2 |
|  | 2 |  | 7 |  | 1 |  | 5 |  |

A145

| 6 |  |  |  | 2 |  | 1 |  |  |
|---|---|---|---|---|---|---|---|---|
| 9 |  | 8 |  |  |  |  |  |  |
|  |  |  |  |  |  | 7 | 9 | 6 |
| 5 | 7 |  | 4 |  |  |  | 8 |  |
|  |  | 6 | 3 |  | 2 | 9 |  |  |
|  | 9 |  |  |  | 7 |  | 6 | 1 |
| 1 | 6 | 5 |  |  |  |  |  |  |
|  |  |  |  |  |  | 5 |  | 2 |
|  |  | 3 |  | 9 |  |  |  | 7 |

A146

|  |  | 3 |  | 1 | 9 |  |  |  |
|---|---|---|---|---|---|---|---|---|
|  |  |  | 8 |  | 7 |  | 4 |  |
| 8 |  | 9 |  | 6 |  |  |  |  |
|  | 5 |  | 9 |  |  |  | 7 | 3 |
| 9 |  | 8 |  |  |  | 1 |  | 2 |
| 2 | 3 |  |  |  | 1 |  | 6 |  |
|  |  |  |  | 9 |  | 8 |  | 6 |
|  | 9 |  | 7 |  | 8 |  |  |  |
|  |  |  | 3 | 4 |  | 2 |  |  |

A147

| 7 |  | 2 |  |  |  |  |  |  |
|---|---|---|---|---|---|---|---|---|
|  |  |  |  | 1 | 4 |  |  | 3 |
|  |  | 6 |  |  |  |  |  | 9 |
|  | 7 |  | 1 |  | 5 |  | 6 |  |
|  | 4 |  |  |  |  |  | 2 |  |
|  | 9 |  | 6 |  | 2 |  | 1 |  |
| 3 |  |  |  |  |  | 4 |  |  |
| 5 |  |  | 3 | 9 |  |  |  |  |
|  |  |  |  |  |  | 5 |  | 2 |

A148

|  |  |  | 5 | 2 | 7 |  |  |  |
|---|---|---|---|---|---|---|---|---|
| 7 | 8 |  |  |  |  |  | 1 | 2 |
|  |  | 6 |  |  |  | 5 |  |  |
| 1 |  |  | 8 |  | 3 |  |  | 5 |
|  |  | 4 |  |  |  | 9 |  |  |
| 3 |  |  | 9 |  | 5 |  |  | 8 |
|  |  | 9 |  |  |  | 7 |  |  |
| 5 | 7 |  |  |  |  |  | 2 | 1 |
|  |  |  | 6 | 7 | 8 |  |  |  |

A149

|   | 2 |   | 4 |   |   |   | 5 | 3 |
|---|---|---|---|---|---|---|---|---|
| 9 |   | 8 | 2 |   |   |   |   | 6 |
|   | 7 |   |   |   | 1 |   |   |   |
| 8 | 3 |   |   | 4 |   | 6 |   |   |
|   |   |   | 6 |   | 2 |   |   |   |
|   |   | 9 |   | 8 |   |   | 3 | 7 |
|   |   |   | 8 |   |   |   | 2 |   |
| 2 |   |   |   |   | 6 | 5 |   | 9 |
| 1 | 9 |   |   |   | 7 |   | 6 |   |

A150

| 3 |   |   | 5 | 6 |   |   |   |   |
|---|---|---|---|---|---|---|---|---|
|   |   |   |   | 8 |   | 7 | 4 | 3 |
| 8 |   | 9 |   |   |   |   | 5 |   |
|   |   |   | 7 |   |   |   |   | 2 |
|   | 7 | 3 |   |   |   | 5 | 8 |   |
| 2 |   |   |   |   | 3 |   |   |   |
|   | 5 |   |   |   |   | 2 |   | 6 |
| 7 | 3 | 6 |   | 1 |   |   |   |   |
|   |   |   |   | 4 | 5 |   |   | 7 |

A151

|   |   |   | 1 | 2 | 3 |   | 8 |   |
|---|---|---|---|---|---|---|---|---|
|   |   | 8 |   |   |   | 1 |   | 6 |
|   | 1 |   |   |   | 6 |   | 5 |   |
| 4 |   |   |   | 7 |   | 5 |   | 8 |
| 2 |   |   | 5 |   | 8 |   |   | 4 |
| 5 |   | 6 |   | 1 |   |   |   | 2 |
|   | 7 |   | 2 |   |   |   | 6 |   |
| 1 |   | 5 |   |   |   | 9 |   |   |
|   | 4 |   | 7 | 6 | 5 |   |   |   |

A152

|   |   |   | 6 |   |   | 4 |   |   |
|---|---|---|---|---|---|---|---|---|
|   |   | 5 |   | 9 |   | 3 |   |   |
| 1 |   |   |   |   |   | 5 |   |   |
|   | 3 |   |   |   | 2 |   |   | 1 |
|   | 4 |   | 1 |   | 6 |   | 9 |   |
| 5 |   |   | 9 |   |   |   | 4 |   |
|   |   | 3 |   |   |   |   |   | 2 |
|   |   | 1 |   | 8 |   | 7 |   |   |
|   |   | 6 |   |   | 4 |   |   |   |

A153

|   |   | 7 |   | 9 |   | 4 |   |   |
|---|---|---|---|---|---|---|---|---|
|   |   |   | 7 |   | 5 |   |   |   |
|   | 6 | 3 |   |   |   | 7 | 9 |   |
| 3 |   |   | 8 |   | 1 |   |   | 6 |
| 9 | 2 |   | 6 |   | 3 |   | 4 | 7 |
| 7 |   |   | 4 |   | 9 |   |   | 5 |
|   | 5 | 1 |   |   |   | 6 | 7 |   |
|   |   |   | 5 |   | 4 |   |   |   |
|   |   | 4 |   | 1 |   | 5 |   |   |

A154

| 2 |   | 3 |   | 4 |   |   | 9 |   |
|---|---|---|---|---|---|---|---|---|
|   |   |   |   |   | 9 |   | 6 | 5 |
| 9 |   |   | 8 | 5 |   |   |   |   |
|   |   | 5 |   |   | 4 |   | 8 |   |
| 4 |   | 2 |   |   |   | 1 |   | 3 |
|   | 6 |   | 1 |   |   | 4 |   |   |
|   |   |   |   | 6 | 8 |   |   | 9 |
| 5 | 8 |   | 4 |   |   |   |   |   |
|   | 3 |   |   | 7 |   | 8 |   | 1 |

A155

| 4 |  | 7 |  |  |  | 6 |  | 3 |
|---|---|---|---|---|---|---|---|---|
|  |  |  | 3 |  | 7 | 2 |  |  |
| 5 | 9 |  |  | 6 |  |  |  | 8 |
|  | 6 |  | 7 |  | 5 |  | 3 |  |
|  |  | 8 |  |  |  | 5 |  |  |
|  | 5 |  | 2 |  | 1 |  | 8 |  |
| 8 |  |  |  | 7 |  |  | 2 | 1 |
|  |  | 2 | 1 |  | 3 |  |  |  |
| 1 |  | 5 |  |  |  | 3 |  | 7 |

A156

|  | 6 |  |  | 2 |  |  | 5 |  |
|---|---|---|---|---|---|---|---|---|
| 2 |  |  |  |  |  |  | 7 | 4 |
|  |  |  | 3 | 5 | 6 |  |  |  |
|  |  | 7 | 6 |  |  | 5 |  |  |
| 8 |  | 2 |  |  |  | 4 |  | 1 |
|  |  | 5 |  |  | 1 | 9 |  |  |
|  |  |  | 8 | 7 | 3 |  |  |  |
| 3 | 7 |  |  |  |  |  |  | 2 |
|  | 1 |  |  | 4 |  |  | 3 |  |

A157

|  |  |  | 4 | 7 |  | 1 |  |  |
|---|---|---|---|---|---|---|---|---|
|  | 5 | 7 |  |  |  |  | 4 |  |
|  | 3 |  | 1 | 9 |  |  |  | 7 |
| 5 |  | 1 | 9 |  | 3 |  |  |  |
| 6 |  | 9 |  |  |  | 2 |  | 3 |
|  |  |  | 7 |  | 1 | 5 |  | 9 |
| 7 |  |  |  | 8 | 9 |  | 2 |  |
|  | 1 |  |  |  |  | 3 | 8 |  |
|  |  | 3 |  | 1 | 4 |  |  |  |

A158

|  | 8 |  | 2 |  | 6 |  | 5 |  |
|---|---|---|---|---|---|---|---|---|
| 6 |  |  |  |  |  |  |  | 4 |
|  |  | 2 |  | 5 |  | 3 |  |  |
|  | 4 |  | 8 |  | 5 |  | 7 |  |
| 5 |  |  |  |  |  |  |  | 2 |
|  | 2 |  | 3 |  | 7 |  | 6 |  |
|  |  | 9 |  | 1 |  | 6 |  |  |
| 3 |  |  |  |  |  |  |  | 9 |
|  | 1 |  | 6 |  | 9 |  | 2 |  |

A159

|  |  |  |  |  | 2 |  |  | 9 |
|---|---|---|---|---|---|---|---|---|
| 1 |  | 6 |  | 3 |  |  |  | 8 |
|  | 4 |  |  |  |  |  | 2 | 5 |
|  |  |  | 2 |  | 6 | 4 |  |  |
|  | 1 | 4 |  |  |  | 6 | 9 |  |
|  |  | 3 | 1 |  | 4 |  |  |  |
| 4 | 8 |  |  |  |  |  | 5 |  |
| 3 |  |  |  | 4 |  | 2 |  | 1 |
| 5 |  |  | 9 |  |  |  |  |  |

A160

|  |  | 3 |  | 5 |  | 6 |  |  |
|---|---|---|---|---|---|---|---|---|
|  |  |  |  | 4 | 9 | 1 |  |  |
| 9 |  |  |  |  |  |  | 2 | 5 |
|  |  |  | 2 |  | 6 |  | 4 |  |
| 2 | 4 |  |  |  |  |  | 6 | 7 |
|  | 7 |  | 4 |  | 8 |  |  |  |
| 7 | 3 |  |  |  |  |  |  | 9 |
|  |  | 5 | 3 | 9 |  |  |  |  |
|  |  | 9 |  | 8 |  | 2 |  |  |

A161

| | | | | | | | | |
|---|---|---|---|---|---|---|---|---|
| | | | 1 | | | 4 | | 2 |
| 5 | 3 | | | | | | | |
| | | | 3 | 8 | | 7 | | |
| | 7 | | | | | | 1 | 9 |
| | | | 2 | 3 | 9 | | | |
| 9 | 5 | | | | | | 8 | |
| | | 4 | | 1 | 8 | | | |
| | | | | | | | 6 | 1 |
| 6 | | 8 | | | 3 | | | |

A162

| | | | | | | | | |
|---|---|---|---|---|---|---|---|---|
| | | | | | | | 7 | 6 |
| 3 | 4 | 9 | | 6 | | | | |
| | | | 1 | | 3 | | 4 | |
| 2 | | | | | 7 | | | |
| 9 | | 8 | | | | 5 | | 4 |
| | | | 2 | | | | | 8 |
| | 6 | | 5 | | 9 | | | |
| | | | | 7 | | 8 | 6 | 3 |
| 7 | 3 | | | | | | | |

A163

| | | | | | | | | |
|---|---|---|---|---|---|---|---|---|
| | | 4 | | 2 | | 8 | | |
| | 1 | | | | | | 4 | |
| 8 | | | 4 | | 7 | | | 3 |
| | | 9 | 8 | | 6 | 2 | | |
| 1 | | | | | | | | 9 |
| | | 3 | 7 | | 5 | 1 | | |
| 2 | | | 3 | | 1 | | | 8 |
| | 8 | | | | | | 6 | |
| | | 5 | | 6 | | 4 | | |

A164

| | | | | | | | | |
|---|---|---|---|---|---|---|---|---|
| | 5 | 6 | | | 9 | 3 | | |
| 9 | | | 6 | 3 | 2 | | | |
| 3 | | | | | | | | 9 |
| | 1 | | | 7 | | | 4 | 6 |
| | 9 | | 1 | | 5 | | 8 | |
| 6 | 2 | | | 8 | | | 5 | |
| 2 | | | | | | | | 1 |
| | | | 3 | 2 | 7 | | | 4 |
| | | 9 | 5 | | | 2 | 3 | |

A165

| | | | | | | | | |
|---|---|---|---|---|---|---|---|---|
| | | 2 | | | 7 | | 1 | |
| | | | 1 | | | 6 | | 4 |
| 9 | | | 3 | | | | 2 | |
| | 4 | 1 | | 7 | | | | 6 |
| | | | 5 | | 4 | | | |
| 8 | | | | 6 | | 4 | 7 | |
| | 2 | | | | 5 | | | 9 |
| 1 | | 4 | | | 6 | | | |
| | 7 | | 8 | | | 2 | | |

A166

| | | | | | | | | |
|---|---|---|---|---|---|---|---|---|
| | 7 | | 4 | | | 1 | | 6 |
| 6 | | 2 | | | 1 | | | |
| | 1 | | | | | 2 | | 5 |
| 8 | | | | 4 | | | 6 | |
| | | | 6 | | 5 | | | |
| | 3 | | | 8 | | | | 4 |
| 3 | | 7 | | | | | 1 | |
| | | | 9 | | | 4 | | 8 |
| 5 | | 8 | | | 6 | | 7 | |

A167

| 6 |  | 5 |  | 2 |  |  | 7 |  |
|---|---|---|---|---|---|---|---|---|
|  |  |  | 6 | 5 | 4 |  | 1 |  |
|  | 8 |  |  |  |  |  | 2 |  |
|  |  | 3 |  |  |  | 2 |  | 4 |
|  |  |  | 1 |  | 7 |  |  |  |
| 9 |  | 4 |  |  |  | 1 |  |  |
|  | 9 |  |  |  |  |  | 5 |  |
|  | 6 |  | 3 | 7 | 8 |  |  |  |
|  | 4 |  |  | 1 |  | 6 |  | 2 |

A168

|  | 2 | 4 |  |  |  | 5 | 3 |  |
|---|---|---|---|---|---|---|---|---|
| 9 |  |  | 5 |  | 3 |  |  | 4 |
| 7 |  |  |  | 1 |  |  |  | 2 |
|  | 9 |  | 3 |  | 1 |  | 8 |  |
|  |  | 3 |  |  |  | 1 |  |  |
|  | 4 |  | 9 |  | 7 |  | 2 |  |
| 3 |  |  |  | 9 |  |  |  | 6 |
| 1 |  |  | 2 |  | 5 |  |  | 8 |
|  | 5 | 9 |  |  |  | 2 | 1 |  |

A169

|  |  | 2 |  | 8 |  | 6 |  |  |
|---|---|---|---|---|---|---|---|---|
|  | 1 |  |  | 3 |  |  | 9 |  |
| 9 |  | 8 |  |  |  | 7 |  | 1 |
| 2 |  |  | 8 | 6 | 9 |  |  | 3 |
|  |  |  |  |  |  |  |  |  |
| 1 |  |  | 3 | 5 | 4 |  |  | 2 |
| 5 |  | 9 |  |  |  | 4 |  | 7 |
|  | 6 |  |  | 7 |  |  | 5 |  |
|  |  | 4 |  | 9 |  | 8 |  |  |

A170

| 4 |  |  |  |  |  |  | 3 | 5 |
|---|---|---|---|---|---|---|---|---|
| 8 |  | 1 |  | 4 | 3 |  |  |  |
|  |  | 3 |  | 7 |  | 4 | 9 |  |
|  | 5 |  | 2 |  | 7 |  |  |  |
|  | 3 | 2 |  |  |  | 8 | 6 |  |
|  |  |  | 3 |  | 4 |  | 5 |  |
|  | 1 | 8 |  | 5 |  | 9 |  |  |
|  |  |  | 8 | 3 |  | 6 |  | 1 |
| 3 | 4 |  |  |  |  |  |  | 2 |

A171

|  | 4 |  | 3 | 5 | 9 |  | 2 |  |
|---|---|---|---|---|---|---|---|---|
|  |  | 2 |  |  |  | 7 |  |  |
|  | 1 |  |  | 2 |  |  | 8 |  |
| 1 |  |  | 7 |  | 4 |  |  | 5 |
| 6 |  |  |  |  |  |  |  | 9 |
| 4 |  |  | 1 |  | 3 |  |  | 2 |
|  | 6 |  |  | 7 |  |  | 4 |  |
|  |  | 4 |  |  |  | 2 |  |  |
|  | 7 |  | 2 | 4 | 5 |  | 6 |  |

A172

|  |  |  | 6 |  | 5 |  |  |  |
|---|---|---|---|---|---|---|---|---|
| 7 |  |  |  |  |  |  | 9 | 1 |
| 4 |  | 5 |  | 7 |  |  |  |  |
|  | 8 |  |  |  |  |  | 4 | 5 |
|  |  | 4 | 2 |  | 8 | 6 |  |  |
| 6 | 3 |  |  |  |  |  | 1 |  |
|  |  |  |  | 3 |  | 1 |  | 4 |
| 9 | 2 |  |  |  |  |  |  | 8 |
|  |  |  | 1 |  | 7 |  |  |  |

A173

| | | | | | | | | |
|---|---|---|---|---|---|---|---|---|
| | 2 | 8 | | | | 5 | 3 | |
| | | | 4 | 3 | 2 | | | |
| | 9 | | | 5 | | | 2 | |
| | | 6 | 1 | | 9 | 7 | | |
| 3 | | | 8 | | 6 | | | 2 |
| | | 1 | 3 | | 5 | 6 | | |
| | 6 | | | 9 | | | 8 | |
| | | | 2 | 1 | 7 | | | |
| | 5 | 2 | | | | 3 | 7 | |

A174

| | | | | | | | | |
|---|---|---|---|---|---|---|---|---|
| 3 | 6 | | | | 7 | | | |
| | | | | | 8 | 3 | 1 | |
| | 2 | | | | 6 | | 5 | |
| 8 | | 7 | | | | | | 4 |
| | | | 7 | 5 | 2 | | | |
| 9 | | | | | | 1 | | 7 |
| | 4 | | 8 | | | | 3 | |
| | 8 | 9 | 2 | | | | | |
| | | | 6 | | | | 9 | 2 |

A175

| | | | | | | | | |
|---|---|---|---|---|---|---|---|---|
| | 7 | | 6 | | | | 1 | 5 |
| 2 | | 5 | | | 3 | | | 7 |
| | 1 | | | | 8 | | | |
| 5 | | | | 3 | | 1 | 4 | |
| | | | 1 | | 9 | | | |
| | 3 | 1 | | 2 | | | | 6 |
| | | | 3 | | | | 9 | |
| 1 | | | 5 | | | 3 | | 8 |
| 9 | 6 | | | | 1 | | 7 | |

A176

| | | | | | | | | |
|---|---|---|---|---|---|---|---|---|
| 8 | | 4 | 7 | | | 2 | | |
| | | | 5 | 8 | | | 1 | |
| 1 | | | | 3 | | | | 8 |
| 6 | 9 | | | | 8 | | | |
| | 7 | 8 | | | | 6 | 4 | |
| | | | 3 | | | | 2 | 9 |
| 2 | | | | 9 | | | | 5 |
| | 3 | | | 7 | 5 | | | |
| | | 1 | | | 3 | 7 | | 6 |

A177

| | | | | | | | | |
|---|---|---|---|---|---|---|---|---|
| | | 1 | 5 | 9 | 6 | 4 | | |
| 4 | | | | | | | | 5 |
| | 2 | | | 1 | | | 6 | |
| 2 | | | 1 | | 7 | | | 6 |
| | 4 | | | | | | 1 | |
| 6 | | | 9 | | 8 | | | 4 |
| | 8 | | | 7 | | | 9 | |
| 5 | | | | | | | | 8 |
| | | 2 | 8 | 3 | 9 | 5 | | |

A178

| | | | | | | | | |
|---|---|---|---|---|---|---|---|---|
| | | 7 | | 4 | | 1 | | |
| | 2 | | 8 | | 1 | | 7 | |
| | | 4 | | 6 | | 2 | | |
| 7 | | | 6 | | 8 | | | 2 |
| | 9 | | | | | | 1 | |
| 3 | | | 9 | | 7 | | | 6 |
| | | 9 | | 8 | | 6 | | |
| | 3 | | 5 | | 6 | | 9 | |
| | | 8 | | 7 | | 5 | | |

A179

|  |  |  | 8 |  | 9 |  |  | 7 |
|---|---|---|---|---|---|---|---|---|
|  |  | 1 |  | 6 | 7 |  |  |  |
|  | 5 | 9 |  |  |  | 6 |  |  |
| 2 |  |  |  |  | 5 |  | 8 | 6 |
|  | 7 |  |  |  |  |  | 3 |  |
| 6 | 3 |  | 4 |  |  |  |  | 2 |
|  |  | 3 |  |  |  | 4 | 6 |  |
|  |  |  | 6 | 9 |  | 8 |  |  |
| 9 |  |  | 1 |  | 8 |  |  |  |

A180

|  | 5 | 3 |  |  |  | 7 | 1 |  |
|---|---|---|---|---|---|---|---|---|
|  |  |  | 3 | 2 | 5 |  |  |  |
| 2 |  | 8 |  | 9 |  | 3 |  | 5 |
|  |  |  | 1 |  | 9 |  |  |  |
| 1 | 8 |  |  |  |  |  | 5 | 9 |
|  |  |  | 5 |  | 7 |  |  |  |
| 8 |  | 9 |  | 1 |  | 5 |  | 7 |
|  |  |  | 8 | 5 | 3 |  |  |  |
|  | 3 | 4 |  |  |  | 6 | 8 |  |

A181

|  | 4 |  | 3 |  |  | 6 |  |  |
|---|---|---|---|---|---|---|---|---|
|  |  |  | 2 |  |  | 8 |  | 4 |
| 6 | 8 | 3 |  | 4 |  | 2 |  |  |
|  |  |  | 1 |  | 4 |  | 5 | 8 |
|  |  | 7 |  |  |  | 9 |  |  |
| 8 | 1 |  | 7 |  | 5 |  |  |  |
|  |  | 2 |  | 8 |  | 5 | 7 | 6 |
| 5 |  | 4 |  |  | 2 |  |  |  |
|  |  | 8 |  |  | 3 |  | 4 |  |

A182

|  |  | 3 |  |  |  |  | 6 |  |
|---|---|---|---|---|---|---|---|---|
| 5 |  | 8 | 4 | 9 | 3 |  |  |  |
|  |  |  |  | 7 |  |  | 3 | 4 |
|  | 5 |  | 7 |  | 9 |  | 2 |  |
|  | 4 | 9 |  |  |  | 1 | 5 |  |
|  | 1 |  | 2 |  | 4 |  | 9 |  |
| 9 | 2 |  |  | 6 |  |  |  |  |
|  |  |  | 1 | 3 | 7 | 2 |  | 9 |
|  | 3 |  |  |  |  | 6 |  |  |

A183

| 5 |  |  |  |  |  | 6 | 9 | 4 |
|---|---|---|---|---|---|---|---|---|
| 3 |  | 4 |  |  | 5 |  |  |  |
| 6 |  |  | 8 |  | 4 |  | 5 |  |
|  | 3 | 1 |  | 9 |  | 7 |  |  |
|  |  |  | 1 |  | 8 |  |  |  |
|  |  | 6 |  | 4 |  | 3 | 1 |  |
|  | 8 |  | 4 |  | 1 |  |  | 6 |
|  |  |  | 3 |  |  | 9 |  | 7 |
| 7 | 6 | 5 |  |  |  |  |  | 1 |

A184

| 3 | 5 | 6 | 2 |  |  |  |  | 7 |
|---|---|---|---|---|---|---|---|---|
|  |  |  | 6 |  |  | 9 |  | 5 |
|  | 4 |  | 1 |  | 7 |  |  | 6 |
|  |  | 1 |  |  |  | 6 | 7 | 8 |
|  |  |  |  |  |  |  |  |  |
| 4 | 9 | 8 |  |  |  | 5 |  |  |
| 5 |  |  | 4 |  | 3 |  | 6 |  |
| 6 |  | 4 |  |  | 2 |  |  |  |
| 1 |  |  |  |  | 5 | 2 | 8 | 4 |

A185

|  | 3 |  |  | 6 | 8 |  |  |  |
|---|---|---|---|---|---|---|---|---|
|  |  | 7 |  |  |  | 2 | 9 |  |
|  |  |  |  |  | 2 |  | 7 |  |
|  |  |  | 2 | 1 |  |  |  | 7 |
| 2 |  | 3 |  |  |  | 9 |  | 5 |
| 5 |  |  |  | 8 | 3 |  |  |  |
|  | 4 |  | 8 |  |  |  |  |  |
|  | 6 | 5 |  |  |  | 4 |  |  |
|  |  |  | 4 | 7 |  |  | 5 |  |

A186

| 2 | 9 |  |  |  | 3 |  | 8 |  |
|---|---|---|---|---|---|---|---|---|
| 3 |  |  |  |  |  | 6 |  | 1 |
|  |  |  | 7 |  | 6 |  | 3 |  |
|  |  | 3 |  | 8 |  | 7 |  | 9 |
|  |  |  | 5 |  | 4 |  |  |  |
| 4 |  | 7 |  | 3 |  | 5 |  |  |
|  | 2 |  | 3 |  | 5 |  |  |  |
| 7 |  | 8 |  |  |  |  |  | 2 |
|  | 3 |  | 8 |  |  |  | 1 | 6 |

A187

| 4 | 9 |  |  |  |  |  | 3 |  |
|---|---|---|---|---|---|---|---|---|
| 2 |  |  |  | 9 |  | 4 |  | 8 |
|  |  |  | 4 | 3 |  |  | 2 |  |
|  |  | 2 | 5 |  |  |  |  |  |
|  | 1 | 5 |  |  |  | 9 | 7 |  |
|  |  |  |  |  | 9 | 6 |  |  |
|  | 8 |  |  | 6 | 3 |  |  |  |
| 6 |  | 9 |  | 1 |  |  |  | 7 |
|  | 2 |  |  |  |  |  | 6 | 4 |

A188

|  |  |  | 7 | 1 | 3 |  |  |  |
|---|---|---|---|---|---|---|---|---|
|  |  | 1 |  |  |  | 7 |  |  |
|  | 7 |  | 8 |  | 2 |  | 6 |  |
| 8 |  | 4 |  | 3 |  | 9 |  | 2 |
| 7 |  |  | 4 |  | 5 |  |  | 1 |
| 1 |  | 6 |  | 2 |  | 5 |  | 8 |
|  | 4 |  | 3 |  | 1 |  | 8 |  |
|  |  | 5 |  |  |  | 4 |  |  |
|  |  |  | 2 | 7 | 4 |  |  |  |

A189

|  | 5 |  |  | 1 |  |  | 3 |  |
|---|---|---|---|---|---|---|---|---|
|  | 3 |  | 5 |  | 7 |  | 8 |  |
|  |  | 9 |  |  |  | 5 |  |  |
| 3 |  |  | 6 |  | 4 |  |  | 2 |
| 2 |  | 8 |  |  |  | 4 |  | 3 |
| 4 |  |  | 3 |  | 5 |  |  | 9 |
|  |  | 7 |  |  |  | 3 |  |  |
|  | 1 |  | 7 |  | 8 |  | 2 |  |
|  | 4 |  |  | 5 |  |  | 7 |  |

A190

| 6 |  | 8 |  |  | 9 | 5 |  |  |
|---|---|---|---|---|---|---|---|---|
|  |  |  | 8 | 6 |  |  | 1 |  |
| 5 |  |  |  | 3 |  |  |  | 6 |
|  | 3 |  | 2 |  |  |  |  | 4 |
|  | 1 | 7 |  |  |  | 9 | 2 |  |
| 2 |  |  |  |  | 1 |  | 5 |  |
| 7 |  |  |  | 8 |  |  |  | 1 |
|  | 4 |  |  | 2 | 6 |  |  |  |
|  |  | 2 | 4 |  |  | 6 |  | 5 |

A191

| | | | | | | | | |
|---|---|---|---|---|---|---|---|---|
| | | 5 | 8 | | 9 | | | |
| 8 | | | | | | | 5 | |
| | | 4 | | | 7 | | 3 | |
| 2 | | | 6 | | 1 | | | |
| 6 | 4 | | | | | | 2 | 9 |
| | | | 9 | | 8 | | | 7 |
| | 5 | | 7 | | | 4 | | |
| | 6 | | | | | | | 8 |
| | | | 1 | | 6 | 5 | | |

A192

| | | | | | | | | |
|---|---|---|---|---|---|---|---|---|
| | | 2 | | | 6 | | 3 | |
| | | 6 | | | | 7 | | 8 |
| 7 | 1 | | 2 | | | | 6 | |
| | | 4 | | 1 | | | | 7 |
| | | | 8 | 4 | 3 | | | |
| 8 | | | | 7 | | 5 | | |
| | 3 | | | | 5 | | 7 | 9 |
| 6 | | 5 | | | | 3 | | |
| | 4 | | 9 | | | 1 | | |

A193

| | | | | | | | | |
|---|---|---|---|---|---|---|---|---|
| 2 | | | | 5 | | 6 | 4 | |
| 4 | | 9 | 8 | | | | | |
| | | | | 2 | | 1 | | |
| | 9 | | | | 1 | | | 6 |
| | 3 | | 5 | | 7 | | 8 | |
| 6 | | | 9 | | | | 1 | |
| | | 7 | | 9 | | | | |
| | | | | | 5 | 8 | | 7 |
| | 2 | 8 | | 7 | | | | 3 |

A194

| | | | | | | | | |
|---|---|---|---|---|---|---|---|---|
| | | 4 | | | | 1 | | 5 |
| | 6 | 1 | | 7 | 3 | | | |
| | | 9 | | 5 | | | | 3 |
| | 1 | | 4 | | 7 | | | |
| 4 | 5 | | | | | | 1 | 8 |
| | | | 5 | | 9 | | 3 | |
| 6 | | | | 4 | | 7 | | |
| | | | 8 | 2 | | 3 | 9 | |
| 3 | | 2 | | | | 5 | | |

A195

| | | | | | | | | |
|---|---|---|---|---|---|---|---|---|
| | 8 | | | 3 | 7 | | 5 | |
| 3 | | 2 | | | | 9 | | 1 |
| | 4 | | | 1 | | | 2 | |
| 4 | | | 3 | | 9 | | | |
| 9 | | 8 | | | | 5 | | 4 |
| | | | 4 | | 5 | | | 8 |
| | 3 | | | 4 | | | 6 | |
| 2 | | 4 | | | | 3 | | 7 |
| | 1 | | 7 | 9 | | | 4 | |

A196

| | | | | | | | | |
|---|---|---|---|---|---|---|---|---|
| | | | | | 9 | | 3 | |
| 1 | | 9 | | | 3 | 6 | | |
| | 5 | | 6 | | 7 | | 1 | |
| 9 | 4 | 6 | | | | 7 | | |
| | | | | | | | | |
| | | 8 | | | | 4 | 6 | 3 |
| | 7 | | 1 | | 5 | | 4 | |
| | | 3 | 2 | | | 5 | | 8 |
| | 9 | | 7 | | | | | |

A197

| | | | | | | | | |
|---|---|---|---|---|---|---|---|---|
| | | | 3 | 6 | | | 7 | |
| 1 | | 6 | | | | 8 | | |
| | 7 | | | 4 | | | 1 | |
| | | | 1 | | 9 | | | 3 |
| 4 | | 7 | | | | 9 | | 5 |
| 3 | | | 4 | | 2 | | | |
| | 9 | | | 2 | | | 4 | |
| | | 8 | | | | 6 | | 7 |
| | 6 | | | 3 | 7 | | | |

A198

| | | | | | | | | |
|---|---|---|---|---|---|---|---|---|
| 6 | | | 7 | | 8 | | | 9 |
| | | | | 6 | | | | |
| | | 8 | 1 | | 9 | 2 | | |
| 5 | | 1 | | 3 | | 8 | | 2 |
| | 9 | | 6 | | 2 | | 5 | |
| 4 | | 6 | | 1 | | 9 | | 3 |
| | | 7 | 2 | | 1 | 5 | | |
| | | | | 4 | | | | |
| 1 | | | 5 | | 7 | | | 8 |

A199

| | | | | | | | | |
|---|---|---|---|---|---|---|---|---|
| 2 | | 7 | | | | | | 6 |
| | | | 7 | 9 | | 5 | | |
| | 5 | | | 8 | | | | 3 |
| | | | 9 | | 7 | | 3 | |
| | 7 | 1 | | | | 2 | 6 | |
| | 6 | | 8 | | 1 | | | |
| 5 | | | | 7 | | | 2 | |
| | | 3 | | 4 | 2 | | | |
| 7 | | | | | | 9 | | 5 |

A200

| | | | | | | | | |
|---|---|---|---|---|---|---|---|---|
| | | 6 | 2 | | 7 | 5 | | |
| | | | 9 | | 6 | | | |
| 2 | | 7 | | | | 3 | | 6 |
| 1 | 5 | | | 6 | | | 3 | 7 |
| | | | 3 | | 9 | | | |
| 7 | 2 | | | 1 | | | 6 | 8 |
| 3 | | 2 | | | | 1 | | 5 |
| | | | 4 | | 1 | | | |
| | | 5 | 6 | | 3 | 7 | | |

A201

| | | | | | | | | |
|---|---|---|---|---|---|---|---|---|
| | 1 | | | 2 | | 5 | | |
| 6 | | 3 | | | | | | |
| | 5 | | 1 | 7 | | 6 | | 2 |
| | | 2 | | | 5 | | | |
| 5 | | 1 | | | | 7 | | 6 |
| | | | 9 | | | 2 | | |
| 3 | | 5 | | 9 | 2 | | 6 | |
| | | | | | | 9 | | 8 |
| | | 7 | | 8 | | | 5 | |

A202

| | | | | | | | | |
|---|---|---|---|---|---|---|---|---|
| 2 | 8 | | | | | 6 | | |
| | | | 7 | | | | | 8 |
| | | | 9 | | | 1 | | 2 |
| | | 5 | | | | | 8 | |
| | | | 4 | 7 | 1 | | | |
| | 2 | | | | | 3 | | |
| 3 | | 9 | | | 8 | | | |
| 7 | | | | | 6 | | | |
| | | 4 | | | | | 5 | 3 |

A203

| | | | 3 | | 8 | | | |
|---|---|---|---|---|---|---|---|---|
| 3 | | 6 | | | | 5 | | 8 |
| | 2 | | | 5 | | | 4 | |
| 8 | | | 2 | | 3 | | | 6 |
| | 5 | | | | | | 3 | |
| 6 | | | 5 | | 9 | | | 1 |
| | 9 | | | 4 | | | 1 | |
| 1 | | 4 | | | | 7 | | 2 |
| | | | 1 | | 7 | | | |

A204

| | 2 | | | 3 | 7 | | | |
|---|---|---|---|---|---|---|---|---|
| 1 | | 9 | | | | 7 | 3 | |
| | 6 | | 1 | | | | 2 | |
| | | 4 | | 9 | | | | 6 |
| 5 | | | 4 | | 3 | | | 7 |
| 3 | | | | 7 | | 5 | | |
| | 1 | | | | 6 | | 7 | |
| | 3 | 2 | | | | 1 | | 8 |
| | | | 2 | 1 | | | 6 | |

A205

| 8 | | 5 | | 7 | 9 | | | |
|---|---|---|---|---|---|---|---|---|
| | | | | 3 | | 5 | 7 | |
| 7 | | 6 | | | | | | 9 |
| | 7 | | | | | | 2 | 4 |
| | | | 3 | | 6 | | | |
| 9 | 6 | | | | | | 8 | |
| 4 | | | | | | 2 | | 1 |
| | 1 | 9 | | 2 | | | | |
| | | | 4 | 6 | | 9 | | 8 |

A206

| | | | 6 | | 4 | | 3 | |
|---|---|---|---|---|---|---|---|---|
| 1 | | 5 | | | | | | |
| | | 6 | | 8 | | 7 | | |
| 6 | 3 | | | | | | | 1 |
| | | | 1 | | 9 | | | |
| 9 | | | | | | | 7 | 8 |
| | | 7 | | 2 | | 5 | | |
| | | | | | | 9 | | 7 |
| | 2 | | 4 | | 3 | | | |

A207

| 3 | | 5 | | | | 2 | | 4 |
|---|---|---|---|---|---|---|---|---|
| | | | 1 | 5 | | | | |
| 7 | | | | | 2 | | | 1 |
| | | 9 | | 1 | | | 7 | |
| | 6 | | 3 | | 7 | | 5 | |
| | 7 | | | 8 | | 6 | | |
| 1 | | | 9 | | | | | 5 |
| | | | | 7 | 1 | | | |
| 4 | | 3 | | | | 9 | | 7 |

A208

| | | | | | | 4 | 6 | 2 |
|---|---|---|---|---|---|---|---|---|
| 9 | | | 6 | 4 | | | | |
| | | 2 | | | | | 9 | |
| | | | | 8 | | 6 | | 3 |
| | 8 | | 5 | | 3 | | 7 | |
| 3 | | 5 | | 1 | | | | |
| | 2 | | | | | 1 | | |
| | | | | 2 | 9 | | | 8 |
| 7 | 9 | 4 | | | | | | |

A209

| | | | | | | | | |
|---|---|---|---|---|---|---|---|---|
| | | 3 | | | 8 | 9 | | |
| | | 8 | | 6 | 2 | | | |
| 9 | | 4 | | | | | 6 | |
| | 9 | | | | 3 | | | 7 |
| 4 | | | 6 | | 9 | | | 5 |
| 7 | | | 1 | | | | 9 | |
| | 6 | | | | | 1 | | 4 |
| | | | 2 | 1 | | 3 | | |
| | | 7 | 3 | | | 5 | | |

A210

| | | | | | | | | |
|---|---|---|---|---|---|---|---|---|
| 4 | | 2 | 6 | | | 9 | | |
| 6 | | | | 9 | | 7 | | |
| 1 | | | 7 | | 4 | | | |
| | 5 | | 9 | | | | 2 | |
| | | 8 | | | | 5 | | |
| | 2 | | | | 8 | | 3 | |
| | | | 4 | | 9 | | | 5 |
| | | 9 | | 1 | | | | 2 |
| | | 4 | | | 3 | 6 | | 7 |

A211

| | | | | | | | | |
|---|---|---|---|---|---|---|---|---|
| | 1 | | 6 | | 5 | | 8 | |
| | | 5 | | | | 1 | | |
| | 9 | | 1 | | 8 | | 3 | |
| 4 | | | | | | | | 2 |
| | | 7 | | 9 | | 4 | | |
| 9 | | | | | | | | 3 |
| | 2 | | 3 | | 4 | | 6 | |
| | | 8 | | | | 3 | | |
| | 3 | | 5 | | 2 | | 1 | |

A212

| | | | | | | | | |
|---|---|---|---|---|---|---|---|---|
| 6 | | | | | | | | 8 |
| | | | 3 | 7 | 4 | | | |
| 9 | | 5 | | | | 4 | | |
| | 4 | | 1 | | 8 | | | |
| | 1 | | | 6 | | | 7 | |
| | | | 7 | | 5 | | 8 | |
| | | 6 | | | | 3 | | 2 |
| | | | 6 | 8 | 3 | | | |
| 4 | | | | | | | | 9 |

A213

| | | | | | | | | |
|---|---|---|---|---|---|---|---|---|
| 5 | | | 9 | | 1 | 4 | | |
| | 9 | | 2 | | | 7 | | |
| 4 | | | | 3 | | | | 9 |
| | 8 | 3 | | | | | | |
| | | | | 1 | | | | |
| | | | | | | 9 | 8 | |
| 2 | | | | 5 | | | | 4 |
| | | 1 | | | 2 | | 5 | |
| | | 5 | 8 | | 6 | | | 3 |

A214

| | | | | | | | | |
|---|---|---|---|---|---|---|---|---|
| | 2 | | | | 3 | | | 6 |
| | 9 | 7 | | | 2 | | | |
| | | | | 5 | | | 2 | 9 |
| 1 | | | 3 | | | | | |
| 7 | | 9 | | | | 3 | | 8 |
| | | | | | 5 | | | 7 |
| 2 | 6 | | | 4 | | | | |
| | | | 1 | | | 5 | 8 | |
| 3 | | | 9 | | | | 6 | |

A215

| | | | | | | | | |
|---|---|---|---|---|---|---|---|---|
| | | | 5 | 7 | | | 3 | |
| | | 5 | | | | 7 | | 6 |
| | 4 | | | | 9 | | 1 | |
| 9 | | | | 4 | | 6 | | |
| 4 | | | 7 | | 6 | | | 9 |
| | | 2 | | 5 | | | | 3 |
| | 6 | | 2 | | | | 8 | |
| 1 | | 3 | | | | 5 | | |
| | 2 | | | 6 | 3 | | | |

A216

| | | | | | | | | |
|---|---|---|---|---|---|---|---|---|
| | 1 | 9 | | | | | 5 | |
| 8 | | | 6 | | | 7 | | 1 |
| 7 | | | 5 | | 8 | | 4 | |
| | 9 | 8 | | 2 | | 3 | | |
| | | | 3 | | 5 | | | |
| | | 3 | | 8 | | 4 | 1 | |
| | 6 | | 2 | | 1 | | | 7 |
| 5 | | 7 | | | 9 | | | 4 |
| | 8 | | | | | 5 | 6 | |

A217

| | | | | | | | | |
|---|---|---|---|---|---|---|---|---|
| 6 | 3 | | | | | 2 | 5 | |
| | | | | 3 | 6 | | | |
| 8 | | | 5 | | | | | 4 |
| | 5 | 8 | | | | | | |
| | | | 6 | 7 | 1 | | | |
| | | | | | | 1 | 2 | |
| 5 | | | | | 7 | | | 3 |
| | | | 9 | 4 | | | | |
| | 8 | 9 | | | | | 4 | 1 |

A218

| | | | | | | | | |
|---|---|---|---|---|---|---|---|---|
| | | 3 | | | 5 | | 9 | |
| | | | | 2 | | 1 | | 4 |
| 5 | | | | | 1 | | 7 | |
| | | | 6 | | 7 | 5 | | 9 |
| | 5 | | | | | | 3 | |
| 6 | | 4 | 5 | | 2 | | | |
| | 6 | | 3 | | | | | 2 |
| 2 | | 5 | | 9 | | | | |
| | 8 | | 2 | | | 9 | | |

A219

| | | | | | | | | |
|---|---|---|---|---|---|---|---|---|
| | | | 4 | | 1 | | | |
| | 8 | 2 | | | | 3 | 4 | |
| 7 | | | | 2 | | | | 9 |
| 6 | | 8 | | | | 9 | | 7 |
| 3 | | | 8 | | 2 | | | 4 |
| 2 | | 5 | | | | 1 | | 8 |
| 5 | | | | 9 | | | | 1 |
| | 9 | 7 | | | | 2 | 5 | |
| | | | 3 | | 7 | | | |

A220

| | | | | | | | | |
|---|---|---|---|---|---|---|---|---|
| 8 | 3 | 5 | | | | | | |
| 6 | | | 2 | | | 3 | | |
| 7 | | | 3 | | | | 6 | |
| | 4 | 1 | | 6 | | | | |
| | | | 8 | 5 | 2 | | | |
| | | | | 1 | | 7 | 5 | |
| | 6 | | | | 8 | | | 5 |
| | | 9 | | | 6 | | | 8 |
| | | | | | | 6 | 1 | 4 |

A221

| | | | | | | | | |
|---|---|---|---|---|---|---|---|---|
| | | | 5 | | 2 | | 1 | 9 |
| | | | | | | | | 8 |
| | | | 8 | 7 | 6 | | | |
| 5 | | 7 | | | | 8 | | 6 |
| | | 6 | | 5 | | 1 | | |
| 8 | | 4 | | | | 3 | | 2 |
| | | | 9 | 8 | 1 | | | |
| 6 | | | | | | | | |
| 4 | 8 | | 2 | | 3 | | | |

A222

| | | | | | | | | |
|---|---|---|---|---|---|---|---|---|
| | 9 | 2 | | 5 | | 6 | | |
| 7 | | | 4 | | 1 | | | |
| 4 | | | | 3 | | | | 7 |
| | 2 | | 8 | | | | 3 | |
| 1 | | 4 | | | | 8 | | 6 |
| | 8 | | | | 3 | | 5 | |
| 9 | | | | 1 | | | | 8 |
| | | | 9 | | 4 | | | 2 |
| | | 6 | | 8 | | 9 | 1 | |

A223

| | | | | | | | | |
|---|---|---|---|---|---|---|---|---|
| 3 | 9 | | | 4 | | | | |
| | | | 7 | | | 3 | 4 | |
| 5 | | | | 1 | | | 2 | |
| | | 6 | 1 | | | | | |
| 4 | | 8 | | | | 1 | | 3 |
| | | | | | 3 | 8 | | |
| | 7 | | | 6 | | | | 5 |
| | 6 | 4 | | | 5 | | | |
| | | | | 3 | | | 6 | 2 |

A224

| | | | | | | | | |
|---|---|---|---|---|---|---|---|---|
| 3 | | | | | 5 | | 7 | |
| | | | 7 | 6 | | 9 | | 3 |
| | | | | 9 | | | 8 | |
| | 2 | | | | 8 | | | 6 |
| | 8 | 4 | | | | 7 | 9 | |
| 6 | | | 4 | | | | 5 | |
| | 1 | | | 3 | | | | |
| 4 | | 8 | | 5 | 2 | | | |
| | 3 | | 1 | | | | | 5 |

A225

| | | | | | | | | |
|---|---|---|---|---|---|---|---|---|
| 3 | | 7 | | | | 8 | | |
| | 5 | | 8 | | | | | |
| 1 | | | 7 | | | 6 | | 9 |
| | 9 | 2 | | 8 | | | | |
| | | | 3 | | 2 | | | |
| | | | | 4 | | 1 | 5 | |
| 2 | | 4 | | | 1 | | | 8 |
| | | | | | 8 | | 4 | |
| | | 6 | | | | 5 | | 3 |

A226

| | | | | | | | | |
|---|---|---|---|---|---|---|---|---|
| | 3 | | | 1 | | | 2 | |
| | 1 | | 5 | | 6 | | | |
| | 8 | | | | | 1 | | 6 |
| 8 | | | 3 | | 5 | 4 | | |
| | | | | | | | | |
| | | 9 | 7 | | 8 | | | 3 |
| 4 | | 2 | | | | | 5 | |
| | | | 6 | | 2 | | 9 | |
| | 7 | | | 5 | | | 4 | |

A227

|  |  | 9 | 5 |  | 6 |  |  |  |
|---|---|---|---|---|---|---|---|---|
|  |  |  |  |  |  | 4 | 6 | 8 |
| 4 |  | 6 |  |  | 7 |  |  |  |
|  | 2 |  |  | 9 |  | 6 |  |  |
|  | 9 |  | 4 |  | 5 |  | 2 |  |
|  |  | 5 |  | 1 |  |  | 3 |  |
|  |  |  | 1 |  |  | 7 |  | 3 |
| 9 | 5 | 4 |  |  |  |  |  |  |
|  |  |  | 8 |  | 9 | 5 |  |  |

A228

|  | 2 |  | 8 | 6 | 9 |  |  |  |
|---|---|---|---|---|---|---|---|---|
|  |  |  |  |  |  |  |  | 2 |
| 3 | 6 |  |  |  |  |  | 4 |  |
| 6 |  |  | 9 |  | 7 | 1 |  |  |
|  |  | 2 |  |  |  | 7 |  |  |
|  |  | 5 | 4 |  | 1 |  |  | 3 |
|  | 7 |  |  |  |  |  | 9 | 1 |
| 8 |  |  |  |  |  |  |  |  |
|  |  |  | 3 | 1 | 4 |  | 8 |  |

A229

| 5 |  |  | 2 | 3 |  |  |  |  |
|---|---|---|---|---|---|---|---|---|
| 9 |  |  |  |  |  | 5 |  |  |
| 1 |  | 8 |  |  |  | 4 | 3 |  |
|  | 7 |  |  |  | 8 |  | 4 |  |
|  |  |  | 3 |  | 6 |  |  |  |
|  | 3 |  | 7 |  |  |  | 1 |  |
|  | 5 | 2 |  |  |  | 8 |  | 7 |
|  |  | 6 |  |  |  |  |  | 4 |
|  |  |  |  | 9 | 5 |  |  | 3 |

A230

| 2 |  | 8 |  |  | 6 |  |  |  |
|---|---|---|---|---|---|---|---|---|
|  |  | 6 |  |  |  | 8 |  | 1 |
| 4 |  |  | 9 |  | 5 |  |  |  |
|  | 7 |  |  | 4 |  |  |  | 3 |
|  | 8 |  |  | 3 |  |  | 7 |  |
| 3 |  |  |  | 2 |  |  | 8 |  |
|  |  |  | 2 |  | 7 |  |  | 8 |
| 8 |  | 9 |  |  |  | 7 |  |  |
|  |  |  | 8 |  |  | 5 |  | 2 |

A231

|  |  | 1 |  | 9 |  |  |  |  |
|---|---|---|---|---|---|---|---|---|
|  |  | 8 |  |  |  | 4 | 3 | 9 |
|  |  |  | 8 |  | 7 |  |  |  |
|  | 2 |  |  |  | 6 |  | 5 |  |
| 1 |  | 6 |  |  |  | 9 |  | 4 |
|  | 5 |  | 4 |  |  |  | 7 |  |
|  |  |  | 5 |  | 9 |  |  |  |
| 2 | 1 | 5 |  |  |  | 3 |  |  |
|  |  |  |  | 7 |  | 8 |  |  |

A232

| 6 |  |  | 8 |  |  | 5 | 9 |  |
|---|---|---|---|---|---|---|---|---|
| 7 |  |  |  | 9 |  |  |  |  |
| 1 |  |  | 7 |  |  | 4 |  |  |
|  | 4 |  |  | 5 |  | 6 |  |  |
|  |  |  | 2 |  | 4 |  |  |  |
|  |  | 7 |  | 1 |  |  | 4 |  |
|  |  | 8 |  |  | 3 |  |  | 2 |
|  |  |  |  | 8 |  |  |  | 6 |
|  | 6 | 2 |  |  | 9 |  |  | 4 |

A233

| | 1 | | 3 | | 4 | | 5 | |
|---|---|---|---|---|---|---|---|---|
| 8 | | | | | | | | 4 |
| | | 4 | | 8 | | 2 | | |
| | 4 | | 7 | | 2 | | 8 | |
| | | 7 | 5 | | 1 | 6 | | |
| | 5 | | 8 | | 3 | | 1 | |
| | | 3 | | 1 | | 5 | | |
| 6 | | | | | | | | 8 |
| | 2 | | 6 | | 7 | | 3 | |

A234

| | | | 6 | 1 | 4 | | | |
|---|---|---|---|---|---|---|---|---|
| 7 | | 4 | | 5 | | 6 | | 3 |
| | 6 | | 7 | | 3 | | 5 | |
| 3 | | | | 2 | | | | 6 |
| | 7 | | | | | | 8 | |
| 2 | | | | 4 | | | | 5 |
| | 8 | | 9 | | 6 | | 2 | |
| 6 | | 1 | | 8 | | 9 | | 7 |
| | | | 4 | 3 | 1 | | | |

A235

| | | | | 3 | | 8 | 2 | 9 |
|---|---|---|---|---|---|---|---|---|
| 9 | 3 | | | | 5 | | | |
| | | | | 9 | | | | 7 |
| | 4 | | | | 2 | 6 | | 8 |
| | | 3 | | | | 9 | | |
| 8 | | 1 | 9 | | | | 7 | |
| 3 | | | | 1 | | | | |
| | | | 4 | | | | 8 | 3 |
| 4 | 6 | 8 | | 5 | | | | |

A236

| 8 | | | | | | 6 | | 4 |
|---|---|---|---|---|---|---|---|---|
| | | | 6 | 2 | 9 | | | |
| 6 | | | | 7 | 8 | | | |
| | 6 | 4 | | | | | 5 | |
| | 8 | 1 | | | | 7 | 4 | |
| | 7 | | | | | 8 | 9 | |
| | | | 2 | 1 | | | | 7 |
| | | | 5 | 3 | 7 | | | |
| 1 | | 7 | | | | | | 2 |

A237

| | | | 4 | | 1 | | | |
|---|---|---|---|---|---|---|---|---|
| 6 | | 1 | | | | 7 | | 3 |
| | 4 | 8 | | | | 5 | 1 | |
| 1 | | | 6 | | 9 | | | 5 |
| 3 | | | | | | | | 2 |
| 8 | | | 2 | | 7 | | | 1 |
| | 6 | 9 | | | | 1 | 2 | |
| 4 | | 3 | | | | 9 | | 6 |
| | | | 9 | | 6 | | | |

A238

| | | | | 7 | | 6 | 3 | |
|---|---|---|---|---|---|---|---|---|
| 5 | | | | 9 | 2 | | | |
| | | 1 | | | | 4 | 9 | |
| | | | | | 8 | | 1 | |
| 9 | | | 7 | | 6 | | | 8 |
| | 7 | | 1 | | | | | |
| | 3 | 9 | | | | 2 | | |
| | | | 2 | 5 | | | | 6 |
| | 5 | 2 | | 1 | | | | |

A239

| 1 | 7 | 2 |  |  | 8 |  |  |  |
|---|---|---|---|---|---|---|---|---|
| 4 |  |  | 6 |  | 2 | 9 |  |  |
| 6 |  |  |  | 3 |  |  | 4 |  |
|  | 4 |  |  |  |  |  | 9 | 1 |
|  |  | 5 |  |  |  | 8 |  |  |
| 8 | 2 |  |  |  |  |  | 3 |  |
|  | 9 |  |  | 7 |  |  |  | 6 |
|  |  | 7 | 5 |  | 9 |  |  | 4 |
|  |  |  | 1 |  |  | 7 | 2 | 9 |

A240

|  | 1 | 6 |  | 4 |  | 8 | 7 |  |
|---|---|---|---|---|---|---|---|---|
|  |  |  | 6 |  | 7 |  |  |  |
| 4 | 7 |  |  | 9 |  |  | 3 | 2 |
| 6 |  | 9 |  |  |  | 7 |  | 5 |
|  |  |  |  |  |  |  |  |  |
| 7 |  | 1 |  |  |  | 3 |  | 6 |
| 1 | 6 |  |  | 7 |  |  | 4 | 3 |
|  |  |  | 3 |  | 1 |  |  |  |
|  | 2 | 7 |  | 5 |  | 1 | 6 |  |

A241

|  | 8 |  | 4 |  | 3 |  | 1 |  |
|---|---|---|---|---|---|---|---|---|
|  |  | 4 |  |  |  | 6 |  |  |
| 9 |  |  | 1 |  | 6 |  |  | 4 |
|  |  | 2 |  |  |  | 3 |  |  |
|  | 3 |  | 7 |  | 5 |  | 6 |  |
|  |  | 5 |  |  |  | 1 |  |  |
| 5 |  |  | 6 |  | 2 |  |  | 1 |
|  |  | 1 |  |  |  | 2 |  |  |
|  | 2 |  | 5 |  | 7 |  | 9 |  |

A242

|  | 1 |  |  | 2 |  |  | 4 |  |
|---|---|---|---|---|---|---|---|---|
| 3 |  |  |  |  |  |  |  | 8 |
|  |  |  | 8 | 9 | 7 |  |  |  |
| 1 |  | 5 | 2 |  | 4 | 8 |  | 9 |
|  | 2 |  | 3 |  | 9 |  | 7 |  |
| 6 |  | 9 | 7 |  | 8 | 1 |  | 4 |
|  |  |  | 4 | 8 | 2 |  |  |  |
| 5 |  |  |  |  |  |  |  | 2 |
|  | 8 |  |  | 7 |  |  | 9 |  |

A243

| 9 | 7 | 4 |  |  | 1 |  |  |  |
|---|---|---|---|---|---|---|---|---|
|  |  |  |  | 9 | 5 | 4 |  |  |
|  |  | 5 |  |  | 4 |  | 7 |  |
| 5 | 2 |  |  |  |  |  |  |  |
| 3 |  |  |  | 7 |  |  |  | 5 |
|  |  |  |  |  |  |  | 2 | 6 |
|  | 9 |  | 5 |  |  | 6 |  |  |
|  |  | 7 | 3 | 1 |  |  |  |  |
|  |  |  | 6 |  |  | 2 | 1 | 9 |

A244

|  |  |  |  | 8 | 1 |  | 2 |  |
|---|---|---|---|---|---|---|---|---|
| 4 |  | 2 |  |  |  |  |  |  |
|  | 8 |  |  |  |  |  | 4 | 7 |
|  |  | 1 | 2 |  | 5 |  |  |  |
| 6 |  | 9 |  |  |  | 5 |  | 2 |
|  |  |  | 3 |  | 6 | 8 |  |  |
| 3 | 6 |  |  |  |  |  | 1 |  |
|  |  |  |  |  |  | 3 |  | 8 |
|  | 4 |  | 7 | 3 |  |  |  |  |

A245

| | | | 7 | 8 | | | 4 | |
|---|---|---|---|---|---|---|---|---|
| 2 | | 8 | | | | | 7 | |
| | | | 5 | | 4 | | 3 | |
| | | | | 6 | | 3 | | 2 |
| | 6 | | | | | | 5 | |
| 1 | | 9 | | 7 | | | | |
| | 1 | | 3 | | 8 | | | |
| | 9 | | | | | 5 | | 4 |
| | 2 | | | 9 | 7 | | | |

A246

| | | 2 | | | 3 | | | 9 |
|---|---|---|---|---|---|---|---|---|
| | | 9 | | 7 | 1 | | | |
| 8 | 6 | | | | 2 | | | |
| | | | | | | 1 | 8 | 5 |
| | 8 | | | | | | 7 | |
| 9 | 7 | 1 | | | | | | |
| | | | 1 | | | | 3 | 2 |
| | | | 4 | 5 | | 8 | | |
| 4 | | | 3 | | | 6 | | |

A247

| | 9 | | 8 | | 2 | | | |
|---|---|---|---|---|---|---|---|---|
| | | | | 4 | | 3 | | 5 |
| | 8 | | 1 | | 3 | | | |
| 5 | | 3 | | | | 8 | | 1 |
| | 7 | | | | | | 4 | |
| 1 | | 6 | | | | 5 | | 9 |
| | | | 2 | | 4 | | 3 | |
| 7 | | 2 | | 1 | | | | |
| | | | 6 | | 5 | | 9 | |

A248

| | | 7 | 3 | 4 | | | 2 | |
|---|---|---|---|---|---|---|---|---|
| | | | 1 | | | 6 | | 4 |
| 5 | | | | | | | 8 | |
| 8 | 3 | | 7 | | | | | |
| 2 | | | | | | | | 7 |
| | | | | | 9 | | 5 | 8 |
| | 8 | | | | | | | 2 |
| 7 | | 5 | | | 1 | | | |
| | 6 | | | 2 | 7 | 9 | | |

A249

| | 2 | | 9 | | | 1 | 5 | |
|---|---|---|---|---|---|---|---|---|
| 6 | | | 5 | | | 7 | | 2 |
| 8 | 7 | | 1 | | | | | |
| | | | | | | 6 | 7 | 5 |
| | | | | 1 | | | | |
| 2 | 4 | 6 | | | | | | |
| | | | | | 5 | | 3 | 7 |
| 5 | | 2 | | | 1 | | | 4 |
| | 9 | 7 | | | 4 | | 1 | |

A250

| | 9 | | 4 | | | 2 | | 7 |
|---|---|---|---|---|---|---|---|---|
| 4 | | 7 | 1 | | | | | |
| | 8 | | 6 | | | | | 1 |
| 3 | 5 | 8 | | 1 | | | | |
| | | | 8 | | 6 | | | |
| | | | | 5 | | 8 | 1 | 2 |
| 9 | | | | | 7 | | 2 | |
| | | | | | 1 | 5 | | 6 |
| 5 | | 1 | | | 4 | | 9 | |

A251

| 6 |  | 7 | 5 |  |  |  |  |  |
|---|---|---|---|---|---|---|---|---|
|  |  |  |  | 8 | 4 |  | 5 |  |
| 5 |  |  |  |  |  | 4 |  |  |
| 1 |  |  |  | 7 |  |  | 8 |  |
|  | 5 |  | 6 |  | 9 |  | 4 |  |
|  | 7 |  |  | 1 |  |  |  | 3 |
|  |  | 1 |  |  |  |  |  | 4 |
|  | 3 |  | 9 | 2 |  |  |  |  |
|  |  |  |  |  | 7 | 1 |  | 9 |

A252

|  | 9 |  | 6 |  | 4 |  | 8 |  |
|---|---|---|---|---|---|---|---|---|
| 6 |  |  |  | 7 |  |  |  | 4 |
|  |  | 4 |  |  |  | 9 |  |  |
| 3 |  | 1 |  |  |  | 7 |  | 2 |
|  | 5 |  | 3 |  | 2 |  | 1 |  |
| 9 |  | 2 |  |  |  | 6 |  | 5 |
|  |  | 5 |  |  |  | 2 |  |  |
| 8 |  |  |  | 9 |  |  |  | 3 |
|  | 3 |  | 1 |  | 5 |  | 6 |  |

A253

|  |  |  | 9 |  | 8 |  |  |  |
|---|---|---|---|---|---|---|---|---|
|  |  | 1 |  | 7 |  | 8 |  |  |
| 6 | 8 |  |  |  |  |  | 5 | 9 |
| 7 |  |  | 6 | 1 | 2 |  |  | 4 |
|  |  | 9 |  |  |  | 2 |  |  |
| 4 |  |  | 8 | 9 | 5 |  |  | 1 |
| 1 | 9 |  |  |  |  |  | 2 | 3 |
|  |  | 4 |  | 2 |  | 9 |  |  |
|  |  |  | 7 |  | 9 |  |  |  |

A254

|  |  |  | 3 | 5 | 8 |  |  |  |
|---|---|---|---|---|---|---|---|---|
| 8 |  | 4 |  |  |  | 2 |  | 3 |
| 6 |  |  |  |  |  |  |  | 9 |
|  | 4 |  | 8 |  | 1 |  | 2 |  |
| 3 | 8 |  |  |  |  |  | 4 | 5 |
|  | 6 |  | 4 |  | 5 |  | 3 |  |
| 2 |  |  |  |  |  |  |  | 4 |
| 7 |  | 8 |  |  |  | 5 |  | 1 |
|  |  |  | 9 | 1 | 7 |  |  |  |

A255

|  |  |  | 6 |  | 2 |  |  |  |
|---|---|---|---|---|---|---|---|---|
| 5 |  | 6 |  | 1 |  | 2 |  | 8 |
|  | 2 |  | 4 |  | 8 |  | 5 |  |
| 4 |  |  |  |  |  |  |  | 2 |
|  | 7 | 5 |  |  |  | 9 | 6 |  |
| 8 |  |  |  |  |  |  |  | 4 |
|  | 8 |  | 5 |  | 9 |  | 2 |  |
| 3 |  | 1 |  | 8 |  | 7 |  | 5 |
|  |  |  | 1 |  | 7 |  |  |  |

A256

|  | 3 | 5 |  |  |  |  |  |  |
|---|---|---|---|---|---|---|---|---|
| 2 |  |  | 7 |  | 9 | 4 |  |  |
| 7 |  |  |  | 8 |  |  | 3 |  |
|  | 1 |  | 2 |  | 7 |  | 8 |  |
|  |  | 2 |  |  |  | 5 |  |  |
|  | 5 |  | 4 |  | 6 |  | 1 |  |
|  | 6 |  |  | 2 |  |  |  | 9 |
|  |  | 3 | 1 |  | 5 |  |  | 8 |
|  |  |  |  |  |  | 1 | 4 |  |

A257

| | | | | | | | | |
|---|---|---|---|---|---|---|---|---|
| | | 4 | | | | 1 | | 5 |
| | | | 8 | 3 | | | | |
| 7 | | | 1 | | | | | 6 |
| | 6 | 9 | | 7 | | | | |
| | 8 | | 2 | | 6 | | 3 | |
| | | | | 9 | | 2 | 6 | |
| 8 | | | | | 1 | | | 7 |
| | | | | 8 | 5 | | | |
| 9 | | 1 | | | | 5 | | |

A258

| | | | | | | | | |
|---|---|---|---|---|---|---|---|---|
| | | | 7 | | 8 | | | |
| | 1 | 5 | | | | 8 | 2 | |
| | | 8 | | | | 3 | | |
| | 2 | | 3 | | 7 | | 8 | |
| 3 | | | 4 | | 5 | | | 9 |
| | 6 | | 1 | | 2 | | 5 | |
| | | 2 | | | | 9 | | |
| | 5 | 7 | | | | 6 | 1 | |
| | | | 9 | | 6 | | | |

A259

| | | | | | | | | |
|---|---|---|---|---|---|---|---|---|
| 3 | | | | | 5 | | | |
| | | | | | | 6 | | 3 |
| 8 | | 6 | | | 2 | | | |
| | 4 | | | 1 | | 5 | 6 | |
| | 6 | | 2 | | 8 | | 3 | |
| | 8 | 3 | | 6 | | | 4 | |
| | | | 9 | | | 7 | | 4 |
| 7 | | 8 | | | | | | |
| | | | 3 | | | | | 2 |

A260

| | | | | | | | | |
|---|---|---|---|---|---|---|---|---|
| | 5 | 9 | | 8 | | 6 | | |
| 6 | | | 3 | | | | | |
| 4 | | | | | | 8 | | 9 |
| | 3 | | 4 | | 8 | | | |
| 2 | | | | | | | | 8 |
| | | | 7 | | 2 | | 4 | |
| 1 | | 6 | | | | | | 2 |
| | | | | | 4 | | | 7 |
| | | 4 | | 7 | | 1 | 6 | |

A261

| | | | | | | | | |
|---|---|---|---|---|---|---|---|---|
| 6 | | 1 | | 5 | 9 | | | |
| | | | 1 | | | | 3 | |
| 7 | | | | 3 | | 1 | | |
| | 4 | | | | 1 | | | 6 |
| 5 | | 2 | | | | 4 | | 1 |
| 8 | | | 5 | | | | 7 | |
| | | 4 | | 8 | | | | 2 |
| | 5 | | | | 4 | | | |
| | | | 7 | 2 | | 6 | | 5 |

A262

| | | | | | | | | |
|---|---|---|---|---|---|---|---|---|
| | | | | 4 | | | | |
| 2 | | 4 | | | | 3 | | 7 |
| | 9 | 7 | | | | 5 | 4 | |
| | 4 | | 1 | | 6 | | 5 | |
| 6 | | | | | | | | 9 |
| | 3 | | 7 | | 5 | | 6 | |
| | 5 | 9 | | | | 8 | 1 | |
| 7 | | 8 | | | | 9 | | 5 |
| | | | | 8 | | | | |

A263

| | | | | | | | | |
|---|---|---|---|---|---|---|---|---|
| | 7 | | 4 | | | 8 | | |
| 6 | | | | 7 | | 3 | | |
| | | | 1 | | | | 2 | 5 |
| 5 | | 7 | 2 | | | | | |
| | 9 | | | | | | 8 | |
| | | | | | 4 | 5 | | 9 |
| 2 | 1 | | | | 7 | | | |
| | | 3 | | 6 | | | | 1 |
| | | 4 | | | 9 | | 3 | |

A264

| | | | | | | | | |
|---|---|---|---|---|---|---|---|---|
| | | | 4 | 1 | 3 | | 2 | |
| | 6 | 3 | | | | | | 4 |
| | | | | | 9 | | 3 | |
| 6 | | 8 | | | 5 | | | |
| 5 | | 2 | | | | 4 | | 7 |
| | | | 2 | | | 8 | | 6 |
| | 8 | | 3 | | | | | |
| 2 | | | | | | 9 | 4 | |
| | 4 | | 5 | 9 | 6 | | | |

A265

| | | | | | | | | |
|---|---|---|---|---|---|---|---|---|
| | | 1 | | | 9 | | 5 | |
| 8 | | 5 | | | | | 6 | |
| | | | 6 | 1 | 5 | | | |
| 2 | | 7 | | | | | | 5 |
| | | | 9 | 6 | 4 | | | |
| 4 | | | | | | 3 | | 9 |
| | | | 8 | 2 | 7 | | | |
| | 8 | | | | | 5 | | 3 |
| | 4 | | 3 | | | 7 | | |

A266

| | | | | | | | | |
|---|---|---|---|---|---|---|---|---|
| | | 1 | | 4 | 5 | | 7 | |
| | | | | | 6 | | | 9 |
| 3 | | 4 | | 2 | | | | |
| | | | | | 7 | | 6 | 8 |
| 5 | | 7 | | | | 3 | | 4 |
| 6 | 8 | | 5 | | | | | |
| | | | | 9 | | 1 | | 2 |
| 1 | | | 4 | | | | | |
| | 3 | | 2 | 5 | | 9 | | |

A267

| | | | | | | | | |
|---|---|---|---|---|---|---|---|---|
| | 8 | | 5 | | | 7 | | |
| 7 | 1 | | | 2 | | | | |
| | | | | | 7 | 2 | | 4 |
| | 2 | | | 6 | 4 | | | |
| | 5 | | | | | | 6 | |
| | | | 7 | 8 | | | 2 | |
| 5 | | 3 | 4 | | | | | |
| | | | | 5 | | | 1 | 6 |
| | | 8 | | | 3 | | 4 | |

A268

| | | | | | | | | |
|---|---|---|---|---|---|---|---|---|
| | | | 2 | | 8 | | 5 | |
| | | 4 | | | | | | 6 |
| | 5 | | 4 | 3 | | | | |
| 4 | | 6 | | | 1 | | | 7 |
| | | 2 | | | | 4 | | |
| 7 | | | 5 | | | 6 | | 3 |
| | | | | 8 | 7 | | 3 | |
| 1 | | | | | | 9 | | |
| | 2 | | 1 | | 4 | | | |

A269

| 4 |  | 5 | 9 |  |  |  |  | 8 |
|---|---|---|---|---|---|---|---|---|
|  |  |  |  | 5 | 8 |  |  |  |
| 9 |  | 3 | 2 |  |  |  |  |  |
| 6 |  | 7 |  | 8 |  |  | 3 |  |
|  | 4 |  | 6 |  | 9 |  | 5 |  |
|  | 9 |  |  | 4 |  | 6 |  | 2 |
|  |  |  |  |  | 3 | 1 |  | 6 |
|  |  |  | 8 | 9 |  |  |  |  |
| 5 |  |  |  |  | 1 | 9 |  | 3 |

A270

| 8 | 9 | 1 |  |  |  |  |  |  |
|---|---|---|---|---|---|---|---|---|
|  |  |  |  | 7 | 4 |  |  | 9 |
|  |  |  |  |  |  | 2 |  | 3 |
|  | 3 |  | 5 |  |  |  | 4 | 2 |
|  |  |  | 9 |  | 7 |  |  |  |
| 6 | 1 |  |  |  | 2 |  | 9 |  |
| 3 |  | 8 |  |  |  |  |  |  |
| 7 |  |  | 2 | 3 |  |  |  |  |
|  |  |  |  |  |  | 3 | 2 | 5 |

A271

|  |  |  | 2 | 6 |  |  | 7 |  |
|---|---|---|---|---|---|---|---|---|
| 8 | 2 |  |  |  |  |  |  |  |
|  |  |  |  | 8 |  | 9 | 3 |  |
|  |  | 4 |  |  | 7 |  |  | 8 |
| 9 |  |  | 1 |  | 6 |  |  | 5 |
| 5 |  |  | 8 |  |  | 6 |  |  |
|  | 9 | 6 |  | 1 |  |  |  |  |
|  |  |  |  |  |  |  | 6 | 9 |
|  | 7 |  |  | 3 | 9 |  |  |  |

A272

|  |  | 3 |  | 9 |  |  |  |  |
|---|---|---|---|---|---|---|---|---|
|  |  |  | 2 |  | 7 |  | 6 | 3 |
| 7 | 4 | 6 |  |  |  |  | 1 |  |
|  |  |  | 8 |  |  |  |  | 6 |
| 6 |  | 4 |  |  |  | 5 |  | 2 |
| 9 |  |  |  |  | 6 |  |  |  |
|  | 3 |  |  |  |  | 7 | 9 | 8 |
| 4 | 9 |  | 7 |  | 8 |  |  |  |
|  |  |  |  | 2 |  | 3 |  |  |

A273

| 3 |  | 6 |  |  |  |  | 4 |  |
|---|---|---|---|---|---|---|---|---|
|  | 5 |  |  |  | 1 |  |  | 7 |
| 4 |  |  | 6 |  | 2 |  |  |  |
|  |  | 5 |  | 1 |  | 2 | 8 |  |
|  |  |  | 2 |  | 5 |  |  |  |
|  | 2 | 9 |  | 4 |  | 5 |  |  |
|  |  |  | 1 |  | 4 |  |  | 3 |
| 2 |  |  | 7 |  |  |  | 9 |  |
|  | 8 |  |  |  |  | 4 |  | 1 |

A274

| 6 |  | 8 |  | 5 |  |  |  | 3 |
|---|---|---|---|---|---|---|---|---|
|  |  |  | 8 | 9 | 1 |  |  |  |
| 2 |  |  |  |  |  | 9 |  |  |
|  | 6 |  |  |  | 8 |  | 3 |  |
| 7 | 8 |  |  |  |  |  | 4 | 9 |
|  | 2 |  | 5 |  |  |  | 8 |  |
|  |  | 6 |  |  |  |  |  | 7 |
|  |  |  | 9 | 3 | 6 |  |  |  |
| 5 |  |  |  | 1 |  | 8 |  | 6 |

A275

| 7 |  |  | 2 |  |  |  |  |  |
|---|---|---|---|---|---|---|---|---|
|  | 4 |  |  |  |  | 8 |  | 9 |
|  |  |  | 5 |  |  | 6 |  | 2 |
|  | 7 | 6 |  | 1 |  |  |  |  |
|  |  |  | 3 | 2 | 6 |  |  |  |
|  |  |  |  | 5 |  | 2 | 8 |  |
| 5 |  | 9 |  |  | 1 |  |  |  |
| 3 |  | 1 |  |  |  |  | 4 |  |
|  |  |  |  |  | 5 |  |  | 8 |

A276

|  |  | 3 |  |  | 8 |  |  |  |
|---|---|---|---|---|---|---|---|---|
|  |  | 8 |  |  |  | 3 | 2 | 4 |
| 2 |  |  | 7 |  | 1 |  |  |  |
|  |  |  |  |  |  | 5 | 4 | 7 |
|  |  |  |  | 1 |  |  |  |  |
| 8 | 4 | 9 |  |  |  |  |  |  |
|  |  |  | 8 |  | 7 |  |  | 3 |
| 9 | 5 | 7 |  |  |  | 4 |  |  |
|  |  |  | 2 |  |  | 6 |  |  |

A277

|  | 2 |  |  | 5 | 9 |  | 7 |  |
|---|---|---|---|---|---|---|---|---|
| 4 |  | 7 |  |  |  | 9 |  | 8 |
|  | 9 |  | 4 |  |  |  | 2 |  |
| 6 |  |  |  | 9 |  | 2 |  |  |
| 9 |  |  | 8 |  | 5 |  |  | 7 |
|  |  | 3 |  | 2 |  |  |  | 9 |
|  | 6 |  |  |  | 7 |  | 3 |  |
| 5 |  | 8 |  |  |  | 7 |  | 2 |
|  | 3 |  | 9 | 1 |  |  | 5 |  |

A278

|  | 8 |  |  | 5 |  | 9 |  |  |
|---|---|---|---|---|---|---|---|---|
|  | 6 |  | 8 | 7 | 1 |  |  |  |
|  | 1 |  |  |  |  | 7 |  |  |
|  |  | 1 |  |  | 9 |  |  | 5 |
| 4 |  |  |  |  |  |  |  | 9 |
| 2 |  |  | 4 |  |  | 6 |  |  |
|  |  | 7 |  |  |  |  | 9 |  |
|  |  |  | 7 | 6 | 2 |  | 1 |  |
|  |  | 8 |  | 9 |  |  | 4 |  |

A279

|  |  | 6 | 9 |  | 4 | 7 |  |  |
|---|---|---|---|---|---|---|---|---|
|  |  |  | 1 | 8 | 5 |  |  |  |
| 5 |  |  |  |  |  |  |  | 3 |
| 4 | 8 |  | 2 |  | 6 |  | 3 | 7 |
|  | 6 |  |  |  |  |  | 1 |  |
| 1 | 3 |  | 7 |  | 8 |  | 5 | 6 |
| 6 |  |  |  |  |  |  |  | 1 |
|  |  |  | 8 | 4 | 2 |  |  |  |
|  |  | 9 | 3 |  | 1 | 5 |  |  |

A280

|  |  |  |  |  |  | 6 | 7 | 8 |
|---|---|---|---|---|---|---|---|---|
|  | 2 |  | 5 |  | 8 |  |  |  |
|  | 1 |  | 9 |  |  |  | 5 |  |
|  |  | 7 |  | 5 |  | 4 |  |  |
| 2 |  |  |  |  |  |  |  | 5 |
|  |  | 5 |  | 1 |  | 3 |  |  |
|  | 7 |  |  |  | 9 |  | 6 |  |
|  |  |  | 6 |  | 4 |  | 1 |  |
| 6 | 3 | 9 |  |  |  |  |  |  |

A281

| | | 4 | | 9 | | 7 | | |
|---|---|---|---|---|---|---|---|---|
| | | 7 | 5 | | 2 | 6 | | |
| 3 | | | | | | | | 2 |
| 1 | 4 | | 2 | | 8 | | 6 | 9 |
| | | | | | | | | |
| 8 | 2 | | 3 | | 4 | | 7 | 5 |
| 5 | | | | | | | | 3 |
| | | 3 | 8 | | 1 | 4 | | |
| | | 2 | | 3 | | 5 | | |

A282

| | 3 | 9 | | | 7 | | | 5 |
|---|---|---|---|---|---|---|---|---|
| 5 | | | | | 4 | | | 9 |
| | | | 9 | | | 2 | | 7 |
| | 4 | 1 | | 9 | | | 7 | |
| | | | 4 | | 2 | | | |
| | 7 | | | 1 | | 6 | 4 | |
| 7 | | 6 | | | 5 | | | |
| 4 | | | 3 | | | | | 6 |
| 3 | | | 7 | | | 8 | 1 | |

A283

| 9 | | 4 | | | 3 | 1 | | |
|---|---|---|---|---|---|---|---|---|
| | 5 | | | 8 | 4 | | | |
| 2 | | | 5 | | | | | 9 |
| | | 5 | | | | | 6 | 1 |
| | 7 | | | 6 | | | 3 | |
| 3 | 9 | | | | | 8 | | |
| 5 | | | | | 2 | | | 8 |
| | | | 3 | 5 | | | 1 | |
| | | 3 | 4 | | | 5 | | 6 |

A284

| 6 | 1 | | 7 | | | 5 | | |
|---|---|---|---|---|---|---|---|---|
| | | | 1 | 3 | | | | |
| | 3 | | | | | 2 | | 1 |
| | | 6 | | | | | 4 | 5 |
| | | | | 8 | | | | |
| 3 | 4 | | | | | 6 | | |
| 5 | | 9 | | | | | 8 | |
| | | | | 2 | 6 | | | |
| | | 2 | | | 9 | | 6 | 3 |

A285

| | 7 | | | | 6 | 2 | | 4 |
|---|---|---|---|---|---|---|---|---|
| 5 | | | 1 | 7 | | | | |
| | | | | | 9 | 8 | | 7 |
| | 2 | | | | | 1 | | 5 |
| | 1 | | | | | | 2 | |
| 4 | | 3 | | | | | 7 | |
| 9 | | 7 | 5 | | | | | |
| | | | | 8 | 3 | | | 2 |
| 2 | | 8 | 9 | | | | 4 | |

A286

| | | | 8 | | | | | 1 |
|---|---|---|---|---|---|---|---|---|
| | 8 | 4 | | | | | 6 | |
| | 6 | | 7 | 9 | | | | |
| | | 8 | | | 5 | 1 | | 6 |
| 1 | | | 4 | | 6 | | | 9 |
| 6 | | 2 | 9 | | | 3 | | |
| | | | | 8 | 9 | | 1 | |
| | 5 | | | | | 6 | 4 | |
| 8 | | | | | 3 | | | |

A287

| | | | | | | | | |
|---|---|---|---|---|---|---|---|---|
| | 2 | | | | | | | |
| | 7 | | 4 | 5 | 1 | | | |
| | 3 | | | | | 5 | | 4 |
| 9 | | | 8 | | 6 | | | |
| 3 | | 6 | | | | 7 | | 9 |
| | | | 3 | | 5 | | | 2 |
| 1 | | 7 | | | | | 9 | |
| | | | 7 | 1 | 8 | | 5 | |
| | | | | | | | 4 | |

A288

| | | | | | | | | |
|---|---|---|---|---|---|---|---|---|
| | | | | 5 | | | | |
| 3 | | | 4 | | 8 | | | 5 |
| | 6 | 5 | | | | 4 | 9 | |
| 4 | 3 | | 2 | | 1 | | 6 | 7 |
| | | | | | | | | |
| 6 | 8 | | 3 | | 5 | | 1 | 9 |
| | 4 | 6 | | | | 7 | 8 | |
| 7 | | | 8 | | 4 | | | 1 |
| | | | | 3 | | | | |

A289

| | | | | | | | | |
|---|---|---|---|---|---|---|---|---|
| 9 | 1 | | | 4 | | | | |
| | | | | | | 7 | | 5 |
| 6 | | 3 | | 2 | | | | |
| | | | 3 | | | 8 | | 9 |
| | 4 | | 5 | | 9 | | 6 | |
| 7 | | 6 | | | 2 | | | |
| | | | | 5 | | 4 | | 3 |
| 2 | | 9 | | | | | | |
| | | | | 3 | | | 9 | 7 |

A290

| | | | | | | | | |
|---|---|---|---|---|---|---|---|---|
| | | 4 | 6 | | 5 | 1 | | |
| | | 6 | | 2 | | 7 | | |
| 5 | 2 | | | | | | 6 | 3 |
| 6 | | | 8 | | 3 | | | 1 |
| | 8 | | | | | | 3 | |
| 2 | | | 9 | | 1 | | | 4 |
| 7 | 9 | | | | | | 5 | 8 |
| | | 8 | | 9 | | 3 | | |
| | | 3 | 7 | | 8 | 2 | | |

A291

| | | | | | | | | |
|---|---|---|---|---|---|---|---|---|
| 6 | | | | 1 | | 8 | 2 | |
| 9 | | | 8 | | 5 | | | |
| 3 | | | | | | 1 | | |
| | 4 | | | | 2 | | | 1 |
| | | 6 | | | | 7 | | |
| 1 | | | 4 | | | | 6 | |
| | | 2 | | | | | | 3 |
| | | | 5 | | 7 | | | 2 |
| | 1 | 3 | | 6 | | | | 5 |

A292

| | | | | | | | | |
|---|---|---|---|---|---|---|---|---|
| | 8 | | | | | | | |
| | | | 1 | 9 | 8 | | | 7 |
| | | 2 | | | 6 | 3 | | |
| | 2 | 1 | 6 | | 3 | | 4 | |
| | 5 | | | | | | 7 | |
| | 3 | | 4 | | 7 | 5 | 1 | |
| | | 5 | 2 | | | 7 | | |
| 9 | | | 8 | 4 | 5 | | | |
| | | | | | | | 9 | |

A293

| | | | | | | | | |
|---|---|---|---|---|---|---|---|---|
| 3 | 4 | | | | 7 | | | |
| | | | 2 | | | 8 | | 4 |
| | 6 | | 4 | | | | | |
| | | | | 9 | | 2 | | 8 |
| | | 2 | | | | 3 | | |
| 5 | | 1 | | 8 | | | | |
| | | | | | 4 | | 6 | |
| 6 | | 4 | | | 1 | | | |
| | | | 5 | | | | 1 | 9 |

A294

| | | | | | | | | |
|---|---|---|---|---|---|---|---|---|
| | 4 | | 6 | | 7 | | 8 | |
| 8 | | | | 3 | | 5 | | 4 |
| | | 9 | | 5 | | | 6 | |
| 6 | | | | | | | | 2 |
| | 3 | 4 | | | | 1 | 7 | |
| 9 | | | | | | | | 5 |
| | 9 | | | 4 | | 8 | | |
| 4 | | 5 | | 6 | | | | 7 |
| | 8 | | 1 | | 5 | | 4 | |

A295

| | | | | | | | | |
|---|---|---|---|---|---|---|---|---|
| | | 4 | | | | 5 | | |
| | | | 6 | 5 | 7 | | | |
| 6 | | 9 | | 3 | | 1 | | 8 |
| 9 | | | | | | | | 4 |
| | 4 | | 3 | | 5 | | 8 | |
| 3 | | | | | | | | 2 |
| 1 | | 6 | | 4 | | 9 | | 7 |
| | | | 7 | 1 | 9 | | | |
| | | 7 | | | | 2 | | |

A296

| | | | | | | | | |
|---|---|---|---|---|---|---|---|---|
| | 5 | | | 9 | | 6 | 3 | |
| 6 | | | 1 | | | 7 | | 9 |
| 7 | 3 | | | | | | | |
| | | | 8 | | 3 | | 1 | |
| 2 | | | | | | | | 7 |
| | 7 | | 9 | | 1 | | | |
| | | | | | | | 7 | 4 |
| 9 | | 4 | | | 7 | | | 3 |
| | 6 | 7 | | 1 | | | 5 | |

A297

| | | | | | | | | |
|---|---|---|---|---|---|---|---|---|
| 4 | | 5 | 7 | 3 | | | | |
| 3 | | | 9 | | | 2 | | |
| 1 | | 9 | | | | | | 7 |
| | 3 | | 2 | | 4 | | 7 | |
| | 5 | | | | | | 3 | |
| | 9 | | 6 | | 3 | | 1 | |
| 9 | | | | | | 6 | | 8 |
| | | 8 | | | 9 | | | 3 |
| | | | | 7 | 8 | 1 | | 4 |

A298

| | | | | | | | | |
|---|---|---|---|---|---|---|---|---|
| | 3 | | 9 | | 5 | | 2 | |
| | | | | 1 | | | | |
| 9 | | 1 | | | | 8 | | 4 |
| | 7 | | 3 | | 6 | | 9 | |
| | | 4 | | | | 3 | | |
| | 8 | | 1 | | 7 | | 6 | |
| 8 | | 2 | | | | 5 | | 6 |
| | | | | 2 | | | | |
| | 9 | | 6 | | 8 | | 4 | |

A299

| | 1 | | 8 | | | | 4 | |
|---|---|---|---|---|---|---|---|---|
| 6 | | | | 4 | | 3 | | 7 |
| | 5 | | | 3 | | | | |
| | | | 3 | | 6 | | | 1 |
| | 8 | 3 | | | | 6 | 5 | |
| 7 | | | 1 | | 5 | | | |
| | | | | 5 | | | 6 | |
| 4 | | 2 | | 1 | | | | 5 |
| | 6 | | | | 8 | | 9 | |

A300

| | 6 | 7 | | 2 | 4 | | | |
|---|---|---|---|---|---|---|---|---|
| 4 | | | | | 1 | | | |
| 5 | | | | 3 | | 4 | | |
| | | | 1 | | | | 9 | 3 |
| 9 | | 8 | | | | 1 | | 2 |
| 1 | 3 | | | | 6 | | | |
| | | 9 | | 5 | | | | 1 |
| | | | 8 | | | | | 5 |
| | | | 6 | 1 | | 2 | 4 | |

A301

| | 5 | | 1 | | | | | |
|---|---|---|---|---|---|---|---|---|
| 4 | | | 7 | | | 6 | | 2 |
| 7 | 8 | | 6 | | | | | |
| | | | | 5 | | 8 | 3 | 9 |
| | | | | | | | | |
| 5 | 2 | 8 | | 7 | | | | |
| | | | | | 2 | | 7 | 6 |
| 1 | | 5 | | | 7 | | | 3 |
| | | | | | 4 | | 9 | |

A302

| | | 5 | | 6 | | 1 | | |
|---|---|---|---|---|---|---|---|---|
| 4 | | | 8 | | 7 | | | |
| 8 | | | | | | 9 | 7 | |
| | | | 7 | | | | 3 | 9 |
| | | | 9 | | 1 | | | |
| 5 | 2 | | | | 3 | | | |
| | 4 | 3 | | | | | | 1 |
| | | | 6 | | 4 | | | 7 |
| | | 7 | | 3 | | 2 | | |

A303

| | | 9 | 6 | | 8 | 5 | | |
|---|---|---|---|---|---|---|---|---|
| | 4 | | | | | | 6 | |
| 8 | | | 2 | | 3 | | | 1 |
| 6 | | 2 | | | | 4 | | 7 |
| | 5 | | | | | | 8 | |
| 9 | | 1 | | | | 6 | | 5 |
| 5 | | | 3 | | 2 | | | 4 |
| | 1 | | | | | | 5 | |
| | | 3 | 4 | | 5 | 1 | | |

A304

| 4 | | | 1 | | 8 | | | |
|---|---|---|---|---|---|---|---|---|
| | | | | | 4 | 3 | | 6 |
| 7 | | 3 | | | 6 | | | |
| | 7 | | 3 | | | | 5 | |
| | 9 | | | | | | 4 | |
| | 5 | | | | 7 | | 6 | |
| | | | 5 | | | 4 | | 2 |
| 5 | | 1 | 4 | | | | | |
| | | | 8 | | 1 | | | 7 |

A305

|  | 1 |  | 6 |  | 2 |  | 5 |  |
|---|---|---|---|---|---|---|---|---|
| 2 |  | 6 |  |  |  | 7 |  | 4 |
|  |  |  | 9 |  | 7 |  |  |  |
|  |  | 8 |  | 7 |  | 2 |  |  |
|  |  |  | 8 |  | 3 |  |  |  |
|  |  | 1 |  | 5 |  | 8 |  |  |
|  |  |  | 3 |  | 9 |  |  |  |
| 1 |  | 7 |  |  |  | 5 |  | 2 |
|  | 8 |  | 7 |  | 5 |  | 6 |  |

A306

|  |  | 7 |  |  |  | 5 |  |  |
|---|---|---|---|---|---|---|---|---|
|  | 2 |  |  | 5 |  |  | 8 |  |
| 1 |  |  | 4 |  | 8 |  |  | 2 |
|  |  | 9 | 2 |  | 7 | 6 |  |  |
|  | 6 |  |  |  |  |  | 7 |  |
|  |  | 3 | 6 |  | 4 | 8 |  |  |
| 9 |  |  | 3 |  | 1 |  |  | 6 |
|  | 4 |  |  | 9 |  |  | 5 |  |
|  |  | 6 |  |  |  | 3 |  |  |

A307

|  | 8 |  |  | 1 |  | 3 |  |  |
|---|---|---|---|---|---|---|---|---|
|  |  |  |  | 2 | 3 |  |  |  |
|  | 6 |  |  |  |  | 7 | 2 |  |
| 3 |  |  | 5 |  |  |  |  |  |
| 8 |  | 4 |  |  |  | 5 |  | 2 |
|  |  |  |  |  | 7 |  |  | 9 |
|  | 5 | 6 |  |  |  |  | 4 |  |
|  |  |  | 9 | 4 |  |  |  |  |
|  |  | 1 |  | 7 |  |  | 6 |  |

A308

|  |  |  |  | 2 |  |  | 8 | 1 |
|---|---|---|---|---|---|---|---|---|
| 9 |  | 1 |  |  | 3 |  |  |  |
|  |  | 4 |  | 8 |  |  | 7 |  |
| 6 |  |  |  |  |  |  |  |  |
|  | 4 |  | 6 |  | 8 |  | 9 |  |
|  |  |  |  |  |  |  |  | 3 |
|  | 9 |  |  | 1 |  | 7 |  |  |
|  |  |  | 7 |  |  | 2 |  | 5 |
| 1 | 6 |  |  | 5 |  |  |  |  |

A309

| 3 |  |  | 1 |  |  | 2 |  |  |
|---|---|---|---|---|---|---|---|---|
|  |  |  | 9 | 3 | 5 |  |  |  |
|  |  | 1 |  |  |  |  | 7 |  |
| 1 | 9 |  | 4 |  |  |  |  |  |
| 7 |  |  |  |  |  |  |  | 8 |
|  |  |  |  |  | 6 |  | 9 | 4 |
|  | 8 |  |  |  |  | 9 |  |  |
|  |  |  | 3 | 7 | 9 |  |  |  |
|  |  | 4 |  |  | 2 |  |  | 6 |

A310

| 3 |  |  |  | 7 | 8 |  |  |  |
|---|---|---|---|---|---|---|---|---|
|  |  |  | 2 |  |  | 6 | 7 |  |
|  |  | 2 |  | 4 |  |  | 9 |  |
|  | 5 |  |  |  | 9 |  |  | 6 |
| 2 |  | 6 |  |  |  | 1 |  | 9 |
| 1 |  |  | 4 |  |  |  | 3 |  |
|  | 6 |  |  | 5 |  | 8 |  |  |
|  | 2 | 4 |  |  | 6 |  |  |  |
|  |  |  | 9 | 2 |  |  |  | 1 |

**A311**

| | | 4 | | 9 | 7 | | | |
|---|---|---|---|---|---|---|---|---|
| | | | 5 | | | 9 | 4 | |
| 9 | | | | 8 | | | 5 | |
| | 8 | | 3 | | | | | 7 |
| 6 | | 5 | | | | 3 | | 2 |
| 3 | | | | | 5 | | 8 | |
| | 2 | | | 4 | | | | 6 |
| | 4 | 6 | | | 3 | | | |
| | | | 6 | 2 | | 4 | | |

**A312**

| | 5 | | | | | 3 | | 4 |
|---|---|---|---|---|---|---|---|---|
| | | | 3 | 7 | 4 | | | |
| 3 | | | | | | 8 | | 1 |
| | | | 1 | | 7 | 9 | 8 | |
| | 7 | | | | | | 1 | |
| | 8 | 1 | 9 | | 5 | | | |
| 7 | | 6 | | | | | | 3 |
| | | | 5 | 2 | 3 | | | |
| 5 | | 9 | | | | | 2 | |

**A313**

| 1 | | | 4 | 2 | | 7 | | |
|---|---|---|---|---|---|---|---|---|
| 4 | | | | | | 1 | 8 | |
| | | | | 1 | | 6 | | |
| | 1 | | 2 | | 3 | | | |
| 6 | | | | | | | | 2 |
| | | | 7 | | 1 | | 5 | |
| | | 7 | | 5 | | | | |
| | 9 | 5 | | | | | | 6 |
| | | 1 | | 7 | 8 | | | 9 |

**A314**

| | | 6 | | | | 1 | | 8 |
|---|---|---|---|---|---|---|---|---|
| | | | 3 | 7 | 1 | | | |
| 1 | | 5 | | 8 | | | | 9 |
| | 7 | | 9 | | | | 1 | |
| | 6 | 1 | | | | 9 | 8 | |
| | 9 | | | | 8 | | 4 | |
| 6 | | | | 5 | | 8 | | 2 |
| | | | 2 | 6 | 9 | | | |
| 2 | | 9 | | | | 6 | | |

**A315**

| | 8 | | 2 | | 3 | | 5 | |
|---|---|---|---|---|---|---|---|---|
| | | | 5 | | 9 | | | |
| 5 | | 2 | | | | 3 | | 8 |
| | | 1 | | 7 | | 9 | | |
| 7 | | | 4 | | 2 | | | 1 |
| | | 5 | | 9 | | 2 | | |
| 3 | | 7 | | | | 8 | | 2 |
| | | | 3 | | 8 | | | |
| | 2 | | 7 | | 6 | | 3 | |

**A316**

| | | 7 | | | 1 | 9 | 8 | |
|---|---|---|---|---|---|---|---|---|
| 1 | | 3 | | | 8 | | | |
| 8 | | | | | 4 | | 3 | 2 |
| 3 | 7 | 5 | | | | | | |
| | | | | | | | | |
| | | | | | | 4 | 6 | 1 |
| 9 | 3 | | 8 | | | | | 6 |
| | | | 4 | | | 2 | | 3 |
| | 6 | 2 | 9 | | | 7 | | |

A317

|  |  | 7 |  |  |  | 4 | 6 |  |
|---|---|---|---|---|---|---|---|---|
| 9 |  | 3 |  |  | 4 |  |  |  |
|  |  |  | 7 |  |  |  |  | 5 |
|  |  |  |  | 5 |  |  | 9 | 7 |
|  |  |  | 6 |  | 3 |  |  |  |
| 1 | 9 |  |  | 7 |  |  |  |  |
| 4 |  |  |  |  | 9 |  |  |  |
|  |  |  | 1 |  |  | 8 |  | 4 |
|  | 1 | 5 |  |  |  | 2 |  |  |

A318

| 8 |  |  |  |  |  | 3 | 5 | 1 |
|---|---|---|---|---|---|---|---|---|
| 4 |  |  |  |  | 5 |  |  |  |
| 5 |  |  | 2 | 8 |  |  |  |  |
|  | 9 |  |  | 6 |  | 8 |  |  |
|  |  | 2 | 8 |  | 3 | 4 |  |  |
|  |  | 5 |  | 7 |  |  | 6 |  |
|  |  |  |  | 5 | 9 |  |  | 2 |
|  |  |  | 7 |  |  |  |  | 9 |
| 9 | 5 | 8 |  |  |  |  |  | 6 |

A319

|  |  | 6 |  | 3 |  |  | 5 |  |
|---|---|---|---|---|---|---|---|---|
|  |  | 8 |  |  | 4 |  | 7 |  |
|  |  | 4 |  | 9 |  | 1 | 8 |  |
| 9 |  |  | 3 |  |  |  |  | 2 |
|  | 2 |  | 8 |  | 9 |  | 6 |  |
| 6 |  |  |  |  | 5 |  |  | 9 |
|  | 1 | 9 |  | 5 |  | 6 |  |  |
|  | 7 |  | 6 |  |  | 5 |  |  |
|  | 6 |  |  | 8 |  | 4 |  |  |

A320

| 4 | 1 |  | 8 |  |  |  |  |  |
|---|---|---|---|---|---|---|---|---|
| 7 |  | 3 |  | 6 |  |  |  |  |
|  | 6 |  | 7 | 2 |  |  |  |  |
| 6 |  | 8 |  |  | 7 |  |  |  |
|  | 2 | 7 |  |  |  | 1 | 5 |  |
|  |  |  | 2 |  |  | 3 |  | 6 |
|  |  |  |  | 9 | 6 |  | 8 |  |
|  |  |  |  | 8 |  | 4 |  | 1 |
|  |  |  |  |  | 2 |  | 6 | 3 |

A321

| 3 | 4 |  |  |  |  | 9 |  |  |
|---|---|---|---|---|---|---|---|---|
| 6 |  |  | 3 | 5 | 8 |  |  |  |
|  |  |  | 4 |  |  |  |  | 6 |
|  | 3 | 7 |  |  |  |  | 6 |  |
|  | 5 |  |  | 7 |  |  | 4 |  |
|  | 1 |  |  |  |  | 7 | 9 |  |
| 8 |  |  |  |  | 7 |  |  |  |
|  |  |  | 9 | 4 | 2 |  |  | 7 |
|  |  | 4 |  |  |  |  | 2 | 5 |

A322

|  |  |  |  |  | 3 |  | 5 |  |
|---|---|---|---|---|---|---|---|---|
|  | 2 | 5 |  | 7 |  |  |  | 4 |
|  | 1 |  | 6 |  | 2 |  |  |  |
|  |  | 2 |  | 3 |  | 7 |  | 9 |
|  | 9 |  | 7 |  | 4 |  | 3 |  |
| 7 |  | 3 |  | 9 |  | 1 |  |  |
|  |  |  | 2 |  | 9 |  | 8 |  |
| 5 |  |  |  | 8 |  | 3 | 2 |  |
|  | 8 |  | 3 |  |  |  |  |  |

A323

| | | | | | | | | |
|---|---|---|---|---|---|---|---|---|
| | 2 | 4 | | | 3 | | | |
| | | | 9 | | 1 | | | |
| 3 | | | | | | | | 9 |
| | 1 | | 4 | 7 | | | 6 | |
| | | 3 | | | | 2 | | |
| | 5 | | | 9 | 2 | | 4 | |
| 8 | | | | | | | | 5 |
| | | | 7 | | 6 | | | |
| | | | 1 | | | 8 | 3 | |

A324

| | | | | | | | | |
|---|---|---|---|---|---|---|---|---|
| | 4 | | 2 | | 3 | | | |
| | 9 | 7 | | | | | | |
| | | | | | 9 | 3 | | 1 |
| 6 | | | | | 8 | | | |
| 9 | | 5 | | | | 1 | | 7 |
| | | | 6 | | | | | 9 |
| 2 | | 4 | 3 | | | | | |
| | | | | | | 2 | 7 | |
| | | | 9 | | 5 | | 8 | |

A325

| | | | | | | | | |
|---|---|---|---|---|---|---|---|---|
| 9 | | 2 | | | | 7 | | |
| | | | 1 | | 2 | | | |
| 1 | | | | 5 | | 3 | | |
| | | | | 6 | 7 | | 2 | |
| | 7 | | | | | | 6 | |
| | 3 | | 8 | 9 | | | | |
| | | 4 | | 3 | | | | 9 |
| | | | 6 | | 4 | | | |
| | | 1 | | | | 4 | | 5 |

A326

| | | | | | | | | |
|---|---|---|---|---|---|---|---|---|
| | | | 1 | | 6 | | | |
| | | | | | | 5 | | 7 |
| 8 | | 1 | | | 2 | | | |
| | 2 | | | 8 | | 7 | 4 | |
| | 5 | | | 6 | | | 8 | |
| | 3 | 8 | | 1 | | | 2 | |
| | | | 3 | | | 2 | | 9 |
| 5 | | 2 | | | | | | |
| | | | 7 | | 4 | | | |

A327

| | | | | | | | | |
|---|---|---|---|---|---|---|---|---|
| | | | 6 | | 5 | | 1 | |
| 3 | | | | | | 9 | | |
| | 5 | | | 8 | | | 6 | |
| 6 | | 3 | 2 | | | 7 | | |
| 9 | | | 3 | | 8 | | | 6 |
| | | 4 | | | 9 | 2 | | 8 |
| | 3 | | | 5 | | | 2 | |
| | | 6 | | | | | | 7 |
| | 7 | | 4 | | 6 | | | |

A328

| | | | | | | | | |
|---|---|---|---|---|---|---|---|---|
| | | 6 | | | | 3 | | |
| 4 | | 5 | | | | 9 | | 6 |
| | 2 | | 4 | | 3 | | 5 | |
| 3 | | | | 4 | | | | 9 |
| | | | 6 | | 2 | | | |
| 8 | | | | 3 | | | | 5 |
| | 4 | | 8 | | 7 | | 9 | |
| 2 | | 8 | | | | 1 | | 4 |
| | | 9 | | | | 7 | | |

A329

| | | | 7 | | 8 | | | |
|---|---|---|---|---|---|---|---|---|
| | 8 | 6 | | | 5 | | | |
| | 7 | | | 4 | | 1 | | 3 |
| | | | | | 3 | | 8 | |
| 3 | | 8 | | | | 6 | | 4 |
| | 4 | | 5 | | | | | |
| 8 | | 5 | | 6 | | | 2 | |
| | | | 2 | | | 9 | 7 | |
| | | 2 | | 1 | | | | |

A330

| | | | 8 | | 3 | | | |
|---|---|---|---|---|---|---|---|---|
| 1 | | 6 | | | | 9 | | 3 |
| | 2 | | | 9 | | | 1 | |
| 2 | | | 3 | | 7 | | | 6 |
| | | 4 | | | | 2 | | |
| 7 | | | 1 | | 8 | | | 4 |
| | 7 | | | 8 | | | 6 | |
| 6 | | 1 | | | | 7 | | 9 |
| | | | 7 | | 2 | | | |

A331

| | | | 5 | 2 | 6 | | | |
|---|---|---|---|---|---|---|---|---|
| | 3 | 5 | | | | 6 | 8 | |
| 7 | | | 3 | | 4 | | | 9 |
| | 8 | 3 | | | | 9 | 4 | |
| | | | | 3 | | | | |
| | 4 | 7 | | | | 1 | 2 | |
| 2 | | | 8 | | 5 | | | 1 |
| | 5 | 9 | | | | 2 | 6 | |
| | | | 2 | 6 | 9 | | | |

A332

| 6 | | 3 | | 7 | | 9 | | |
|---|---|---|---|---|---|---|---|---|
| | | | 2 | | | 7 | 6 | |
| 5 | | | | 9 | | 4 | | |
| | 9 | | | | 8 | | | 2 |
| | 5 | | 3 | | 9 | | 8 | |
| 8 | | | 6 | | | | 9 | |
| | | 7 | | 8 | | | | 5 |
| | 1 | 5 | | | 2 | | | |
| | | 9 | | 1 | | 2 | | 6 |

A333

| 3 | | 6 | | 5 | | | | |
|---|---|---|---|---|---|---|---|---|
| | | | 3 | 8 | 4 | | | |
| 1 | | | | | | 5 | | 7 |
| | 9 | | | | 2 | | | 3 |
| | | | 7 | | 1 | | | |
| 7 | | | 8 | | | | 4 | |
| 6 | | 5 | | | | | | 1 |
| | | | 2 | 7 | 5 | | | |
| | | | | 1 | | 8 | | 5 |

A334

| | 1 | | 2 | | | 9 | | 4 |
|---|---|---|---|---|---|---|---|---|
| 4 | | 9 | 6 | | | | | |
| | 2 | | 9 | | | 6 | | 7 |
| 2 | 3 | 5 | | | | | | |
| | | | | 6 | | | | |
| | | | | | | 3 | 7 | 9 |
| 5 | | 2 | | | 8 | | 4 | |
| | | | | | 6 | 7 | | 5 |
| 1 | | 3 | | | 5 | | 9 | |

A335

| 7 | 3 | 1 |  |  | 6 |  |  | 4 |
|---|---|---|---|---|---|---|---|---|
|  |  | 8 |  | 4 |  |  |  | 1 |
|  |  |  | 2 |  |  |  | 8 | 6 |
| 8 |  |  | 6 |  | 3 | 7 |  |  |
|  | 1 |  |  |  |  |  | 5 |  |
|  |  | 7 | 1 |  | 2 |  |  | 3 |
| 1 | 9 |  |  |  | 8 |  |  |  |
| 5 |  |  |  | 2 |  | 1 |  |  |
| 3 |  |  | 5 |  |  | 2 | 9 | 7 |

A336

|  | 7 |  |  | 5 |  |  |  |  |
|---|---|---|---|---|---|---|---|---|
|  | 9 | 4 |  |  |  | 7 |  | 1 |
|  | 2 |  |  |  |  |  | 9 |  |
| 3 |  |  | 7 |  | 2 |  |  |  |
| 9 |  |  |  |  |  |  |  | 2 |
|  |  |  | 1 |  | 9 |  |  | 3 |
|  | 8 |  |  |  |  |  | 5 |  |
| 7 |  | 1 |  |  |  | 3 | 8 |  |
|  |  |  |  | 4 |  |  | 6 |  |

A337

|  |  |  | 3 |  |  | 5 |  |  |
|---|---|---|---|---|---|---|---|---|
| 8 |  | 3 | 7 |  |  |  |  |  |
| 4 |  |  |  | 9 |  | 3 |  |  |
|  | 3 |  | 9 | 4 |  |  | 2 |  |
|  | 9 |  |  |  |  |  | 7 |  |
|  | 8 |  |  | 1 | 6 |  | 3 |  |
|  |  | 6 |  | 3 |  |  |  | 2 |
|  |  |  |  |  | 2 | 1 |  | 9 |
|  |  | 7 |  |  | 8 |  |  |  |

A338

|  | 4 |  |  | 1 |  |  | 8 |  |
|---|---|---|---|---|---|---|---|---|
|  | 8 |  | 4 |  | 9 |  | 3 |  |
| 9 |  |  |  |  |  |  |  | 6 |
|  |  | 4 | 8 |  | 1 | 6 |  |  |
| 6 |  |  | 2 |  | 7 |  |  | 4 |
|  |  | 5 | 6 |  | 3 | 7 |  |  |
| 7 |  |  |  |  |  |  |  | 9 |
|  | 3 |  | 9 |  | 4 |  | 7 |  |
|  | 6 |  |  | 7 |  |  | 2 |  |

A339

|  |  |  |  | 5 |  | 9 |  | 6 |
|---|---|---|---|---|---|---|---|---|
|  | 4 |  |  |  |  | 2 |  |  |
|  | 5 |  | 8 |  | 9 |  |  |  |
| 4 |  |  | 2 |  |  | 8 |  |  |
| 6 |  |  | 5 |  | 1 |  |  | 4 |
|  |  | 9 |  |  | 4 |  |  | 7 |
|  |  |  | 6 |  | 5 |  | 8 |  |
|  |  | 4 |  |  |  |  | 3 |  |
| 2 |  | 5 |  | 1 |  |  |  |  |

A340

| 1 |  |  | 8 |  |  | 4 |  |  |
|---|---|---|---|---|---|---|---|---|
|  |  |  | 5 | 4 | 9 |  |  |  |
|  |  | 9 |  |  |  | 7 |  | 5 |
| 2 | 8 |  |  |  | 3 |  | 9 |  |
|  | 4 |  |  |  |  |  | 7 |  |
|  | 9 |  | 7 |  |  |  | 4 | 3 |
| 9 |  | 4 |  |  |  | 2 |  |  |
|  |  |  | 2 | 5 | 4 |  |  |  |
|  |  | 3 |  |  | 6 |  |  | 4 |

A341

|   | 9 |   |   | 4 |   | 6 |   |   |
|---|---|---|---|---|---|---|---|---|
| 7 |   |   |   |   |   | 8 |   | 9 |
|   | 6 |   | 8 |   | 2 |   |   |   |
|   |   |   | 2 | 3 |   |   |   | 4 |
| 6 |   |   |   |   |   |   |   | 5 |
| 2 |   |   |   | 1 | 8 |   |   |   |
|   |   |   | 7 |   | 4 |   | 3 |   |
| 4 |   | 3 |   |   |   |   |   | 6 |
|   |   | 7 |   | 8 |   |   | 5 |   |

A342

|   |   |   |   | 2 | 5 |   |   |   |
|---|---|---|---|---|---|---|---|---|
|   | 9 | 5 |   |   |   | 3 |   |   |
|   | 4 |   | 6 |   |   |   | 2 |   |
|   |   | 3 |   |   | 8 |   |   | 5 |
| 6 |   |   |   |   |   |   |   | 1 |
| 8 |   |   | 5 |   |   | 4 |   |   |
|   | 7 |   |   |   | 6 |   | 5 |   |
|   |   | 4 |   |   |   | 2 | 7 |   |
|   |   |   | 8 | 4 |   |   |   |   |

A343

|   |   | 6 | 5 |   | 8 | 7 |   |   |
|---|---|---|---|---|---|---|---|---|
|   |   | 9 |   | 6 |   | 5 |   |   |
| 4 | 5 |   |   |   |   |   | 2 | 3 |
| 8 |   |   | 3 |   | 5 |   |   | 7 |
|   | 1 |   |   |   |   |   | 5 |   |
| 6 |   |   | 8 |   | 4 |   |   | 1 |
| 9 | 6 |   |   |   |   |   | 7 | 5 |
|   |   | 7 |   | 5 |   | 1 |   |   |
|   |   | 1 | 9 |   | 7 | 3 |   |   |

A344

|   |   |   | 1 |   | 5 |   |   |   |
|---|---|---|---|---|---|---|---|---|
|   | 4 |   | 3 | 6 | 8 |   | 5 |   |
|   |   | 5 |   |   |   | 3 |   |   |
| 3 | 2 |   |   |   |   |   | 7 | 5 |
| 5 |   |   | 9 |   | 7 |   |   | 3 |
| 8 | 7 |   |   |   |   |   | 2 | 6 |
|   |   | 8 |   |   |   | 2 |   |   |
|   | 3 |   | 8 | 4 | 2 |   | 1 |   |
|   |   |   | 7 |   | 1 |   |   |   |

A345

| 4 |   |   |   |   | 1 |   | 7 |   |
|---|---|---|---|---|---|---|---|---|
|   |   |   |   |   | 5 | 1 |   | 2 |
|   |   | 5 | 9 |   |   |   | 8 |   |
|   |   | 8 |   | 1 |   |   | 5 | 9 |
|   |   |   | 4 |   | 2 |   |   |   |
| 7 | 9 |   |   | 5 |   | 2 |   |   |
|   | 2 |   |   |   | 9 | 8 |   |   |
| 5 |   | 3 | 2 |   |   |   |   |   |
|   | 4 |   | 1 |   |   |   |   | 3 |

A346

| 3 |   | 2 | 5 |   |   |   |   |   |
|---|---|---|---|---|---|---|---|---|
|   |   |   |   |   |   |   | 2 | 5 |
| 5 | 9 | 1 | 4 |   |   |   |   |   |
|   | 3 |   |   | 5 |   |   | 4 |   |
|   |   |   | 9 | 6 | 3 |   |   |   |
|   | 7 |   |   | 2 |   |   | 9 |   |
|   |   |   |   |   | 5 | 2 | 3 | 4 |
| 7 | 1 |   |   |   |   |   |   |   |
|   |   |   |   |   | 9 | 6 |   | 7 |

A347

| | | | | | | | | |
|---|---|---|---|---|---|---|---|---|
| | | 5 | | | | 8 | | |
| | | | 8 | | 3 | | | |
| 8 | | 2 | | | | 3 | | 9 |
| | 7 | | 9 | | 8 | | 6 | |
| 2 | | | 7 | | 5 | | | 1 |
| | 1 | | 6 | | 2 | | 7 | |
| 4 | | 7 | | | | 9 | | 2 |
| | | | 4 | | 9 | | | |
| | | 9 | | | | 7 | | |

A348

| | | | | | | | | |
|---|---|---|---|---|---|---|---|---|
| 4 | | 6 | | | 7 | | | |
| | | | | 2 | 6 | 9 | | |
| | | 3 | | | | 1 | | |
| | 6 | | | 1 | 8 | | | 3 |
| | 3 | | | | | | 1 | |
| 7 | | | 9 | 6 | | | 5 | |
| | | 5 | | | | 7 | | |
| | | 7 | 6 | 3 | | | | |
| | | | 2 | | | 8 | | 6 |

A349

| | | | | | | | | |
|---|---|---|---|---|---|---|---|---|
| | | 8 | | | 3 | | 7 | |
| 1 | | 3 | | | 9 | | | |
| | | | 8 | | 6 | | 9 | 1 |
| 6 | 2 | 1 | | | | 7 | | |
| | | | | 1 | | | | |
| | | 5 | | | | 9 | 1 | 4 |
| 7 | 1 | | 2 | | 8 | | | |
| | | | 4 | | | 1 | | 6 |
| | 9 | | 3 | | | 2 | | |

A350

| | | | | | | | | |
|---|---|---|---|---|---|---|---|---|
| | 1 | | | | | | 4 | |
| 3 | | | 2 | | 7 | | | 1 |
| | | 8 | 9 | | 1 | 3 | | |
| | 5 | 1 | | | | 2 | 6 | |
| | | | | 8 | | | | |
| | 6 | 7 | | | | 9 | 1 | |
| | | 5 | 6 | | 3 | 1 | | |
| 6 | | | 4 | | 9 | | | 5 |
| | 3 | | | | | | 2 | |

A351

| | | | | | | | | |
|---|---|---|---|---|---|---|---|---|
| | | | 4 | 3 | 8 | | | |
| | | 3 | | | | 1 | | |
| 8 | | | 9 | | 2 | | | 3 |
| | 9 | | 7 | | 4 | | 3 | |
| | 1 | 8 | | | | 2 | 6 | |
| | 5 | | 6 | | 1 | | 9 | |
| 4 | | | 2 | | 9 | | | 6 |
| | | 9 | | | | 7 | | |
| | | | 8 | 4 | 6 | | | |

A352

| | | | | | | | | |
|---|---|---|---|---|---|---|---|---|
| | | | | | 7 | | 4 | |
| | 7 | 2 | | | | | 9 | 1 |
| | 4 | | 8 | 9 | | | | |
| | | 5 | | 1 | | | | 6 |
| | | 1 | 6 | | 8 | 5 | | |
| 3 | | | | 4 | | 7 | | |
| | | | | 2 | 3 | | 6 | |
| 9 | 1 | | | | | 2 | 7 | |
| | 3 | | 7 | | | | | |

A353

|  |  |  | 7 | 6 | 8 |  | 9 |  |
|---|---|---|---|---|---|---|---|---|
|  |  | 9 |  | 1 |  |  |  | 4 |
|  | 8 |  |  |  |  | 1 |  |  |
| 8 |  |  | 1 |  |  |  |  | 5 |
| 3 | 7 |  |  |  |  |  | 1 | 6 |
| 2 |  |  |  |  | 6 |  |  | 8 |
|  |  | 5 |  |  |  |  | 4 |  |
| 9 |  |  |  | 2 |  | 8 |  |  |
|  | 2 |  | 5 | 3 | 4 |  |  |  |

A354

|  | 4 |  | 5 |  | 3 |  | 6 |  |
|---|---|---|---|---|---|---|---|---|
| 8 |  |  | 1 |  | 4 |  |  | 5 |
|  |  | 1 |  |  |  | 4 |  |  |
| 9 |  |  | 8 |  | 5 |  |  | 2 |
|  |  | 8 |  |  |  | 9 |  |  |
| 4 |  |  | 2 |  | 7 |  |  | 1 |
|  |  | 3 |  |  |  | 5 |  |  |
| 1 |  |  | 7 |  | 9 |  |  | 4 |
|  | 9 |  | 3 |  | 2 |  | 7 |  |

A355

|  |  | 6 |  | 2 |  |  | 3 |  |
|---|---|---|---|---|---|---|---|---|
| 3 |  |  | 9 |  | 8 |  |  |  |
|  |  |  |  | 4 |  |  |  | 9 |
|  | 6 |  |  |  |  |  | 2 |  |
| 4 |  | 7 |  |  |  | 8 |  | 3 |
|  | 2 |  |  |  |  |  | 1 |  |
| 5 |  |  |  | 9 |  |  |  |  |
|  |  |  | 1 |  | 5 |  |  | 8 |
|  | 4 |  |  | 6 |  | 7 |  |  |

A356

|  |  | 2 |  |  | 8 | 4 |  |  |
|---|---|---|---|---|---|---|---|---|
|  | 8 |  |  | 4 | 5 |  |  |  |
|  | 4 |  |  |  |  |  | 8 | 5 |
| 2 |  |  |  | 9 |  |  |  |  |
| 9 |  | 4 |  |  |  | 7 |  | 6 |
|  |  |  |  | 7 |  |  |  | 4 |
| 1 | 2 |  |  |  |  |  | 3 |  |
|  |  |  | 9 | 2 |  |  | 1 |  |
|  |  | 6 | 5 |  |  | 9 |  |  |

A357

|  |  |  | 3 |  | 5 |  |  |  |
|---|---|---|---|---|---|---|---|---|
|  |  | 5 |  |  |  |  | 8 | 1 |
| 8 |  |  |  |  | 7 |  |  | 9 |
|  | 4 |  |  | 6 |  | 1 |  |  |
|  | 5 |  |  | 4 |  |  | 9 |  |
|  |  | 2 |  | 7 |  |  | 6 |  |
| 6 |  |  | 8 |  |  |  |  | 3 |
| 3 | 1 |  |  |  |  | 7 |  |  |
|  |  |  | 7 |  | 9 |  |  |  |

A358

|  |  |  | 5 |  | 3 |  |  |  |
|---|---|---|---|---|---|---|---|---|
| 2 |  | 9 |  |  |  | 8 |  |  |
| 6 |  |  |  | 7 |  |  | 1 |  |
|  | 6 |  | 2 |  |  |  | 9 |  |
| 5 |  |  | 3 |  | 9 |  |  | 8 |
|  | 4 |  |  |  | 6 |  | 5 |  |
|  | 7 |  |  | 9 |  |  |  | 1 |
|  |  | 1 |  |  |  | 9 |  | 6 |
|  |  |  | 1 |  | 2 |  |  |  |

A359

| | | | | | | | | |
|---|---|---|---|---|---|---|---|---|
| 9 | | 5 | | 8 | | | | |
| | | | 7 | | 3 | | 2 | |
| 1 | | 3 | | 4 | | 7 | | |
| | 5 | | | | 1 | | 4 | |
| 3 | | 4 | | | | 9 | | 1 |
| | 9 | | 4 | | | | 6 | |
| | | 9 | | 2 | | 5 | | 3 |
| | 4 | | 3 | | 5 | | | |
| | | | | 7 | | 4 | | 2 |

A360

| | | | | | | | | |
|---|---|---|---|---|---|---|---|---|
| 1 | | | | | 3 | | 5 | |
| | | | | | | 6 | 9 | 2 |
| 2 | 9 | | 6 | | 4 | | | |
| | | 9 | | | | 8 | 4 | |
| | | | 4 | 1 | 7 | | | |
| | 2 | 4 | | | | 1 | | |
| | | | 8 | | 2 | | 6 | 9 |
| 9 | 6 | 2 | | | | | | |
| | 5 | | 3 | | | | | 1 |

A361

| | | | | | | | | |
|---|---|---|---|---|---|---|---|---|
| | | | 4 | 2 | | | | |
| 3 | 5 | 7 | | | | | 2 | |
| 1 | | | | 7 | | | | |
| | | 3 | | | 2 | 6 | | 4 |
| | | | 3 | | 9 | | | |
| 2 | | 6 | 7 | | | 3 | | |
| | | | | 5 | | | | 8 |
| | 6 | | | | | 1 | 9 | 5 |
| | | | | 9 | 8 | | | |

A362

| | | | | | | | | |
|---|---|---|---|---|---|---|---|---|
| | | 5 | 7 | | 4 | 9 | | |
| | | | | 9 | | | | |
| 2 | | | 1 | | 8 | | | 6 |
| 3 | | 4 | | | | 5 | | 1 |
| | 2 | | | 6 | | | 9 | |
| 9 | | 7 | | | | 2 | | 8 |
| 7 | | | 4 | | 3 | | | 5 |
| | | | | 1 | | | | |
| | | 3 | 6 | | 2 | 4 | | |

A363

| | | | | | | | | |
|---|---|---|---|---|---|---|---|---|
| | 9 | | 7 | | 5 | | 6 | |
| 2 | | | 1 | | 3 | | | 5 |
| | | 3 | | | | 4 | | |
| | | | 4 | 1 | 8 | | | |
| 8 | | 4 | | | | 9 | | 1 |
| | | | 9 | 2 | 6 | | | |
| | | 5 | | | | 1 | | |
| 7 | | | 3 | | 1 | | | 8 |
| | 3 | | 2 | | 4 | | 5 | |

A364

| | | | | | | | | |
|---|---|---|---|---|---|---|---|---|
| | 2 | | 8 | | | 3 | | |
| 3 | 8 | 6 | | | | | | |
| | 7 | | 3 | | | 2 | | 6 |
| 6 | | 7 | | 5 | | | | |
| | | | 2 | | 8 | | | |
| | | | | 9 | | 6 | | 4 |
| 7 | | 3 | | | 2 | | 1 | |
| | | | | | | 7 | 6 | 3 |
| | | 9 | | | 1 | | 2 | |

A365

|  |  | 7 | 3 |  | 2 | 1 |  |  |
|---|---|---|---|---|---|---|---|---|
|  |  |  |  |  |  |  |  |  |
|  | 9 |  |  | 6 |  |  | 2 |  |
| 9 |  |  | 4 |  | 8 |  |  | 1 |
| 7 | 3 |  |  |  |  |  | 9 | 8 |
| 4 |  |  | 7 |  | 5 |  |  | 6 |
|  | 2 |  |  | 8 |  |  | 1 |  |
|  |  |  |  |  |  |  |  |  |
|  |  | 4 | 5 |  | 6 | 9 |  |  |

A366

|  | 4 |  | 3 |  | 9 |  | 8 |  |
|---|---|---|---|---|---|---|---|---|
| 8 |  |  |  |  |  | 4 |  |  |
|  | 9 |  | 4 |  |  |  | 1 |  |
| 7 |  | 8 |  | 6 |  | 2 |  |  |
|  |  |  |  | 1 |  |  |  |  |
|  |  | 9 |  | 3 |  | 5 |  | 6 |
|  | 1 |  |  |  | 7 |  | 9 |  |
|  |  | 3 |  |  |  |  |  | 7 |
|  | 7 |  | 1 |  | 3 |  | 2 |  |

A367

|  | 6 | 3 |  |  |  | 7 | 4 |  |
|---|---|---|---|---|---|---|---|---|
|  |  |  | 2 |  | 7 |  |  |  |
| 5 |  |  |  | 6 |  |  |  | 8 |
| 6 |  |  | 7 |  | 5 |  |  | 3 |
|  | 2 |  |  |  |  |  | 1 |  |
| 4 |  |  | 3 |  | 8 |  |  | 9 |
| 1 |  |  |  | 7 |  |  |  | 4 |
|  |  |  | 4 |  | 2 |  |  |  |
|  | 9 | 4 |  |  |  | 5 | 6 |  |

A368

|  |  |  |  | 9 | 3 |  | 2 |  |
|---|---|---|---|---|---|---|---|---|
| 9 |  |  |  |  |  | 1 |  |  |
|  | 3 |  | 7 | 6 |  |  |  |  |
| 1 |  |  | 8 |  | 4 | 5 |  |  |
| 8 |  | 4 |  |  |  | 2 |  | 3 |
|  |  | 9 | 2 |  | 1 |  |  | 8 |
|  |  |  |  | 8 | 9 |  | 7 |  |
|  |  | 5 |  |  |  |  |  | 6 |
|  | 9 |  | 6 | 4 |  |  |  |  |

A369

|  |  |  | 8 |  | 4 |  | 9 |  |
|---|---|---|---|---|---|---|---|---|
|  |  | 1 |  |  |  |  | 2 | 6 |
|  | 9 |  |  | 3 | 6 |  |  |  |
| 6 |  |  |  |  |  | 1 |  | 7 |
|  |  | 4 |  | 8 |  | 5 |  |  |
| 5 |  | 7 |  |  |  |  |  | 9 |
|  |  |  | 4 | 9 |  |  | 5 |  |
| 1 | 4 |  |  |  |  | 9 |  |  |
|  | 7 |  | 5 |  | 3 |  |  |  |

A370

| 7 | 6 |  | 9 |  |  | 1 |  | 3 |
|---|---|---|---|---|---|---|---|---|
|  |  |  | 7 |  |  | 6 |  | 9 |
| 4 | 9 |  |  |  | 6 |  |  |  |
|  |  | 6 |  | 9 |  |  | 1 | 2 |
|  |  |  | 6 |  | 2 |  |  |  |
| 2 | 1 |  |  | 3 |  | 5 |  |  |
|  |  |  | 3 |  |  |  | 5 | 8 |
| 3 |  | 1 |  |  | 4 |  |  |  |
| 6 |  | 7 |  |  | 9 |  | 3 | 1 |

A371

|   | 1 |   |   |   | 8 | 3 |   |   |
|---|---|---|---|---|---|---|---|---|
| 8 |   |   | 2 |   | 6 |   | 1 |   |
|   |   |   |   | 9 |   | 5 |   | 7 |
|   | 5 |   |   |   |   |   | 9 | 8 |
|   |   | 9 |   |   |   | 6 |   |   |
| 7 | 6 |   |   |   |   |   | 5 |   |
| 1 |   | 6 |   | 4 |   |   |   |   |
|   | 3 |   | 5 |   | 9 |   |   | 1 |
|   |   | 4 | 1 |   |   |   | 3 |   |

A372

| 1 |   | 5 |   |   |   |   |   |   |
|---|---|---|---|---|---|---|---|---|
|   |   |   | 5 | 4 | 6 |   |   |   |
| 9 |   |   |   |   |   |   | 8 | 5 |
|   |   | 3 | 9 |   | 4 |   | 5 |   |
| 7 | 2 |   |   |   |   |   | 3 | 4 |
|   | 4 |   | 1 |   | 3 | 2 |   |   |
| 4 | 5 |   |   |   |   |   |   | 7 |
|   |   |   | 7 | 8 | 1 |   |   |   |
|   |   |   |   |   |   | 8 |   | 3 |

A373

|   |   |   | 7 | 2 |   |   |   |   |
|---|---|---|---|---|---|---|---|---|
|   |   | 2 |   |   |   | 1 |   | 6 |
|   |   |   |   | 4 |   |   | 5 |   |
| 5 |   | 7 |   |   | 4 |   |   | 1 |
| 2 |   |   | 3 |   | 5 |   |   | 9 |
| 4 |   |   | 8 |   |   | 2 |   | 5 |
|   | 6 |   |   | 9 |   |   |   |   |
| 1 |   | 8 |   |   |   | 6 |   |   |
|   |   |   |   | 8 | 1 |   |   |   |

A374

|   | 3 |   |   | 1 | 8 |   | 7 |   |
|---|---|---|---|---|---|---|---|---|
| 7 |   | 5 |   |   |   |   |   | 4 |
|   |   |   | 5 |   | 7 |   | 8 |   |
| 4 |   | 8 |   | 6 |   | 2 |   |   |
| 2 |   |   | 7 |   | 5 |   |   | 3 |
|   |   | 3 |   | 8 |   | 5 |   | 6 |
|   | 1 |   | 8 |   | 6 |   |   |   |
| 8 |   |   |   |   |   | 7 |   | 1 |
|   | 2 |   | 1 | 7 |   |   | 3 |   |

A375

|   |   | 7 | 3 | 8 | 4 |   | 6 |   |
|---|---|---|---|---|---|---|---|---|
|   |   |   |   |   | 6 |   | 3 |   |
| 8 |   | 3 |   |   |   |   | 5 |   |
|   |   |   | 7 | 6 |   |   |   | 2 |
| 4 |   |   |   |   |   |   |   | 6 |
| 6 |   |   |   | 9 | 1 |   |   |   |
|   | 8 |   |   |   |   | 1 |   | 3 |
|   | 1 |   | 9 |   |   |   |   |   |
|   | 2 |   | 6 | 1 | 8 | 9 |   |   |

A376

| 2 |   |   |   | 6 | 4 |   |   |   |
|---|---|---|---|---|---|---|---|---|
|   |   |   |   |   |   | 2 | 3 |   |
| 8 |   | 5 |   | 2 |   | 7 |   |   |
| 4 |   |   | 8 |   | 9 |   |   |   |
|   | 1 | 8 |   |   |   | 4 | 2 |   |
|   |   |   | 2 |   | 7 |   |   | 9 |
|   |   | 6 |   | 8 |   | 5 |   | 2 |
|   | 8 | 2 |   |   |   |   |   |   |
|   |   |   | 6 | 9 |   |   |   | 1 |

A377

|  | 5 |  | 7 |  |  |  | 1 |  |
|---|---|---|---|---|---|---|---|---|
| 2 |  | 8 |  |  |  | 3 | 7 |  |
|  |  |  | 9 | 2 |  |  |  |  |
|  |  | 6 |  |  | 2 |  |  |  |
| 5 |  |  |  | 6 |  |  |  | 7 |
|  |  |  | 8 |  |  | 1 |  |  |
|  |  |  |  | 9 | 4 |  |  |  |
|  | 4 | 9 |  |  |  | 8 |  | 1 |
|  | 3 |  |  |  | 5 |  | 6 |  |

A378

|  |  |  |  | 8 |  | 9 |  | 3 |
|---|---|---|---|---|---|---|---|---|
|  | 2 | 5 | 4 |  |  |  |  |  |
|  | 3 |  |  | 1 |  | 6 |  | 2 |
|  | 4 |  |  |  | 1 |  |  |  |
| 3 |  | 9 |  |  |  | 1 |  | 5 |
|  |  |  | 7 |  |  |  | 6 |  |
| 2 |  | 8 |  | 7 |  |  | 3 |  |
|  |  |  |  |  | 8 | 7 | 1 |  |
| 7 |  | 3 |  | 4 |  |  |  |  |

A379

|  |  | 7 |  | 5 | 2 |  | 6 |  |
|---|---|---|---|---|---|---|---|---|
|  |  | 2 |  |  | 4 | 7 |  | 1 |
| 6 | 5 |  |  |  | 3 |  | 9 |  |
|  |  |  |  |  |  | 1 | 3 | 6 |
| 3 |  |  |  |  |  |  |  | 5 |
| 2 | 6 | 5 |  |  |  |  |  |  |
|  | 4 |  | 2 |  |  |  | 1 | 3 |
| 7 |  | 3 | 4 |  |  | 5 |  |  |
|  | 2 |  | 9 | 3 |  | 6 |  |  |

A380

|  |  |  |  | 5 |  |  |  |  |
|---|---|---|---|---|---|---|---|---|
| 8 |  |  | 1 | 7 | 6 |  |  | 2 |
| 7 |  | 4 |  |  |  | 6 |  | 5 |
|  | 6 |  | 4 |  | 8 |  | 7 |  |
| 3 |  |  |  |  |  |  |  | 9 |
|  | 7 |  | 3 |  | 9 |  | 4 |  |
| 6 |  | 2 |  |  |  | 1 |  | 4 |
| 4 |  |  | 2 | 9 | 1 |  |  | 7 |
|  |  |  |  | 4 |  |  |  |  |

A381

|  | 9 |  | 5 | 2 | 8 |  | 1 |  |
|---|---|---|---|---|---|---|---|---|
| 8 |  |  |  |  |  |  |  | 7 |
|  |  |  |  | 1 |  |  |  |  |
|  | 5 |  | 8 |  | 9 |  | 4 |  |
| 6 |  | 8 |  |  |  | 9 |  | 3 |
|  | 7 |  | 3 |  | 2 |  | 5 |  |
|  |  |  |  | 5 |  |  |  |  |
| 7 |  |  |  |  |  |  |  | 4 |
|  | 4 |  | 2 | 3 | 7 |  | 8 |  |

A382

| 9 | 5 |  | 3 |  |  |  |  |  |
|---|---|---|---|---|---|---|---|---|
|  |  |  | 7 |  |  |  |  | 1 |
|  |  | 7 |  | 6 |  | 4 |  | 3 |
|  | 8 |  | 2 |  | 1 |  | 9 |  |
|  | 4 |  |  |  |  |  | 2 |  |
|  | 9 |  | 5 |  | 8 |  | 3 |  |
| 3 |  | 5 |  | 9 |  | 2 |  |  |
| 4 |  |  |  |  | 7 |  |  |  |
|  |  |  |  |  | 3 |  | 1 | 5 |

A383

| | | | | | | | | |
|---|---|---|---|---|---|---|---|---|
| | 7 | | 6 | 9 | 4 | | | |
| | | | | | | 6 | | 9 |
| | 6 | | | | 8 | | 7 | |
| 6 | | | | | | 8 | | 5 |
| | | 1 | | 6 | | 3 | | |
| 2 | | 3 | | | | | | 4 |
| | 3 | | 1 | | | | 5 | |
| 9 | | 2 | | | | | | |
| | | | 3 | 7 | 9 | | 8 | |

A384

| | | | | | | | | |
|---|---|---|---|---|---|---|---|---|
| 5 | | 8 | | | 6 | | | |
| | | | 8 | | | 2 | 9 | |
| 2 | | 1 | | 7 | | | 8 | |
| | 1 | | | | 9 | | | 2 |
| | | 6 | | | | 5 | | |
| 3 | | | 6 | | | | 1 | |
| | 5 | | | 6 | | 8 | | 1 |
| | 8 | 4 | | | 3 | | | |
| | | | 4 | | | 7 | | 3 |

A385

| | | | | | | | | |
|---|---|---|---|---|---|---|---|---|
| | 9 | | | 5 | | 7 | | 6 |
| 5 | | | | | 8 | | 4 | |
| | | | | 7 | 2 | | | 5 |
| | | | | | | 2 | 9 | |
| 7 | | 9 | | | | 6 | | 1 |
| | 2 | 8 | | | | | | |
| 9 | | | 5 | 3 | | | | |
| | 6 | | 4 | | | | | 9 |
| 3 | | 5 | | 8 | | | 6 | |

A386

| | | | | | | | | |
|---|---|---|---|---|---|---|---|---|
| | 2 | | 8 | | 5 | | | |
| | | | 6 | | | 3 | 4 | 2 |
| 9 | 6 | | | | | | | |
| | | | | | | 5 | | 1 |
| | | 8 | 4 | | 2 | 7 | | |
| 3 | | 5 | | | | | | |
| | | | | | | | 1 | 7 |
| 4 | 8 | 9 | | | 6 | | | |
| | | | 5 | | 9 | | 8 | |

A387

| | | | | | | | | |
|---|---|---|---|---|---|---|---|---|
| | 8 | | | | 9 | 2 | | |
| 6 | | | 5 | 7 | | | | |
| | | 4 | | | | | | 3 |
| | 5 | | | 8 | | | | 1 |
| | 1 | | 3 | | 7 | | 5 | |
| 2 | | | | 1 | | | 9 | |
| 4 | | | | | | 1 | | |
| | | | | 5 | 6 | | | 8 |
| | | 5 | 4 | | | | 6 | |

A388

| | | | | | | | | |
|---|---|---|---|---|---|---|---|---|
| | | | 8 | 6 | 9 | | 1 | |
| | | 8 | | | | 4 | | 5 |
| | 3 | | | 4 | | | 6 | |
| 9 | | | 2 | | | | | 4 |
| 3 | | 6 | | | | 5 | | 9 |
| 2 | | | | | 4 | | | 1 |
| | 6 | | | 7 | | | 5 | |
| 4 | | 1 | | | | 7 | | |
| | 5 | | 9 | 2 | 8 | | | |

A389

| | | 4 | 3 | | | | 6 | |
|---|---|---|---|---|---|---|---|---|
| 5 | | 8 | | | | | 2 | |
| | | | 6 | | 1 | | 5 | |
| 7 | | | 9 | 6 | | | | |
| 9 | | | | | | | | 2 |
| | | | | 3 | 7 | | | 5 |
| | 1 | | 5 | | 3 | | | |
| | 4 | | | | | 3 | | 8 |
| | 3 | | | | 4 | 5 | | |

A390

| | | 2 | | | 8 | 1 | | |
|---|---|---|---|---|---|---|---|---|
| | | | 9 | | | 2 | | |
| 6 | 8 | | | | | | | 7 |
| 1 | | | | 4 | | | 6 | |
| | | | 8 | 2 | 7 | | | |
| | 7 | | | 9 | | | | 8 |
| 7 | | | | | | | 5 | 4 |
| | | 3 | | | 9 | | | |
| | | 5 | 3 | | | 8 | | |

A391

| 2 | | 7 | | 4 | | | | |
|---|---|---|---|---|---|---|---|---|
| | | | 3 | 7 | 6 | | 5 | |
| 6 | | 3 | | | | 4 | | |
| | 6 | | 4 | | | | 7 | |
| 8 | 4 | | | | | | 2 | 9 |
| | 3 | | | | 1 | | 6 | |
| | | 6 | | | | 9 | | 2 |
| | 1 | | 6 | 2 | 5 | | | |
| | | | | 9 | | 6 | | 5 |

A392

| 5 | | 7 | | 8 | | 2 | | |
|---|---|---|---|---|---|---|---|---|
| | | | 2 | | 7 | | 4 | |
| 4 | | | | 9 | | | | 8 |
| | 8 | | 6 | | | | 5 | |
| 7 | | 6 | | | | 4 | | 1 |
| | 5 | | | | 4 | | 8 | |
| 2 | | | | 1 | | | | 4 |
| | 7 | | 3 | | 8 | | | |
| | | 5 | | 2 | | 1 | | 3 |

A393

| | | 2 | | | 9 | | | |
|---|---|---|---|---|---|---|---|---|
| | | | 2 | | | 3 | 6 | |
| 3 | | | | 7 | | | 2 | |
| | 1 | | 8 | | 3 | | | 2 |
| | | 4 | | | | 8 | | |
| 2 | | | 9 | | 7 | | 1 | |
| | 4 | | | 5 | | | | 3 |
| | 8 | 5 | | | 1 | | | |
| | | | 7 | | | 5 | | |

A394

| | | | | 4 | | | 7 | |
|---|---|---|---|---|---|---|---|---|
| | 2 | | | | | 3 | | 5 |
| | 8 | | 6 | 5 | | | | |
| 2 | | 6 | | | 9 | | | 1 |
| | | | 5 | | 4 | | | |
| 3 | | | 8 | | | 5 | | 9 |
| | | | | 9 | 5 | | 1 | |
| 5 | | 1 | | | | | 3 | |
| | 9 | | | 8 | | | | |

A395

| | | | | | | | | |
|---|---|---|---|---|---|---|---|---|
| | | 4 | | | 3 | | 2 | |
| | | | | | | 7 | 9 | 6 |
| 7 | | | 6 | | 5 | | | |
| | | | | 2 | | 1 | 4 | |
| | | | | | | | | |
| | 6 | 8 | | 7 | | | | |
| | | | 5 | | 8 | | | 9 |
| 4 | 3 | 9 | | | | | | |
| | 7 | | 4 | | | 6 | | |

A396

| | | | | | | | | |
|---|---|---|---|---|---|---|---|---|
| 3 | | 4 | | 1 | | | | |
| | | | | | 7 | | | 2 |
| | | 5 | | | | | | 6 |
| 7 | 8 | | | | 9 | | 2 | |
| | | | 1 | | 8 | | | |
| | 4 | | 6 | | | | 9 | 3 |
| 6 | | | | | | 1 | | |
| 1 | | | 7 | | | | | |
| | | | | 3 | | 6 | | 8 |

A397

| | | | | | | | | |
|---|---|---|---|---|---|---|---|---|
| 8 | | 3 | | | | 7 | 2 | |
| | | | 2 | | 4 | | | |
| 7 | | | | | | 9 | | |
| | 4 | | 8 | | 9 | | | |
| 9 | | 6 | | | | 1 | | 5 |
| | | | 1 | | 6 | | 4 | |
| | | 2 | | | | | | 1 |
| | | | 9 | | 2 | | | |
| | 6 | 7 | | | | 3 | | 2 |

A398

| | | | | | | | | |
|---|---|---|---|---|---|---|---|---|
| 7 | | | | 9 | | | 5 | |
| | | 1 | | | | | 3 | 4 |
| | 4 | | 5 | 8 | | | | |
| | | 4 | 2 | | | | | |
| 9 | | 8 | | | | 3 | | 1 |
| | | | | | 8 | 2 | | |
| | | | | 5 | 4 | | 9 | |
| 1 | 3 | | | | | 4 | | |
| | 5 | | | 6 | | | | 8 |

A399

| | | | | | | | | |
|---|---|---|---|---|---|---|---|---|
| | | | 3 | | 5 | | 9 | |
| 6 | | | | | | | 8 | |
| 4 | | 5 | | 6 | | | | |
| | | | | | 4 | | 1 | |
| 7 | | | 2 | | 9 | | | 4 |
| | 1 | | 7 | | | | | |
| | | | | 8 | | 9 | | 6 |
| | 8 | | | | | | | 7 |
| | 6 | | 1 | | 3 | | | |

A400

| | | | | | | | | |
|---|---|---|---|---|---|---|---|---|
| 2 | | 4 | | | | | | |
| | | | 4 | | 6 | | 9 | |
| 5 | | | | | | | 6 | |
| | | 9 | | 6 | | 1 | | |
| 1 | | | 2 | | 4 | | | 3 |
| | | 2 | | 8 | | 4 | | |
| | 1 | | | | | | | 6 |
| | 7 | | 3 | | 8 | | | |
| | | | | | | 8 | | 5 |

A401

| | | | | | | | | |
|---|---|---|---|---|---|---|---|---|
| 3 | | 9 | | | 2 | | 5 | |
| | | | 4 | | | | 3 | |
| 7 | | 4 | | | 3 | | 9 | 1 |
| | | | | 5 | | 7 | | 9 |
| | | | | 4 | | | | |
| 8 | | 6 | | 3 | | | | |
| 9 | 2 | | 7 | | | 3 | | 8 |
| | 4 | | | | 8 | | | |
| | 7 | | 3 | | | 9 | | 5 |

A402

| | | | | | | | | |
|---|---|---|---|---|---|---|---|---|
| | | | 6 | 1 | 3 | | | |
| | | 6 | | | | 2 | | |
| | 7 | 9 | | 5 | | 3 | 6 | |
| 3 | | | 1 | | 7 | | | 8 |
| | | 7 | | | | 1 | | |
| 2 | | | 8 | | 5 | | | 6 |
| | 5 | 8 | | 7 | | 6 | 4 | |
| | | 2 | | | | 5 | | |
| | | | 5 | 8 | 6 | | | |

A403

| | | | | | | | | |
|---|---|---|---|---|---|---|---|---|
| | 2 | | 5 | | 3 | | | |
| | | | 9 | | | | | 2 |
| | 5 | | | | | 4 | 8 | |
| | | | | 9 | | 5 | | 4 |
| 7 | | 4 | | | | 1 | | 8 |
| 9 | | 5 | | 8 | | | | |
| | 7 | 1 | | | | | 4 | |
| 6 | | | | | 7 | | | |
| | | | 3 | | 2 | | 7 | |

A404

| | | | | | | | | |
|---|---|---|---|---|---|---|---|---|
| 5 | | | | | | | 9 | 3 |
| | | | 3 | | 1 | | | 5 |
| 6 | 1 | | | 9 | | | | |
| | 7 | | 8 | | | | 4 | |
| 1 | | 8 | | | | 6 | | |
| | | | 6 | | 9 | | 8 | |
| 7 | | 9 | | 3 | | | | |
| | | | | | 6 | 8 | | |
| | | 5 | | 7 | | 9 | | 4 |

A405

| | | | | | | | | |
|---|---|---|---|---|---|---|---|---|
| | 5 | 6 | | | | 8 | | 4 |
| | | | 9 | | 4 | | | 5 |
| | 7 | | | 1 | | | | |
| 8 | | | 7 | | | 4 | | |
| 5 | | 2 | | | | | 3 | |
| 7 | | | 1 | | | 2 | | |
| | 3 | | | 9 | | | | |
| | | | 4 | | 3 | | | 6 |
| | 4 | 7 | | | | 5 | | 3 |

A406

| | | | | | | | | |
|---|---|---|---|---|---|---|---|---|
| | | | 1 | | | | | 8 |
| | | 9 | | | | | | 7 |
| | | 3 | 6 | | 2 | | | |
| 7 | | | | 3 | | 2 | | 5 |
| | | 2 | | | | | | |
| 6 | | | | 9 | | 7 | | 4 |
| | 1 | | | | | | | |
| 3 | 5 | | | | | | 4 | |
| | 2 | | | | 6 | | 8 | |

A407

| 4 |  | 1 |  |  |  |  |  | 2 |
|---|---|---|---|---|---|---|---|---|
|  |  |  | 6 | 5 | 1 |  |  |  |
|  | 8 |  |  |  |  |  |  | 7 |
|  |  | 2 |  | 6 |  |  | 7 |  |
| 5 |  |  |  | 3 |  |  | 6 |  |
|  |  |  |  | 9 | 2 |  |  |  |
|  | 3 |  |  |  |  | 5 |  | 6 |
|  |  |  | 4 | 1 |  |  |  |  |
|  | 2 |  |  |  |  | 3 |  | 4 |

A408

| 7 |  |  |  | 1 |  |  | 3 |  |
|---|---|---|---|---|---|---|---|---|
|  |  |  | 5 |  |  | 8 |  | 7 |
|  |  | 8 |  | 3 |  |  | 2 |  |
|  | 5 |  | 2 |  | 3 |  |  |  |
| 9 |  | 1 |  |  |  | 2 |  | 5 |
|  |  |  | 1 |  | 5 |  | 4 |  |
|  | 6 |  |  | 5 |  | 7 |  |  |
| 5 |  | 3 |  |  | 1 |  |  |  |
|  | 9 |  |  | 7 |  |  |  | 6 |

A409

| 6 |  |  |  |  |  |  | 7 |  |
|---|---|---|---|---|---|---|---|---|
|  | 3 |  |  | 7 | 6 |  |  |  |
|  |  |  |  | 5 |  | 8 | 1 |  |
| 9 |  | 8 | 3 |  |  |  |  |  |
|  |  |  | 2 |  |  |  | 4 |  |
|  |  | 6 |  |  | 8 |  |  | 9 |
|  |  |  | 9 | 3 |  | 5 |  |  |
|  | 7 |  |  |  |  |  |  | 3 |
|  | 8 | 2 |  |  |  |  |  |  |

A410

| 2 |  | 8 |  |  | 1 |  | 7 |  |
|---|---|---|---|---|---|---|---|---|
|  |  |  |  |  |  |  | 8 | 4 |
| 7 |  |  | 4 | 8 | 9 |  |  |  |
|  | 5 |  | 6 |  |  | 3 |  | 7 |
|  |  | 6 |  | 4 |  | 1 |  |  |
|  | 7 |  |  |  | 3 | 6 |  |  |
|  |  |  |  | 2 |  |  |  | 9 |
| 6 |  |  | 1 |  | 5 |  |  |  |
| 9 | 2 |  |  |  |  | 7 |  | 1 |

A411

| 5 |  |  | 7 |  |  |  |  |  |
|---|---|---|---|---|---|---|---|---|
|  | 2 | 4 |  | 1 |  | 7 |  |  |
|  |  |  | 2 |  |  | 5 | 1 |  |
|  |  |  |  | 8 | 2 |  |  | 9 |
| 8 |  | 9 |  |  |  |  | 7 | 1 |
|  |  |  |  | 3 | 7 |  |  | 5 |
|  |  |  | 6 |  |  | 9 | 2 |  |
|  | 9 | 7 |  | 4 |  | 3 |  |  |
| 6 |  |  | 3 |  |  |  |  |  |

A412

| 9 |  | 4 | 5 |  | 2 |  |  |  |
|---|---|---|---|---|---|---|---|---|
| 1 |  |  | 3 |  |  | 4 |  |  |
|  |  |  |  |  |  | 2 |  |  |
|  | 3 |  |  |  | 8 |  | 4 |  |
|  |  |  |  | 2 |  | 7 |  |  |
|  | 5 |  |  | 9 |  |  | 6 |  |
|  |  |  |  |  |  | 1 |  | 5 |
| 3 | 9 | 7 |  |  |  |  |  |  |
|  |  |  | 6 | 3 |  |  |  | 8 |

A413

| | | | | | | | | |
|---|---|---|---|---|---|---|---|---|
| 3 | | 6 | | 4 | | | 9 | |
| 9 | | | | 5 | | | 2 | |
| | | | | | | | 8 | |
| | | | 4 | | | | | 5 |
| | 7 | | | | | 8 | | |
| | 1 | | 9 | | 3 | | | |
| | | | | | | 2 | 1 | |
| | | 5 | 2 | | 9 | | | |
| | | 3 | | | 7 | | | 4 |

A414

| | | | | | | | | |
|---|---|---|---|---|---|---|---|---|
| | | 9 | | | | 5 | | 8 |
| | | | 2 | | 7 | | | |
| | | 1 | | | | 3 | | |
| | 2 | | 1 | | | | | |
| 8 | | | | | | | | 6 |
| | 4 | | 5 | | 6 | | 7 | |
| | | 2 | | 6 | | | | |
| 6 | | | | | | | 5 | |
| | | | 7 | 5 | 3 | | 1 | |

A415

| | | | | | | | | |
|---|---|---|---|---|---|---|---|---|
| | | | 4 | | 7 | | 9 | |
| 2 | 9 | 4 | | | | | | |
| | | | | 6 | | | 8 | |
| 8 | | | 7 | | | 2 | | |
| 5 | | | | | | | | 3 |
| 1 | | | 6 | | | 5 | | |
| | | | | 8 | | | 6 | |
| 4 | 3 | 8 | | | | | | |
| | | | 1 | | 4 | | 2 | |

A416

| | | | | | | | | |
|---|---|---|---|---|---|---|---|---|
| 3 | 8 | | 7 | | | 6 | | |
| | | | | | | 9 | | |
| 7 | | | | 3 | | 8 | | |
| | 3 | | | | 1 | | 2 | 9 |
| | 4 | | 5 | | 2 | | 8 | |
| 1 | 2 | | 4 | | | | 7 | |
| | | 1 | | 2 | | | | 8 |
| | | 3 | | | | | | |
| | | 6 | | | 7 | | 1 | 4 |

A417

| | | | | | | | | |
|---|---|---|---|---|---|---|---|---|
| | 9 | 8 | | | | 5 | 1 | |
| | | | 6 | | 5 | | | |
| | | 5 | | 9 | | 3 | | |
| | 3 | | 2 | | 7 | | 8 | |
| | | 9 | | | | 4 | | |
| | 1 | | 4 | | 9 | | 5 | |
| | | 6 | | 4 | | 1 | | |
| | | | 7 | | 3 | | | |
| | 7 | 3 | | | | 8 | 4 | |

A418

| | | | | | | | | |
|---|---|---|---|---|---|---|---|---|
| | | | 6 | | | 8 | | |
| 1 | | 9 | | | | | 6 | 4 |
| | 2 | | 4 | | 9 | | | |
| | | | | 7 | | 2 | 1 | 8 |
| | | | 2 | | 5 | | | |
| 7 | 3 | 2 | | 1 | | | | |
| | | | 1 | | 7 | | 8 | |
| 4 | 1 | | | | | 9 | | 3 |
| | | 6 | | | 4 | | | |

A419

| 8 |  |  |  | 4 |  |  |  |  |
|---|---|---|---|---|---|---|---|---|
| 9 |  |  |  |  | 2 | 5 |  |  |
| 5 |  | 3 |  | 9 |  |  | 1 |  |
|  | 3 |  | 9 |  |  |  | 7 |  |
|  | 5 |  |  |  |  | 1 |  | 6 |
|  | 4 |  | 8 |  | 6 |  |  |  |
|  |  |  |  |  |  | 9 |  |  |
|  |  |  | 3 | 1 | 9 |  |  |  |
|  |  |  |  |  |  | 6 | 4 | 7 |

A420

|  | 9 |  | 1 |  | 3 |  | 6 |  |
|---|---|---|---|---|---|---|---|---|
|  |  | 6 |  |  |  | 8 |  |  |
|  | 1 |  | 7 |  | 8 |  | 9 |  |
|  |  |  | 6 |  | 9 |  |  |  |
|  |  | 5 |  |  |  | 1 |  |  |
| 4 |  |  | 3 |  | 2 |  |  | 6 |
|  | 4 |  |  |  |  |  | 8 |  |
| 2 |  |  |  | 8 |  |  |  | 9 |
|  |  | 9 |  | 7 |  | 3 |  |  |

A421

| 8 | 7 |  |  |  | 2 |  |  |  |
|---|---|---|---|---|---|---|---|---|
|  | 3 |  |  |  |  | 5 |  |  |
|  |  |  | 3 |  | 6 |  | 4 |  |
|  |  | 1 |  | 3 |  | 8 |  | 2 |
|  |  |  |  |  | 8 |  |  |  |
|  |  | 2 |  | 4 |  | 6 |  | 3 |
|  |  |  | 7 |  | 3 |  | 1 |  |
|  | 1 |  |  |  |  | 2 |  |  |
| 7 | 6 |  |  |  | 5 |  |  |  |

A422

|  | 5 |  | 4 |  |  |  |  |  |
|---|---|---|---|---|---|---|---|---|
|  | 7 |  | 2 | 6 |  |  |  |  |
|  |  |  |  |  |  |  | 3 | 7 |
| 1 |  | 3 |  |  |  | 8 |  |  |
| 5 |  |  | 1 |  | 8 |  |  | 3 |
|  |  | 6 |  |  |  | 9 |  | 5 |
| 8 | 4 |  |  |  |  |  |  |  |
|  |  |  |  | 8 | 1 |  | 6 |  |
|  |  |  |  |  | 7 |  | 9 |  |

A423

| 3 |  | 7 |  |  |  |  |  | 8 |
|---|---|---|---|---|---|---|---|---|
|  |  |  | 1 |  |  | 4 |  |  |
|  |  | 6 |  | 8 |  |  | 9 |  |
|  | 7 |  | 5 |  |  |  |  |  |
| 8 |  | 5 |  |  |  | 2 |  |  |
|  |  |  |  |  | 2 |  | 3 |  |
|  | 3 |  |  | 5 |  | 7 |  | 1 |
| 5 |  | 4 |  |  | 3 |  |  |  |
|  | 9 |  |  | 6 |  |  |  | 4 |

A424

|  |  |  | 5 |  | 2 |  | 8 |  |
|---|---|---|---|---|---|---|---|---|
| 2 |  | 9 |  |  |  |  | 4 |  |
| 7 |  |  | 8 |  |  |  | 1 |  |
|  |  |  |  |  |  | 4 |  | 6 |
| 5 |  | 8 |  |  |  |  |  |  |
|  |  |  | 3 |  | 6 |  |  | 1 |
|  | 2 | 4 |  |  |  |  |  |  |
|  |  |  |  | 1 |  |  |  | 5 |
|  | 9 |  |  | 6 |  | 3 |  |  |

A425

| | | | | | | | | |
|---|---|---|---|---|---|---|---|---|
| | | 8 | | | | 9 | 1 | 7 |
| | | | 2 | | 9 | | | 4 |
| 9 | | | | 1 | | | | 5 |
| | 9 | | 1 | | | | 6 | |
| | | 5 | | | | 7 | | |
| | 6 | | | | 2 | | 5 | |
| 2 | | | | 7 | | | | 1 |
| 1 | | | 5 | | 4 | | | |
| 6 | 4 | 3 | | | | 5 | | |

A426

| | | | | | | | | |
|---|---|---|---|---|---|---|---|---|
| | | | | | | 5 | | 8 |
| | 6 | | | 2 | 9 | | | |
| 3 | | 1 | | | | | | 2 |
| | | | | 7 | | | 3 | |
| 1 | | | | | | 6 | 5 | |
| 9 | | | | 3 | 1 | | | |
| | | | | | | 2 | 7 | 9 |
| | 9 | 4 | | | | | | |
| | | | 5 | | 3 | | | |

A427

| | | | | | | | | |
|---|---|---|---|---|---|---|---|---|
| | 6 | | 7 | | 8 | | | |
| | | | | | | 6 | 3 | |
| | 7 | 4 | | | | | 2 | |
| 5 | | | | | 3 | | | 6 |
| 7 | 2 | 8 | | | | | | |
| | | | 4 | | | | | 9 |
| 6 | | | | 4 | | 9 | | |
| | 9 | | | 7 | | 3 | | 4 |
| | | 7 | | 3 | 5 | | | |

A428

| | | | | | | | | |
|---|---|---|---|---|---|---|---|---|
| | | | | 9 | | | 6 | |
| | | 1 | | | 2 | | 4 | 5 |
| | 9 | 3 | | | 1 | | | |
| | | | | | | 6 | 9 | |
| 3 | | | | | | | | 2 |
| | 2 | 7 | | | | | | |
| | | | 6 | | | 3 | 2 | |
| 4 | 3 | | 8 | | | 5 | | |
| | 7 | | | 1 | | | | |

A429

| | | | | | | | | |
|---|---|---|---|---|---|---|---|---|
| 2 | | 8 | | 5 | | 7 | | |
| | | | 4 | | | | 2 | 5 |
| | | 5 | | | | | | |
| | | | 7 | | | 5 | | 4 |
| | 1 | | 5 | | 8 | | 3 | |
| 5 | | 9 | | | 1 | | | |
| | | | | | | 3 | | |
| 6 | 3 | | | | 4 | | | |
| | | 2 | | 6 | | 4 | | 8 |

A430

| | | | | | | | | |
|---|---|---|---|---|---|---|---|---|
| 5 | | | | 8 | 9 | | | |
| | | | 5 | | | 6 | 1 | |
| 7 | | 2 | | | | | 5 | |
| 9 | 3 | | | 2 | | | | 7 |
| | | | | 1 | 8 | | | 6 |
| 6 | | | | | | | 9 | |
| | 9 | | | | | 4 | | |
| | | 6 | | | 3 | | | |
| | | | 1 | | 6 | 3 | | 9 |

A431

| | | | | | | | | |
|---|---|---|---|---|---|---|---|---|
| | | | 3 | | | 8 | | 4 |
| 4 | | 7 | | | | | | |
| 2 | | | | | 7 | | | 6 |
| | 1 | 3 | | | | 6 | | |
| 9 | | | 8 | | | | | |
| | | | | 2 | | | | 1 |
| | 4 | | | | 5 | | 1 | |
| | 9 | 5 | | | 1 | | | |
| | | | | 6 | | 4 | 9 | |

A432

| | | | | | | | | |
|---|---|---|---|---|---|---|---|---|
| | | 2 | | | 9 | | | 6 |
| 7 | | | 2 | | 8 | | | |
| | | | 6 | | | | 5 | |
| | 4 | 9 | | 2 | | 6 | | |
| | | | | | | | | 5 |
| | 8 | 6 | | 4 | | 7 | | |
| | | | 4 | | | | 1 | |
| 2 | | | 8 | | 7 | | | |
| | | 1 | | | 5 | | | 2 |

A433

| | | | | | | | | |
|---|---|---|---|---|---|---|---|---|
| 3 | | 1 | | 5 | | | 4 | |
| | | | 8 | | | 2 | | 3 |
| 5 | | | 3 | | | | 7 | |
| | 1 | 3 | | 6 | | | | |
| 2 | | | 4 | | 1 | | | 5 |
| | | | | 9 | | 1 | 3 | |
| | 3 | | | | 9 | | | 4 |
| 1 | | 9 | | | 4 | | | |
| | 6 | | | 7 | | 5 | | 9 |

A434

| | | | | | | | | |
|---|---|---|---|---|---|---|---|---|
| | | | 2 | | | 3 | | 5 |
| 4 | | 9 | 1 | | | | | |
| | | 5 | | | | | | 4 |
| | 1 | | 9 | | | | | |
| 2 | | 4 | | 7 | | | | |
| 8 | | | | | 1 | | 5 | 6 |
| | | | | 2 | | 8 | 4 | |
| 9 | | | | | 8 | | | |
| | 6 | | 4 | 3 | | | 1 | |

A435

| | | | | | | | | |
|---|---|---|---|---|---|---|---|---|
| | 7 | | | 6 | | | 1 | |
| | | 9 | | 4 | | 3 | | |
| | | | 3 | 8 | 1 | | | |
| 9 | | | | | | | | 5 |
| 3 | | | 5 | | 4 | | | 1 |
| | | 2 | | | | 6 | | |
| | 9 | | 1 | | 2 | | 5 | |
| 1 | | 8 | | | | 2 | | 6 |
| | | | 6 | | 8 | | | |

A436

| | | | | | | | | |
|---|---|---|---|---|---|---|---|---|
| | | | 3 | 4 | | | | |
| 2 | | 8 | | | | 6 | | |
| | | | | 7 | | | 1 | |
| | 3 | | | | | | | 5 |
| | | 9 | | 5 | | | | 8 |
| | 6 | | | | 7 | | 4 | |
| | | | 1 | | | | | 2 |
| | 2 | 3 | | | | | | |
| | | | 4 | | | 9 | | |

A437

| | | | | | | | | |
|---|---|---|---|---|---|---|---|---|
| 9 | | | | | | 3 | 8 | |
| | | | 7 | | 4 | | | |
| 8 | | 5 | | | | | 2 | |
| | | 4 | | 6 | | | | 1 |
| | | | | | | 8 | | |
| | 9 | 3 | | 7 | | | | |
| | | | 6 | | | | | 7 |
| 5 | 1 | | | | | | 4 | |
| | 6 | | 5 | | 9 | | | |

A438

| | | | | | | | | |
|---|---|---|---|---|---|---|---|---|
| 9 | 2 | 1 | | | | | | |
| | | | 5 | 2 | 6 | | 9 | |
| 5 | | | | | | 3 | 8 | |
| | 8 | | 3 | | | | | 5 |
| | | 7 | | | | 6 | | |
| | 9 | | 1 | | | | | 3 |
| 2 | | | | | | 8 | 5 | |
| | | | 2 | 4 | 8 | | 3 | |
| 7 | 4 | 8 | | | | | | |

A439

| | | | | | | | | |
|---|---|---|---|---|---|---|---|---|
| | 3 | | | | 7 | 9 | | |
| 4 | 2 | | 5 | | | | | |
| | | | | 8 | | 4 | | 2 |
| | 5 | | 8 | | | | | 1 |
| | | 9 | | | | 7 | | |
| 3 | | | | | 2 | | 5 | |
| 8 | | 7 | | 6 | | | | |
| | | | | | 4 | | 6 | 8 |
| | | 2 | 1 | | | | 7 | |

A440

| | | | | | | | | |
|---|---|---|---|---|---|---|---|---|
| | 9 | | 5 | | 2 | | | |
| | | | | | | 5 | 6 | |
| | 8 | | | | | 9 | | |
| 8 | | 3 | | | | | | 9 |
| | | | 6 | | 3 | | | |
| 7 | | | | | 9 | | 4 | 5 |
| | 6 | 4 | | 2 | | | | |
| | | | | 6 | | 2 | 7 | |
| 1 | | | | 8 | | | | |

A441

| | | | | | | | | |
|---|---|---|---|---|---|---|---|---|
| | | | 5 | | | | 7 | |
| | | | | | | 8 | 6 | 5 |
| 8 | 6 | | | | 9 | | | |
| 6 | | | 8 | 1 | | 4 | | |
| 1 | | 3 | | | | | 8 | |
| 4 | | | 9 | 6 | | 3 | | |
| 5 | 7 | | | | 2 | | | |
| | | | | | | 7 | 2 | 8 |
| | | | 1 | | | | 3 | |

A442

| | | | | | | | | |
|---|---|---|---|---|---|---|---|---|
| | | 6 | | 1 | | 9 | | |
| | | | 8 | | 5 | | | |
| 2 | | | | | | | | 8 |
| 9 | 5 | | | | | | 2 | 7 |
| | | | 7 | | 9 | | | |
| 1 | | | 2 | | 6 | | | 3 |
| | 9 | | | | | | 6 | |
| | | 4 | | | | 8 | | |
| | 8 | | 5 | | 3 | | 4 | |

A443

| | | | | | | | | |
|---|---|---|---|---|---|---|---|---|
| 7 | | 2 | | 5 | | | | |
| 8 | | | 6 | | | | 2 | |
| | | 9 | | | | 6 | | |
| | 7 | | | | 5 | | | 9 |
| | 8 | | 3 | | | 5 | 7 | |
| | 3 | | | | 8 | | | 2 |
| | | 1 | | | | 9 | | |
| 3 | | | 1 | | | | 4 | |
| 6 | | 7 | | 3 | | | | |

A444

| | | | | | | | | |
|---|---|---|---|---|---|---|---|---|
| 3 | | | | | | 4 | | |
| | | 8 | 2 | | 4 | | | |
| | | 7 | | | | | | 3 |
| 4 | | | 9 | | 2 | | 8 | |
| 9 | 3 | | | | | | | |
| | | | 1 | | 3 | | 2 | |
| | 8 | | | | | 7 | 3 | |
| | 2 | 4 | | 9 | | | | |
| | | | | 1 | 8 | | | 6 |

A445

| | | | | | | | | |
|---|---|---|---|---|---|---|---|---|
| | 9 | | | | 5 | | | |
| | | | | | | 1 | 5 | 7 |
| | 4 | | | 6 | | | | |
| 3 | | | 8 | | | | | 9 |
| | | | | | | 5 | | 1 |
| 2 | | | 7 | | | | | |
| 5 | | | | | | 6 | 2 | |
| | 1 | | 4 | | 2 | | | |
| | | 7 | | | | 8 | | |

A446

| | | | | | | | | |
|---|---|---|---|---|---|---|---|---|
| | 6 | | 4 | | | | 5 | 1 |
| 3 | | | | | | | | 4 |
| | 1 | | 3 | | 2 | | | |
| | | 3 | | 2 | | 5 | | |
| | | 7 | | 6 | 1 | | | |
| | | | | | | 6 | | 8 |
| 5 | | | | 9 | 3 | | | |
| | | | | | | 4 | | 3 |
| 2 | | 6 | | | | | 7 | |

A447

| | | | | | | | | |
|---|---|---|---|---|---|---|---|---|
| | 1 | | 6 | | | | | |
| 9 | | | | | 3 | 7 | | |
| | | | | 2 | | 5 | 6 | |
| 3 | | | | 6 | | | 8 | |
| | | 9 | 1 | | 8 | 6 | | |
| | 5 | | | 9 | | | | 4 |
| | 9 | 7 | | 3 | | | | |
| | | 3 | 7 | | | | | 6 |
| | | | | | 2 | | 5 | |

A448

| | | | | | | | | |
|---|---|---|---|---|---|---|---|---|
| | | | 9 | | | | | |
| 1 | 5 | 7 | | | | 3 | | |
| | | | | | 7 | 4 | 8 | |
| 2 | | 6 | | | | 7 | | |
| | | | 3 | 2 | | | | |
| 4 | | | | 7 | | | | 8 |
| | 1 | | | | 9 | | 7 | |
| | 2 | 8 | | | | | 1 | |
| | | | 8 | | 2 | | 9 | |

A449

| 6 | | | | | | | 5 | |
|---|---|---|---|---|---|---|---|---|
| | | 5 | | 6 | | 3 | | |
| 8 | | | | 9 | 2 | | | |
| | 8 | | 3 | | | 7 | | |
| 5 | | 4 | | | | | | |
| | | | 9 | 7 | | 1 | | 4 |
| | 4 | | | | | | 1 | |
| | 3 | 9 | | | | | | |
| | | | 2 | | 3 | | | 8 |

A450

| | | 9 | | 8 | | | 4 | |
|---|---|---|---|---|---|---|---|---|
| 8 | | | | 4 | 7 | | | |
| | | 7 | | | | 5 | 2 | |
| 4 | | | 1 | | 5 | | | |
| | | | | | | 3 | | 7 |
| 5 | | 6 | | | | 1 | | |
| | | | 4 | | 9 | | | |
| | 6 | | | | | | | 1 |
| | 8 | | 3 | | | | | 2 |

A451

| 7 | | 5 | | | 8 | | | |
|---|---|---|---|---|---|---|---|---|
| | | | 6 | | | | 8 | |
| | | 8 | | 5 | | 4 | | |
| | 5 | | | | | | | 3 |
| 9 | | | 2 | | 7 | | | 1 |
| 6 | | | | | | | 2 | |
| | | 3 | | 4 | | 1 | | |
| | 9 | | | | 3 | | | |
| | | | 1 | | | 3 | | 9 |

A452

| | 7 | 5 | | 8 | | | | |
|---|---|---|---|---|---|---|---|---|
| | | 3 | | | | | | 2 |
| | | | 9 | | 3 | | 5 | |
| 3 | | | 5 | | | 6 | | 7 |
| | 1 | | | | 7 | | 2 | |
| 5 | | | 3 | | | 8 | | 1 |
| | | | 2 | | 9 | | 1 | |
| | | 2 | | | | | | 9 |
| | 6 | 1 | | 4 | | | | |

A453

| | 1 | | 7 | | | | 4 | |
|---|---|---|---|---|---|---|---|---|
| | 2 | | | | | | 6 | |
| | 5 | | 8 | | 1 | | | |
| 5 | | 8 | | | | | | |
| | | | | 8 | | 2 | 9 | |
| | | 2 | | 3 | | 1 | | |
| 4 | | | | | 9 | | | |
| 1 | | | | | | 6 | | 7 |
| | | | 3 | 1 | 5 | | | |

A454

| | 4 | 6 | | | | | 8 | |
|---|---|---|---|---|---|---|---|---|
| | | | 7 | 8 | 4 | | | |
| | 7 | | | | | | 5 | |
| | | | | | 8 | | | 4 |
| | 5 | | 3 | | 6 | | | |
| 1 | | 3 | | | | | | 9 |
| | | | 4 | | 5 | | | |
| 9 | | 4 | | | | 6 | | |
| | | | | 6 | | 3 | | 1 |

A455

| | | | | | | | | |
|---|---|---|---|---|---|---|---|---|
| 7 | | 9 | | 6 | | | 1 | |
| 2 | | | 9 | | 1 | | | |
| | | 6 | | | | | 3 | |
| | | | | 2 | 7 | | | |
| 6 | | 5 | | | | 2 | | 8 |
| | | | 8 | 4 | | | | |
| | 3 | | | | | 4 | | |
| | | | 6 | | 8 | | | 5 |
| | 6 | | | 3 | | 8 | | 9 |

A456

| | | | | | | | | |
|---|---|---|---|---|---|---|---|---|
| | | 5 | 6 | | 8 | | | |
| 6 | | | | | | 4 | | |
| 1 | | 3 | | | | | 5 | |
| | 9 | | 4 | | 6 | | | 8 |
| | | | 1 | | | 3 | | |
| | 6 | | 2 | | 9 | | | 4 |
| 8 | | 2 | | | | | 3 | |
| 9 | | | | | | 7 | | |
| | | 7 | 9 | | 3 | | | |

A457

| | | | | | | | | |
|---|---|---|---|---|---|---|---|---|
| 8 | 7 | | | 1 | | | | |
| | | | 9 | | 7 | | 4 | |
| | 5 | | | | | 7 | 9 | |
| | | 7 | | | 1 | | | 9 |
| 1 | | | 4 | | | 8 | | |
| | | 2 | | | 3 | | | 4 |
| | 2 | | | | | 9 | 1 | |
| | | | 2 | | 8 | | 3 | |
| 7 | 3 | | | 6 | | | | |

A458

| | | | | | | | | |
|---|---|---|---|---|---|---|---|---|
| 3 | 6 | | | 1 | | 9 | | |
| | | | | | 9 | | | 2 |
| | 9 | 4 | | | | 7 | | |
| | | 2 | 4 | | | | 8 | |
| | | | | | 5 | | | |
| | | 8 | 3 | | | | 6 | |
| | 7 | 1 | | | | 8 | | |
| | | | | | 4 | | | 5 |
| 4 | 5 | | | 7 | | 1 | | |

A459

| | | | | | | | | |
|---|---|---|---|---|---|---|---|---|
| 9 | | | 2 | | 5 | | | 4 |
| 7 | | | | 6 | | | | 3 |
| | | 1 | | | | 9 | | |
| | | | 3 | 8 | 6 | | | |
| | | 5 | | | | 6 | | |
| | 9 | | 5 | | 1 | | 2 | |
| | | 6 | 7 | | 4 | 5 | | |
| | | 9 | | | | 8 | | |
| | 2 | | | 9 | | | 4 | |

A460

| | | | | | | | | |
|---|---|---|---|---|---|---|---|---|
| | | | 4 | 5 | | 9 | | |
| 5 | | 1 | | 2 | | | | |
| | | | | 6 | | 4 | | 1 |
| | | | 9 | | 3 | | | |
| | 9 | | | | | | 1 | |
| | 7 | | | | | 2 | | 5 |
| 4 | | | | | | | | |
| 3 | | 5 | | | | | 8 | 9 |
| | | | 6 | | 5 | | 4 | |

A461

| 2 |  | 8 |  | 9 |  |  |  |  |
|---|---|---|---|---|---|---|---|---|
|  |  |  | 5 | 7 |  | 8 |  |  |
|  |  | 5 |  |  |  |  | 4 |  |
| 6 |  |  | 9 |  |  |  |  | 1 |
|  |  | 2 |  |  |  |  |  | 7 |
|  |  |  | 1 |  | 6 | 4 |  |  |
|  |  |  |  |  |  |  | 1 |  |
|  | 1 |  |  |  |  | 6 |  | 3 |
|  | 9 |  | 3 | 6 |  |  |  |  |

A462

|  | 8 |  |  | 5 | 6 |  |  |  |
|---|---|---|---|---|---|---|---|---|
| 9 |  | 1 |  |  |  | 5 |  |  |
|  |  |  |  | 9 |  |  | 3 |  |
| 8 |  |  | 6 |  | 4 |  |  | 1 |
|  |  | 7 |  |  |  | 4 |  |  |
| 3 |  |  | 8 |  | 1 |  |  | 5 |
|  | 2 |  |  | 4 |  |  |  |  |
|  |  | 5 |  |  |  | 6 |  | 3 |
|  |  |  | 9 | 6 |  |  | 8 |  |

A463

|  | 3 |  |  | 7 |  | 2 |  |  |
|---|---|---|---|---|---|---|---|---|
|  | 5 |  |  |  |  | 1 |  | 3 |
|  |  | 4 |  | 1 |  |  |  |  |
|  |  |  | 8 |  | 2 |  |  | 4 |
| 4 |  | 3 |  |  |  |  |  | 6 |
|  |  |  |  |  |  | 3 |  | 5 |
|  |  |  | 2 |  | 4 |  | 6 |  |
| 9 |  | 6 |  |  | 1 |  |  |  |
| 2 |  |  |  |  |  |  | 3 |  |

A464

| 8 |  | 1 |  |  | 4 |  | 9 |  |
|---|---|---|---|---|---|---|---|---|
|  |  |  |  |  |  |  |  | 6 |
|  |  |  |  |  | 7 |  |  |  |
|  | 1 |  |  | 9 |  | 6 |  |  |
|  | 6 |  | 8 | 1 |  |  |  |  |
|  | 8 |  |  |  |  | 4 |  | 3 |
| 7 |  | 4 | 9 |  |  |  |  |  |
|  |  |  |  |  |  | 2 | 7 | 8 |
|  |  |  | 6 |  | 2 |  |  |  |

A465

| 9 |  | 3 |  |  | 6 |  | 1 | 4 |
|---|---|---|---|---|---|---|---|---|
|  |  |  | 7 |  | 3 |  | 8 | 2 |
| 8 |  |  |  | 1 |  |  |  |  |
|  | 3 |  |  |  |  |  | 9 | 6 |
|  |  | 4 |  | 6 |  | 3 |  |  |
| 6 | 9 |  |  |  |  |  | 2 |  |
|  |  |  |  | 5 |  |  |  | 1 |
| 7 | 1 |  | 3 |  | 2 |  |  |  |
| 3 | 6 |  | 1 |  |  | 2 |  | 9 |

A466

|  | 7 | 2 |  | 9 |  | 3 |  |  |
|---|---|---|---|---|---|---|---|---|
|  |  |  | 7 |  | 5 |  |  | 9 |
| 1 |  |  |  | 3 |  |  |  | 5 |
|  | 2 |  | 8 |  | 1 |  | 5 |  |
| 8 |  | 1 |  |  |  | 6 |  | 7 |
|  | 6 |  | 5 |  | 9 |  | 1 |  |
| 2 |  |  |  | 5 |  |  |  | 1 |
| 9 |  |  | 2 |  | 4 |  |  |  |
|  |  | 5 |  | 1 |  | 9 | 4 |  |

A467

|   |   |   |   |   |   |   |   |   |
|---|---|---|---|---|---|---|---|---|
|   |   |   |   | 2 |   |   | 9 |   |
|   |   |   | 9 |   | 3 |   |   | 4 |
| 6 | 9 |   |   |   |   |   |   |   |
| 1 |   | 8 |   |   |   |   | 5 |   |
|   |   |   | 3 |   |   |   |   | 1 |
|   | 5 | 7 |   | 9 |   |   | 6 |   |
|   | 8 |   | 7 |   | 9 |   |   |   |
| 5 |   | 3 | 6 |   |   | 2 |   |   |
|   | 6 |   |   |   | 1 | 3 |   |   |

A468

|   |   |   |   |   |   |   |   |   |
|---|---|---|---|---|---|---|---|---|
|   | 3 |   |   |   |   | 1 |   | 4 |
|   |   |   | 5 |   | 6 |   |   | 3 |
| 7 | 4 |   |   |   |   | 9 |   |   |
|   | 5 | 8 |   | 9 |   |   |   |   |
|   |   |   |   | 8 |   | 5 | 2 |   |
|   |   | 4 | 6 | 2 |   |   |   |   |
|   |   |   |   |   | 2 |   | 1 |   |
| 5 |   | 6 |   |   |   |   |   |   |
|   |   |   | 9 | 6 | 4 |   | 3 |   |

A469

|   |   |   |   |   |   |   |   |   |
|---|---|---|---|---|---|---|---|---|
|   | 4 |   |   |   | 1 | 9 |   |   |
| 8 | 1 |   | 6 |   |   |   |   |   |
|   |   |   |   | 5 |   | 3 |   | 8 |
|   | 2 |   | 7 |   |   |   |   | 9 |
|   |   | 4 |   |   |   | 2 |   |   |
| 1 |   |   |   |   | 8 |   | 4 |   |
| 4 |   | 9 |   | 8 |   |   |   |   |
|   |   |   |   |   | 7 |   | 9 | 2 |
|   |   | 3 | 9 |   |   |   | 5 |   |

A470

|   |   |   |   |   |   |   |   |   |
|---|---|---|---|---|---|---|---|---|
|   |   |   |   |   | 1 |   | 4 |   |
|   |   | 6 |   |   |   | 7 |   | 2 |
|   | 3 |   | 5 |   | 7 |   | 9 |   |
|   |   | 3 |   | 4 |   | 9 |   | 7 |
|   |   |   | 6 |   | 2 |   |   |   |
| 5 |   | 2 |   | 7 |   | 4 |   |   |
|   | 2 |   | 7 |   | 4 |   | 1 |   |
| 4 |   | 9 |   |   |   | 5 |   |   |
|   | 7 |   | 8 |   |   |   |   |   |

A471

|   |   |   |   |   |   |   |   |   |
|---|---|---|---|---|---|---|---|---|
|   |   |   |   |   | 1 |   | 4 |   |
|   |   | 6 |   |   |   | 7 |   | 2 |
|   | 3 |   | 5 |   | 7 |   | 9 |   |
|   |   | 3 |   | 4 |   | 9 |   | 7 |
|   |   |   | 6 |   | 2 |   |   |   |
| 5 |   | 2 |   | 7 |   | 4 |   |   |
|   | 2 |   | 7 |   | 4 |   | 1 |   |
| 4 |   | 9 |   |   |   | 5 |   |   |
|   | 7 |   | 8 |   |   |   |   |   |

A472

|   |   |   |   |   |   |   |   |   |
|---|---|---|---|---|---|---|---|---|
| 8 |   | 7 |   |   |   | 6 |   |   |
|   |   |   |   |   | 8 |   |   |   |
|   |   | 5 |   |   |   | 4 |   | 2 |
| 5 |   | 4 |   | 6 |   |   | 3 |   |
|   |   |   | 2 | 4 | 5 |   |   |   |
|   |   |   |   | 3 |   |   |   |   |
|   | 7 |   |   |   | 4 | 2 |   | 6 |
| 1 | 8 | 2 |   |   |   |   |   |   |
|   | 5 |   |   |   | 7 |   |   | 1 |

A473

|   |   | 9 | 8 |   | 4 |   | 2 |   |
|---|---|---|---|---|---|---|---|---|
| 3 |   |   | 6 |   |   |   |   | 4 |
| 8 |   | 4 |   |   |   |   |   |   |
|   | 2 |   | 3 |   |   |   |   | 5 |
| 7 |   |   |   |   |   |   |   |   |
|   |   |   |   |   | 7 |   | 8 | 3 |
|   | 1 |   |   |   |   | 5 |   | 8 |
| 9 |   | 7 |   |   | 1 |   |   |   |
|   | 3 |   |   | 6 |   | 1 | 9 |   |

A474

| 1 |   |   | 2 |   | 8 |   |   | 6 |
|---|---|---|---|---|---|---|---|---|
|   |   |   | 6 |   | 3 |   |   |   |
| 5 |   |   |   |   |   |   |   | 3 |
|   | 9 |   | 3 |   | 5 |   | 8 |   |
|   | 7 |   |   |   |   |   | 1 |   |
|   | 5 |   |   | 4 |   |   | 6 |   |
| 2 |   |   |   |   |   |   |   | 9 |
|   | 8 |   | 7 |   | 1 |   | 5 |   |
|   |   | 7 |   | 2 |   | 1 |   |   |

A475

|   |   |   |   | 2 |   |   | 3 |   |
|---|---|---|---|---|---|---|---|---|
|   |   |   | 5 |   | 6 |   |   |   |
| 6 | 2 | 8 |   |   |   |   | 4 |   |
|   |   |   | 4 | 5 |   |   |   | 9 |
| 5 |   |   |   |   |   | 3 |   |   |
|   |   | 9 |   |   |   | 7 |   | 6 |
|   | 1 |   | 6 |   | 5 |   |   |   |
|   |   | 7 | 8 |   |   |   |   |   |
|   |   |   |   |   |   | 8 | 9 | 2 |

A476

|   | 8 |   |   | 9 |   |   |   | 4 |
|---|---|---|---|---|---|---|---|---|
|   |   | 1 |   | 6 | 4 |   |   |   |
|   | 3 |   |   |   |   | 2 | 1 |   |
|   | 6 | 8 |   |   |   | 5 |   |   |
|   |   |   | 6 | 4 |   |   |   |   |
|   |   |   |   | 5 |   | 9 |   | 7 |
| 2 |   |   | 8 |   |   |   | 9 |   |
| 1 |   |   |   |   |   |   |   | 2 |
|   |   |   |   |   | 9 |   |   |   |

A477

|   |   |   | 8 |   |   |   | 6 | 2 |
|---|---|---|---|---|---|---|---|---|
| 6 |   | 4 |   |   |   |   |   |   |
|   |   |   | 9 |   | 1 |   | 3 |   |
|   | 8 |   |   |   |   | 9 |   | 1 |
| 1 |   |   |   | 5 |   | 8 |   |   |
|   | 6 |   |   |   | 9 |   |   |   |
| 7 |   | 6 |   |   |   |   | 8 |   |
|   |   |   | 2 | 1 | 5 |   |   |   |
|   | 4 | 2 |   |   |   |   |   |   |

A478

|   | 6 | 8 |   | 3 |   |   | 7 |   |
|---|---|---|---|---|---|---|---|---|
|   | 7 |   |   |   |   | 6 |   |   |
|   |   |   |   |   | 5 |   | 2 | 4 |
| 7 |   |   | 8 |   |   |   |   | 9 |
|   |   | 5 | 4 |   |   |   |   |   |
| 3 |   |   | 7 |   |   |   |   | 6 |
|   |   |   |   |   | 8 |   | 3 | 1 |
|   | 2 |   |   |   |   | 4 |   |   |
|   | 5 | 1 |   | 4 |   |   | 6 |   |

A479

| | | | | | | | | |
|---|---|---|---|---|---|---|---|---|
| 9 | | 2 | 8 | | | | | |
| | | | | 1 | | 5 | | |
| 5 | | | 4 | | 7 | | 9 | |
| 7 | | 1 | | | | 2 | | |
| | 6 | | | 5 | | | 1 | |
| | | 5 | | | | 9 | | 4 |
| | 9 | | 6 | | 3 | | | 5 |
| | | 8 | | 7 | | | | |
| | | | | | 8 | 6 | | 3 |

A480

| | | | | | | | | |
|---|---|---|---|---|---|---|---|---|
| | 1 | | 3 | | 4 | | 6 | |
| 5 | | | | | | | | 8 |
| | 9 | | | 7 | | | 3 | |
| | 7 | | 6 | | 9 | | 5 | |
| | | 3 | | | | 9 | | |
| | | | 4 | 8 | 5 | | | |
| | | 2 | | | | 4 | | |
| 3 | | | | | | | | 1 |
| | | | 2 | | 7 | | | |

# 专题2　对角线数独

B001

| | | | | | | | |
|---|---|---|---|---|---|---|---|
| | | | | | 1 | 7 | |
| | | 7 | 4 | | | | |
| | | | | 7 | | | 8 |
| 7 | 5 | | | | | | |
| 2 | 6 | | | | | | |
| | | | | 6 | | | 4 |
| | | 2 | 5 | | | | |
| | | | | | 8 | 2 | |

B002

| | | | | | | | |
|---|---|---|---|---|---|---|---|
| | 2 | | | | | 4 | |
| 4 | | | | | | | 7 |
| | 7 | | 2 | 5 | | 6 | |
| | | 5 | | | 7 | | |
| | | 6 | | | 2 | | |
| | 8 | | 5 | 3 | | 7 | |
| 2 | | | | | | | 5 |
| | 6 | | | | | 3 | |

B003

| | | | | | | | |
|---|---|---|---|---|---|---|---|
| | | | | | 5 | | |
| 2 | | | 1 | | 7 | | |
| | 5 | | | 1 | | 2 | |
| | 3 | | | | | 6 | |
| | 1 | | | | | 5 | |
| | 6 | | | 3 | | 7 | |
| 8 | | | 5 | | 6 | | |
| | | | | | 2 | | |

B004

| | | | | | | | |
|---|---|---|---|---|---|---|---|
| | | | 8 | 2 | | | |
| | | 4 | | | 8 | | |
| | 4 | | | | | 1 | |
| 1 | | 6 | | | 2 | | 3 |
| 3 | | 7 | | | 1 | | 4 |
| | 6 | | | | | 7 | |
| | | 2 | | | 7 | | |
| | | | 4 | 6 | | | |

B005

| | 8 | | | | | 5 | |
|---|---|---|---|---|---|---|---|
| 4 | | | | | | | 3 |
| | 1 | | 7 | 2 | | 8 | |
| | | 4 | | | 5 | | |
| | | 2 | | | 3 | | |
| | 3 | | 4 | 7 | | 1 | |
| 2 | | | | | | | 8 |
| | 4 | | | | | 2 | |

B006

| | | | | | 1 | | 7 |
|---|---|---|---|---|---|---|---|
| 2 | | 1 | | | | | |
| | | | | 8 | | | |
| 6 | 8 | 7 | | | | | |
| 7 | 1 | 8 | | | | | |
| | | | | 6 | | | |
| 3 | | 5 | | | | | |
| | | | | | 5 | | 1 |

B007

| | 1 | 6 | | | | | |
|---|---|---|---|---|---|---|---|
| | | | | | | | 4 |
| | | | | 3 | | 7 | |
| | 7 | | 1 | | | | |
| | | | | | 2 | | |
| | 6 | | 3 | | | | |
| | | | | 7 | | | 5 |
| 8 | | 3 | | | | | |

B008

| | | | 3 | | 5 | | |
|---|---|---|---|---|---|---|---|
| | | 2 | | | 8 | | |
| | 7 | | | | | 1 | 6 |
| 6 | | | | | | | |
| | | | | | | | 3 |
| 5 | 3 | | | | | 7 | |
| | | 6 | | | 3 | | |
| | | 7 | | 1 | | | |

B009

| | 8 | | | | | 3 | |
|---|---|---|---|---|---|---|---|
| 5 | | | | | | | 8 |
| | 3 | | 8 | 6 | | 1 | |
| | | 7 | | | 3 | | |
| | | 6 | | | 2 | | |
| | 7 | | 5 | 3 | | 6 | |
| 3 | | | | | | | 7 |
| | 2 | | | | | 8 | |

B010

| | 1 | | | | | 3 | |
|---|---|---|---|---|---|---|---|
| 4 | | 8 | | | 1 | | 5 |
| | 8 | | 6 | 2 | | 4 | |
| | | 2 | | | 3 | | |
| | | 5 | | | 6 | | |
| | 6 | | 8 | 5 | | 7 | |
| 8 | | 6 | | | 7 | | 4 |
| | 5 | | | | | 1 | |

B011

| 6 | | | | | | | |
|---|---|---|---|---|---|---|---|
| | | | 8 | | 7 | | |
| | | | | 4 | | 5 | 6 |
| | 1 | 6 | | | | | |
| | 2 | 7 | | | | | |
| | | | | 1 | | 7 | 5 |
| | | | 6 | | 3 | | |
| 3 | | | | | | | |

B012

| | 4 | 3 | | 7 | | | |
|---|---|---|---|---|---|---|---|
| 1 | | | | 4 | 6 | | |
| 8 | | | | | | 3 | |
| | | | | | | 4 | 2 |
| 5 | 3 | | | | | | |
| | 2 | | | | | | 4 |
| | | 7 | 8 | | | | 5 |
| | | | 5 | | 4 | 1 | |

B013

| | | | | | 6 | 2 | |
|---|---|---|---|---|---|---|---|
| 6 | | | 7 | | 4 | | |
| 5 | 7 | | 6 | | | | |
| | | | | | 7 | 5 | |
| | 8 | 3 | | | | | |
| | | | | 8 | | 3 | 2 |
| | | 7 | | 1 | | | 4 |
| | 1 | 6 | | | | | |

B014

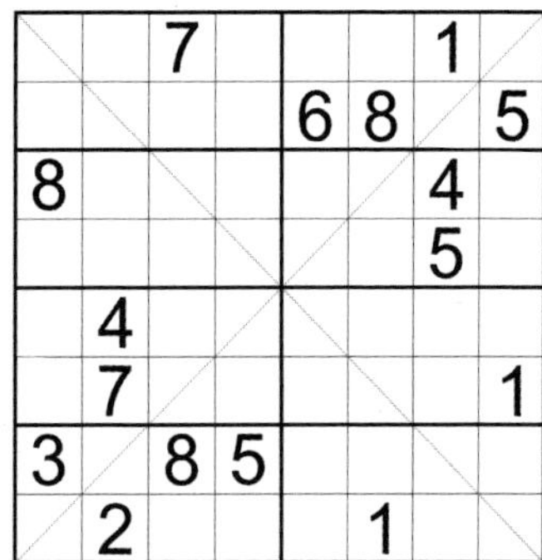

| | | 7 | | | | 1 | |
|---|---|---|---|---|---|---|---|
| | | | | 6 | 8 | | 5 |
| 8 | | | | | | 4 | |
| | | | | | | 5 | |
| | 4 | | | | | | |
| | 7 | | | | | | 1 |
| 3 | | 8 | 5 | | | | |
| | 2 | | | | 1 | | |

B015

| | | | 2 | | 1 | | |
|---|---|---|---|---|---|---|---|
| | | | | 4 | 2 | | |
| | | | 4 | | | 7 | 5 |
| 8 | | 7 | | | | 2 | |
| | 2 | | | | 3 | | 1 |
| 6 | 3 | | | 5 | | | |
| | | 6 | 3 | | | | |
| | | 8 | | 7 | | | |

B016

| | 2 | | | | | 7 | |
|---|---|---|---|---|---|---|---|
| 7 | | 5 | | | 3 | | 4 |
| | 5 | | 3 | 8 | | 6 | |
| | | 1 | | | 2 | | |
| | | 3 | | | 8 | | |
| | 1 | | 2 | 3 | | 5 | |
| 1 | | 7 | | | 6 | | 2 |
| | 4 | | | | | 3 | |

B017

| | | | | | | | |
|---|---|---|---|---|---|---|---|
| 6 | | | 7 | 2 | | | 3 |
| | | | | | | | |
| | 1 | | | | | 2 | |
| | 2 | | | | | 8 | |
| 5 | | | | | | | 6 |
| | | | | | | | |
| | | 4 | | | 7 | | |
| | | 2 | | | 1 | | |

B018

| | | | | | | | |
|---|---|---|---|---|---|---|---|
| | 6 | 4 | | 2 | | | |
| 2 | | 3 | | 4 | | | |
| 8 | 2 | | | | | | |
| | | | | | | 5 | 8 |
| 3 | 4 | | | | | | |
| | | | | | | 1 | 4 |
| | | | 2 | | 6 | | 3 |
| | | | 4 | | 8 | 7 | |

B019

| | | | | | | | |
|---|---|---|---|---|---|---|---|
| | | | | | 3 | 5 | |
| | | 6 | 3 | | 7 | | |
| | 8 | | | 5 | | | 4 |
| 4 | | | | | | | |
| 2 | | | | | | | |
| | 3 | | | 1 | | | 5 |
| | | 4 | 6 | | 1 | | |
| | | | | | 5 | 3 | |

B020

| | | | | | | | |
|---|---|---|---|---|---|---|---|
| | | | | | 3 | 8 | |
| 6 | | 5 | | | | | |
| 7 | | | 5 | | | 2 | |
| | | | | | 1 | | |
| | | 4 | | | | | |
| | 6 | | | 4 | | | 2 |
| | | | | | 8 | | 5 |
| | 8 | 3 | | | | | |

B021

| | | | | | | | |
|---|---|---|---|---|---|---|---|
| | 5 | | | | | 6 | |
| 6 | | 7 | | | 8 | | 4 |
| | 4 | | 6 | 2 | | 1 | |
| | | 1 | | | 6 | | |
| | | 4 | | | 2 | | |
| | 3 | | 5 | 8 | | 4 | |
| 1 | | 2 | | | 3 | | 6 |
| | 6 | | | | | 8 | |

B022

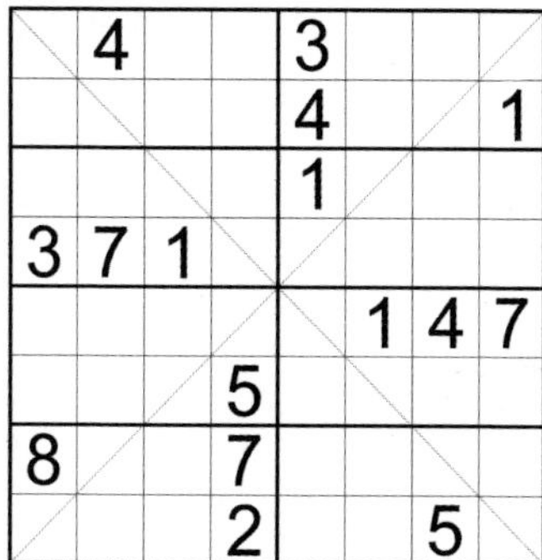

| | | | | | | | |
|---|---|---|---|---|---|---|---|
| | 4 | | | 3 | | | |
| | | | | 4 | | | 1 |
| | | | | 1 | | | |
| 3 | 7 | 1 | | | | | |
| | | | | | 1 | 4 | 7 |
| | | | 5 | | | | |
| 8 | | | 7 | | | | |
| | | | 2 | | | 5 | |

B023

| | | | | | | | |
|---|---|---|---|---|---|---|---|
| | 6 | | | 7 | | | |
| | | 3 | | 1 | | | |
| 7 | | | 6 | | | | |
| | | | | | 5 | | 2 |
| 5 | | 2 | | | | | |
| | | | | 5 | | | 7 |
| | | | 8 | | 7 | | |
| | | | 1 | | | 8 | |

B024

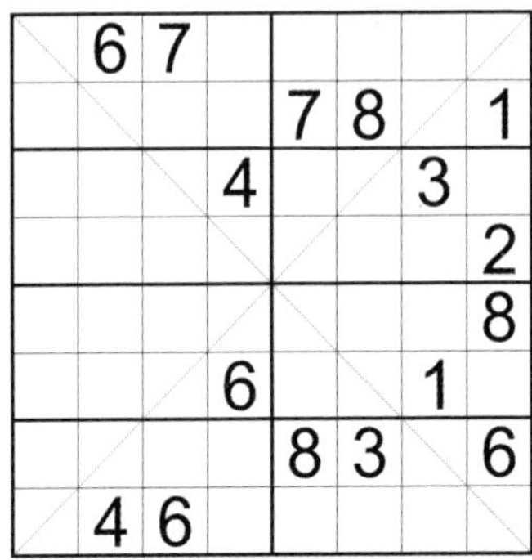

| | | | | | | | |
|---|---|---|---|---|---|---|---|
| | 6 | 7 | | | | | |
| | | | | 7 | 8 | | 1 |
| | | | 4 | | | 3 | |
| | | | | | | | 2 |
| | | | | | | | 8 |
| | | | 6 | | | 1 | |
| | | | | 8 | 3 | | 6 |
| | 4 | 6 | | | | | |

B025

| | | | | | | | |
|---|---|---|---|---|---|---|---|
| | 2 | | 8 | | | | |
| | | | | | 8 | | 6 |
| | | | | 4 | | | |
| 1 | 4 | 7 | | | | | |
| | | | | | 3 | 5 | 2 |
| | | | 6 | | | | |
| 7 | | 3 | | | | | |
| | | | | 3 | | 8 | |

B026

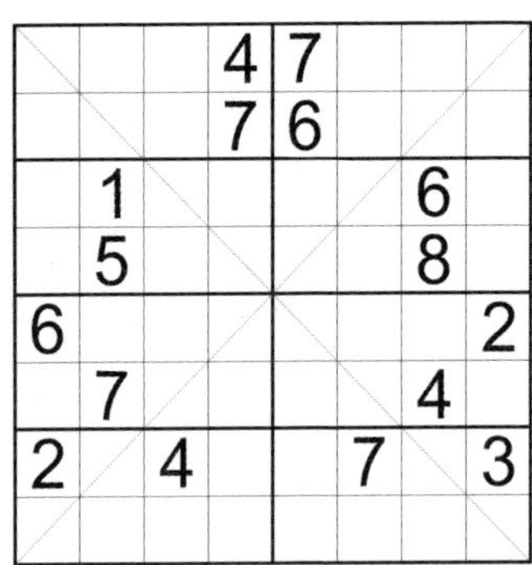

| | | | | | | | |
|---|---|---|---|---|---|---|---|
| | | | 4 | 7 | | | |
| | | | 7 | 6 | | | |
| | 1 | | | | | 6 | |
| | 5 | | | | | 8 | |
| 6 | | | | | | | 2 |
| | 7 | | | | | 4 | |
| 2 | | 4 | | | 7 | | 3 |
| | | | | | | | |

B027

| | | | | | | | |
|---|---|---|---|---|---|---|---|
| | | | | 5 | 2 | | |
| 5 | | | | | | | |
| 4 | 3 | | | | | | 1 |
| | | 1 | | | | | 2 |
| | 1 | | | | | | |
| | 2 | | | 7 | | | |
| | | 6 | 3 | | 5 | | |
| | | | | | 3 | 7 | |

B028

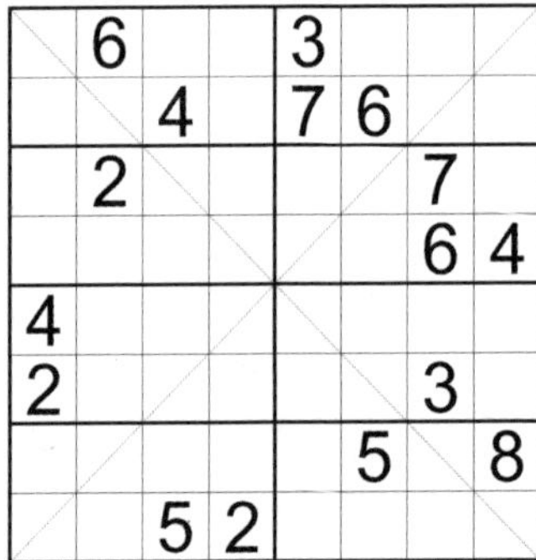

| | | | | | | | |
|---|---|---|---|---|---|---|---|
| | 6 | | | 3 | | | |
| | | 4 | | 7 | 6 | | |
| | 2 | | | | | 7 | |
| | | | | | | 6 | 4 |
| 4 | | | | | | | |
| 2 | | | | | | 3 | |
| | | | | | 5 | | 8 |
| | | 5 | 2 | | | | |

B029

| | | | | | | | |
|---|---|---|---|---|---|---|---|
| | | 2 | | | 4 | | |
| 6 | | 4 | | | 1 | | 8 |
| | 7 | | 1 | 8 | | 6 | |
| | | | | | | | |
| | | | | | | | |
| | 5 | | 2 | 4 | | 3 | |
| 8 | | 1 | | | 7 | | 3 |
| | | 7 | | | 8 | | |

B030

| | | | | | | | |
|---|---|---|---|---|---|---|---|
| | | | | | 3 | | |
| 8 | | | 1 | | 7 | | |
| | | | | 6 | | 4 | |
| 3 | | 2 | | | | | |
| | | | | | 8 | | 2 |
| | 2 | | 8 | | | | |
| | | 6 | | 4 | | | 5 |
| | | 1 | | | | | |

# 专题3　锯齿数独

C001

| | | | | | | | |
|---|---|---|---|---|---|---|---|
| | | 8 | | 6 | | 1 | |
| 3 | | | | | | | |
| | | | | 1 | | | |
| | 8 | | | | | | 3 |
| | | | | | 6 | 8 | |
| | 7 | | 4 | | | | |
| 5 | | 4 | | | | | |
| | | | 7 | | 3 | | |

C002

| | | | | | | | |
|---|---|---|---|---|---|---|---|
| | | 4 | 3 | 2 | 8 | | |
| | | | | | | | |
| 3 | | | | | | | 4 |
| 6 | | | | | | | 8 |
| 1 | | | | | | | 5 |
| 7 | | | | | | | 2 |
| | | | | | | | |
| | | 1 | 8 | 4 | 3 | | |

C003

| | | | | | | | |
|---|---|---|---|---|---|---|---|
| | | | | | 8 | | 6 |
| | 8 | | 5 | | | | |
| | | | | 2 | | | 4 |
| 5 | 4 | | | | 1 | | |
| | | 4 | | | | 3 | 1 |
| 8 | | | 3 | | | | |
| | | | | 1 | | 2 | |
| 6 | | 7 | | | | | |

C004

| | | | | | | | |
|---|---|---|---|---|---|---|---|
| 5 | | | | | 2 | | 8 |
| | 2 | | 3 | | | | |
| 2 | | | | 6 | | | 4 |
| | | | | | 3 | | |
| 6 | | 3 | | | | 4 | |
| | | | 7 | | | | |
| | 8 | | | | | 6 | |
| | | | 4 | | 8 | | 2 |

C005

|  | 5 |  | 8 | 4 |  | 2 |  |
|---|---|---|---|---|---|---|---|
| 4 |  | 3 |  |  | 6 |  | 5 |
|  | 8 |  |  |  |  | 7 |  |
| 1 |  |  |  |  |  |  | 8 |
| 7 |  |  |  |  |  |  | 2 |
|  | 6 |  |  |  |  | 3 |  |
| 5 |  | 4 |  |  | 1 |  | 7 |
|  | 1 |  | 3 | 2 |  | 5 |  |

C006

|  |  |  |  | 4 |  |  |  |
|---|---|---|---|---|---|---|---|
|  | 1 |  | 7 |  |  | 8 |  |
|  | 3 |  |  |  |  | 1 |  |
|  |  |  |  | 2 |  |  |  |
|  |  |  |  |  |  |  | 8 |
| 7 |  | 5 |  |  |  |  |  |
|  |  |  | 1 |  | 4 |  |  |
| 3 |  |  |  |  |  |  |  |

C007

|  | 4 | 7 |  |  | 8 | 1 |  |
|---|---|---|---|---|---|---|---|
| 7 |  |  | 2 | 4 |  |  | 3 |
| 5 |  |  |  |  |  |  | 8 |
|  | 1 |  |  |  |  | 4 |  |
|  | 8 |  |  |  |  | 3 |  |
| 3 |  |  |  |  |  |  | 7 |
| 1 |  |  | 4 | 8 |  |  | 6 |
|  | 6 | 1 |  |  | 3 | 8 |  |

C008

|  | 7 |  | 2 |  |  | 6 |  |
|---|---|---|---|---|---|---|---|
| 5 |  | 2 |  |  |  |  | 8 |
|  |  |  | 7 |  |  | 5 |  |
|  |  |  |  |  | 1 |  | 6 |
| 6 |  | 5 |  |  |  |  |  |
|  | 4 |  |  | 7 |  |  |  |
| 3 |  |  |  |  | 5 |  | 1 |
|  | 5 |  |  | 4 |  | 7 |  |

C009

|  | 7 |  | 5 |  | 2 |  |  |
|---|---|---|---|---|---|---|---|
| 8 |  |  |  | 7 |  |  |  |
|  |  |  |  |  |  |  | 1 |
|  | 6 |  |  |  |  |  | 4 |
| 1 |  |  |  |  |  | 2 |  |
| 5 |  |  |  |  |  |  |  |
|  |  |  | 1 |  |  |  | 3 |
|  |  | 2 |  | 4 |  | 1 |  |

C010

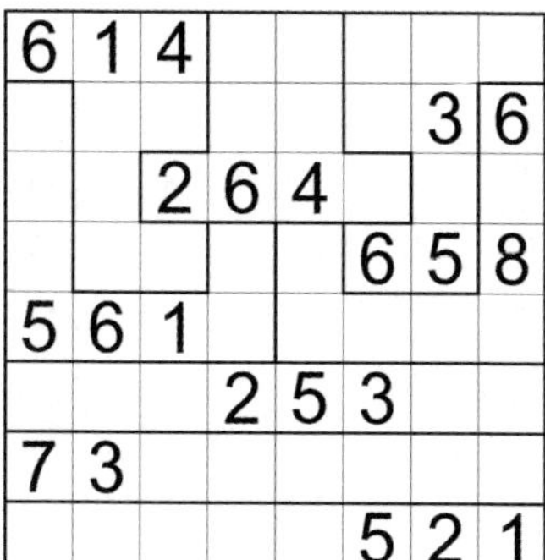

| 6 | 1 | 4 |  |  |  |  |  |
|---|---|---|---|---|---|---|---|
|  |  |  |  |  |  | 3 | 6 |
|  |  | 2 | 6 | 4 |  |  |  |
|  |  |  |  |  | 6 | 5 | 8 |
| 5 | 6 | 1 |  |  |  |  |  |
|  |  |  | 2 | 5 | 3 |  |  |
| 7 | 3 |  |  |  |  |  |  |
|  |  |  |  |  | 5 | 2 | 1 |

C011

|  |  | 7 | 1 |  |  |  |  |
|---|---|---|---|---|---|---|---|
|  |  | 6 |  |  | 3 |  |  |
|  |  |  |  | 2 |  | 3 |  |
|  | 1 |  |  |  | 8 |  |  |
| 8 |  |  |  |  |  |  | 4 |
|  |  |  |  |  |  | 4 | 6 |
| 2 |  |  |  | 8 |  |  |  |
| 7 | 4 |  | 6 |  |  |  |  |

C012

|  | 7 |  |  |  |  | 5 |  |
|---|---|---|---|---|---|---|---|
|  | 5 |  |  |  |  | 6 |  |
|  |  |  | 2 | 8 |  |  |  |
| 7 | 1 |  |  |  |  | 2 | 8 |
|  |  |  | 4 | 1 |  |  |  |
| 4 |  |  |  |  |  |  | 5 |
|  |  | 6 |  |  | 7 |  |  |
|  |  |  | 1 | 2 |  |  |  |

C013

|  |  |  | 1 | 3 |  |  |  |
|---|---|---|---|---|---|---|---|
|  |  |  | 2 | 1 |  |  |  |
|  | 6 |  |  |  |  | 1 |  |
| 6 |  | 1 |  |  | 2 |  | 7 |
| 8 |  | 7 |  |  | 5 |  | 1 |
|  | 4 |  |  |  |  | 6 |  |
|  |  |  | 7 | 4 |  |  |  |
|  |  |  | 6 | 5 |  |  |  |

C014

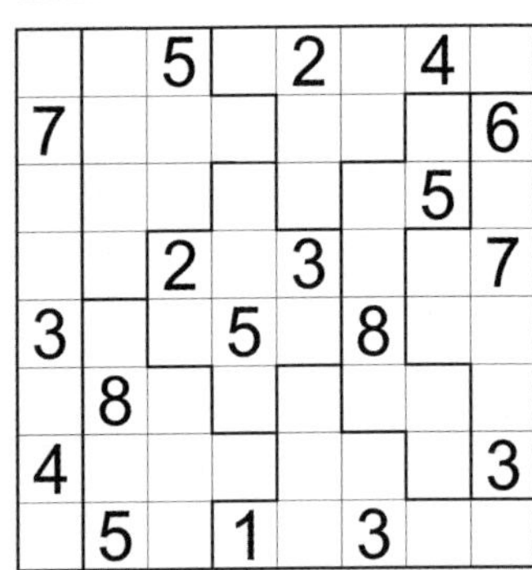

|  |  | 5 |  | 2 |  | 4 |  |
|---|---|---|---|---|---|---|---|
| 7 |  |  |  |  |  |  | 6 |
|  |  |  |  |  |  | 5 |  |
|  |  | 2 |  | 3 |  |  | 7 |
| 3 |  |  | 5 |  | 8 |  |  |
|  | 8 |  |  |  |  |  |  |
| 4 |  |  |  |  |  |  | 3 |
|  | 5 |  | 1 |  | 3 |  |  |

C015

|  |  | 3 | 6 | 5 | 2 |  |  |
|---|---|---|---|---|---|---|---|
|  |  |  |  |  |  |  |  |
| 2 |  |  |  |  |  |  | 5 |
| 7 |  |  | 8 | 3 |  |  | 2 |
| 3 |  |  | 4 | 1 |  |  | 8 |
| 8 |  |  |  |  |  |  | 6 |
|  |  |  |  |  |  |  |  |
|  |  | 1 | 5 | 7 | 3 |  |  |

C016

|  |  |  | 4 |  | 5 | 7 |  |
|---|---|---|---|---|---|---|---|
| 5 |  | 2 |  | 8 |  |  |  |
| 8 |  |  |  |  |  | 1 |  |
|  | 8 |  |  |  |  |  | 2 |
| 4 |  |  |  |  |  | 8 |  |
|  | 3 |  |  |  |  |  | 1 |
|  |  |  | 8 |  | 7 |  | 6 |
|  | 1 | 4 |  | 7 |  |  |  |

C017

| | | | | | | | |
|---|---|---|---|---|---|---|---|
| | 3 | 5 | | 4 | | | |
| 6 | | | | | 7 | | |
| 5 | | | | | | 7 | |
| | | | | | | | 5 |
| 8 | | | | | | | |
| | 4 | | | | | | 2 |
| | | 2 | | | | | 6 |
| | | | 4 | | 8 | 2 | |

C018

| | | | | | | | |
|---|---|---|---|---|---|---|---|
| | 2 | | 1 | | 7 | | |
| 2 | | | | | | 4 | |
| | | | | | | | 2 |
| 8 | | | | | | | |
| 4 | | 6 | | | | | 7 |
| | 3 | | 2 | | | | |
| | | 8 | | | | | 4 |
| | | | 7 | 5 | | 1 | |

C019

| | | | | | | | |
|---|---|---|---|---|---|---|---|
| | 5 | 2 | | 4 | | | |
| | | | | 1 | | | 4 |
| | | 1 | | | 2 | | 7 |
| 4 | 2 | | 7 | 8 | | | |
| | | | 8 | 7 | | 1 | 6 |
| 7 | | 3 | | | 4 | | |
| 3 | | | 5 | | | | |
| | | | 1 | | 8 | 7 | |

C020

| | | | | | | | |
|---|---|---|---|---|---|---|---|
| | 6 | | | | | 2 | |
| 6 | | 7 | 3 | | | | |
| 1 | | | | 7 | | | 5 |
| 5 | | | | | 6 | | |
| 8 | | | | | 4 | | |
| 2 | | | | 4 | | | 3 |
| 7 | | 2 | 5 | | | | |
| | 8 | | | | | 4 | |

C021

| | | | | | | | |
|---|---|---|---|---|---|---|---|
| | 2 | | 5 | | | 4 | |
| 4 | | 1 | | | | | 2 |
| | | | 1 | | | 7 | |
| | | | | | 1 | | 6 |
| 2 | | 5 | | | | | |
| | 4 | | | 1 | | | |
| 5 | | | | | 4 | | 8 |
| | 8 | | | 5 | | 2 | |

C022

| | | | | | | | |
|---|---|---|---|---|---|---|---|
| | 5 | | 3 | 2 | | 7 | |
| 5 | | | | | | | 1 |
| | | 3 | | | 4 | | |
| 8 | | | 7 | 3 | | | 4 |
| | 6 | | | | | 4 | |
| 1 | | 5 | | | 2 | | 3 |
| | | | | | | | |
| | 7 | | | | | 1 | |

C023

|   | 3 |   | 5 | 2 |   | 8 |   |
|---|---|---|---|---|---|---|---|
| 8 |   |   |   |   |   |   | 4 |
|   |   |   | 6 | 4 |   |   |   |
| 4 |   | 8 |   |   | 5 |   | 1 |
| 5 |   | 2 |   |   | 7 |   | 6 |
|   |   |   | 8 | 1 |   |   |   |
| 6 |   |   |   |   |   |   | 8 |
|   | 1 |   | 7 | 8 |   | 5 |   |

C024

|   | 2 |   |   |   | 1 |   |   |
|---|---|---|---|---|---|---|---|
| 8 |   |   | 2 |   |   |   |   |
|   |   |   | 1 |   |   |   | 3 |
| 6 |   |   | 8 |   |   |   |   |
|   |   |   |   | 2 | 5 | 7 |   |
| 2 |   |   |   |   |   |   |   |
|   |   |   |   |   |   |   | 8 |
|   |   | 2 |   | 7 |   | 1 |   |

C025

|   | 3 |   | 4 |   |   | 2 |   |
|---|---|---|---|---|---|---|---|
| 2 |   |   |   |   |   |   | 3 |
|   |   | 8 |   | 2 | 3 |   |   |
|   |   | 1 |   |   |   |   | 7 |
| 4 |   |   |   |   | 7 |   |   |
|   |   | 4 | 6 |   | 1 |   |   |
| 1 |   |   |   |   |   |   | 8 |
|   | 8 |   |   | 7 |   | 6 |   |

C026

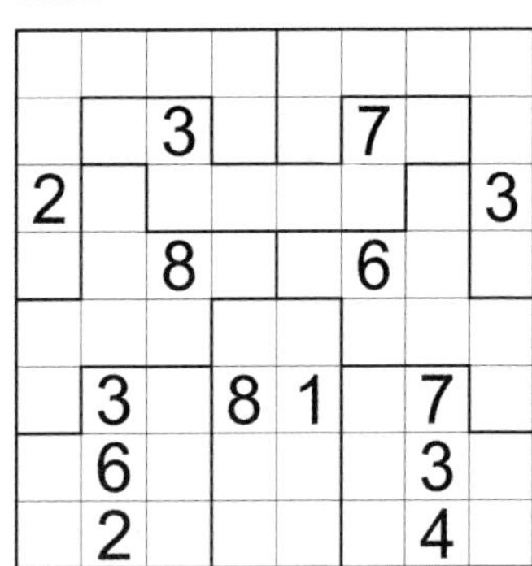

|   |   |   |   |   |   |   |   |
|---|---|---|---|---|---|---|---|
|   |   | 3 |   |   | 7 |   |   |
| 2 |   |   |   |   |   |   | 3 |
|   |   | 8 |   |   | 6 |   |   |
|   |   |   |   |   |   |   |   |
|   | 3 |   | 8 | 1 |   | 7 |   |
|   | 6 |   |   |   |   | 3 |   |
|   | 2 |   |   |   |   | 4 |   |

C027

| 7 |   | 8 |   |   | 2 |   | 6 |
|---|---|---|---|---|---|---|---|
|   | 2 |   |   |   |   | 8 |   |
| 4 |   |   | 2 | 8 |   |   | 1 |
|   |   | 6 |   |   | 1 |   |   |
|   |   | 4 |   |   | 5 |   |   |
| 5 |   |   | 8 | 2 |   |   | 3 |
|   | 5 |   |   |   |   | 2 |   |
| 1 |   | 2 |   |   | 8 |   | 5 |

C028

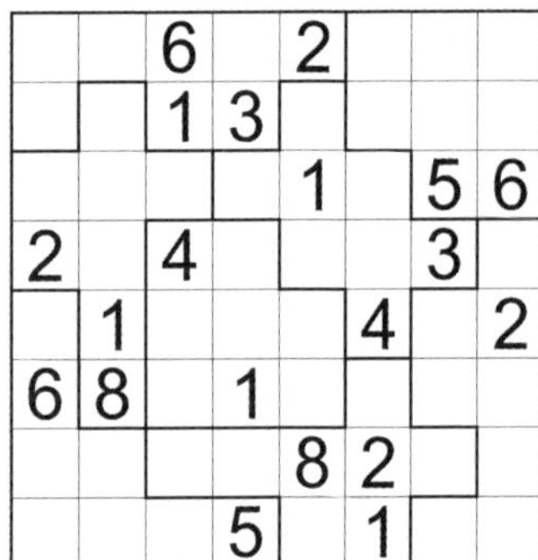

|   |   | 6 |   | 2 |   |   |   |
|---|---|---|---|---|---|---|---|
|   |   | 1 | 3 |   |   |   |   |
|   |   |   |   | 1 |   | 5 | 6 |
| 2 |   | 4 |   |   |   | 3 |   |
|   | 1 |   |   |   | 4 |   | 2 |
| 6 | 8 |   | 1 |   |   |   |   |
|   |   |   |   | 8 | 2 |   |   |
|   |   |   | 5 |   | 1 |   |   |

C029

| | 6 | | | 4 | | | 3 |
|---|---|---|---|---|---|---|---|
| 3 | 1 | | | | | | |
| | | | 3 | | 8 | | |
| | | 2 | | | | | 7 |
| | | | 2 | | 4 | | |
| | | 4 | | 5 | | | |
| | 7 | | | | | 5 | 2 |
| 1 | | | | | | 4 | |

C030

| 2 | 8 | 3 | | | | | |
|---|---|---|---|---|---|---|---|
| | | | | | 8 | | 2 |
| | 1 | | 8 | 4 | | | |
| | | | | | | 6 | |
| | | | | | | 2 | |
| | 7 | | 5 | 8 | | | |
| | | | | | 4 | | 1 |
| 4 | 2 | 5 | | | | | |

# 专题4　连续数独

D001

|   |   |   |   |   |   |   |   |
|---|---|---|---|---|---|---|---|
|   | 4 |   |   | 5 |   |   |   |
|   | 8 |   |   |   |   |   |   |
|   |   |   | 7 |   |   |   |   |
|   |   |   |   |   |   |   | 2 |
|   |   |   |   |   | 1 |   |   |
| 4 |   |   |   |   |   |   |   |
|   |   |   |   |   |   | 7 | 3 |
| 1 |   | 3 |   |   |   |   |   |

D002

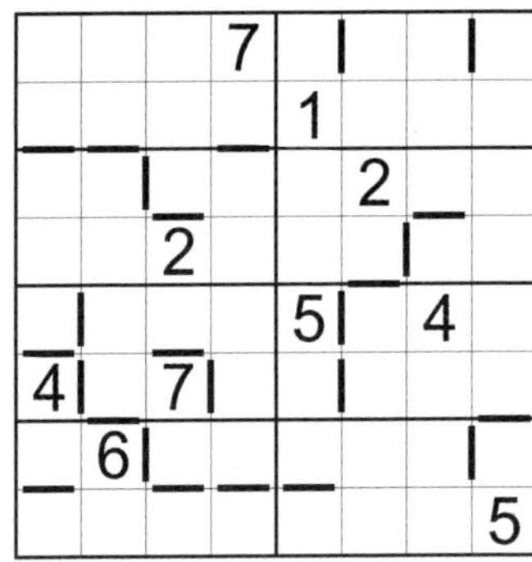

D003

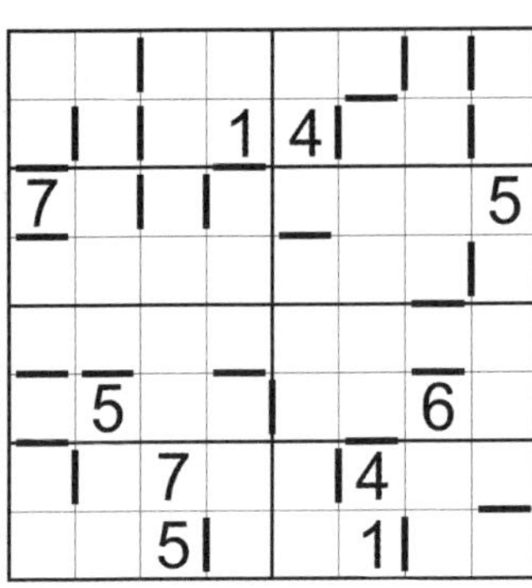

D004

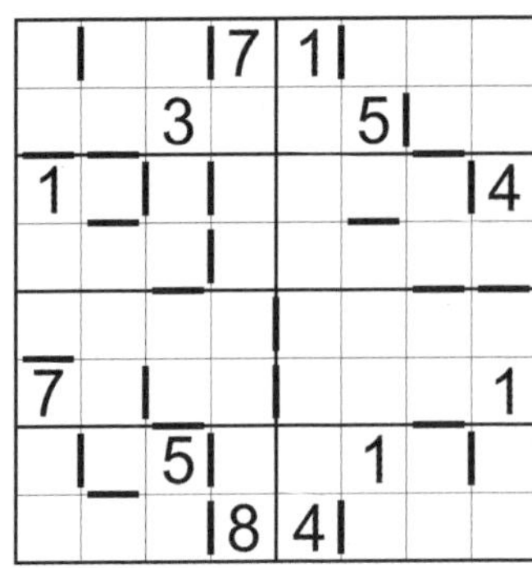

D005

| | | | 8 | | | | |
|---|---|---|---|---|---|---|---|
| | | | | 5 | 6 | | |
| | | | | | | 1 | |
| 3 | | | | | | 7 | |
| | 1 | | | | | | 8 |
| | 6 | | | | | | |
| | | 7 | 4 | | | | |
| | | | | 8 | | | |

D006

| 7 | | | | | | | |
|---|---|---|---|---|---|---|---|
| | | | | 7 | | 4 | |
| 3 | | 2 | | | | | |
| | | | | | | | 3 |
| | | | 4 | | | | |
| | | | | | 4 | | |
| | 3 | | | | | | |
| | | | | | | 1 | |

D007

| | | 5 | | | 4 | | |
|---|---|---|---|---|---|---|---|
| | 6 | | | | | 3 | |
| 6 | | | | | | | 1 |
| | | | | | | | |
| | | | | | | | |
| 8 | | | | | | | 2 |
| | 7 | | | | | 8 | |
| | | 8 | | | 1 | | |

D008

D009

| | | | 8 | 5 | | | |
|---|---|---|---|---|---|---|---|
| | | 3 | | | 1 | | |
| | 1 | | | | | 6 | |
| 6 | | | | | | | 5 |
| 5 | | | | | | | 6 |
| | 2 | | | | | 7 | |
| | | 8 | | | 7 | | |
| | | | 1 | 8 | | | |

D010

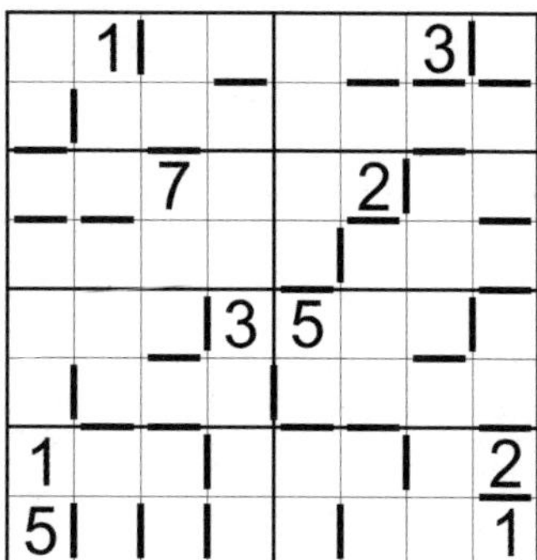

D011

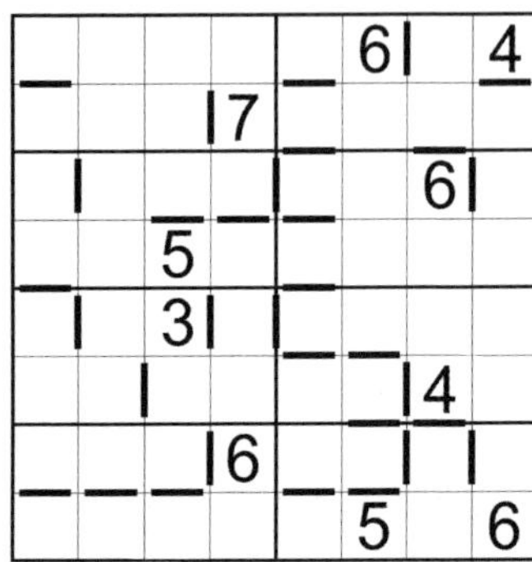

D012

D013

D014

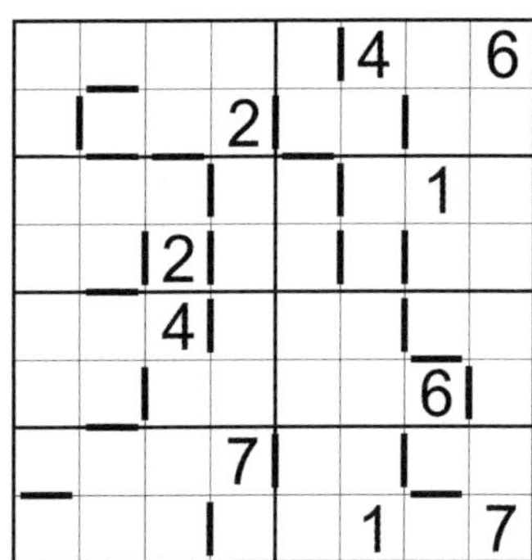

D015

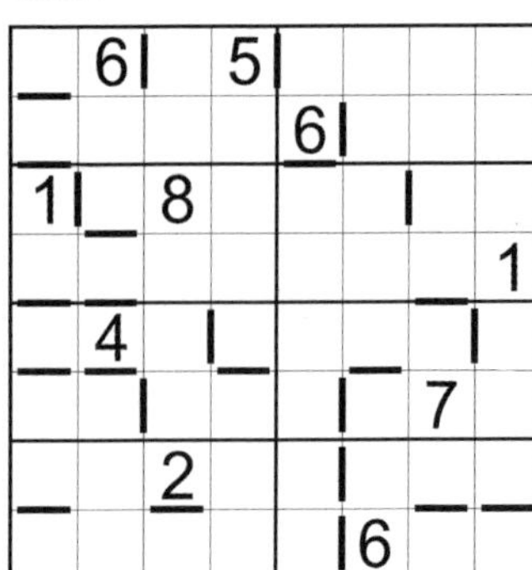

D016

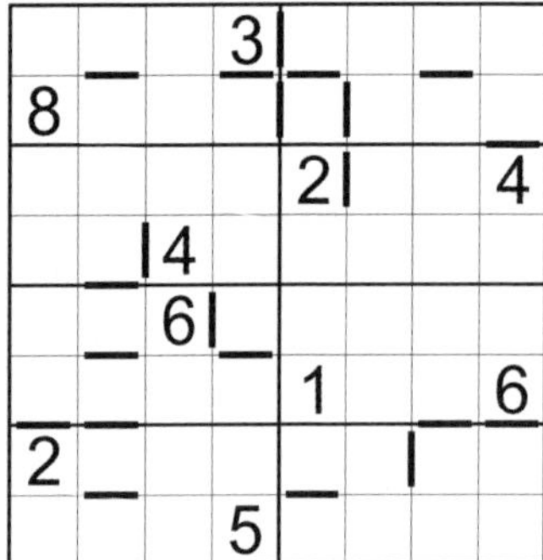

D017

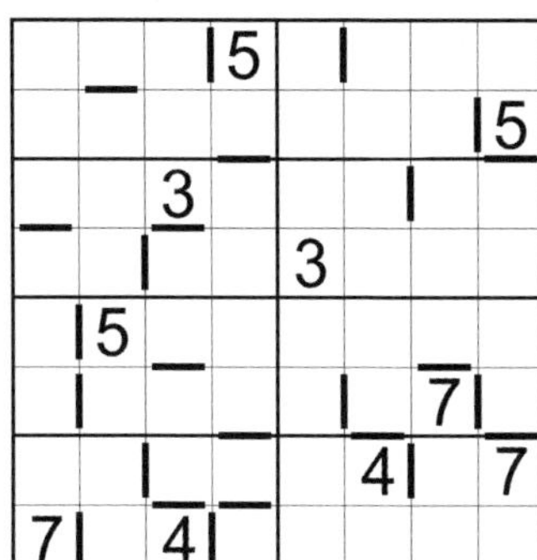

D018

D019

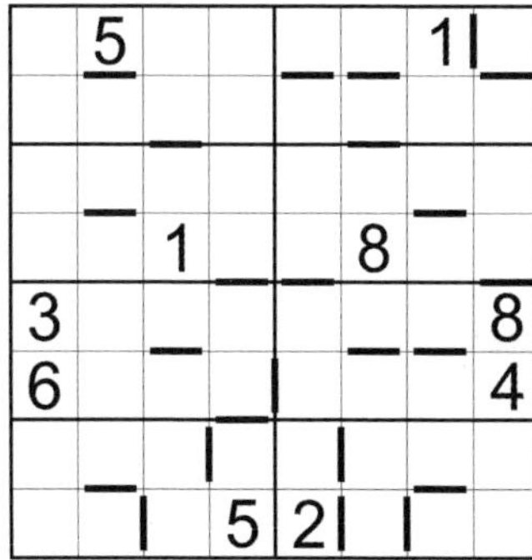

D020

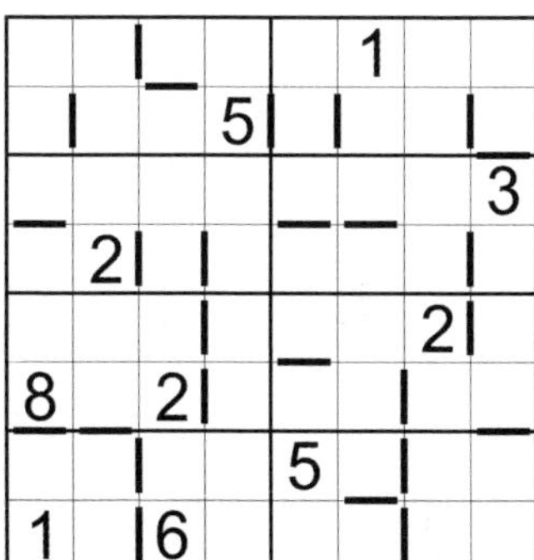

D021

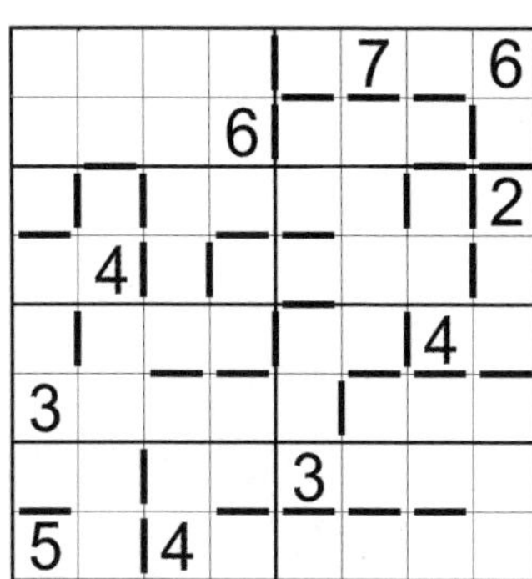

D022

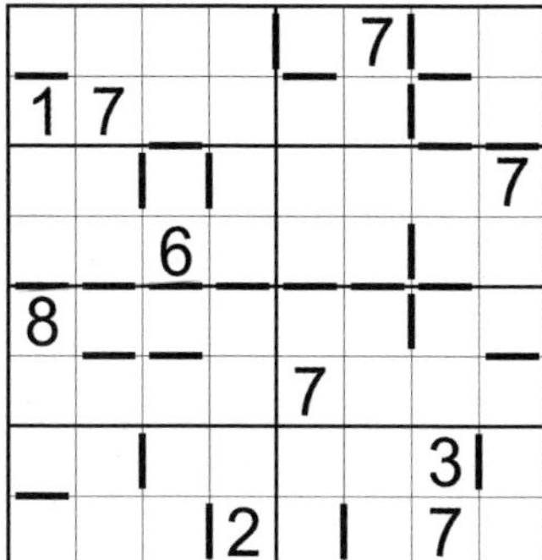

D023

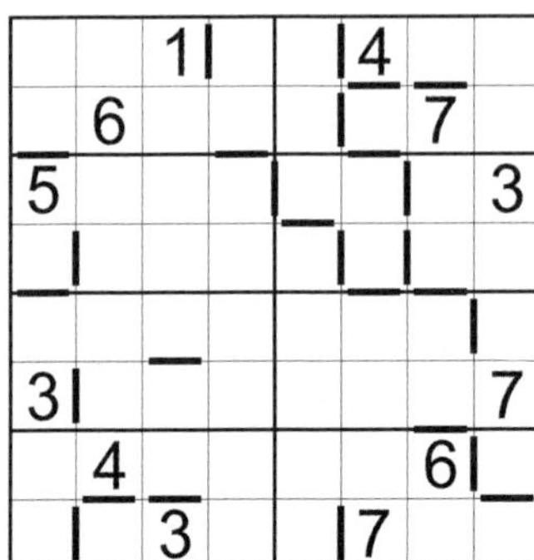

D024

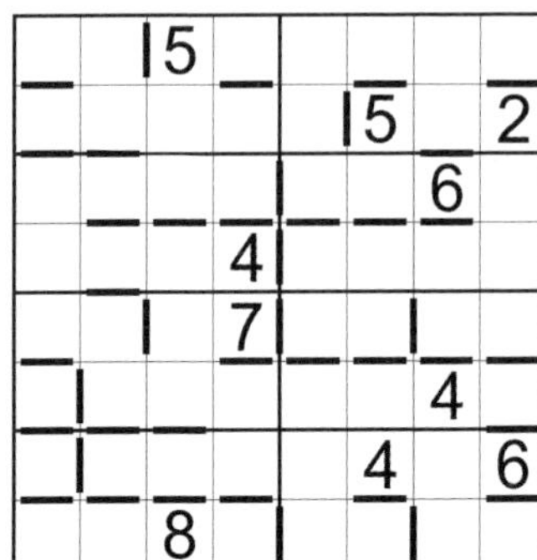

D025

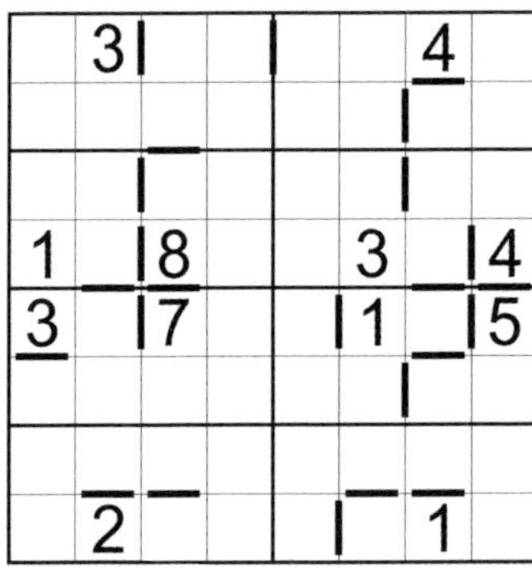

D026

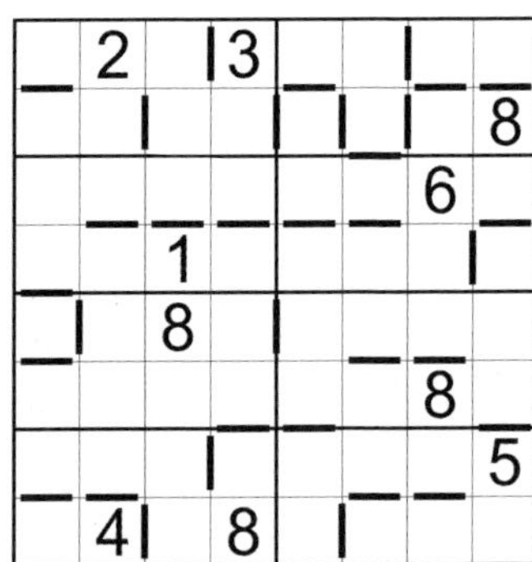

D027

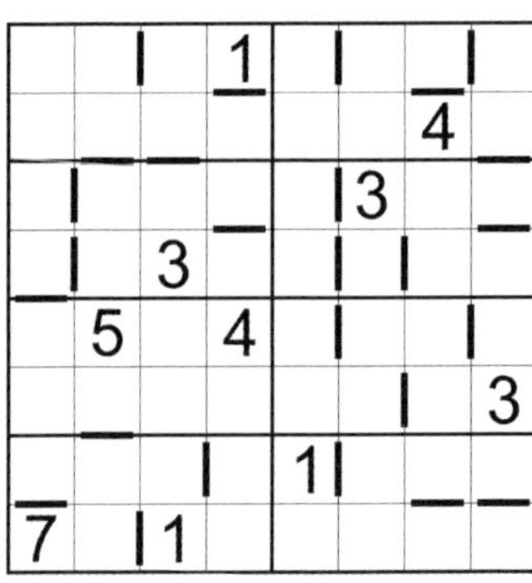

D028

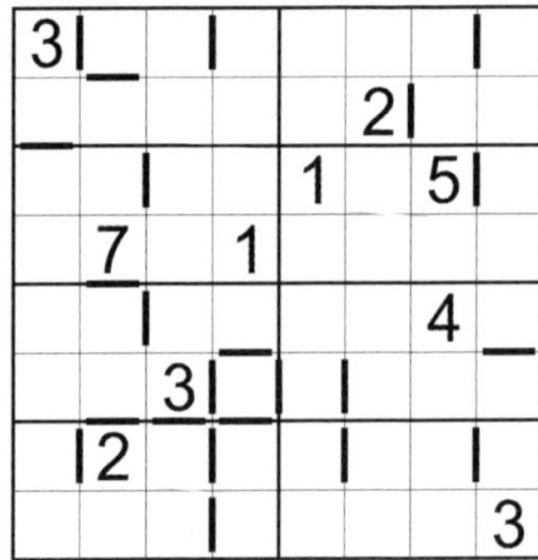

D029

| 7 |  |  |  |  |  |  | 1 |
|---|---|---|---|---|---|---|---|
| 1 |  |  |  |  |  |  | 4 |
|  | 5 |  |  |  |  | 1 |  |
|  |  |  |  |  |  |  |  |
|  |  |  | 3 | 7 |  |  |  |
|  |  |  |  |  |  |  |  |
|  |  |  |  |  |  |  |  |
|  |  | 1 |  |  | 4 |  |  |

D030

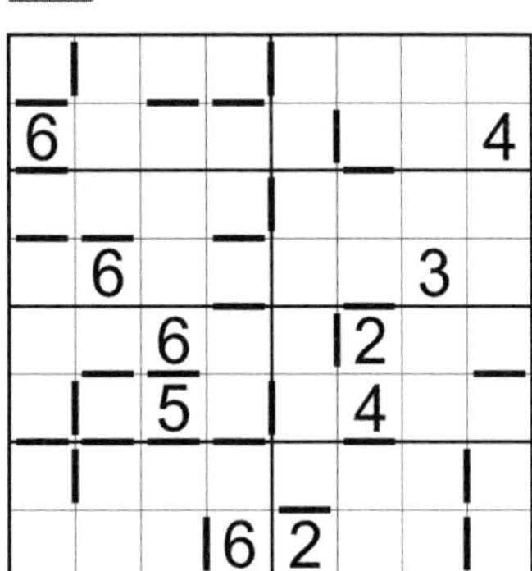

# 专题5　斜线数独

E001

| | | | | | | | | |
|---|---|---|---|---|---|---|---|---|
| | | | | 8 | | 5 | | |
| | 5 | | 2 | | | | | |
| 9 | | | | | | | 7 | |
| 1 | | 8 | | | | | | |
| | | | 1 | | 6 | | | |
| | | | | | | 7 | | 6 |
| | 3 | | | | | | | 5 |
| | | | | | 9 | | 3 | |
| | | 4 | | 5 | | | | |

E002

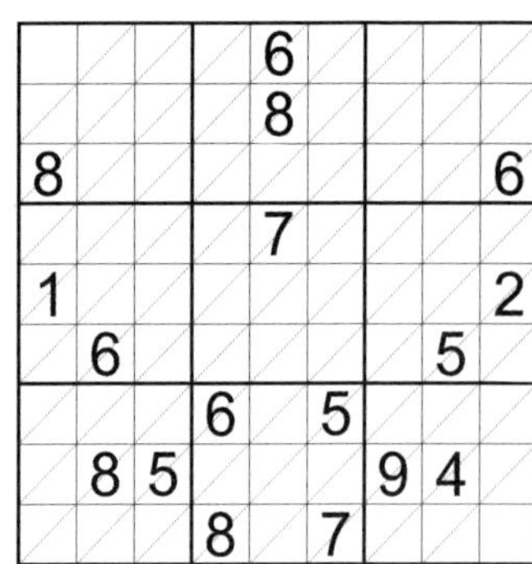

| | | | | | | | | |
|---|---|---|---|---|---|---|---|---|
| | | | | 6 | | | | |
| | | | | 8 | | | | |
| 8 | | | | | | | | 6 |
| | | | | 7 | | | | |
| 1 | | | | | | | | 2 |
| | 6 | | | | | | 5 | |
| | | | 6 | | 5 | | | |
| | 8 | 5 | | | | 9 | 4 | |
| | | | 8 | | 7 | | | |

E003

| | | | | | | | | |
|---|---|---|---|---|---|---|---|---|
| | 5 | | 3 | | | | | |
| 4 | | | | 5 | | | | |
| | | | 1 | | | 6 | | |
| 6 | | 9 | | | | | | |
| | 4 | | | | | | 8 | |
| | | | | | | 3 | | 6 |
| | | 3 | | | 2 | | | |
| | | | | 6 | | | | 2 |
| | | | | | 1 | | 6 | |

E004

| | | | | | | | | |
|---|---|---|---|---|---|---|---|---|
| 3 | | | 2 | | | | | |
| 5 | | | 9 | | | | | |
| 8 | | | 1 | | | 2 | | |
| | 5 | | | | | | 2 | |
| | | | | | | | | |
| | 8 | | | | | | 7 | |
| | | 7 | | | 8 | | | 2 |
| | | | | | 9 | | | 4 |
| | | | | | 2 | | | 5 |

E005

|  |  |  | 2 |  | 5 |  |  |  |
|---|---|---|---|---|---|---|---|---|
| 7 |  |  | 1 |  |  |  |  |  |
| 9 |  |  |  |  |  | 5 |  |  |
|  |  |  |  | 3 |  |  |  | 2 |
|  |  | 4 |  |  |  |  |  |  |
|  |  |  |  | 8 |  |  |  | 7 |
| 1 |  |  |  |  |  | 4 |  |  |
| 4 |  |  | 8 |  |  |  |  |  |
|  |  |  | 6 |  | 4 |  |  |  |

E006

|  |  |  |  |  | 5 |  |  |  |
|---|---|---|---|---|---|---|---|---|
|  | 4 | 1 |  |  |  |  |  |  |
|  |  | 8 |  |  |  | 6 |  |  |
|  |  |  |  | 6 |  |  | 1 |  |
| 1 |  |  | 3 |  |  |  | 9 |  |
|  |  |  |  | 1 |  |  | 7 |  |
|  |  | 3 |  |  |  | 8 |  |  |
|  | 1 | 7 |  |  |  |  |  |  |
|  |  |  |  |  | 9 |  |  |  |

E007

|  |  |  |  | 2 |  | 3 | 4 |  |
|---|---|---|---|---|---|---|---|---|
| 4 |  | 3 |  |  |  |  |  |  |
| 7 |  |  |  |  |  |  | 9 |  |
|  |  |  |  |  |  |  |  |  |
| 5 |  |  |  | 6 |  |  |  | 3 |
|  |  |  |  |  |  |  |  |  |
|  | 1 |  |  |  |  |  |  | 7 |
|  |  |  |  |  |  | 5 |  | 8 |
|  | 7 | 5 |  | 8 |  |  |  |  |

E008

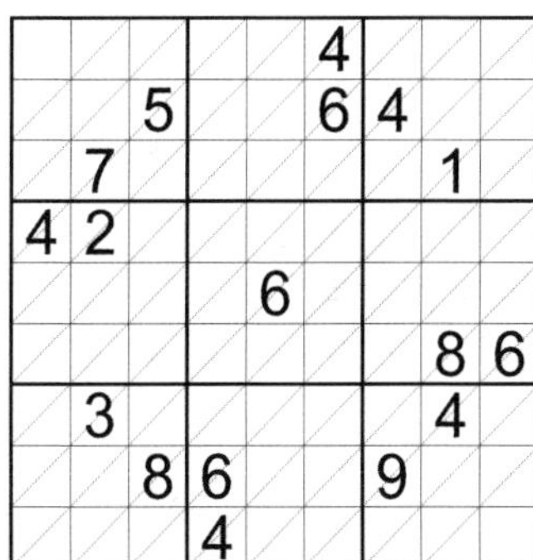

|  |  |  |  |  | 4 |  |  |  |
|---|---|---|---|---|---|---|---|---|
|  |  | 5 |  |  | 6 | 4 |  |  |
|  | 7 |  |  |  |  |  | 1 |  |
| 4 | 2 |  |  |  |  |  |  |  |
|  |  |  |  | 6 |  |  |  |  |
|  |  |  |  |  |  |  | 8 | 6 |
|  | 3 |  |  |  |  |  | 4 |  |
|  |  | 8 | 6 |  |  | 9 |  |  |
|  |  |  | 4 |  |  |  |  |  |

E009

|  | 2 | 8 |  |  |  |  |  |  |
|---|---|---|---|---|---|---|---|---|
|  |  |  | 3 |  |  |  |  |  |
|  |  |  | 2 |  |  | 8 |  | 4 |
| 2 |  |  |  | 9 |  |  |  |  |
| 8 |  |  |  |  |  |  |  | 1 |
|  |  |  |  | 8 |  |  |  | 9 |
| 6 |  | 3 |  |  | 4 |  |  |  |
|  |  |  |  |  | 2 |  |  |  |
|  |  |  |  |  |  | 5 | 1 |  |

E010

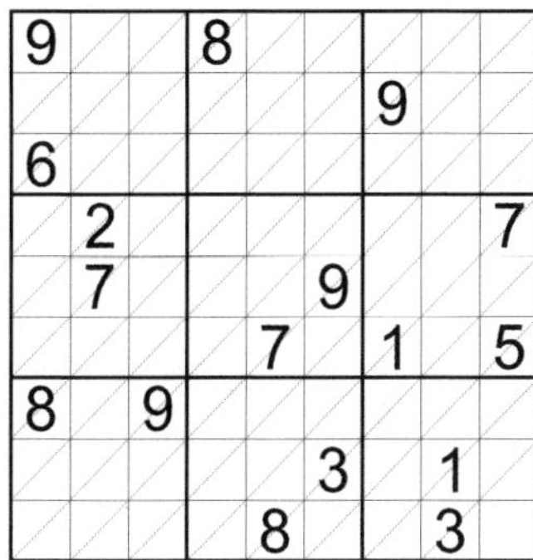

| 9 |  |  | 8 |  |  |  |  |  |
|---|---|---|---|---|---|---|---|---|
|  |  |  |  |  |  | 9 |  |  |
| 6 |  |  |  |  |  |  |  |  |
|  | 2 |  |  |  |  |  |  | 7 |
|  | 7 |  |  |  | 9 |  |  |  |
|  |  |  |  | 7 |  | 1 |  | 5 |
| 8 |  | 9 |  |  |  |  |  |  |
|  |  |  |  |  | 3 |  | 1 |  |
|  |  |  |  | 8 |  |  | 3 |  |

E011

|  | 1 |  |  | 7 |  |  | 6 |  |
|---|---|---|---|---|---|---|---|---|
| 7 |  | 2 |  |  |  | 4 |  | 3 |
|  | 6 |  |  |  |  |  | 7 |  |
|  |  |  |  |  |  |  |  |  |
| 6 |  |  |  |  |  |  |  | 8 |
|  |  |  |  |  |  |  |  |  |
|  | 3 |  |  |  |  |  | 5 |  |
| 1 |  | 8 |  |  |  | 9 |  | 6 |
|  | 5 |  |  | 2 |  |  | 8 |  |

E012

|  | 3 |  | 1 | 9 |  |  |  |  |
|---|---|---|---|---|---|---|---|---|
|  | 4 |  |  |  |  | 2 |  |  |
|  |  |  |  |  |  |  | 4 |  |
| 5 |  | 2 |  |  |  |  |  |  |
|  |  |  |  | 4 |  |  |  | 2 |
|  |  |  | 8 |  |  |  |  | 6 |
|  |  | 3 |  |  | 7 |  |  |  |
|  |  |  |  |  |  |  | 3 | 5 |
|  |  |  |  |  | 5 |  |  |  |

E013

|  | 3 |  |  |  | 1 |  |  |  |
|---|---|---|---|---|---|---|---|---|
|  | 4 |  | 3 |  |  |  |  |  |
|  |  |  |  |  |  | 3 | 9 |  |
| 8 |  | 7 |  |  |  |  |  |  |
|  |  |  |  |  |  |  | 5 |  |
|  |  |  | 9 |  |  | 4 |  |  |
|  |  |  |  | 7 |  |  |  | 4 |
| 3 |  |  |  |  |  |  |  | 2 |
|  |  |  |  | 4 |  |  |  | 3 |

E014

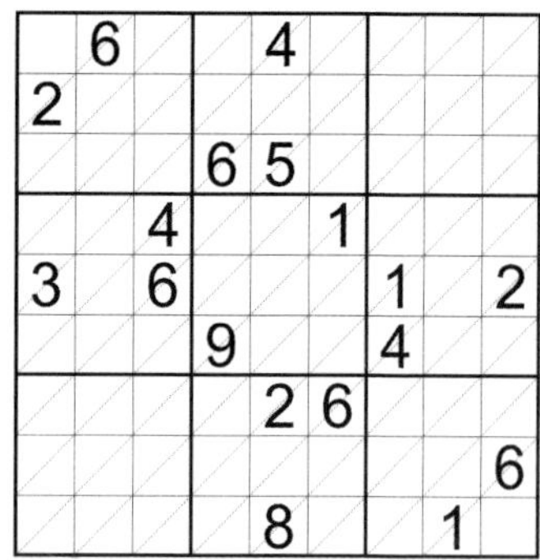

|  | 6 |  |  | 4 |  |  |  |  |
|---|---|---|---|---|---|---|---|---|
| 2 |  |  |  |  |  |  |  |  |
|  |  |  | 6 | 5 |  |  |  |  |
|  |  | 4 |  |  | 1 |  |  |  |
| 3 |  | 6 |  |  |  | 1 |  | 2 |
|  |  |  | 9 |  |  | 4 |  |  |
|  |  |  |  | 2 | 6 |  |  |  |
|  |  |  |  |  |  |  |  | 6 |
|  |  |  |  | 8 |  |  | 1 |  |

E015

|  | 6 |  |  |  |  |  |  |  |
|---|---|---|---|---|---|---|---|---|
|  | 2 |  | 5 |  |  |  |  |  |
|  |  |  | 7 |  |  | 6 |  | 8 |
| 6 |  | 1 |  | 4 |  |  |  |  |
|  |  |  |  |  |  |  |  |  |
|  |  |  |  | 3 |  | 8 |  | 9 |
| 2 |  | 3 |  |  | 6 |  |  |  |
|  |  |  |  |  | 1 |  | 9 |  |
|  |  |  |  |  |  |  | 1 |  |

E016

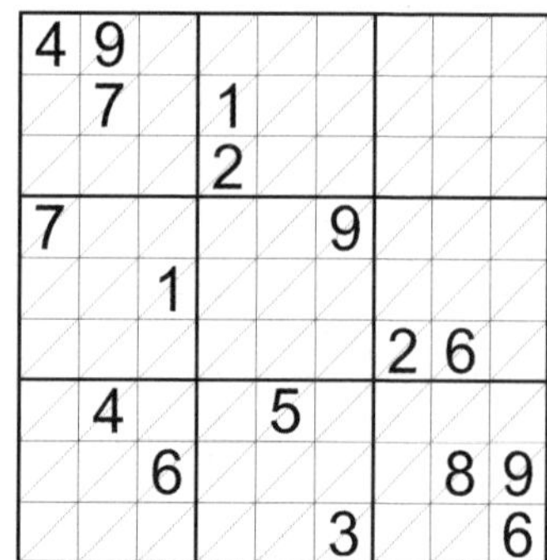

| 4 | 9 |  |  |  |  |  |  |  |
|---|---|---|---|---|---|---|---|---|
|  | 7 |  | 1 |  |  |  |  |  |
|  |  |  | 2 |  |  |  |  |  |
| 7 |  |  |  |  | 9 |  |  |  |
|  |  | 1 |  |  |  |  |  |  |
|  |  |  |  |  |  | 2 | 6 |  |
|  | 4 |  |  | 5 |  |  |  |  |
|  |  | 6 |  |  |  |  | 8 | 9 |
|  |  |  |  |  | 3 |  |  | 6 |

E017

|   | 3 |   | 4 |   |   |   | 9 |   |
|---|---|---|---|---|---|---|---|---|
| 8 |   |   |   |   |   |   |   | 3 |
|   |   |   |   | 7 |   |   |   |   |
|   |   |   | 5 |   | 3 |   |   | 1 |
|   |   | 3 |   |   |   | 5 |   |   |
| 5 |   |   | 1 |   | 7 |   |   |   |
|   |   |   |   | 3 |   |   |   |   |
| 3 |   |   |   |   |   |   |   | 7 |
|   | 9 |   |   |   | 5 |   | 2 |   |

E018

|   | 1 |   |   | 3 |   |   | 6 |   |
|---|---|---|---|---|---|---|---|---|
| 6 |   |   |   |   |   |   |   | 2 |
|   |   |   |   | 6 |   |   |   |   |
|   |   |   | 5 |   | 2 |   |   |   |
| 1 |   | 7 |   |   |   | 5 |   | 9 |
|   |   |   | 6 |   | 9 |   |   |   |
|   |   |   |   | 8 |   |   |   |   |
| 8 |   |   |   |   |   |   |   | 4 |
|   | 5 |   |   | 2 |   |   | 8 |   |

E019

|   | 5 |   | 2 |   | 3 |   | 8 |   |
|---|---|---|---|---|---|---|---|---|
| 1 |   |   |   |   |   |   |   | 3 |
|   | 4 |   |   |   |   |   | 2 |   |
|   |   |   |   |   |   |   |   |   |
| 9 |   |   |   |   |   |   |   | 2 |
|   |   |   |   |   |   |   |   |   |
|   | 6 |   |   |   |   |   | 7 |   |
| 3 |   |   |   |   |   |   |   | 6 |
|   | 9 |   | 3 |   | 8 |   | 5 |   |

E020

|   |   | 5 |   |   |   | 6 |   |   |
|---|---|---|---|---|---|---|---|---|
|   |   |   | 9 |   | 5 |   |   |   |
|   | 3 |   |   |   |   |   | 4 |   |
| 5 |   |   |   |   |   |   |   | 3 |
|   | 8 |   |   |   |   |   | 7 |   |
| 1 |   |   |   |   |   |   |   | 6 |
|   |   | 4 |   | 6 |   | 7 |   |   |
| 7 |   |   |   |   |   |   |   | 8 |
|   |   |   |   |   |   |   |   |   |

E021

| 2 |   |   | 5 | 9 |   |   |   |   |
|---|---|---|---|---|---|---|---|---|
| 4 | 9 |   |   |   |   | 5 |   |   |
|   |   |   |   |   |   |   | 7 |   |
|   | 2 |   |   |   | 9 |   |   |   |
|   |   | 9 |   |   |   |   |   | 6 |
|   |   |   | 1 |   |   |   |   | 7 |
|   |   |   |   | 6 |   |   |   |   |
|   |   |   |   |   | 4 |   | 3 |   |
|   |   |   |   |   |   |   | 9 | 5 |

E022

|   |   |   | 7 |   | 8 |   |   |   |
|---|---|---|---|---|---|---|---|---|
| 8 | 6 |   |   |   |   | 7 |   |   |
|   |   |   | 9 |   |   |   | 6 |   |
|   | 4 |   |   |   |   |   |   | 1 |
|   |   | 8 |   |   |   |   |   |   |
|   |   |   |   |   |   | 8 |   | 3 |
| 7 |   |   |   | 1 |   |   |   |   |
|   |   |   |   |   | 2 |   | 3 |   |
|   |   | 5 |   |   |   |   | 8 |   |

E023

| | 9 | | 3 | 4 | | | | |
|---|---|---|---|---|---|---|---|---|
| 3 | | | | | | 5 | | |
| | | | | 5 | | | 3 | |
| 8 | | | | | | | | |
| 6 | | 2 | | | | 3 | | 7 |
| | | | | | | | | 6 |
| | 2 | | | 1 | | | | |
| | | 4 | | | | | | 3 |
| | | | | 2 | 3 | | 9 | |

E024

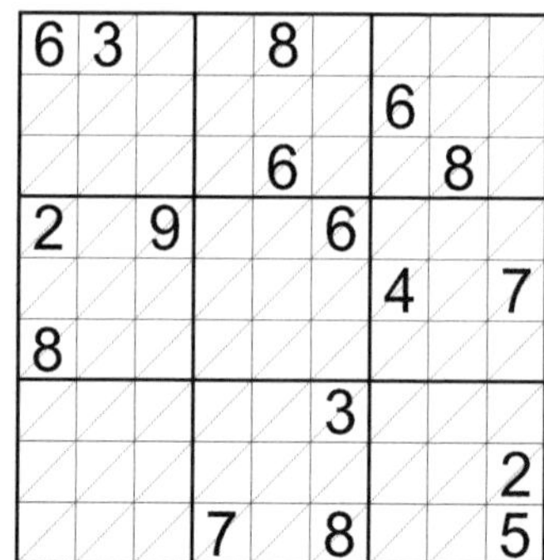

| 6 | 3 | | | 8 | | | | |
|---|---|---|---|---|---|---|---|---|
| | | | | | | 6 | | |
| | | | | 6 | | | 8 | |
| 2 | | 9 | | | 6 | | | |
| | | | | | | 4 | | 7 |
| 8 | | | | | | | | |
| | | | | | 3 | | | |
| | | | | | | | | 2 |
| | | | 7 | | 8 | | | 5 |

E025

| | | | 6 | | | | 3 | |
|---|---|---|---|---|---|---|---|---|
| | | | | 1 | | 7 | | |
| 1 | | 6 | | | | | | |
| | | | | | 1 | | | |
| | | 8 | | | | 3 | | 1 |
| | | | | | 9 | | | |
| 9 | | 2 | | | | | | |
| | | | | 2 | | 5 | | |
| | | | 7 | | | | 8 | |

E026

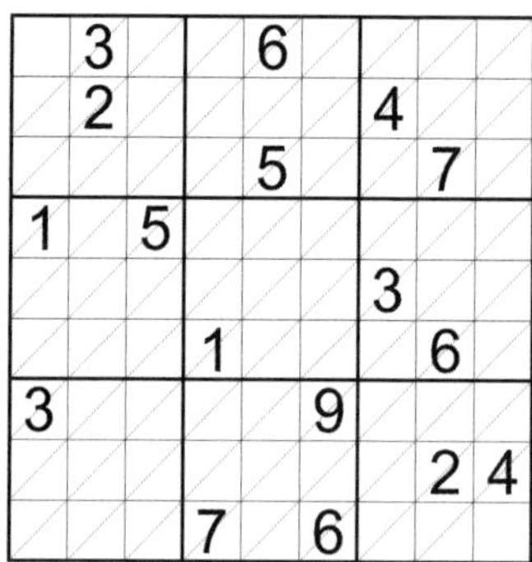

| | 3 | | | 6 | | | | |
|---|---|---|---|---|---|---|---|---|
| | 2 | | | | | 4 | | |
| | | | | 5 | | | 7 | |
| 1 | | 5 | | | | | | |
| | | | | | | 3 | | |
| | | | 1 | | | | 6 | |
| 3 | | | | | 9 | | | |
| | | | | | | | 2 | 4 |
| | | | 7 | | 6 | | | |

E027

| | 2 | | | | | | | |
|---|---|---|---|---|---|---|---|---|
| | | | 9 | | 6 | | | |
| | 6 | | | | | 1 | | 3 |
| | | | | 6 | | | | |
| 6 | | 3 | | | | | 4 | |
| | | | | 9 | | | | |
| | 3 | | | | | 7 | | 8 |
| | | | 8 | | 1 | | | |
| | 1 | | | | | | | |

E028

| | | 1 | | | | 7 | | |
|---|---|---|---|---|---|---|---|---|
| | | | | 2 | | | | |
| | | 8 | | | | 6 | | |
| | 1 | | | | | | 4 | |
| | | | 1 | | 6 | | | |
| 7 | | | | | | | | 6 |
| | | | 9 | | 3 | | | |
| | | 3 | | | | 5 | | |
| 1 | | | | | | | | 3 |

E029

| | | | | | | | | |
|---|---|---|---|---|---|---|---|---|
| | 2 | | | | | | 5 | |
| | | | 4 | | 2 | | | |
| | 4 | | | | | | 3 | |
| 5 | | | | | | | | 8 |
| | | | | | | | | |
| 9 | | | 5 | | 8 | | | 3 |
| | | 1 | | 6 | | 4 | | |
| | | 5 | | | | 8 | | |
| | | | | | | | | |

E030

| | | | | | | | | |
|---|---|---|---|---|---|---|---|---|
| | | | 9 | 7 | | 2 | 1 | |
| 6 | | 7 | | | | | | |
| 9 | | | | | | | 5 | |
| | | | | | | | | 2 |
| 1 | | | | | | | | 5 |
| 7 | | | | | | | | |
| | 7 | | | | | | | 9 |
| | | | | | | 5 | | 1 |
| | 8 | 1 | | 4 | 9 | | | |

第四章

# 答　案

A001

| 5 | 2 | 7 | 8 | 3 | 4 | 9 | 1 | 6 |
|---|---|---|---|---|---|---|---|---|
| 3 | 4 | 1 | 2 | 9 | 6 | 8 | 5 | 7 |
| 8 | 9 | 6 | 1 | 5 | 7 | 4 | 3 | 2 |
| 7 | 5 | 9 | 4 | 2 | 3 | 6 | 8 | 1 |
| 2 | 3 | 4 | 6 | 8 | 1 | 7 | 9 | 5 |
| 1 | 6 | 8 | 9 | 7 | 5 | 2 | 4 | 3 |
| 4 | 1 | 3 | 7 | 6 | 8 | 5 | 2 | 9 |
| 6 | 8 | 2 | 5 | 1 | 9 | 3 | 7 | 4 |
| 9 | 7 | 5 | 3 | 4 | 2 | 1 | 6 | 8 |

A002

| 5 | 4 | 9 | 8 | 6 | 3 | 1 | 7 | 2 |
|---|---|---|---|---|---|---|---|---|
| 2 | 6 | 1 | 5 | 4 | 7 | 8 | 9 | 3 |
| 3 | 7 | 8 | 9 | 1 | 2 | 5 | 4 | 6 |
| 7 | 1 | 3 | 4 | 2 | 5 | 9 | 6 | 8 |
| 6 | 5 | 2 | 7 | 9 | 8 | 4 | 3 | 1 |
| 8 | 9 | 4 | 6 | 3 | 1 | 7 | 2 | 5 |
| 1 | 8 | 6 | 2 | 7 | 4 | 3 | 5 | 9 |
| 9 | 3 | 7 | 1 | 5 | 6 | 2 | 8 | 4 |
| 4 | 2 | 5 | 3 | 8 | 9 | 6 | 1 | 7 |

A003

| 9 | 4 | 1 | 6 | 8 | 3 | 2 | 7 | 5 |
|---|---|---|---|---|---|---|---|---|
| 2 | 3 | 7 | 1 | 9 | 5 | 6 | 8 | 4 |
| 5 | 6 | 8 | 7 | 2 | 4 | 1 | 3 | 9 |
| 3 | 2 | 6 | 9 | 7 | 1 | 4 | 5 | 8 |
| 7 | 1 | 4 | 8 | 5 | 2 | 3 | 9 | 6 |
| 8 | 5 | 9 | 4 | 3 | 6 | 7 | 1 | 2 |
| 4 | 9 | 3 | 2 | 1 | 8 | 5 | 6 | 7 |
| 1 | 8 | 2 | 5 | 6 | 7 | 9 | 4 | 3 |
| 6 | 7 | 5 | 3 | 4 | 9 | 8 | 2 | 1 |

A004

| 4 | 5 | 7 | 2 | 3 | 1 | 9 | 6 | 8 |
|---|---|---|---|---|---|---|---|---|
| 8 | 9 | 2 | 4 | 7 | 6 | 3 | 1 | 5 |
| 3 | 6 | 1 | 5 | 8 | 9 | 4 | 7 | 2 |
| 1 | 2 | 9 | 7 | 4 | 8 | 5 | 3 | 6 |
| 5 | 3 | 6 | 1 | 9 | 2 | 8 | 4 | 7 |
| 7 | 4 | 8 | 6 | 5 | 3 | 2 | 9 | 1 |
| 9 | 1 | 3 | 8 | 2 | 7 | 6 | 5 | 4 |
| 2 | 7 | 5 | 3 | 6 | 4 | 1 | 8 | 9 |
| 6 | 8 | 4 | 9 | 1 | 5 | 7 | 2 | 3 |

A005

| 5 | 4 | 1 | 7 | 6 | 9 | 2 | 3 | 8 |
|---|---|---|---|---|---|---|---|---|
| 7 | 3 | 2 | 1 | 4 | 8 | 9 | 6 | 5 |
| 9 | 6 | 8 | 3 | 5 | 2 | 4 | 7 | 1 |
| 3 | 2 | 6 | 8 | 7 | 5 | 1 | 9 | 4 |
| 8 | 9 | 4 | 6 | 1 | 3 | 5 | 2 | 7 |
| 1 | 5 | 7 | 2 | 9 | 4 | 6 | 8 | 3 |
| 6 | 1 | 3 | 5 | 2 | 7 | 8 | 4 | 9 |
| 4 | 7 | 5 | 9 | 8 | 6 | 3 | 1 | 2 |
| 2 | 8 | 9 | 4 | 3 | 1 | 7 | 5 | 6 |

A006

| 6 | 8 | 7 | 5 | 4 | 3 | 2 | 1 | 9 |
|---|---|---|---|---|---|---|---|---|
| 9 | 3 | 1 | 2 | 8 | 6 | 5 | 7 | 4 |
| 4 | 2 | 5 | 9 | 1 | 7 | 6 | 3 | 8 |
| 8 | 6 | 4 | 1 | 9 | 2 | 7 | 5 | 3 |
| 1 | 5 | 2 | 7 | 3 | 4 | 8 | 9 | 6 |
| 7 | 9 | 3 | 6 | 5 | 8 | 4 | 2 | 1 |
| 3 | 4 | 9 | 8 | 2 | 5 | 1 | 6 | 7 |
| 5 | 7 | 8 | 3 | 6 | 1 | 9 | 4 | 2 |
| 2 | 1 | 6 | 4 | 7 | 9 | 3 | 8 | 5 |

A007

| 4 | 3 | 9 | 8 | 5 | 6 | 1 | 2 | 7 |
|---|---|---|---|---|---|---|---|---|
| 5 | 2 | 8 | 9 | 1 | 7 | 3 | 4 | 6 |
| 1 | 6 | 7 | 2 | 3 | 4 | 5 | 8 | 9 |
| 7 | 4 | 3 | 1 | 2 | 5 | 6 | 9 | 8 |
| 8 | 5 | 2 | 4 | 6 | 9 | 7 | 1 | 3 |
| 9 | 1 | 6 | 7 | 8 | 3 | 2 | 5 | 4 |
| 3 | 8 | 4 | 5 | 7 | 1 | 9 | 6 | 2 |
| 2 | 7 | 5 | 6 | 9 | 8 | 4 | 3 | 1 |
| 6 | 9 | 1 | 3 | 4 | 2 | 8 | 7 | 5 |

A008

| 6 | 9 | 8 | 1 | 7 | 5 | 4 | 3 | 2 |
|---|---|---|---|---|---|---|---|---|
| 3 | 2 | 4 | 8 | 6 | 9 | 5 | 7 | 1 |
| 5 | 7 | 1 | 2 | 4 | 3 | 9 | 8 | 6 |
| 9 | 1 | 5 | 7 | 3 | 8 | 2 | 6 | 4 |
| 7 | 3 | 6 | 5 | 2 | 4 | 8 | 1 | 9 |
| 8 | 4 | 2 | 9 | 1 | 6 | 7 | 5 | 3 |
| 4 | 8 | 7 | 6 | 9 | 1 | 3 | 2 | 5 |
| 2 | 6 | 3 | 4 | 5 | 7 | 1 | 9 | 8 |
| 1 | 5 | 9 | 3 | 8 | 2 | 6 | 4 | 7 |

A009

| 1 | 3 | 9 | 6 | 4 | 7 | 2 | 5 | 8 |
|---|---|---|---|---|---|---|---|---|
| 2 | 6 | 8 | 9 | 5 | 3 | 7 | 1 | 4 |
| 7 | 5 | 4 | 8 | 2 | 1 | 6 | 3 | 9 |
| 3 | 2 | 1 | 7 | 8 | 9 | 4 | 6 | 5 |
| 8 | 9 | 5 | 4 | 3 | 6 | 1 | 2 | 7 |
| 4 | 7 | 6 | 2 | 1 | 5 | 8 | 9 | 3 |
| 6 | 8 | 7 | 3 | 9 | 2 | 5 | 4 | 1 |
| 5 | 4 | 3 | 1 | 6 | 8 | 9 | 7 | 2 |
| 9 | 1 | 2 | 5 | 7 | 4 | 3 | 8 | 6 |

A010

| 7 | 9 | 1 | 6 | 3 | 4 | 8 | 5 | 2 |
|---|---|---|---|---|---|---|---|---|
| 3 | 8 | 2 | 9 | 7 | 5 | 6 | 1 | 4 |
| 6 | 4 | 5 | 2 | 1 | 8 | 3 | 9 | 7 |
| 4 | 2 | 3 | 8 | 9 | 6 | 5 | 7 | 1 |
| 5 | 6 | 7 | 3 | 4 | 1 | 9 | 2 | 8 |
| 8 | 1 | 9 | 5 | 2 | 7 | 4 | 3 | 6 |
| 1 | 3 | 4 | 7 | 6 | 9 | 2 | 8 | 5 |
| 9 | 7 | 8 | 4 | 5 | 2 | 1 | 6 | 3 |
| 2 | 5 | 6 | 1 | 8 | 3 | 7 | 4 | 9 |

A011

| 4 | 1 | 3 | 2 | 8 | 6 | 5 | 7 | 9 |
|---|---|---|---|---|---|---|---|---|
| 7 | 5 | 2 | 4 | 1 | 9 | 8 | 6 | 3 |
| 6 | 9 | 8 | 7 | 5 | 3 | 1 | 2 | 4 |
| 3 | 4 | 7 | 9 | 6 | 1 | 2 | 8 | 5 |
| 5 | 8 | 6 | 3 | 4 | 2 | 7 | 9 | 1 |
| 1 | 2 | 9 | 8 | 7 | 5 | 3 | 4 | 6 |
| 8 | 7 | 5 | 6 | 3 | 4 | 9 | 1 | 2 |
| 2 | 6 | 1 | 5 | 9 | 7 | 4 | 3 | 8 |
| 9 | 3 | 4 | 1 | 2 | 8 | 6 | 5 | 7 |

A012

| 6 | 9 | 7 | 2 | 4 | 5 | 8 | 1 | 3 |
|---|---|---|---|---|---|---|---|---|
| 5 | 2 | 8 | 1 | 9 | 3 | 6 | 4 | 7 |
| 4 | 1 | 3 | 7 | 8 | 6 | 9 | 5 | 2 |
| 7 | 8 | 4 | 5 | 6 | 1 | 3 | 2 | 9 |
| 2 | 5 | 1 | 3 | 7 | 9 | 4 | 6 | 8 |
| 3 | 6 | 9 | 8 | 2 | 4 | 1 | 7 | 5 |
| 1 | 7 | 2 | 6 | 3 | 8 | 5 | 9 | 4 |
| 9 | 3 | 6 | 4 | 5 | 7 | 2 | 8 | 1 |
| 8 | 4 | 5 | 9 | 1 | 2 | 7 | 3 | 6 |

**A013**

| 5 | 9 | 2 | 7 | 8 | 6 | 3 | 1 | 4 |
|---|---|---|---|---|---|---|---|---|
| 3 | 6 | 8 | 4 | 1 | 9 | 7 | 2 | 5 |
| 7 | 4 | 1 | 3 | 5 | 2 | 9 | 6 | 8 |
| 6 | 8 | 3 | 1 | 2 | 7 | 5 | 4 | 9 |
| 9 | 7 | 4 | 8 | 6 | 5 | 1 | 3 | 2 |
| 1 | 2 | 5 | 9 | 3 | 4 | 8 | 7 | 6 |
| 2 | 3 | 9 | 6 | 7 | 8 | 4 | 5 | 1 |
| 4 | 1 | 6 | 5 | 9 | 3 | 2 | 8 | 7 |
| 8 | 5 | 7 | 2 | 4 | 1 | 6 | 9 | 3 |

**A014**

| 4 | 9 | 5 | 2 | 6 | 8 | 7 | 3 | 1 |
|---|---|---|---|---|---|---|---|---|
| 7 | 2 | 8 | 3 | 4 | 1 | 6 | 5 | 9 |
| 1 | 6 | 3 | 7 | 5 | 9 | 4 | 8 | 2 |
| 2 | 8 | 4 | 1 | 9 | 3 | 5 | 6 | 7 |
| 9 | 7 | 1 | 6 | 8 | 5 | 2 | 4 | 3 |
| 5 | 3 | 6 | 4 | 7 | 2 | 1 | 9 | 8 |
| 3 | 1 | 9 | 5 | 2 | 4 | 8 | 7 | 6 |
| 6 | 5 | 2 | 8 | 3 | 7 | 9 | 1 | 4 |
| 8 | 4 | 7 | 9 | 1 | 6 | 3 | 2 | 5 |

**A015**

| 2 | 9 | 4 | 1 | 3 | 8 | 6 | 7 | 5 |
|---|---|---|---|---|---|---|---|---|
| 1 | 7 | 8 | 9 | 5 | 6 | 4 | 2 | 3 |
| 6 | 5 | 3 | 7 | 4 | 2 | 1 | 9 | 8 |
| 5 | 2 | 6 | 3 | 8 | 9 | 7 | 4 | 1 |
| 9 | 8 | 7 | 5 | 1 | 4 | 3 | 6 | 2 |
| 4 | 3 | 1 | 2 | 6 | 7 | 5 | 8 | 9 |
| 8 | 1 | 9 | 6 | 7 | 3 | 2 | 5 | 4 |
| 7 | 4 | 5 | 8 | 2 | 1 | 9 | 3 | 6 |
| 3 | 6 | 2 | 4 | 9 | 5 | 8 | 1 | 7 |

**A016**

| 9 | 2 | 6 | 4 | 3 | 8 | 1 | 5 | 7 |
|---|---|---|---|---|---|---|---|---|
| 3 | 1 | 8 | 6 | 5 | 7 | 4 | 2 | 9 |
| 7 | 5 | 4 | 9 | 1 | 2 | 8 | 6 | 3 |
| 8 | 7 | 1 | 2 | 6 | 4 | 9 | 3 | 5 |
| 2 | 9 | 3 | 1 | 8 | 5 | 7 | 4 | 6 |
| 4 | 6 | 5 | 7 | 9 | 3 | 2 | 1 | 8 |
| 6 | 8 | 9 | 3 | 4 | 1 | 5 | 7 | 2 |
| 1 | 3 | 7 | 5 | 2 | 9 | 6 | 8 | 4 |
| 5 | 4 | 2 | 8 | 7 | 6 | 3 | 9 | 1 |

**A017**

| 6 | 5 | 3 | 7 | 9 | 1 | 8 | 2 | 4 |
|---|---|---|---|---|---|---|---|---|
| 2 | 1 | 4 | 8 | 5 | 3 | 7 | 6 | 9 |
| 9 | 7 | 8 | 4 | 6 | 2 | 3 | 5 | 1 |
| 1 | 6 | 9 | 3 | 8 | 5 | 4 | 7 | 2 |
| 7 | 8 | 2 | 6 | 4 | 9 | 5 | 1 | 3 |
| 4 | 3 | 5 | 1 | 2 | 7 | 6 | 9 | 8 |
| 5 | 9 | 6 | 2 | 3 | 4 | 1 | 8 | 7 |
| 3 | 2 | 7 | 5 | 1 | 8 | 9 | 4 | 6 |
| 8 | 4 | 1 | 9 | 7 | 6 | 2 | 3 | 5 |

**A018**

| 9 | 5 | 2 | 1 | 3 | 7 | 8 | 6 | 4 |
|---|---|---|---|---|---|---|---|---|
| 1 | 8 | 7 | 5 | 4 | 6 | 9 | 2 | 3 |
| 3 | 4 | 6 | 2 | 9 | 8 | 7 | 5 | 1 |
| 7 | 6 | 1 | 9 | 2 | 4 | 5 | 3 | 8 |
| 2 | 9 | 4 | 8 | 5 | 3 | 6 | 1 | 7 |
| 8 | 3 | 5 | 6 | 7 | 1 | 4 | 9 | 2 |
| 5 | 7 | 8 | 3 | 6 | 2 | 1 | 4 | 9 |
| 6 | 1 | 3 | 4 | 8 | 9 | 2 | 7 | 5 |
| 4 | 2 | 9 | 7 | 1 | 5 | 3 | 8 | 6 |

**A019**

| 1 | 6 | 8 | 9 | 4 | 2 | 7 | 5 | 3 |
|---|---|---|---|---|---|---|---|---|
| 2 | 5 | 9 | 7 | 3 | 1 | 4 | 6 | 8 |
| 4 | 3 | 7 | 5 | 6 | 8 | 9 | 1 | 2 |
| 6 | 8 | 4 | 1 | 2 | 5 | 3 | 7 | 9 |
| 7 | 2 | 1 | 3 | 8 | 9 | 6 | 4 | 5 |
| 3 | 9 | 5 | 4 | 7 | 6 | 2 | 8 | 1 |
| 5 | 1 | 2 | 6 | 9 | 4 | 8 | 3 | 7 |
| 9 | 7 | 6 | 8 | 1 | 3 | 5 | 2 | 4 |
| 8 | 4 | 3 | 2 | 5 | 7 | 1 | 9 | 6 |

**A020**

| 8 | 4 | 6 | 1 | 5 | 3 | 2 | 7 | 9 |
|---|---|---|---|---|---|---|---|---|
| 5 | 3 | 9 | 2 | 4 | 7 | 1 | 8 | 6 |
| 1 | 2 | 7 | 6 | 9 | 8 | 3 | 4 | 5 |
| 3 | 8 | 1 | 4 | 6 | 9 | 7 | 5 | 2 |
| 9 | 5 | 2 | 7 | 8 | 1 | 6 | 3 | 4 |
| 7 | 6 | 4 | 3 | 2 | 5 | 8 | 9 | 1 |
| 4 | 1 | 8 | 5 | 7 | 6 | 9 | 2 | 3 |
| 2 | 9 | 3 | 8 | 1 | 4 | 5 | 6 | 7 |
| 6 | 7 | 5 | 9 | 3 | 2 | 4 | 1 | 8 |

**A021**

| 8 | 4 | 6 | 7 | 5 | 3 | 2 | 1 | 9 |
|---|---|---|---|---|---|---|---|---|
| 5 | 9 | 2 | 4 | 1 | 8 | 7 | 6 | 3 |
| 7 | 3 | 1 | 6 | 2 | 9 | 5 | 4 | 8 |
| 1 | 5 | 7 | 9 | 4 | 6 | 8 | 3 | 2 |
| 6 | 8 | 3 | 2 | 7 | 5 | 1 | 9 | 4 |
| 4 | 2 | 9 | 8 | 3 | 1 | 6 | 5 | 7 |
| 3 | 7 | 4 | 1 | 6 | 2 | 9 | 8 | 5 |
| 9 | 1 | 5 | 3 | 8 | 7 | 4 | 2 | 6 |
| 2 | 6 | 8 | 5 | 9 | 4 | 3 | 7 | 1 |

**A022**

| 1 | 2 | 3 | 7 | 4 | 8 | 6 | 9 | 5 |
|---|---|---|---|---|---|---|---|---|
| 6 | 4 | 8 | 1 | 5 | 9 | 3 | 7 | 2 |
| 7 | 9 | 5 | 6 | 3 | 2 | 8 | 4 | 1 |
| 5 | 1 | 6 | 4 | 2 | 3 | 7 | 8 | 9 |
| 9 | 3 | 7 | 5 | 8 | 6 | 2 | 1 | 4 |
| 4 | 8 | 2 | 9 | 1 | 7 | 5 | 3 | 6 |
| 3 | 7 | 4 | 2 | 9 | 5 | 1 | 6 | 8 |
| 2 | 6 | 9 | 8 | 7 | 1 | 4 | 5 | 3 |
| 8 | 5 | 1 | 3 | 6 | 4 | 9 | 2 | 7 |

**A023**

| 8 | 2 | 9 | 4 | 3 | 5 | 1 | 7 | 6 |
|---|---|---|---|---|---|---|---|---|
| 1 | 7 | 4 | 8 | 6 | 2 | 5 | 9 | 3 |
| 3 | 5 | 6 | 1 | 7 | 9 | 2 | 4 | 8 |
| 9 | 4 | 1 | 7 | 2 | 6 | 3 | 8 | 5 |
| 7 | 3 | 8 | 5 | 4 | 1 | 9 | 6 | 2 |
| 5 | 6 | 2 | 3 | 9 | 8 | 7 | 1 | 4 |
| 2 | 8 | 5 | 9 | 1 | 4 | 6 | 3 | 7 |
| 4 | 9 | 7 | 6 | 5 | 3 | 8 | 2 | 1 |
| 6 | 1 | 3 | 2 | 8 | 7 | 4 | 5 | 9 |

**A024**

| 7 | 6 | 2 | 1 | 8 | 9 | 5 | 3 | 4 |
|---|---|---|---|---|---|---|---|---|
| 3 | 1 | 9 | 6 | 5 | 4 | 8 | 2 | 7 |
| 4 | 8 | 5 | 2 | 3 | 7 | 1 | 6 | 9 |
| 8 | 3 | 7 | 9 | 4 | 5 | 2 | 1 | 6 |
| 6 | 9 | 4 | 3 | 2 | 1 | 7 | 5 | 8 |
| 2 | 5 | 1 | 7 | 6 | 8 | 4 | 9 | 3 |
| 5 | 2 | 3 | 8 | 7 | 6 | 9 | 4 | 1 |
| 9 | 4 | 8 | 5 | 1 | 3 | 6 | 7 | 2 |
| 1 | 7 | 6 | 4 | 9 | 2 | 3 | 8 | 5 |

A025

| 6 | 7 | 5 | 3 | 8 | 9 | 2 | 4 | 1 |
|---|---|---|---|---|---|---|---|---|
| 9 | 2 | 8 | 1 | 4 | 6 | 7 | 5 | 3 |
| 3 | 1 | 4 | 5 | 2 | 7 | 8 | 6 | 9 |
| 4 | 6 | 3 | 8 | 7 | 1 | 9 | 2 | 5 |
| 7 | 8 | 9 | 2 | 3 | 5 | 4 | 1 | 6 |
| 2 | 5 | 1 | 6 | 9 | 4 | 3 | 8 | 7 |
| 8 | 4 | 6 | 9 | 5 | 3 | 1 | 7 | 2 |
| 5 | 3 | 2 | 7 | 1 | 8 | 6 | 9 | 4 |
| 1 | 9 | 7 | 4 | 6 | 2 | 5 | 3 | 8 |

A026

| 1 | 4 | 5 | 6 | 9 | 2 | 3 | 7 | 8 |
|---|---|---|---|---|---|---|---|---|
| 8 | 9 | 7 | 3 | 5 | 4 | 1 | 6 | 2 |
| 6 | 2 | 3 | 1 | 7 | 8 | 9 | 4 | 5 |
| 9 | 3 | 6 | 7 | 2 | 5 | 8 | 1 | 4 |
| 4 | 5 | 2 | 8 | 1 | 6 | 7 | 3 | 9 |
| 7 | 8 | 1 | 4 | 3 | 9 | 2 | 5 | 6 |
| 2 | 7 | 9 | 5 | 6 | 3 | 4 | 8 | 1 |
| 5 | 1 | 4 | 2 | 8 | 7 | 6 | 9 | 3 |
| 3 | 6 | 8 | 9 | 4 | 1 | 5 | 2 | 7 |

A027

| 1 | 3 | 8 | 9 | 7 | 2 | 6 | 4 | 5 |
|---|---|---|---|---|---|---|---|---|
| 2 | 4 | 9 | 6 | 1 | 5 | 3 | 8 | 7 |
| 5 | 6 | 7 | 3 | 8 | 4 | 1 | 2 | 9 |
| 7 | 9 | 3 | 1 | 2 | 8 | 4 | 5 | 6 |
| 6 | 5 | 1 | 7 | 4 | 3 | 2 | 9 | 8 |
| 8 | 2 | 4 | 5 | 6 | 9 | 7 | 1 | 3 |
| 9 | 7 | 6 | 4 | 5 | 1 | 8 | 3 | 2 |
| 3 | 1 | 2 | 8 | 9 | 6 | 5 | 7 | 4 |
| 4 | 8 | 5 | 2 | 3 | 7 | 9 | 6 | 1 |

A028

| 6 | 1 | 7 | 4 | 9 | 3 | 5 | 2 | 8 |
|---|---|---|---|---|---|---|---|---|
| 9 | 2 | 8 | 1 | 5 | 6 | 7 | 4 | 3 |
| 3 | 4 | 5 | 2 | 8 | 7 | 6 | 1 | 9 |
| 5 | 7 | 6 | 8 | 4 | 1 | 9 | 3 | 2 |
| 8 | 3 | 2 | 6 | 7 | 9 | 1 | 5 | 4 |
| 4 | 9 | 1 | 3 | 2 | 5 | 8 | 7 | 6 |
| 7 | 8 | 3 | 9 | 1 | 2 | 4 | 6 | 5 |
| 1 | 6 | 9 | 5 | 3 | 4 | 2 | 8 | 7 |
| 2 | 5 | 4 | 7 | 6 | 8 | 3 | 9 | 1 |

A029

| 6 | 9 | 2 | 5 | 4 | 3 | 1 | 7 | 8 |
|---|---|---|---|---|---|---|---|---|
| 8 | 1 | 5 | 6 | 7 | 9 | 4 | 3 | 2 |
| 3 | 7 | 4 | 8 | 2 | 1 | 6 | 9 | 5 |
| 7 | 2 | 6 | 1 | 9 | 5 | 8 | 4 | 3 |
| 1 | 5 | 8 | 3 | 6 | 4 | 7 | 2 | 9 |
| 4 | 3 | 9 | 2 | 8 | 7 | 5 | 1 | 6 |
| 9 | 6 | 7 | 4 | 5 | 2 | 3 | 8 | 1 |
| 2 | 8 | 1 | 7 | 3 | 6 | 9 | 5 | 4 |
| 5 | 4 | 3 | 9 | 1 | 8 | 2 | 6 | 7 |

A030

| 6 | 4 | 3 | 8 | 5 | 1 | 7 | 9 | 2 |
|---|---|---|---|---|---|---|---|---|
| 5 | 9 | 8 | 4 | 7 | 2 | 6 | 1 | 3 |
| 2 | 7 | 1 | 6 | 9 | 3 | 4 | 8 | 5 |
| 1 | 5 | 4 | 7 | 3 | 6 | 9 | 2 | 8 |
| 9 | 6 | 2 | 5 | 1 | 8 | 3 | 4 | 7 |
| 3 | 8 | 7 | 9 | 2 | 4 | 1 | 5 | 6 |
| 8 | 2 | 6 | 3 | 4 | 9 | 5 | 7 | 1 |
| 7 | 1 | 9 | 2 | 6 | 5 | 8 | 3 | 4 |
| 4 | 3 | 5 | 1 | 8 | 7 | 2 | 6 | 9 |

A031

| 1 | 8 | 7 | 3 | 4 | 6 | 5 | 2 | 9 |
|---|---|---|---|---|---|---|---|---|
| 4 | 9 | 2 | 5 | 1 | 8 | 6 | 3 | 7 |
| 5 | 3 | 6 | 2 | 9 | 7 | 1 | 4 | 8 |
| 6 | 1 | 3 | 8 | 7 | 4 | 9 | 5 | 2 |
| 8 | 7 | 4 | 9 | 5 | 2 | 3 | 6 | 1 |
| 9 | 2 | 5 | 1 | 6 | 3 | 8 | 7 | 4 |
| 7 | 5 | 8 | 6 | 2 | 1 | 4 | 9 | 3 |
| 3 | 4 | 9 | 7 | 8 | 5 | 2 | 1 | 6 |
| 2 | 6 | 1 | 4 | 3 | 9 | 7 | 8 | 5 |

A032

| 5 | 2 | 1 | 3 | 8 | 4 | 6 | 7 | 9 |
|---|---|---|---|---|---|---|---|---|
| 9 | 8 | 4 | 5 | 7 | 6 | 2 | 3 | 1 |
| 7 | 6 | 3 | 9 | 2 | 1 | 5 | 8 | 4 |
| 3 | 1 | 7 | 6 | 4 | 8 | 9 | 5 | 2 |
| 6 | 9 | 2 | 1 | 5 | 7 | 8 | 4 | 3 |
| 4 | 5 | 8 | 2 | 9 | 3 | 1 | 6 | 7 |
| 1 | 4 | 6 | 8 | 3 | 9 | 7 | 2 | 5 |
| 2 | 7 | 9 | 4 | 6 | 5 | 3 | 1 | 8 |
| 8 | 3 | 5 | 7 | 1 | 2 | 4 | 9 | 6 |

A033

| 2 | 6 | 8 | 3 | 5 | 1 | 4 | 7 | 9 |
|---|---|---|---|---|---|---|---|---|
| 4 | 9 | 5 | 6 | 2 | 7 | 8 | 3 | 1 |
| 1 | 3 | 7 | 4 | 9 | 8 | 6 | 5 | 2 |
| 6 | 2 | 4 | 9 | 1 | 5 | 7 | 8 | 3 |
| 5 | 7 | 1 | 8 | 4 | 3 | 2 | 9 | 6 |
| 9 | 8 | 3 | 7 | 6 | 2 | 5 | 1 | 4 |
| 7 | 5 | 2 | 1 | 3 | 6 | 9 | 4 | 8 |
| 3 | 4 | 6 | 5 | 8 | 9 | 1 | 2 | 7 |
| 8 | 1 | 9 | 2 | 7 | 4 | 3 | 6 | 5 |

A034

| 4 | 7 | 1 | 2 | 8 | 9 | 3 | 5 | 6 |
|---|---|---|---|---|---|---|---|---|
| 6 | 2 | 8 | 3 | 1 | 5 | 9 | 4 | 7 |
| 3 | 5 | 9 | 7 | 6 | 4 | 2 | 1 | 8 |
| 2 | 1 | 4 | 6 | 9 | 7 | 8 | 3 | 5 |
| 8 | 3 | 6 | 5 | 2 | 1 | 4 | 7 | 9 |
| 5 | 9 | 7 | 4 | 3 | 8 | 6 | 2 | 1 |
| 1 | 8 | 5 | 9 | 4 | 2 | 7 | 6 | 3 |
| 7 | 6 | 2 | 8 | 5 | 3 | 1 | 9 | 4 |
| 9 | 4 | 3 | 1 | 7 | 6 | 5 | 8 | 2 |

A035

| 3 | 9 | 6 | 4 | 5 | 2 | 1 | 8 | 7 |
|---|---|---|---|---|---|---|---|---|
| 4 | 8 | 2 | 1 | 3 | 7 | 9 | 6 | 5 |
| 1 | 7 | 5 | 6 | 9 | 8 | 2 | 3 | 4 |
| 9 | 6 | 7 | 2 | 8 | 3 | 5 | 4 | 1 |
| 5 | 3 | 8 | 7 | 4 | 1 | 6 | 9 | 2 |
| 2 | 4 | 1 | 9 | 6 | 5 | 8 | 7 | 3 |
| 8 | 1 | 3 | 5 | 7 | 6 | 4 | 2 | 9 |
| 7 | 5 | 4 | 8 | 2 | 9 | 3 | 1 | 6 |
| 6 | 2 | 9 | 3 | 1 | 4 | 7 | 5 | 8 |

A036

| 2 | 8 | 4 | 6 | 5 | 9 | 7 | 3 | 1 |
|---|---|---|---|---|---|---|---|---|
| 6 | 3 | 9 | 4 | 1 | 7 | 8 | 2 | 5 |
| 5 | 1 | 7 | 8 | 2 | 3 | 9 | 6 | 4 |
| 1 | 9 | 2 | 5 | 7 | 4 | 3 | 8 | 6 |
| 8 | 4 | 6 | 3 | 9 | 1 | 5 | 7 | 2 |
| 7 | 5 | 3 | 2 | 6 | 8 | 1 | 4 | 9 |
| 3 | 2 | 1 | 7 | 4 | 5 | 6 | 9 | 8 |
| 4 | 7 | 5 | 9 | 8 | 6 | 2 | 1 | 3 |
| 9 | 6 | 8 | 1 | 3 | 2 | 4 | 5 | 7 |

A037

| 8 | 7 | 2 | 5 | 3 | 9 | 1 | 4 | 6 |
|---|---|---|---|---|---|---|---|---|
| 4 | 9 | 5 | 2 | 6 | 1 | 8 | 3 | 7 |
| 1 | 3 | 6 | 8 | 4 | 7 | 9 | 2 | 5 |
| 7 | 5 | 4 | 3 | 2 | 8 | 6 | 9 | 1 |
| 9 | 2 | 1 | 7 | 5 | 6 | 4 | 8 | 3 |
| 6 | 8 | 3 | 1 | 9 | 4 | 7 | 5 | 2 |
| 5 | 4 | 7 | 9 | 1 | 3 | 2 | 6 | 8 |
| 2 | 1 | 9 | 6 | 8 | 5 | 3 | 7 | 4 |
| 3 | 6 | 8 | 4 | 7 | 2 | 5 | 1 | 9 |

A038

| 3 | 4 | 1 | 8 | 2 | 5 | 7 | 9 | 6 |
|---|---|---|---|---|---|---|---|---|
| 8 | 2 | 5 | 9 | 7 | 6 | 1 | 4 | 3 |
| 6 | 9 | 7 | 3 | 1 | 4 | 5 | 8 | 2 |
| 2 | 3 | 6 | 5 | 4 | 9 | 8 | 7 | 1 |
| 7 | 5 | 9 | 1 | 8 | 2 | 3 | 6 | 4 |
| 1 | 8 | 4 | 6 | 3 | 7 | 9 | 2 | 5 |
| 9 | 6 | 8 | 4 | 5 | 3 | 2 | 1 | 7 |
| 4 | 7 | 3 | 2 | 9 | 1 | 6 | 5 | 8 |
| 5 | 1 | 2 | 7 | 6 | 8 | 4 | 3 | 9 |

A039

| 2 | 9 | 8 | 1 | 6 | 4 | 3 | 7 | 5 |
|---|---|---|---|---|---|---|---|---|
| 3 | 1 | 6 | 7 | 8 | 5 | 2 | 9 | 4 |
| 4 | 5 | 7 | 3 | 2 | 9 | 1 | 8 | 6 |
| 1 | 8 | 5 | 2 | 7 | 6 | 4 | 3 | 9 |
| 9 | 7 | 4 | 5 | 1 | 3 | 6 | 2 | 8 |
| 6 | 3 | 2 | 9 | 4 | 8 | 5 | 1 | 7 |
| 7 | 6 | 9 | 4 | 3 | 1 | 8 | 5 | 2 |
| 5 | 4 | 3 | 8 | 9 | 2 | 7 | 6 | 1 |
| 8 | 2 | 1 | 6 | 5 | 7 | 9 | 4 | 3 |

A040

| 7 | 1 | 4 | 9 | 3 | 6 | 2 | 8 | 5 |
|---|---|---|---|---|---|---|---|---|
| 8 | 6 | 5 | 7 | 4 | 2 | 1 | 3 | 9 |
| 3 | 2 | 9 | 1 | 8 | 5 | 4 | 6 | 7 |
| 1 | 7 | 2 | 6 | 5 | 4 | 3 | 9 | 8 |
| 5 | 3 | 8 | 2 | 9 | 7 | 6 | 4 | 1 |
| 9 | 4 | 6 | 8 | 1 | 3 | 7 | 5 | 2 |
| 6 | 5 | 7 | 4 | 2 | 9 | 8 | 1 | 3 |
| 4 | 9 | 1 | 3 | 7 | 8 | 5 | 2 | 6 |
| 2 | 8 | 3 | 5 | 6 | 1 | 9 | 7 | 4 |

A041

| 9 | 1 | 7 | 2 | 4 | 3 | 8 | 6 | 5 |
|---|---|---|---|---|---|---|---|---|
| 4 | 5 | 8 | 6 | 9 | 1 | 7 | 3 | 2 |
| 3 | 2 | 6 | 8 | 7 | 5 | 1 | 4 | 9 |
| 8 | 3 | 4 | 5 | 6 | 2 | 9 | 7 | 1 |
| 6 | 7 | 5 | 9 | 1 | 4 | 3 | 2 | 8 |
| 2 | 9 | 1 | 3 | 8 | 7 | 6 | 5 | 4 |
| 1 | 4 | 2 | 7 | 3 | 9 | 5 | 8 | 6 |
| 7 | 6 | 9 | 4 | 5 | 8 | 2 | 1 | 3 |
| 5 | 8 | 3 | 1 | 2 | 6 | 4 | 9 | 7 |

A042

| 5 | 6 | 9 | 8 | 1 | 2 | 7 | 4 | 3 |
|---|---|---|---|---|---|---|---|---|
| 4 | 3 | 7 | 5 | 9 | 6 | 8 | 2 | 1 |
| 8 | 2 | 1 | 4 | 7 | 3 | 5 | 9 | 6 |
| 1 | 9 | 8 | 3 | 2 | 4 | 6 | 5 | 7 |
| 3 | 5 | 4 | 7 | 6 | 1 | 9 | 8 | 2 |
| 2 | 7 | 6 | 9 | 8 | 5 | 3 | 1 | 4 |
| 9 | 8 | 2 | 6 | 4 | 7 | 1 | 3 | 5 |
| 6 | 4 | 3 | 1 | 5 | 8 | 2 | 7 | 9 |
| 7 | 1 | 5 | 2 | 3 | 9 | 4 | 6 | 8 |

A043

| 4 | 5 | 6 | 2 | 9 | 3 | 8 | 1 | 7 |
|---|---|---|---|---|---|---|---|---|
| 7 | 9 | 1 | 5 | 8 | 6 | 3 | 4 | 2 |
| 3 | 8 | 2 | 4 | 7 | 1 | 6 | 5 | 9 |
| 8 | 1 | 3 | 6 | 2 | 4 | 9 | 7 | 5 |
| 9 | 4 | 7 | 3 | 5 | 8 | 1 | 2 | 6 |
| 6 | 2 | 5 | 7 | 1 | 9 | 4 | 3 | 8 |
| 1 | 7 | 4 | 9 | 6 | 5 | 2 | 8 | 3 |
| 2 | 3 | 9 | 8 | 4 | 7 | 5 | 6 | 1 |
| 5 | 6 | 8 | 1 | 3 | 2 | 7 | 9 | 4 |

A044

| 3 | 1 | 7 | 2 | 8 | 4 | 6 | 5 | 9 |
|---|---|---|---|---|---|---|---|---|
| 8 | 5 | 6 | 3 | 1 | 9 | 4 | 7 | 2 |
| 2 | 9 | 4 | 5 | 6 | 7 | 8 | 1 | 3 |
| 9 | 2 | 3 | 7 | 4 | 8 | 1 | 6 | 5 |
| 4 | 8 | 5 | 6 | 2 | 1 | 9 | 3 | 7 |
| 6 | 7 | 1 | 9 | 5 | 3 | 2 | 4 | 8 |
| 7 | 6 | 8 | 4 | 9 | 5 | 3 | 2 | 1 |
| 5 | 4 | 9 | 1 | 3 | 2 | 7 | 8 | 6 |
| 1 | 3 | 2 | 8 | 7 | 6 | 5 | 9 | 4 |

A045

| 8 | 7 | 5 | 4 | 3 | 9 | 2 | 1 | 6 |
|---|---|---|---|---|---|---|---|---|
| 3 | 2 | 6 | 8 | 1 | 5 | 7 | 9 | 4 |
| 4 | 9 | 1 | 7 | 6 | 2 | 3 | 5 | 8 |
| 6 | 8 | 2 | 3 | 5 | 4 | 1 | 7 | 9 |
| 7 | 4 | 3 | 1 | 9 | 6 | 8 | 2 | 5 |
| 1 | 5 | 9 | 2 | 8 | 7 | 4 | 6 | 3 |
| 5 | 1 | 4 | 9 | 2 | 8 | 6 | 3 | 7 |
| 2 | 6 | 8 | 5 | 7 | 3 | 9 | 4 | 1 |
| 9 | 3 | 7 | 6 | 4 | 1 | 5 | 8 | 2 |

A046

| 8 | 1 | 7 | 5 | 4 | 2 | 9 | 3 | 6 |
|---|---|---|---|---|---|---|---|---|
| 2 | 4 | 3 | 6 | 7 | 9 | 5 | 1 | 8 |
| 6 | 9 | 5 | 3 | 8 | 1 | 7 | 2 | 4 |
| 9 | 7 | 8 | 4 | 3 | 5 | 2 | 6 | 1 |
| 4 | 3 | 1 | 7 | 2 | 6 | 8 | 5 | 9 |
| 5 | 6 | 2 | 1 | 9 | 8 | 3 | 4 | 7 |
| 7 | 5 | 6 | 9 | 1 | 3 | 4 | 8 | 2 |
| 1 | 2 | 4 | 8 | 5 | 7 | 6 | 9 | 3 |
| 3 | 8 | 9 | 2 | 6 | 4 | 1 | 7 | 5 |

A047

| 4 | 7 | 9 | 1 | 3 | 5 | 8 | 2 | 6 |
|---|---|---|---|---|---|---|---|---|
| 3 | 8 | 5 | 2 | 6 | 9 | 7 | 1 | 4 |
| 2 | 1 | 6 | 8 | 4 | 7 | 3 | 9 | 5 |
| 9 | 6 | 8 | 7 | 2 | 1 | 5 | 4 | 3 |
| 1 | 2 | 3 | 5 | 8 | 4 | 6 | 7 | 9 |
| 7 | 5 | 4 | 6 | 9 | 3 | 2 | 8 | 1 |
| 8 | 4 | 2 | 9 | 5 | 6 | 1 | 3 | 7 |
| 6 | 3 | 1 | 4 | 7 | 2 | 9 | 5 | 8 |
| 5 | 9 | 7 | 3 | 1 | 8 | 4 | 6 | 2 |

A048

| 4 | 1 | 2 | 7 | 5 | 3 | 6 | 9 | 8 |
|---|---|---|---|---|---|---|---|---|
| 3 | 5 | 7 | 9 | 6 | 8 | 1 | 2 | 4 |
| 8 | 6 | 9 | 1 | 2 | 4 | 7 | 3 | 5 |
| 1 | 8 | 6 | 5 | 9 | 2 | 3 | 4 | 7 |
| 2 | 7 | 3 | 8 | 4 | 1 | 5 | 6 | 9 |
| 5 | 9 | 4 | 3 | 7 | 6 | 2 | 8 | 1 |
| 6 | 2 | 1 | 4 | 8 | 7 | 9 | 5 | 3 |
| 7 | 4 | 5 | 2 | 3 | 9 | 8 | 1 | 6 |
| 9 | 3 | 8 | 6 | 1 | 5 | 4 | 7 | 2 |

A049

| 2 | 9 | 4 | 5 | 1 | 7 | 3 | 6 | 8 |
|---|---|---|---|---|---|---|---|---|
| 8 | 7 | 1 | 3 | 4 | 6 | 9 | 2 | 5 |
| 3 | 6 | 5 | 9 | 2 | 8 | 7 | 1 | 4 |
| 6 | 3 | 8 | 1 | 9 | 4 | 2 | 5 | 7 |
| 5 | 1 | 9 | 8 | 7 | 2 | 6 | 4 | 3 |
| 4 | 2 | 7 | 6 | 5 | 3 | 1 | 8 | 9 |
| 9 | 5 | 2 | 4 | 3 | 1 | 8 | 7 | 6 |
| 7 | 8 | 3 | 2 | 6 | 5 | 4 | 9 | 1 |
| 1 | 4 | 6 | 7 | 8 | 9 | 5 | 3 | 2 |

A050

| 5 | 4 | 9 | 8 | 3 | 1 | 2 | 6 | 7 |
|---|---|---|---|---|---|---|---|---|
| 6 | 3 | 8 | 5 | 2 | 7 | 4 | 1 | 9 |
| 1 | 2 | 7 | 6 | 4 | 9 | 3 | 8 | 5 |
| 7 | 8 | 6 | 9 | 1 | 3 | 5 | 2 | 4 |
| 4 | 1 | 2 | 7 | 6 | 5 | 8 | 9 | 3 |
| 3 | 9 | 5 | 4 | 8 | 2 | 1 | 7 | 6 |
| 2 | 5 | 4 | 1 | 7 | 6 | 9 | 3 | 8 |
| 9 | 7 | 3 | 2 | 5 | 8 | 6 | 4 | 1 |
| 8 | 6 | 1 | 3 | 9 | 4 | 7 | 5 | 2 |

A051

| 9 | 4 | 3 | 8 | 7 | 2 | 1 | 5 | 6 |
|---|---|---|---|---|---|---|---|---|
| 2 | 1 | 6 | 3 | 9 | 5 | 7 | 4 | 8 |
| 7 | 8 | 5 | 4 | 6 | 1 | 3 | 2 | 9 |
| 3 | 2 | 1 | 9 | 8 | 6 | 4 | 7 | 5 |
| 5 | 7 | 8 | 1 | 4 | 3 | 9 | 6 | 2 |
| 6 | 9 | 4 | 5 | 2 | 7 | 8 | 3 | 1 |
| 4 | 3 | 9 | 2 | 5 | 8 | 6 | 1 | 7 |
| 1 | 6 | 2 | 7 | 3 | 9 | 5 | 8 | 4 |
| 8 | 5 | 7 | 6 | 1 | 4 | 2 | 9 | 3 |

A052

| 1 | 9 | 7 | 8 | 4 | 3 | 2 | 6 | 5 |
|---|---|---|---|---|---|---|---|---|
| 3 | 4 | 2 | 7 | 6 | 5 | 9 | 8 | 1 |
| 6 | 5 | 8 | 9 | 1 | 2 | 4 | 7 | 3 |
| 4 | 1 | 5 | 2 | 3 | 8 | 7 | 9 | 6 |
| 8 | 3 | 6 | 4 | 9 | 7 | 1 | 5 | 2 |
| 2 | 7 | 9 | 1 | 5 | 6 | 3 | 4 | 8 |
| 5 | 6 | 4 | 3 | 7 | 1 | 8 | 2 | 9 |
| 7 | 2 | 1 | 5 | 8 | 9 | 6 | 3 | 4 |
| 9 | 8 | 3 | 6 | 2 | 4 | 5 | 1 | 7 |

A053

| 9 | 4 | 1 | 7 | 2 | 3 | 5 | 8 | 6 |
|---|---|---|---|---|---|---|---|---|
| 8 | 7 | 3 | 6 | 4 | 5 | 1 | 2 | 9 |
| 6 | 2 | 5 | 8 | 9 | 1 | 4 | 7 | 3 |
| 7 | 9 | 2 | 1 | 3 | 4 | 6 | 5 | 8 |
| 5 | 8 | 4 | 9 | 6 | 7 | 3 | 1 | 2 |
| 1 | 3 | 6 | 5 | 8 | 2 | 9 | 4 | 7 |
| 2 | 1 | 9 | 3 | 5 | 8 | 7 | 6 | 4 |
| 3 | 5 | 8 | 4 | 7 | 6 | 2 | 9 | 1 |
| 4 | 6 | 7 | 2 | 1 | 9 | 8 | 3 | 5 |

A054

| 9 | 3 | 2 | 7 | 5 | 1 | 4 | 6 | 8 |
|---|---|---|---|---|---|---|---|---|
| 4 | 5 | 7 | 6 | 8 | 9 | 2 | 3 | 1 |
| 6 | 8 | 1 | 2 | 4 | 3 | 5 | 9 | 7 |
| 8 | 9 | 3 | 5 | 1 | 6 | 7 | 2 | 4 |
| 2 | 1 | 4 | 3 | 7 | 8 | 6 | 5 | 9 |
| 5 | 7 | 6 | 9 | 2 | 4 | 8 | 1 | 3 |
| 1 | 6 | 8 | 4 | 3 | 5 | 9 | 7 | 2 |
| 7 | 4 | 9 | 1 | 6 | 2 | 3 | 8 | 5 |
| 3 | 2 | 5 | 8 | 9 | 7 | 1 | 4 | 6 |

A055

| 4 | 9 | 6 | 5 | 1 | 3 | 8 | 7 | 2 |
|---|---|---|---|---|---|---|---|---|
| 5 | 8 | 7 | 2 | 6 | 9 | 3 | 4 | 1 |
| 2 | 3 | 1 | 7 | 4 | 8 | 9 | 6 | 5 |
| 3 | 4 | 5 | 1 | 8 | 2 | 7 | 9 | 6 |
| 9 | 7 | 8 | 4 | 5 | 6 | 2 | 1 | 3 |
| 6 | 1 | 2 | 9 | 3 | 7 | 4 | 5 | 8 |
| 8 | 5 | 9 | 6 | 2 | 4 | 1 | 3 | 7 |
| 1 | 2 | 4 | 3 | 7 | 5 | 6 | 8 | 9 |
| 7 | 6 | 3 | 8 | 9 | 1 | 5 | 2 | 4 |

A056

| 2 | 4 | 3 | 7 | 6 | 5 | 1 | 9 | 8 |
|---|---|---|---|---|---|---|---|---|
| 1 | 5 | 9 | 8 | 3 | 4 | 7 | 2 | 6 |
| 6 | 8 | 7 | 2 | 1 | 9 | 5 | 3 | 4 |
| 4 | 3 | 2 | 1 | 8 | 6 | 9 | 7 | 5 |
| 5 | 7 | 1 | 9 | 4 | 2 | 8 | 6 | 3 |
| 8 | 9 | 6 | 5 | 7 | 3 | 2 | 4 | 1 |
| 7 | 2 | 4 | 6 | 5 | 1 | 3 | 8 | 9 |
| 9 | 6 | 5 | 3 | 2 | 8 | 4 | 1 | 7 |
| 3 | 1 | 8 | 4 | 9 | 7 | 6 | 5 | 2 |

A057

| 7 | 4 | 3 | 8 | 5 | 9 | 6 | 1 | 2 |
|---|---|---|---|---|---|---|---|---|
| 9 | 8 | 1 | 3 | 2 | 6 | 4 | 5 | 7 |
| 2 | 6 | 5 | 4 | 7 | 1 | 3 | 8 | 9 |
| 6 | 1 | 2 | 7 | 9 | 5 | 8 | 3 | 4 |
| 8 | 5 | 7 | 6 | 3 | 4 | 2 | 9 | 1 |
| 4 | 3 | 9 | 1 | 8 | 2 | 7 | 6 | 5 |
| 5 | 7 | 6 | 9 | 4 | 8 | 1 | 2 | 3 |
| 1 | 2 | 4 | 5 | 6 | 3 | 9 | 7 | 8 |
| 3 | 9 | 8 | 2 | 1 | 7 | 5 | 4 | 6 |

A058

| 8 | 1 | 7 | 4 | 6 | 3 | 5 | 2 | 9 |
|---|---|---|---|---|---|---|---|---|
| 5 | 4 | 2 | 8 | 1 | 9 | 7 | 6 | 3 |
| 9 | 6 | 3 | 2 | 5 | 7 | 8 | 1 | 4 |
| 7 | 2 | 6 | 9 | 4 | 1 | 3 | 8 | 5 |
| 4 | 3 | 9 | 5 | 8 | 6 | 1 | 7 | 2 |
| 1 | 5 | 8 | 3 | 7 | 2 | 9 | 4 | 6 |
| 3 | 7 | 5 | 1 | 2 | 4 | 6 | 9 | 8 |
| 2 | 9 | 1 | 6 | 3 | 8 | 4 | 5 | 7 |
| 6 | 8 | 4 | 7 | 9 | 5 | 2 | 3 | 1 |

A059

| 7 | 6 | 2 | 3 | 4 | 8 | 1 | 5 | 9 |
|---|---|---|---|---|---|---|---|---|
| 1 | 5 | 4 | 2 | 9 | 7 | 3 | 8 | 6 |
| 9 | 8 | 3 | 1 | 6 | 5 | 4 | 7 | 2 |
| 6 | 2 | 9 | 5 | 7 | 1 | 8 | 4 | 3 |
| 8 | 1 | 5 | 4 | 3 | 2 | 9 | 6 | 7 |
| 4 | 3 | 7 | 9 | 8 | 6 | 2 | 1 | 5 |
| 2 | 9 | 6 | 7 | 1 | 4 | 5 | 3 | 8 |
| 3 | 7 | 1 | 8 | 5 | 9 | 6 | 2 | 4 |
| 5 | 4 | 8 | 6 | 2 | 3 | 7 | 9 | 1 |

A060

| 2 | 9 | 8 | 4 | 3 | 1 | 5 | 6 | 7 |
|---|---|---|---|---|---|---|---|---|
| 6 | 7 | 3 | 2 | 8 | 5 | 4 | 1 | 9 |
| 4 | 1 | 5 | 6 | 9 | 7 | 8 | 2 | 3 |
| 1 | 8 | 4 | 3 | 2 | 6 | 9 | 7 | 5 |
| 9 | 5 | 7 | 1 | 4 | 8 | 2 | 3 | 6 |
| 3 | 6 | 2 | 5 | 7 | 9 | 1 | 4 | 8 |
| 8 | 4 | 9 | 7 | 1 | 3 | 6 | 5 | 2 |
| 7 | 2 | 6 | 8 | 5 | 4 | 3 | 9 | 1 |
| 5 | 3 | 1 | 9 | 6 | 2 | 7 | 8 | 4 |

**A061**

| 2 | 7 | 8 | 5 | 6 | 4 | 9 | 1 | 3 |
|---|---|---|---|---|---|---|---|---|
| 4 | 9 | 6 | 3 | 8 | 1 | 2 | 5 | 7 |
| 3 | 1 | 5 | 2 | 9 | 7 | 8 | 4 | 6 |
| 7 | 8 | 4 | 1 | 5 | 6 | 3 | 2 | 9 |
| 9 | 3 | 2 | 4 | 7 | 8 | 1 | 6 | 5 |
| 6 | 5 | 1 | 9 | 2 | 3 | 7 | 8 | 4 |
| 8 | 4 | 3 | 6 | 1 | 9 | 5 | 7 | 2 |
| 5 | 6 | 7 | 8 | 3 | 2 | 4 | 9 | 1 |
| 1 | 2 | 9 | 7 | 4 | 5 | 6 | 3 | 8 |

**A062**

| 8 | 4 | 1 | 6 | 2 | 7 | 3 | 5 | 9 |
|---|---|---|---|---|---|---|---|---|
| 9 | 5 | 6 | 3 | 4 | 8 | 7 | 1 | 2 |
| 7 | 3 | 2 | 1 | 9 | 5 | 8 | 6 | 4 |
| 5 | 1 | 8 | 2 | 7 | 3 | 9 | 4 | 6 |
| 6 | 9 | 7 | 5 | 8 | 4 | 1 | 2 | 3 |
| 4 | 2 | 3 | 9 | 6 | 1 | 5 | 8 | 7 |
| 1 | 7 | 5 | 4 | 3 | 2 | 6 | 9 | 8 |
| 3 | 6 | 4 | 8 | 5 | 9 | 2 | 7 | 1 |
| 2 | 8 | 9 | 7 | 1 | 6 | 4 | 3 | 5 |

**A063**

| 2 | 8 | 9 | 1 | 7 | 6 | 5 | 3 | 4 |
|---|---|---|---|---|---|---|---|---|
| 1 | 3 | 6 | 5 | 4 | 2 | 8 | 7 | 9 |
| 7 | 4 | 5 | 3 | 9 | 8 | 1 | 2 | 6 |
| 3 | 6 | 7 | 2 | 5 | 4 | 9 | 1 | 8 |
| 5 | 1 | 2 | 6 | 8 | 9 | 3 | 4 | 7 |
| 4 | 9 | 8 | 7 | 3 | 1 | 6 | 5 | 2 |
| 6 | 2 | 4 | 8 | 1 | 3 | 7 | 9 | 5 |
| 8 | 7 | 3 | 9 | 2 | 5 | 4 | 6 | 1 |
| 9 | 5 | 1 | 4 | 6 | 7 | 2 | 8 | 3 |

**A064**

| 1 | 6 | 5 | 4 | 2 | 9 | 3 | 8 | 7 |
|---|---|---|---|---|---|---|---|---|
| 4 | 8 | 7 | 3 | 5 | 6 | 2 | 1 | 9 |
| 9 | 3 | 2 | 8 | 1 | 7 | 4 | 6 | 5 |
| 3 | 1 | 8 | 9 | 7 | 5 | 6 | 2 | 4 |
| 5 | 2 | 9 | 1 | 6 | 4 | 7 | 3 | 8 |
| 7 | 4 | 6 | 2 | 8 | 3 | 9 | 5 | 1 |
| 2 | 7 | 3 | 5 | 9 | 8 | 1 | 4 | 6 |
| 6 | 5 | 4 | 7 | 3 | 1 | 8 | 9 | 2 |
| 8 | 9 | 1 | 6 | 4 | 2 | 5 | 7 | 3 |

**A065**

| 5 | 6 | 3 | 9 | 8 | 7 | 4 | 1 | 2 |
|---|---|---|---|---|---|---|---|---|
| 9 | 4 | 8 | 5 | 1 | 2 | 3 | 6 | 7 |
| 7 | 2 | 1 | 6 | 4 | 3 | 5 | 9 | 8 |
| 6 | 7 | 5 | 8 | 3 | 9 | 1 | 2 | 4 |
| 8 | 3 | 4 | 2 | 7 | 1 | 6 | 5 | 9 |
| 2 | 1 | 9 | 4 | 6 | 5 | 7 | 8 | 3 |
| 1 | 9 | 6 | 7 | 2 | 4 | 8 | 3 | 5 |
| 4 | 8 | 2 | 3 | 5 | 6 | 9 | 7 | 1 |
| 3 | 5 | 7 | 1 | 9 | 8 | 2 | 4 | 6 |

**A066**

| 5 | 8 | 2 | 6 | 7 | 1 | 9 | 3 | 4 |
|---|---|---|---|---|---|---|---|---|
| 3 | 7 | 9 | 4 | 8 | 5 | 6 | 1 | 2 |
| 6 | 4 | 1 | 2 | 3 | 9 | 8 | 5 | 7 |
| 4 | 2 | 5 | 9 | 6 | 7 | 3 | 8 | 1 |
| 9 | 1 | 8 | 3 | 5 | 4 | 7 | 2 | 6 |
| 7 | 3 | 6 | 8 | 1 | 2 | 5 | 4 | 9 |
| 8 | 9 | 3 | 1 | 2 | 6 | 4 | 7 | 5 |
| 1 | 5 | 4 | 7 | 9 | 8 | 2 | 6 | 3 |
| 2 | 6 | 7 | 5 | 4 | 3 | 1 | 9 | 8 |

**A067**

| 7 | 4 | 5 | 8 | 6 | 9 | 2 | 3 | 1 |
|---|---|---|---|---|---|---|---|---|
| 8 | 9 | 3 | 1 | 7 | 2 | 6 | 5 | 4 |
| 2 | 1 | 6 | 5 | 3 | 4 | 9 | 7 | 8 |
| 4 | 8 | 1 | 6 | 5 | 3 | 7 | 2 | 9 |
| 5 | 7 | 2 | 9 | 8 | 1 | 4 | 6 | 3 |
| 6 | 3 | 9 | 2 | 4 | 7 | 8 | 1 | 5 |
| 9 | 6 | 4 | 3 | 2 | 5 | 1 | 8 | 7 |
| 1 | 5 | 8 | 7 | 9 | 6 | 3 | 4 | 2 |
| 3 | 2 | 7 | 4 | 1 | 8 | 5 | 9 | 6 |

**A068**

| 9 | 8 | 2 | 4 | 7 | 1 | 3 | 6 | 5 |
|---|---|---|---|---|---|---|---|---|
| 7 | 6 | 1 | 5 | 3 | 8 | 2 | 4 | 9 |
| 4 | 3 | 5 | 2 | 9 | 6 | 7 | 1 | 8 |
| 8 | 4 | 9 | 3 | 1 | 7 | 5 | 2 | 6 |
| 1 | 2 | 6 | 9 | 8 | 5 | 4 | 3 | 7 |
| 5 | 7 | 3 | 6 | 2 | 4 | 8 | 9 | 1 |
| 3 | 5 | 8 | 1 | 4 | 9 | 6 | 7 | 2 |
| 2 | 9 | 7 | 8 | 6 | 3 | 1 | 5 | 4 |
| 6 | 1 | 4 | 7 | 5 | 2 | 9 | 8 | 3 |

**A069**

| 1 | 8 | 9 | 7 | 3 | 2 | 4 | 6 | 5 |
|---|---|---|---|---|---|---|---|---|
| 7 | 3 | 6 | 5 | 4 | 8 | 9 | 1 | 2 |
| 2 | 5 | 4 | 9 | 6 | 1 | 8 | 3 | 7 |
| 9 | 7 | 3 | 4 | 2 | 6 | 1 | 5 | 8 |
| 8 | 1 | 5 | 3 | 7 | 9 | 6 | 2 | 4 |
| 6 | 4 | 2 | 8 | 1 | 5 | 3 | 7 | 9 |
| 4 | 9 | 1 | 2 | 5 | 3 | 7 | 8 | 6 |
| 3 | 2 | 8 | 6 | 9 | 7 | 5 | 4 | 1 |
| 5 | 6 | 7 | 1 | 8 | 4 | 2 | 9 | 3 |

**A070**

| 9 | 8 | 1 | 5 | 2 | 4 | 6 | 3 | 7 |
|---|---|---|---|---|---|---|---|---|
| 7 | 5 | 4 | 3 | 8 | 6 | 2 | 1 | 9 |
| 6 | 3 | 2 | 7 | 1 | 9 | 5 | 8 | 4 |
| 3 | 9 | 7 | 8 | 6 | 2 | 4 | 5 | 1 |
| 5 | 4 | 6 | 9 | 7 | 1 | 8 | 2 | 3 |
| 1 | 2 | 8 | 4 | 3 | 5 | 9 | 7 | 6 |
| 8 | 7 | 5 | 6 | 4 | 3 | 1 | 9 | 2 |
| 4 | 1 | 3 | 2 | 9 | 8 | 7 | 6 | 5 |
| 2 | 6 | 9 | 1 | 5 | 7 | 3 | 4 | 8 |

**A071**

| 4 | 7 | 3 | 6 | 8 | 1 | 5 | 2 | 9 |
|---|---|---|---|---|---|---|---|---|
| 6 | 2 | 8 | 4 | 5 | 9 | 1 | 3 | 7 |
| 5 | 9 | 1 | 3 | 7 | 2 | 4 | 6 | 8 |
| 2 | 1 | 4 | 7 | 9 | 8 | 6 | 5 | 3 |
| 9 | 6 | 5 | 2 | 1 | 3 | 7 | 8 | 4 |
| 3 | 8 | 7 | 5 | 6 | 4 | 2 | 9 | 1 |
| 7 | 4 | 9 | 8 | 2 | 6 | 3 | 1 | 5 |
| 1 | 3 | 2 | 9 | 4 | 5 | 8 | 7 | 6 |
| 8 | 5 | 6 | 1 | 3 | 7 | 9 | 4 | 2 |

**A072**

| 7 | 2 | 8 | 4 | 6 | 9 | 5 | 1 | 3 |
|---|---|---|---|---|---|---|---|---|
| 3 | 6 | 4 | 2 | 1 | 5 | 9 | 7 | 8 |
| 1 | 9 | 5 | 8 | 3 | 7 | 6 | 4 | 2 |
| 2 | 8 | 1 | 5 | 7 | 6 | 4 | 3 | 9 |
| 5 | 4 | 3 | 9 | 8 | 2 | 7 | 6 | 1 |
| 6 | 7 | 9 | 1 | 4 | 3 | 8 | 2 | 5 |
| 8 | 3 | 6 | 7 | 9 | 1 | 2 | 5 | 4 |
| 9 | 5 | 7 | 3 | 2 | 4 | 1 | 8 | 6 |
| 4 | 1 | 2 | 6 | 5 | 8 | 3 | 9 | 7 |

A073

| 8 | 7 | 4 | 1 | 2 | 5 | 3 | 9 | 6 |
|---|---|---|---|---|---|---|---|---|
| 9 | 2 | 5 | 3 | 6 | 8 | 4 | 7 | 1 |
| 1 | 6 | 3 | 7 | 4 | 9 | 2 | 8 | 5 |
| 4 | 1 | 9 | 8 | 3 | 6 | 5 | 2 | 7 |
| 5 | 8 | 7 | 2 | 9 | 4 | 6 | 1 | 3 |
| 2 | 3 | 6 | 5 | 7 | 1 | 8 | 4 | 9 |
| 3 | 9 | 2 | 6 | 8 | 7 | 1 | 5 | 4 |
| 6 | 4 | 1 | 9 | 5 | 2 | 7 | 3 | 8 |
| 7 | 5 | 8 | 4 | 1 | 3 | 9 | 6 | 2 |

A074

| 9 | 2 | 4 | 3 | 7 | 6 | 5 | 8 | 1 |
|---|---|---|---|---|---|---|---|---|
| 7 | 3 | 8 | 4 | 1 | 5 | 9 | 6 | 2 |
| 5 | 6 | 1 | 8 | 9 | 2 | 4 | 7 | 3 |
| 6 | 8 | 2 | 5 | 4 | 9 | 1 | 3 | 7 |
| 1 | 4 | 7 | 6 | 8 | 3 | 2 | 9 | 5 |
| 3 | 9 | 5 | 1 | 2 | 7 | 6 | 4 | 8 |
| 4 | 7 | 6 | 2 | 5 | 8 | 3 | 1 | 9 |
| 8 | 5 | 3 | 9 | 6 | 1 | 7 | 2 | 4 |
| 2 | 1 | 9 | 7 | 3 | 4 | 8 | 5 | 6 |

A075

| 5 | 7 | 6 | 2 | 8 | 1 | 4 | 9 | 3 |
|---|---|---|---|---|---|---|---|---|
| 1 | 4 | 8 | 9 | 7 | 3 | 5 | 6 | 2 |
| 2 | 9 | 3 | 6 | 5 | 4 | 1 | 7 | 8 |
| 7 | 3 | 1 | 5 | 4 | 8 | 9 | 2 | 6 |
| 6 | 5 | 4 | 3 | 9 | 2 | 7 | 8 | 1 |
| 8 | 2 | 9 | 7 | 1 | 6 | 3 | 4 | 5 |
| 3 | 6 | 7 | 4 | 2 | 5 | 8 | 1 | 9 |
| 9 | 1 | 5 | 8 | 6 | 7 | 2 | 3 | 4 |
| 4 | 8 | 2 | 1 | 3 | 9 | 6 | 5 | 7 |

A076

| 2 | 6 | 5 | 8 | 1 | 7 | 3 | 9 | 4 |
|---|---|---|---|---|---|---|---|---|
| 9 | 3 | 7 | 5 | 4 | 6 | 8 | 2 | 1 |
| 4 | 8 | 1 | 9 | 3 | 2 | 6 | 7 | 5 |
| 6 | 1 | 3 | 2 | 7 | 5 | 9 | 4 | 8 |
| 8 | 2 | 9 | 1 | 6 | 4 | 5 | 3 | 7 |
| 7 | 5 | 4 | 3 | 9 | 8 | 1 | 6 | 2 |
| 5 | 4 | 2 | 6 | 8 | 9 | 7 | 1 | 3 |
| 3 | 9 | 8 | 7 | 2 | 1 | 4 | 5 | 6 |
| 1 | 7 | 6 | 4 | 5 | 3 | 2 | 8 | 9 |

A077

| 3 | 7 | 9 | 6 | 4 | 1 | 5 | 2 | 8 |
|---|---|---|---|---|---|---|---|---|
| 5 | 6 | 4 | 2 | 9 | 8 | 3 | 7 | 1 |
| 1 | 2 | 8 | 5 | 3 | 7 | 9 | 6 | 4 |
| 6 | 8 | 3 | 9 | 1 | 2 | 4 | 5 | 7 |
| 4 | 1 | 7 | 8 | 5 | 3 | 2 | 9 | 6 |
| 9 | 5 | 2 | 4 | 7 | 6 | 8 | 1 | 3 |
| 8 | 4 | 5 | 1 | 6 | 9 | 7 | 3 | 2 |
| 2 | 3 | 6 | 7 | 8 | 5 | 1 | 4 | 9 |
| 7 | 9 | 1 | 3 | 2 | 4 | 6 | 8 | 5 |

A078

| 5 | 4 | 8 | 9 | 1 | 3 | 6 | 2 | 7 |
|---|---|---|---|---|---|---|---|---|
| 2 | 7 | 1 | 4 | 6 | 5 | 3 | 9 | 8 |
| 6 | 9 | 3 | 2 | 7 | 8 | 1 | 4 | 5 |
| 8 | 2 | 4 | 5 | 3 | 9 | 7 | 1 | 6 |
| 1 | 5 | 7 | 8 | 2 | 6 | 4 | 3 | 9 |
| 3 | 6 | 9 | 1 | 4 | 7 | 5 | 8 | 2 |
| 4 | 8 | 5 | 7 | 9 | 1 | 2 | 6 | 3 |
| 9 | 1 | 6 | 3 | 5 | 2 | 8 | 7 | 4 |
| 7 | 3 | 2 | 6 | 8 | 4 | 9 | 5 | 1 |

A079

| 6 | 1 | 2 | 4 | 5 | 3 | 7 | 9 | 8 |
|---|---|---|---|---|---|---|---|---|
| 9 | 5 | 3 | 8 | 1 | 7 | 2 | 4 | 6 |
| 4 | 7 | 8 | 9 | 2 | 6 | 5 | 3 | 1 |
| 8 | 9 | 6 | 1 | 7 | 2 | 3 | 5 | 4 |
| 7 | 4 | 1 | 3 | 8 | 5 | 6 | 2 | 9 |
| 2 | 3 | 5 | 6 | 4 | 9 | 1 | 8 | 7 |
| 3 | 6 | 7 | 5 | 9 | 4 | 8 | 1 | 2 |
| 1 | 2 | 4 | 7 | 3 | 8 | 9 | 6 | 5 |
| 5 | 8 | 9 | 2 | 6 | 1 | 4 | 7 | 3 |

A080

| 7 | 9 | 5 | 2 | 3 | 8 | 1 | 4 | 6 |
|---|---|---|---|---|---|---|---|---|
| 1 | 3 | 4 | 6 | 5 | 7 | 9 | 2 | 8 |
| 6 | 8 | 2 | 9 | 4 | 1 | 5 | 7 | 3 |
| 3 | 4 | 1 | 5 | 9 | 2 | 8 | 6 | 7 |
| 5 | 7 | 8 | 3 | 1 | 6 | 4 | 9 | 2 |
| 2 | 6 | 9 | 7 | 8 | 4 | 3 | 5 | 1 |
| 9 | 1 | 7 | 8 | 2 | 5 | 6 | 3 | 4 |
| 4 | 5 | 6 | 1 | 7 | 3 | 2 | 8 | 9 |
| 8 | 2 | 3 | 4 | 6 | 9 | 7 | 1 | 5 |

A081

| 2 | 9 | 1 | 5 | 6 | 7 | 8 | 4 | 3 |
|---|---|---|---|---|---|---|---|---|
| 3 | 4 | 5 | 9 | 8 | 1 | 7 | 6 | 2 |
| 6 | 8 | 7 | 3 | 2 | 4 | 9 | 5 | 1 |
| 4 | 2 | 6 | 8 | 7 | 9 | 3 | 1 | 5 |
| 1 | 7 | 3 | 2 | 4 | 5 | 6 | 9 | 8 |
| 8 | 5 | 9 | 6 | 1 | 3 | 4 | 2 | 7 |
| 5 | 1 | 4 | 7 | 3 | 6 | 2 | 8 | 9 |
| 7 | 6 | 2 | 1 | 9 | 8 | 5 | 3 | 4 |
| 9 | 3 | 8 | 4 | 5 | 2 | 1 | 7 | 6 |

A082

| 9 | 8 | 7 | 1 | 2 | 5 | 4 | 3 | 6 |
|---|---|---|---|---|---|---|---|---|
| 5 | 4 | 2 | 7 | 3 | 6 | 1 | 9 | 8 |
| 1 | 6 | 3 | 4 | 8 | 9 | 5 | 7 | 2 |
| 7 | 1 | 4 | 8 | 5 | 3 | 2 | 6 | 9 |
| 2 | 3 | 5 | 9 | 6 | 1 | 7 | 8 | 4 |
| 8 | 9 | 6 | 2 | 4 | 7 | 3 | 1 | 5 |
| 3 | 5 | 8 | 6 | 7 | 2 | 9 | 4 | 1 |
| 4 | 2 | 9 | 3 | 1 | 8 | 6 | 5 | 7 |
| 6 | 7 | 1 | 5 | 9 | 4 | 8 | 2 | 3 |

A083

| 9 | 5 | 6 | 7 | 8 | 2 | 3 | 4 | 1 |
|---|---|---|---|---|---|---|---|---|
| 2 | 8 | 4 | 9 | 1 | 3 | 6 | 5 | 7 |
| 1 | 3 | 7 | 5 | 6 | 4 | 8 | 9 | 2 |
| 3 | 6 | 9 | 2 | 5 | 8 | 1 | 7 | 4 |
| 5 | 4 | 8 | 3 | 7 | 1 | 2 | 6 | 9 |
| 7 | 2 | 1 | 4 | 9 | 6 | 5 | 3 | 8 |
| 8 | 7 | 3 | 1 | 4 | 5 | 9 | 2 | 6 |
| 4 | 1 | 5 | 6 | 2 | 9 | 7 | 8 | 3 |
| 6 | 9 | 2 | 8 | 3 | 7 | 4 | 1 | 5 |

A084

| 1 | 5 | 9 | 8 | 7 | 6 | 2 | 3 | 4 |
|---|---|---|---|---|---|---|---|---|
| 8 | 4 | 6 | 3 | 5 | 2 | 1 | 7 | 9 |
| 3 | 2 | 7 | 4 | 9 | 1 | 5 | 6 | 8 |
| 6 | 3 | 1 | 7 | 2 | 8 | 4 | 9 | 5 |
| 5 | 9 | 4 | 6 | 1 | 3 | 8 | 2 | 7 |
| 2 | 7 | 8 | 9 | 4 | 5 | 3 | 1 | 6 |
| 4 | 6 | 5 | 2 | 3 | 7 | 9 | 8 | 1 |
| 7 | 1 | 2 | 5 | 8 | 9 | 6 | 4 | 3 |
| 9 | 8 | 3 | 1 | 6 | 4 | 7 | 5 | 2 |

**A085**

| 1 | 5 | 9 | 6 | 2 | 8 | 4 | 7 | 3 |
|---|---|---|---|---|---|---|---|---|
| 3 | 7 | 6 | 9 | 1 | 4 | 5 | 2 | 8 |
| 4 | 8 | 2 | 3 | 7 | 5 | 1 | 9 | 6 |
| 2 | 4 | 3 | 1 | 6 | 7 | 8 | 5 | 9 |
| 8 | 9 | 1 | 5 | 4 | 3 | 7 | 6 | 2 |
| 7 | 6 | 5 | 2 | 8 | 9 | 3 | 1 | 4 |
| 6 | 1 | 4 | 8 | 5 | 2 | 9 | 3 | 7 |
| 9 | 2 | 7 | 4 | 3 | 1 | 6 | 8 | 5 |
| 5 | 3 | 8 | 7 | 9 | 6 | 2 | 4 | 1 |

**A086**

| 4 | 7 | 1 | 8 | 9 | 3 | 2 | 6 | 5 |
|---|---|---|---|---|---|---|---|---|
| 9 | 5 | 8 | 6 | 2 | 7 | 3 | 1 | 4 |
| 2 | 6 | 3 | 5 | 1 | 4 | 7 | 9 | 8 |
| 6 | 9 | 2 | 7 | 4 | 5 | 1 | 8 | 3 |
| 8 | 1 | 5 | 9 | 3 | 6 | 4 | 2 | 7 |
| 7 | 3 | 4 | 2 | 8 | 1 | 9 | 5 | 6 |
| 5 | 2 | 6 | 4 | 7 | 9 | 8 | 3 | 1 |
| 1 | 8 | 7 | 3 | 5 | 2 | 6 | 4 | 9 |
| 3 | 4 | 9 | 1 | 6 | 8 | 5 | 7 | 2 |

**A087**

| 5 | 3 | 1 | 2 | 6 | 7 | 9 | 4 | 8 |
|---|---|---|---|---|---|---|---|---|
| 6 | 4 | 2 | 8 | 9 | 5 | 1 | 7 | 3 |
| 9 | 8 | 7 | 1 | 3 | 4 | 6 | 2 | 5 |
| 1 | 2 | 5 | 3 | 4 | 6 | 7 | 8 | 9 |
| 4 | 7 | 3 | 9 | 8 | 2 | 5 | 1 | 6 |
| 8 | 9 | 6 | 7 | 5 | 1 | 4 | 3 | 2 |
| 3 | 1 | 8 | 6 | 7 | 9 | 2 | 5 | 4 |
| 2 | 6 | 4 | 5 | 1 | 8 | 3 | 9 | 7 |
| 7 | 5 | 9 | 4 | 2 | 3 | 8 | 6 | 1 |

**A088**

| 7 | 2 | 3 | 8 | 1 | 4 | 6 | 9 | 5 |
|---|---|---|---|---|---|---|---|---|
| 6 | 9 | 5 | 2 | 7 | 3 | 4 | 1 | 8 |
| 1 | 8 | 4 | 5 | 9 | 6 | 3 | 7 | 2 |
| 5 | 6 | 9 | 1 | 3 | 2 | 7 | 8 | 4 |
| 3 | 7 | 2 | 6 | 4 | 8 | 1 | 5 | 9 |
| 8 | 4 | 1 | 9 | 5 | 7 | 2 | 3 | 6 |
| 9 | 3 | 6 | 7 | 2 | 5 | 8 | 4 | 1 |
| 2 | 1 | 7 | 4 | 8 | 9 | 5 | 6 | 3 |
| 4 | 5 | 8 | 3 | 6 | 1 | 9 | 2 | 7 |

**A089**

| 3 | 7 | 8 | 2 | 9 | 6 | 1 | 5 | 4 |
|---|---|---|---|---|---|---|---|---|
| 9 | 2 | 1 | 5 | 4 | 7 | 8 | 6 | 3 |
| 4 | 5 | 6 | 1 | 8 | 3 | 9 | 7 | 2 |
| 6 | 9 | 2 | 7 | 1 | 4 | 3 | 8 | 5 |
| 1 | 8 | 7 | 3 | 5 | 9 | 2 | 4 | 6 |
| 5 | 3 | 4 | 8 | 6 | 2 | 7 | 9 | 1 |
| 2 | 4 | 3 | 9 | 7 | 5 | 6 | 1 | 8 |
| 8 | 6 | 9 | 4 | 3 | 1 | 5 | 2 | 7 |
| 7 | 1 | 5 | 6 | 2 | 8 | 4 | 3 | 9 |

**A090**

| 9 | 3 | 1 | 2 | 8 | 7 | 5 | 6 | 4 |
|---|---|---|---|---|---|---|---|---|
| 4 | 6 | 2 | 9 | 5 | 1 | 8 | 3 | 7 |
| 7 | 8 | 5 | 4 | 3 | 6 | 9 | 1 | 2 |
| 8 | 5 | 3 | 6 | 4 | 2 | 1 | 7 | 9 |
| 6 | 9 | 4 | 7 | 1 | 3 | 2 | 5 | 8 |
| 2 | 1 | 7 | 8 | 9 | 5 | 3 | 4 | 6 |
| 3 | 2 | 6 | 1 | 7 | 8 | 4 | 9 | 5 |
| 5 | 4 | 8 | 3 | 6 | 9 | 7 | 2 | 1 |
| 1 | 7 | 9 | 5 | 2 | 4 | 6 | 8 | 3 |

**A091**

| 7 | 5 | 4 | 3 | 1 | 9 | 2 | 8 | 6 |
|---|---|---|---|---|---|---|---|---|
| 6 | 2 | 9 | 8 | 5 | 4 | 1 | 7 | 3 |
| 8 | 3 | 1 | 7 | 2 | 6 | 5 | 4 | 9 |
| 3 | 1 | 7 | 5 | 9 | 8 | 6 | 2 | 4 |
| 4 | 9 | 2 | 6 | 3 | 1 | 7 | 5 | 8 |
| 5 | 8 | 6 | 2 | 4 | 7 | 9 | 3 | 1 |
| 1 | 4 | 5 | 9 | 8 | 2 | 3 | 6 | 7 |
| 2 | 7 | 8 | 1 | 6 | 3 | 4 | 9 | 5 |
| 9 | 6 | 3 | 4 | 7 | 5 | 8 | 1 | 2 |

**A092**

| 7 | 4 | 3 | 5 | 2 | 9 | 6 | 1 | 8 |
|---|---|---|---|---|---|---|---|---|
| 1 | 2 | 5 | 4 | 6 | 8 | 9 | 7 | 3 |
| 8 | 9 | 6 | 7 | 1 | 3 | 2 | 4 | 5 |
| 3 | 1 | 7 | 6 | 8 | 4 | 5 | 9 | 2 |
| 9 | 5 | 8 | 1 | 7 | 2 | 3 | 6 | 4 |
| 4 | 6 | 2 | 9 | 3 | 5 | 7 | 8 | 1 |
| 5 | 8 | 4 | 2 | 9 | 6 | 1 | 3 | 7 |
| 6 | 3 | 1 | 8 | 5 | 7 | 4 | 2 | 9 |
| 2 | 7 | 9 | 3 | 4 | 1 | 8 | 5 | 6 |

**A093**

| 4 | 2 | 7 | 5 | 8 | 9 | 1 | 3 | 6 |
|---|---|---|---|---|---|---|---|---|
| 6 | 8 | 3 | 1 | 4 | 2 | 7 | 5 | 9 |
| 1 | 9 | 5 | 3 | 7 | 6 | 8 | 2 | 4 |
| 9 | 3 | 6 | 8 | 1 | 4 | 5 | 7 | 2 |
| 7 | 4 | 8 | 9 | 2 | 5 | 3 | 6 | 1 |
| 5 | 1 | 2 | 6 | 3 | 7 | 4 | 9 | 8 |
| 3 | 5 | 4 | 2 | 6 | 1 | 9 | 8 | 7 |
| 8 | 6 | 1 | 7 | 9 | 3 | 2 | 4 | 5 |
| 2 | 7 | 9 | 4 | 5 | 8 | 6 | 1 | 3 |

**A094**

| 1 | 4 | 7 | 8 | 2 | 3 | 9 | 6 | 5 |
|---|---|---|---|---|---|---|---|---|
| 5 | 9 | 2 | 1 | 4 | 6 | 7 | 8 | 3 |
| 8 | 3 | 6 | 9 | 5 | 7 | 4 | 2 | 1 |
| 2 | 1 | 3 | 5 | 8 | 9 | 6 | 4 | 7 |
| 9 | 7 | 4 | 2 | 6 | 1 | 3 | 5 | 8 |
| 6 | 8 | 5 | 7 | 3 | 4 | 1 | 9 | 2 |
| 7 | 6 | 8 | 3 | 9 | 2 | 5 | 1 | 4 |
| 3 | 5 | 9 | 4 | 1 | 8 | 2 | 7 | 6 |
| 4 | 2 | 1 | 6 | 7 | 5 | 8 | 3 | 9 |

**A095**

| 1 | 5 | 9 | 4 | 7 | 2 | 6 | 3 | 8 |
|---|---|---|---|---|---|---|---|---|
| 7 | 2 | 3 | 1 | 8 | 6 | 9 | 4 | 5 |
| 8 | 4 | 6 | 3 | 9 | 5 | 2 | 1 | 7 |
| 6 | 1 | 5 | 8 | 3 | 9 | 4 | 7 | 2 |
| 3 | 7 | 8 | 2 | 6 | 4 | 5 | 9 | 1 |
| 4 | 9 | 2 | 5 | 1 | 7 | 3 | 8 | 6 |
| 2 | 3 | 7 | 9 | 5 | 8 | 1 | 6 | 4 |
| 5 | 8 | 1 | 6 | 4 | 3 | 7 | 2 | 9 |
| 9 | 6 | 4 | 7 | 2 | 1 | 8 | 5 | 3 |

**A096**

| 7 | 3 | 1 | 4 | 9 | 2 | 6 | 5 | 8 |
|---|---|---|---|---|---|---|---|---|
| 4 | 2 | 6 | 5 | 8 | 7 | 3 | 1 | 9 |
| 8 | 5 | 9 | 6 | 3 | 1 | 2 | 7 | 4 |
| 5 | 7 | 3 | 9 | 6 | 8 | 4 | 2 | 1 |
| 6 | 9 | 2 | 3 | 1 | 4 | 5 | 8 | 7 |
| 1 | 4 | 8 | 2 | 7 | 5 | 9 | 3 | 6 |
| 2 | 1 | 4 | 8 | 5 | 6 | 7 | 9 | 3 |
| 9 | 8 | 5 | 7 | 4 | 3 | 1 | 6 | 2 |
| 3 | 6 | 7 | 1 | 2 | 9 | 8 | 4 | 5 |

A097

| 9 | 4 | 2 | 3 | 6 | 5 | 7 | 8 | 1 |
|---|---|---|---|---|---|---|---|---|
| 8 | 6 | 3 | 1 | 4 | 7 | 9 | 5 | 2 |
| 7 | 5 | 1 | 2 | 8 | 9 | 4 | 3 | 6 |
| 5 | 7 | 6 | 4 | 1 | 2 | 8 | 9 | 3 |
| 4 | 1 | 9 | 8 | 5 | 3 | 6 | 2 | 7 |
| 2 | 3 | 8 | 7 | 9 | 6 | 1 | 4 | 5 |
| 1 | 2 | 7 | 9 | 3 | 4 | 5 | 6 | 8 |
| 3 | 9 | 5 | 6 | 7 | 8 | 2 | 1 | 4 |
| 6 | 8 | 4 | 5 | 2 | 1 | 3 | 7 | 9 |

A098

| 4 | 3 | 8 | 1 | 2 | 9 | 5 | 6 | 7 |
|---|---|---|---|---|---|---|---|---|
| 9 | 6 | 7 | 5 | 8 | 4 | 3 | 2 | 1 |
| 5 | 1 | 2 | 6 | 3 | 7 | 9 | 4 | 8 |
| 1 | 8 | 5 | 9 | 4 | 6 | 2 | 7 | 3 |
| 7 | 2 | 9 | 8 | 1 | 3 | 6 | 5 | 4 |
| 3 | 4 | 6 | 2 | 7 | 5 | 1 | 8 | 9 |
| 2 | 7 | 4 | 3 | 6 | 1 | 8 | 9 | 5 |
| 6 | 9 | 3 | 7 | 5 | 8 | 4 | 1 | 2 |
| 8 | 5 | 1 | 4 | 9 | 2 | 7 | 3 | 6 |

A099

| 2 | 7 | 5 | 1 | 4 | 3 | 6 | 8 | 9 |
|---|---|---|---|---|---|---|---|---|
| 1 | 3 | 8 | 6 | 5 | 9 | 7 | 2 | 4 |
| 9 | 6 | 4 | 2 | 7 | 8 | 5 | 3 | 1 |
| 5 | 9 | 2 | 8 | 6 | 1 | 3 | 4 | 7 |
| 7 | 8 | 6 | 4 | 3 | 5 | 9 | 1 | 2 |
| 3 | 4 | 1 | 9 | 2 | 7 | 8 | 6 | 5 |
| 4 | 5 | 7 | 3 | 8 | 2 | 1 | 9 | 6 |
| 8 | 2 | 9 | 7 | 1 | 6 | 4 | 5 | 3 |
| 6 | 1 | 3 | 5 | 9 | 4 | 2 | 7 | 8 |

A100

| 5 | 4 | 3 | 8 | 9 | 1 | 2 | 7 | 6 |
|---|---|---|---|---|---|---|---|---|
| 2 | 8 | 7 | 3 | 6 | 4 | 9 | 1 | 5 |
| 1 | 6 | 9 | 2 | 7 | 5 | 3 | 8 | 4 |
| 6 | 1 | 2 | 4 | 5 | 7 | 8 | 3 | 9 |
| 3 | 9 | 4 | 6 | 8 | 2 | 1 | 5 | 7 |
| 7 | 5 | 8 | 1 | 3 | 9 | 4 | 6 | 2 |
| 9 | 7 | 1 | 5 | 4 | 3 | 6 | 2 | 8 |
| 8 | 2 | 5 | 9 | 1 | 6 | 7 | 4 | 3 |
| 4 | 3 | 6 | 7 | 2 | 8 | 5 | 9 | 1 |

A101

| 4 | 1 | 8 | 9 | 5 | 2 | 3 | 7 | 6 |
|---|---|---|---|---|---|---|---|---|
| 6 | 9 | 5 | 7 | 4 | 3 | 8 | 2 | 1 |
| 2 | 3 | 7 | 8 | 6 | 1 | 5 | 4 | 9 |
| 5 | 4 | 2 | 6 | 9 | 8 | 7 | 1 | 3 |
| 1 | 6 | 3 | 2 | 7 | 5 | 4 | 9 | 8 |
| 8 | 7 | 9 | 3 | 1 | 4 | 2 | 6 | 5 |
| 9 | 8 | 4 | 1 | 3 | 7 | 6 | 5 | 2 |
| 7 | 2 | 1 | 5 | 8 | 6 | 9 | 3 | 4 |
| 3 | 5 | 6 | 4 | 2 | 9 | 1 | 8 | 7 |

A102

| 5 | 6 | 7 | 1 | 9 | 3 | 4 | 8 | 2 |
|---|---|---|---|---|---|---|---|---|
| 4 | 8 | 9 | 7 | 6 | 2 | 5 | 3 | 1 |
| 3 | 2 | 1 | 8 | 5 | 4 | 9 | 6 | 7 |
| 9 | 3 | 4 | 5 | 7 | 8 | 2 | 1 | 6 |
| 7 | 1 | 6 | 4 | 2 | 9 | 3 | 5 | 8 |
| 2 | 5 | 8 | 3 | 1 | 6 | 7 | 4 | 9 |
| 6 | 4 | 2 | 9 | 3 | 1 | 8 | 7 | 5 |
| 1 | 7 | 3 | 2 | 8 | 5 | 6 | 9 | 4 |
| 8 | 9 | 5 | 6 | 4 | 7 | 1 | 2 | 3 |

A103

| 9 | 2 | 4 | 3 | 6 | 8 | 5 | 1 | 7 |
|---|---|---|---|---|---|---|---|---|
| 8 | 7 | 5 | 4 | 2 | 1 | 3 | 9 | 6 |
| 3 | 6 | 1 | 5 | 9 | 7 | 4 | 8 | 2 |
| 7 | 5 | 9 | 1 | 4 | 2 | 6 | 3 | 8 |
| 6 | 1 | 2 | 9 | 8 | 3 | 7 | 5 | 4 |
| 4 | 8 | 3 | 6 | 7 | 5 | 9 | 2 | 1 |
| 5 | 9 | 6 | 2 | 1 | 4 | 8 | 7 | 3 |
| 2 | 3 | 8 | 7 | 5 | 6 | 1 | 4 | 9 |
| 1 | 4 | 7 | 8 | 3 | 9 | 2 | 6 | 5 |

A104

| 8 | 6 | 1 | 3 | 5 | 4 | 7 | 2 | 9 |
|---|---|---|---|---|---|---|---|---|
| 4 | 5 | 7 | 6 | 9 | 2 | 1 | 8 | 3 |
| 2 | 9 | 3 | 8 | 7 | 1 | 5 | 4 | 6 |
| 9 | 1 | 4 | 5 | 6 | 8 | 3 | 7 | 2 |
| 5 | 3 | 2 | 1 | 4 | 7 | 9 | 6 | 8 |
| 6 | 7 | 8 | 2 | 3 | 9 | 4 | 1 | 5 |
| 7 | 4 | 6 | 9 | 2 | 5 | 8 | 3 | 1 |
| 3 | 8 | 9 | 7 | 1 | 6 | 2 | 5 | 4 |
| 1 | 2 | 5 | 4 | 8 | 3 | 6 | 9 | 7 |

A105

| 2 | 1 | 9 | 7 | 8 | 3 | 6 | 4 | 5 |
|---|---|---|---|---|---|---|---|---|
| 7 | 6 | 3 | 5 | 2 | 4 | 9 | 1 | 8 |
| 8 | 4 | 5 | 1 | 6 | 9 | 3 | 2 | 7 |
| 3 | 2 | 1 | 8 | 7 | 5 | 4 | 6 | 9 |
| 5 | 9 | 7 | 2 | 4 | 6 | 8 | 3 | 1 |
| 4 | 8 | 6 | 9 | 3 | 1 | 5 | 7 | 2 |
| 1 | 7 | 4 | 3 | 9 | 8 | 2 | 5 | 6 |
| 6 | 5 | 8 | 4 | 1 | 2 | 7 | 9 | 3 |
| 9 | 3 | 2 | 6 | 5 | 7 | 1 | 8 | 4 |

A106

| 6 | 7 | 3 | 4 | 8 | 9 | 1 | 2 | 5 |
|---|---|---|---|---|---|---|---|---|
| 5 | 8 | 9 | 6 | 2 | 1 | 4 | 3 | 7 |
| 4 | 1 | 2 | 5 | 7 | 3 | 9 | 8 | 6 |
| 3 | 6 | 8 | 1 | 5 | 4 | 2 | 7 | 9 |
| 2 | 9 | 1 | 7 | 6 | 8 | 5 | 4 | 3 |
| 7 | 5 | 4 | 3 | 9 | 2 | 8 | 6 | 1 |
| 9 | 2 | 7 | 8 | 1 | 6 | 3 | 5 | 4 |
| 1 | 4 | 6 | 2 | 3 | 5 | 7 | 9 | 8 |
| 8 | 3 | 5 | 9 | 4 | 7 | 6 | 1 | 2 |

A107

| 9 | 6 | 5 | 2 | 1 | 8 | 7 | 3 | 4 |
|---|---|---|---|---|---|---|---|---|
| 3 | 2 | 8 | 6 | 7 | 4 | 9 | 1 | 5 |
| 1 | 4 | 7 | 3 | 5 | 9 | 8 | 2 | 6 |
| 8 | 1 | 3 | 4 | 6 | 2 | 5 | 7 | 9 |
| 5 | 7 | 4 | 8 | 9 | 1 | 3 | 6 | 2 |
| 2 | 9 | 6 | 7 | 3 | 5 | 1 | 4 | 8 |
| 7 | 5 | 2 | 1 | 8 | 6 | 4 | 9 | 3 |
| 6 | 8 | 1 | 9 | 4 | 3 | 2 | 5 | 7 |
| 4 | 3 | 9 | 5 | 2 | 7 | 6 | 8 | 1 |

A108

| 7 | 2 | 9 | 5 | 6 | 4 | 3 | 8 | 1 |
|---|---|---|---|---|---|---|---|---|
| 5 | 1 | 3 | 9 | 7 | 8 | 4 | 6 | 2 |
| 4 | 6 | 8 | 2 | 1 | 3 | 5 | 7 | 9 |
| 9 | 8 | 2 | 4 | 3 | 1 | 6 | 5 | 7 |
| 1 | 4 | 7 | 8 | 5 | 6 | 2 | 9 | 3 |
| 6 | 3 | 5 | 7 | 2 | 9 | 1 | 4 | 8 |
| 2 | 5 | 6 | 1 | 8 | 7 | 9 | 3 | 4 |
| 8 | 9 | 1 | 3 | 4 | 5 | 7 | 2 | 6 |
| 3 | 7 | 4 | 6 | 9 | 2 | 8 | 1 | 5 |

**A109**

| 9 | 4 | 7 | 3 | 6 | 5 | 1 | 8 | 2 |
|---|---|---|---|---|---|---|---|---|
| 3 | 5 | 8 | 7 | 2 | 1 | 6 | 4 | 9 |
| 6 | 2 | 1 | 9 | 8 | 4 | 7 | 5 | 3 |
| 8 | 9 | 6 | 5 | 1 | 3 | 2 | 7 | 4 |
| 7 | 1 | 5 | 2 | 4 | 9 | 8 | 3 | 6 |
| 2 | 3 | 4 | 6 | 7 | 8 | 9 | 1 | 5 |
| 1 | 7 | 9 | 4 | 5 | 2 | 3 | 6 | 8 |
| 4 | 8 | 2 | 1 | 3 | 6 | 5 | 9 | 7 |
| 5 | 6 | 3 | 8 | 9 | 7 | 4 | 2 | 1 |

**A110**

| 6 | 2 | 7 | 3 | 1 | 4 | 9 | 5 | 8 |
|---|---|---|---|---|---|---|---|---|
| 4 | 9 | 5 | 2 | 6 | 8 | 3 | 7 | 1 |
| 1 | 8 | 3 | 7 | 5 | 9 | 2 | 4 | 6 |
| 5 | 6 | 2 | 8 | 9 | 1 | 4 | 3 | 7 |
| 7 | 1 | 4 | 6 | 3 | 5 | 8 | 2 | 9 |
| 9 | 3 | 8 | 4 | 2 | 7 | 6 | 1 | 5 |
| 3 | 7 | 1 | 9 | 4 | 6 | 5 | 8 | 2 |
| 2 | 5 | 6 | 1 | 8 | 3 | 7 | 9 | 4 |
| 8 | 4 | 9 | 5 | 7 | 2 | 1 | 6 | 3 |

**A111**

| 9 | 6 | 5 | 7 | 4 | 3 | 2 | 8 | 1 |
|---|---|---|---|---|---|---|---|---|
| 2 | 4 | 7 | 8 | 1 | 6 | 9 | 3 | 5 |
| 8 | 3 | 1 | 2 | 5 | 9 | 4 | 6 | 7 |
| 1 | 8 | 4 | 5 | 3 | 2 | 7 | 9 | 6 |
| 7 | 9 | 2 | 6 | 8 | 1 | 3 | 5 | 4 |
| 6 | 5 | 3 | 4 | 9 | 7 | 1 | 2 | 8 |
| 3 | 2 | 6 | 1 | 7 | 8 | 5 | 4 | 9 |
| 5 | 1 | 8 | 9 | 2 | 4 | 6 | 7 | 3 |
| 4 | 7 | 9 | 3 | 6 | 5 | 8 | 1 | 2 |

**A112**

| 9 | 4 | 1 | 8 | 6 | 7 | 3 | 5 | 2 |
|---|---|---|---|---|---|---|---|---|
| 3 | 5 | 7 | 2 | 4 | 1 | 9 | 6 | 8 |
| 8 | 2 | 6 | 5 | 3 | 9 | 4 | 7 | 1 |
| 1 | 9 | 3 | 6 | 8 | 5 | 7 | 2 | 4 |
| 4 | 7 | 8 | 3 | 9 | 2 | 6 | 1 | 5 |
| 5 | 6 | 2 | 1 | 7 | 4 | 8 | 9 | 3 |
| 2 | 3 | 9 | 4 | 5 | 6 | 1 | 8 | 7 |
| 7 | 8 | 5 | 9 | 1 | 3 | 2 | 4 | 6 |
| 6 | 1 | 4 | 7 | 2 | 8 | 5 | 3 | 9 |

**A113**

| 2 | 3 | 6 | 1 | 4 | 8 | 9 | 5 | 7 |
|---|---|---|---|---|---|---|---|---|
| 5 | 9 | 7 | 6 | 2 | 3 | 1 | 8 | 4 |
| 1 | 4 | 8 | 9 | 5 | 7 | 2 | 3 | 6 |
| 6 | 2 | 3 | 8 | 7 | 1 | 5 | 4 | 9 |
| 8 | 7 | 4 | 5 | 9 | 6 | 3 | 2 | 1 |
| 9 | 1 | 5 | 4 | 3 | 2 | 7 | 6 | 8 |
| 7 | 8 | 1 | 3 | 6 | 5 | 4 | 9 | 2 |
| 4 | 5 | 2 | 7 | 8 | 9 | 6 | 1 | 3 |
| 3 | 6 | 9 | 2 | 1 | 4 | 8 | 7 | 5 |

**A114**

| 4 | 2 | 5 | 7 | 1 | 8 | 3 | 9 | 6 |
|---|---|---|---|---|---|---|---|---|
| 6 | 7 | 9 | 3 | 2 | 5 | 4 | 8 | 1 |
| 8 | 1 | 3 | 9 | 6 | 4 | 2 | 7 | 5 |
| 9 | 8 | 2 | 4 | 5 | 6 | 1 | 3 | 7 |
| 5 | 3 | 4 | 1 | 7 | 9 | 8 | 6 | 2 |
| 7 | 6 | 1 | 2 | 8 | 3 | 5 | 4 | 9 |
| 1 | 9 | 8 | 6 | 4 | 2 | 7 | 5 | 3 |
| 3 | 5 | 7 | 8 | 9 | 1 | 6 | 2 | 4 |
| 2 | 4 | 6 | 5 | 3 | 7 | 9 | 1 | 8 |

**A115**

| 1 | 4 | 9 | 2 | 6 | 8 | 7 | 3 | 5 |
|---|---|---|---|---|---|---|---|---|
| 2 | 7 | 3 | 1 | 4 | 5 | 8 | 9 | 6 |
| 5 | 8 | 6 | 7 | 9 | 3 | 2 | 1 | 4 |
| 8 | 9 | 4 | 3 | 5 | 1 | 6 | 2 | 7 |
| 7 | 2 | 5 | 6 | 8 | 9 | 1 | 4 | 3 |
| 6 | 3 | 1 | 4 | 2 | 7 | 5 | 8 | 9 |
| 9 | 6 | 8 | 5 | 3 | 2 | 4 | 7 | 1 |
| 3 | 5 | 7 | 8 | 1 | 4 | 9 | 6 | 2 |
| 4 | 1 | 2 | 9 | 7 | 6 | 3 | 5 | 8 |

**A116**

| 8 | 3 | 9 | 2 | 7 | 5 | 1 | 6 | 4 |
|---|---|---|---|---|---|---|---|---|
| 7 | 4 | 2 | 6 | 1 | 8 | 9 | 5 | 3 |
| 1 | 6 | 5 | 9 | 4 | 3 | 7 | 8 | 2 |
| 2 | 7 | 1 | 3 | 9 | 6 | 5 | 4 | 8 |
| 6 | 9 | 8 | 1 | 5 | 4 | 3 | 2 | 7 |
| 3 | 5 | 4 | 7 | 8 | 2 | 6 | 9 | 1 |
| 4 | 1 | 6 | 8 | 3 | 9 | 2 | 7 | 5 |
| 5 | 2 | 7 | 4 | 6 | 1 | 8 | 3 | 9 |
| 9 | 8 | 3 | 5 | 2 | 7 | 4 | 1 | 6 |

**A117**

| 6 | 3 | 4 | 8 | 9 | 7 | 2 | 5 | 1 |
|---|---|---|---|---|---|---|---|---|
| 8 | 9 | 5 | 2 | 6 | 1 | 4 | 3 | 7 |
| 2 | 1 | 7 | 5 | 3 | 4 | 6 | 9 | 8 |
| 7 | 8 | 9 | 6 | 4 | 3 | 5 | 1 | 2 |
| 3 | 5 | 6 | 1 | 2 | 8 | 7 | 4 | 9 |
| 1 | 4 | 2 | 7 | 5 | 9 | 8 | 6 | 3 |
| 9 | 2 | 8 | 4 | 1 | 5 | 3 | 7 | 6 |
| 5 | 6 | 1 | 3 | 7 | 2 | 9 | 8 | 4 |
| 4 | 7 | 3 | 9 | 8 | 6 | 1 | 2 | 5 |

**A118**

| 5 | 4 | 3 | 9 | 1 | 7 | 6 | 2 | 8 |
|---|---|---|---|---|---|---|---|---|
| 8 | 1 | 2 | 5 | 3 | 6 | 7 | 9 | 4 |
| 7 | 6 | 9 | 4 | 8 | 2 | 5 | 3 | 1 |
| 6 | 3 | 5 | 1 | 2 | 9 | 4 | 8 | 7 |
| 4 | 7 | 1 | 8 | 5 | 3 | 9 | 6 | 2 |
| 2 | 9 | 8 | 7 | 6 | 4 | 1 | 5 | 3 |
| 1 | 8 | 6 | 3 | 4 | 5 | 2 | 7 | 9 |
| 9 | 5 | 4 | 2 | 7 | 8 | 3 | 1 | 6 |
| 3 | 2 | 7 | 6 | 9 | 1 | 8 | 4 | 5 |

**A119**

| 6 | 4 | 5 | 2 | 1 | 3 | 8 | 9 | 7 |
|---|---|---|---|---|---|---|---|---|
| 3 | 8 | 7 | 6 | 9 | 4 | 2 | 5 | 1 |
| 9 | 2 | 1 | 8 | 7 | 5 | 4 | 6 | 3 |
| 2 | 6 | 9 | 7 | 5 | 8 | 1 | 3 | 4 |
| 4 | 1 | 8 | 9 | 3 | 2 | 6 | 7 | 5 |
| 7 | 5 | 3 | 1 | 4 | 6 | 9 | 2 | 8 |
| 5 | 3 | 6 | 4 | 2 | 1 | 7 | 8 | 9 |
| 1 | 9 | 2 | 3 | 8 | 7 | 5 | 4 | 6 |
| 8 | 7 | 4 | 5 | 6 | 9 | 3 | 1 | 2 |

**A120**

| 5 | 7 | 2 | 1 | 4 | 8 | 3 | 9 | 6 |
|---|---|---|---|---|---|---|---|---|
| 3 | 4 | 1 | 6 | 5 | 9 | 2 | 8 | 7 |
| 8 | 6 | 9 | 2 | 3 | 7 | 4 | 1 | 5 |
| 9 | 3 | 7 | 5 | 8 | 4 | 6 | 2 | 1 |
| 1 | 8 | 4 | 7 | 2 | 6 | 9 | 5 | 3 |
| 2 | 5 | 6 | 3 | 9 | 1 | 8 | 7 | 4 |
| 7 | 2 | 5 | 8 | 6 | 3 | 1 | 4 | 9 |
| 4 | 1 | 3 | 9 | 7 | 2 | 5 | 6 | 8 |
| 6 | 9 | 8 | 4 | 1 | 5 | 7 | 3 | 2 |

A121

| | | | | | | | | |
|---|---|---|---|---|---|---|---|---|
| 8 | 6 | 4 | 1 | 3 | 2 | 5 | 9 | 7 |
| 3 | 9 | 7 | 5 | 8 | 4 | 1 | 6 | 2 |
| 1 | 2 | 5 | 7 | 6 | 9 | 8 | 3 | 4 |
| 4 | 5 | 1 | 6 | 9 | 7 | 3 | 2 | 8 |
| 7 | 8 | 6 | 2 | 5 | 3 | 9 | 4 | 1 |
| 2 | 3 | 9 | 8 | 4 | 1 | 6 | 7 | 5 |
| 5 | 7 | 2 | 9 | 1 | 6 | 4 | 8 | 3 |
| 9 | 4 | 8 | 3 | 2 | 5 | 7 | 1 | 6 |
| 6 | 1 | 3 | 4 | 7 | 8 | 2 | 5 | 9 |

A122

| | | | | | | | | |
|---|---|---|---|---|---|---|---|---|
| 4 | 9 | 1 | 6 | 7 | 2 | 3 | 8 | 5 |
| 8 | 5 | 2 | 1 | 9 | 3 | 6 | 7 | 4 |
| 3 | 6 | 7 | 4 | 5 | 8 | 9 | 1 | 2 |
| 2 | 1 | 6 | 8 | 4 | 7 | 5 | 9 | 3 |
| 9 | 8 | 4 | 3 | 6 | 5 | 1 | 2 | 7 |
| 5 | 7 | 3 | 2 | 1 | 9 | 8 | 4 | 6 |
| 7 | 4 | 5 | 9 | 8 | 6 | 2 | 3 | 1 |
| 1 | 2 | 9 | 5 | 3 | 4 | 7 | 6 | 8 |
| 6 | 3 | 8 | 7 | 2 | 1 | 4 | 5 | 9 |

A123

| | | | | | | | | |
|---|---|---|---|---|---|---|---|---|
| 5 | 9 | 8 | 4 | 6 | 1 | 7 | 2 | 3 |
| 7 | 6 | 3 | 2 | 8 | 9 | 1 | 4 | 5 |
| 4 | 1 | 2 | 5 | 7 | 3 | 9 | 6 | 8 |
| 2 | 5 | 6 | 1 | 9 | 7 | 3 | 8 | 4 |
| 9 | 7 | 4 | 8 | 3 | 5 | 6 | 1 | 2 |
| 3 | 8 | 1 | 6 | 4 | 2 | 5 | 7 | 9 |
| 8 | 2 | 9 | 3 | 1 | 6 | 4 | 5 | 7 |
| 1 | 4 | 7 | 9 | 5 | 8 | 2 | 3 | 6 |
| 6 | 3 | 5 | 7 | 2 | 4 | 8 | 9 | 1 |

A124

| | | | | | | | | |
|---|---|---|---|---|---|---|---|---|
| 5 | 8 | 6 | 1 | 4 | 3 | 2 | 7 | 9 |
| 2 | 1 | 4 | 7 | 9 | 6 | 8 | 5 | 3 |
| 7 | 3 | 9 | 5 | 2 | 8 | 4 | 6 | 1 |
| 1 | 2 | 7 | 3 | 5 | 9 | 6 | 8 | 4 |
| 6 | 5 | 8 | 2 | 1 | 4 | 3 | 9 | 7 |
| 4 | 9 | 3 | 6 | 8 | 7 | 1 | 2 | 5 |
| 3 | 6 | 2 | 4 | 7 | 5 | 9 | 1 | 8 |
| 9 | 4 | 5 | 8 | 6 | 1 | 7 | 3 | 2 |
| 8 | 7 | 1 | 9 | 3 | 2 | 5 | 4 | 6 |

A125

| | | | | | | | | |
|---|---|---|---|---|---|---|---|---|
| 7 | 6 | 1 | 3 | 9 | 4 | 2 | 5 | 8 |
| 4 | 8 | 5 | 6 | 2 | 7 | 1 | 9 | 3 |
| 9 | 3 | 2 | 8 | 5 | 1 | 4 | 6 | 7 |
| 8 | 4 | 9 | 2 | 7 | 5 | 6 | 3 | 1 |
| 5 | 2 | 6 | 1 | 8 | 3 | 7 | 4 | 9 |
| 1 | 7 | 3 | 9 | 4 | 6 | 8 | 2 | 5 |
| 6 | 5 | 7 | 4 | 1 | 9 | 3 | 8 | 2 |
| 3 | 1 | 8 | 5 | 6 | 2 | 9 | 7 | 4 |
| 2 | 9 | 4 | 7 | 3 | 8 | 5 | 1 | 6 |

A126

| | | | | | | | | |
|---|---|---|---|---|---|---|---|---|
| 9 | 1 | 4 | 7 | 8 | 2 | 5 | 6 | 3 |
| 8 | 5 | 6 | 3 | 9 | 4 | 7 | 1 | 2 |
| 3 | 2 | 7 | 6 | 1 | 5 | 4 | 8 | 9 |
| 2 | 3 | 8 | 5 | 6 | 9 | 1 | 7 | 4 |
| 7 | 6 | 5 | 2 | 4 | 1 | 3 | 9 | 8 |
| 1 | 4 | 9 | 8 | 7 | 3 | 6 | 2 | 5 |
| 4 | 7 | 2 | 1 | 3 | 8 | 9 | 5 | 6 |
| 6 | 8 | 3 | 9 | 5 | 7 | 2 | 4 | 1 |
| 5 | 9 | 1 | 4 | 2 | 6 | 8 | 3 | 7 |

A127

| | | | | | | | | |
|---|---|---|---|---|---|---|---|---|
| 8 | 9 | 1 | 4 | 2 | 6 | 7 | 3 | 5 |
| 6 | 5 | 2 | 3 | 7 | 8 | 4 | 9 | 1 |
| 7 | 4 | 3 | 5 | 1 | 9 | 6 | 2 | 8 |
| 4 | 2 | 8 | 9 | 6 | 3 | 1 | 5 | 7 |
| 9 | 7 | 5 | 1 | 8 | 2 | 3 | 4 | 6 |
| 1 | 3 | 6 | 7 | 5 | 4 | 2 | 8 | 9 |
| 3 | 1 | 9 | 6 | 4 | 5 | 8 | 7 | 2 |
| 5 | 8 | 7 | 2 | 3 | 1 | 9 | 6 | 4 |
| 2 | 6 | 4 | 8 | 9 | 7 | 5 | 1 | 3 |

A128

| | | | | | | | | |
|---|---|---|---|---|---|---|---|---|
| 7 | 9 | 4 | 3 | 6 | 2 | 1 | 8 | 5 |
| 5 | 1 | 6 | 8 | 7 | 4 | 9 | 2 | 3 |
| 3 | 8 | 2 | 5 | 1 | 9 | 7 | 6 | 4 |
| 8 | 7 | 3 | 4 | 5 | 1 | 6 | 9 | 2 |
| 2 | 6 | 9 | 7 | 8 | 3 | 5 | 4 | 1 |
| 1 | 4 | 5 | 9 | 2 | 6 | 8 | 3 | 7 |
| 9 | 2 | 8 | 1 | 4 | 7 | 3 | 5 | 6 |
| 4 | 5 | 1 | 6 | 3 | 8 | 2 | 7 | 9 |
| 6 | 3 | 7 | 2 | 9 | 5 | 4 | 1 | 8 |

A129

| | | | | | | | | |
|---|---|---|---|---|---|---|---|---|
| 9 | 2 | 4 | 7 | 1 | 5 | 6 | 3 | 8 |
| 1 | 6 | 5 | 4 | 8 | 3 | 2 | 9 | 7 |
| 8 | 7 | 3 | 2 | 9 | 6 | 1 | 4 | 5 |
| 6 | 8 | 1 | 5 | 4 | 9 | 3 | 7 | 2 |
| 3 | 9 | 7 | 6 | 2 | 8 | 4 | 5 | 1 |
| 4 | 5 | 2 | 3 | 7 | 1 | 9 | 8 | 6 |
| 7 | 3 | 8 | 9 | 6 | 2 | 5 | 1 | 4 |
| 5 | 1 | 6 | 8 | 3 | 4 | 7 | 2 | 9 |
| 2 | 4 | 9 | 1 | 5 | 7 | 8 | 6 | 3 |

A130

| | | | | | | | | |
|---|---|---|---|---|---|---|---|---|
| 5 | 4 | 7 | 1 | 8 | 2 | 3 | 9 | 6 |
| 9 | 6 | 3 | 4 | 5 | 7 | 1 | 2 | 8 |
| 8 | 2 | 1 | 3 | 9 | 6 | 7 | 5 | 4 |
| 1 | 5 | 4 | 7 | 2 | 9 | 8 | 6 | 3 |
| 3 | 8 | 9 | 6 | 1 | 5 | 2 | 4 | 7 |
| 6 | 7 | 2 | 8 | 3 | 4 | 5 | 1 | 9 |
| 7 | 1 | 5 | 9 | 6 | 3 | 4 | 8 | 2 |
| 2 | 3 | 6 | 5 | 4 | 8 | 9 | 7 | 1 |
| 4 | 9 | 8 | 2 | 7 | 1 | 6 | 3 | 5 |

A131

| | | | | | | | | |
|---|---|---|---|---|---|---|---|---|
| 8 | 3 | 4 | 2 | 1 | 5 | 7 | 9 | 6 |
| 1 | 9 | 2 | 4 | 6 | 7 | 3 | 8 | 5 |
| 7 | 6 | 5 | 3 | 9 | 8 | 1 | 2 | 4 |
| 2 | 1 | 9 | 6 | 8 | 4 | 5 | 7 | 3 |
| 5 | 4 | 8 | 7 | 2 | 3 | 6 | 1 | 9 |
| 6 | 7 | 3 | 9 | 5 | 1 | 8 | 4 | 2 |
| 3 | 8 | 1 | 5 | 4 | 9 | 2 | 6 | 7 |
| 9 | 2 | 7 | 8 | 3 | 6 | 4 | 5 | 1 |
| 4 | 5 | 6 | 1 | 7 | 2 | 9 | 3 | 8 |

A132

| | | | | | | | | |
|---|---|---|---|---|---|---|---|---|
| 9 | 8 | 2 | 1 | 6 | 4 | 5 | 7 | 3 |
| 6 | 5 | 4 | 7 | 9 | 3 | 8 | 2 | 1 |
| 3 | 1 | 7 | 2 | 5 | 8 | 4 | 6 | 9 |
| 1 | 2 | 6 | 9 | 4 | 7 | 3 | 8 | 5 |
| 7 | 4 | 8 | 3 | 1 | 5 | 2 | 9 | 6 |
| 5 | 9 | 3 | 6 | 8 | 2 | 1 | 4 | 7 |
| 4 | 7 | 1 | 5 | 2 | 9 | 6 | 3 | 8 |
| 8 | 6 | 9 | 4 | 3 | 1 | 7 | 5 | 2 |
| 2 | 3 | 5 | 8 | 7 | 6 | 9 | 1 | 4 |

**A133**

| 9 | 7 | 2 | 5 | 1 | 8 | 4 | 3 | 6 |
|---|---|---|---|---|---|---|---|---|
| 5 | 6 | 3 | 4 | 9 | 2 | 8 | 1 | 7 |
| 8 | 1 | 4 | 6 | 7 | 3 | 5 | 2 | 9 |
| 3 | 5 | 8 | 7 | 4 | 6 | 2 | 9 | 1 |
| 4 | 9 | 7 | 1 | 2 | 5 | 6 | 8 | 3 |
| 1 | 2 | 6 | 8 | 3 | 9 | 7 | 4 | 5 |
| 6 | 3 | 5 | 2 | 8 | 1 | 9 | 7 | 4 |
| 2 | 4 | 9 | 3 | 6 | 7 | 1 | 5 | 8 |
| 7 | 8 | 1 | 9 | 5 | 4 | 3 | 6 | 2 |

**A134**

| 2 | 9 | 3 | 8 | 6 | 7 | 1 | 5 | 4 |
|---|---|---|---|---|---|---|---|---|
| 5 | 7 | 1 | 9 | 4 | 2 | 6 | 8 | 3 |
| 6 | 4 | 8 | 3 | 5 | 1 | 2 | 9 | 7 |
| 9 | 1 | 2 | 7 | 8 | 3 | 4 | 6 | 5 |
| 8 | 3 | 6 | 5 | 9 | 4 | 7 | 2 | 1 |
| 7 | 5 | 4 | 1 | 2 | 6 | 8 | 3 | 9 |
| 4 | 8 | 9 | 2 | 7 | 5 | 3 | 1 | 6 |
| 3 | 6 | 5 | 4 | 1 | 8 | 9 | 7 | 2 |
| 1 | 2 | 7 | 6 | 3 | 9 | 5 | 4 | 8 |

**A135**

| 3 | 2 | 5 | 9 | 4 | 8 | 7 | 1 | 6 |
|---|---|---|---|---|---|---|---|---|
| 4 | 6 | 1 | 2 | 3 | 7 | 9 | 5 | 8 |
| 7 | 8 | 9 | 1 | 5 | 6 | 2 | 3 | 4 |
| 8 | 7 | 2 | 5 | 6 | 3 | 4 | 9 | 1 |
| 5 | 9 | 4 | 7 | 8 | 1 | 6 | 2 | 3 |
| 6 | 1 | 3 | 4 | 9 | 2 | 8 | 7 | 5 |
| 9 | 4 | 8 | 3 | 7 | 5 | 1 | 6 | 2 |
| 1 | 3 | 7 | 6 | 2 | 4 | 5 | 8 | 9 |
| 2 | 5 | 6 | 8 | 1 | 9 | 3 | 4 | 7 |

**A136**

| 6 | 7 | 2 | 9 | 5 | 3 | 1 | 4 | 8 |
|---|---|---|---|---|---|---|---|---|
| 8 | 9 | 4 | 1 | 7 | 6 | 3 | 5 | 2 |
| 1 | 5 | 3 | 4 | 8 | 2 | 7 | 9 | 6 |
| 7 | 4 | 8 | 2 | 9 | 5 | 6 | 3 | 1 |
| 9 | 1 | 6 | 8 | 3 | 4 | 2 | 7 | 5 |
| 3 | 2 | 5 | 7 | 6 | 1 | 4 | 8 | 9 |
| 2 | 8 | 1 | 5 | 4 | 7 | 9 | 6 | 3 |
| 5 | 3 | 7 | 6 | 2 | 9 | 8 | 1 | 4 |
| 4 | 6 | 9 | 3 | 1 | 8 | 5 | 2 | 7 |

**A137**

| 4 | 8 | 3 | 1 | 6 | 7 | 5 | 2 | 9 |
|---|---|---|---|---|---|---|---|---|
| 9 | 1 | 7 | 2 | 5 | 4 | 8 | 6 | 3 |
| 2 | 6 | 5 | 8 | 9 | 3 | 4 | 7 | 1 |
| 3 | 9 | 1 | 7 | 4 | 8 | 2 | 5 | 6 |
| 7 | 4 | 2 | 6 | 1 | 5 | 9 | 3 | 8 |
| 8 | 5 | 6 | 3 | 2 | 9 | 1 | 4 | 7 |
| 1 | 2 | 8 | 4 | 3 | 6 | 7 | 9 | 5 |
| 6 | 7 | 9 | 5 | 8 | 2 | 3 | 1 | 4 |
| 5 | 3 | 4 | 9 | 7 | 1 | 6 | 8 | 2 |

**A138**

| 4 | 1 | 3 | 8 | 2 | 6 | 9 | 7 | 5 |
|---|---|---|---|---|---|---|---|---|
| 7 | 5 | 2 | 9 | 4 | 1 | 6 | 8 | 3 |
| 9 | 6 | 8 | 5 | 3 | 7 | 1 | 2 | 4 |
| 8 | 2 | 1 | 7 | 5 | 3 | 4 | 9 | 6 |
| 3 | 7 | 9 | 6 | 1 | 4 | 2 | 5 | 8 |
| 5 | 4 | 6 | 2 | 8 | 9 | 3 | 1 | 7 |
| 1 | 8 | 5 | 4 | 6 | 2 | 7 | 3 | 9 |
| 6 | 3 | 7 | 1 | 9 | 8 | 5 | 4 | 2 |
| 2 | 9 | 4 | 3 | 7 | 5 | 8 | 6 | 1 |

**A139**

| 1 | 9 | 8 | 4 | 6 | 5 | 3 | 7 | 2 |
|---|---|---|---|---|---|---|---|---|
| 7 | 2 | 3 | 8 | 9 | 1 | 4 | 5 | 6 |
| 4 | 6 | 5 | 7 | 2 | 3 | 8 | 9 | 1 |
| 8 | 4 | 7 | 6 | 3 | 2 | 9 | 1 | 5 |
| 3 | 1 | 6 | 5 | 4 | 9 | 7 | 2 | 8 |
| 2 | 5 | 9 | 1 | 8 | 7 | 6 | 3 | 4 |
| 6 | 7 | 2 | 3 | 5 | 8 | 1 | 4 | 9 |
| 9 | 8 | 1 | 2 | 7 | 4 | 5 | 6 | 3 |
| 5 | 3 | 4 | 9 | 1 | 6 | 2 | 8 | 7 |

**A140**

| 1 | 9 | 4 | 8 | 3 | 2 | 6 | 7 | 5 |
|---|---|---|---|---|---|---|---|---|
| 6 | 8 | 5 | 7 | 9 | 1 | 4 | 2 | 3 |
| 2 | 3 | 7 | 4 | 6 | 5 | 8 | 1 | 9 |
| 9 | 4 | 1 | 5 | 8 | 3 | 2 | 6 | 7 |
| 5 | 2 | 8 | 6 | 7 | 9 | 1 | 3 | 4 |
| 3 | 7 | 6 | 1 | 2 | 4 | 5 | 9 | 8 |
| 7 | 6 | 2 | 3 | 5 | 8 | 9 | 4 | 1 |
| 4 | 5 | 3 | 9 | 1 | 6 | 7 | 8 | 2 |
| 8 | 1 | 9 | 2 | 4 | 7 | 3 | 5 | 6 |

**A141**

| 7 | 3 | 8 | 1 | 5 | 6 | 4 | 9 | 2 |
|---|---|---|---|---|---|---|---|---|
| 2 | 4 | 5 | 9 | 8 | 7 | 6 | 1 | 3 |
| 9 | 6 | 1 | 4 | 3 | 2 | 8 | 5 | 7 |
| 1 | 5 | 6 | 2 | 4 | 8 | 7 | 3 | 9 |
| 8 | 7 | 9 | 6 | 1 | 3 | 2 | 4 | 5 |
| 3 | 2 | 4 | 7 | 9 | 5 | 1 | 6 | 8 |
| 5 | 8 | 7 | 3 | 6 | 4 | 9 | 2 | 1 |
| 4 | 9 | 3 | 8 | 2 | 1 | 5 | 7 | 6 |
| 6 | 1 | 2 | 5 | 7 | 9 | 3 | 8 | 4 |

**A142**

| 8 | 3 | 2 | 4 | 6 | 1 | 5 | 9 | 7 |
|---|---|---|---|---|---|---|---|---|
| 7 | 5 | 6 | 9 | 8 | 2 | 3 | 1 | 4 |
| 9 | 1 | 4 | 3 | 7 | 5 | 6 | 8 | 2 |
| 4 | 2 | 1 | 7 | 5 | 6 | 8 | 3 | 9 |
| 6 | 8 | 9 | 2 | 3 | 4 | 1 | 7 | 5 |
| 3 | 7 | 5 | 1 | 9 | 8 | 2 | 4 | 6 |
| 5 | 6 | 7 | 8 | 4 | 3 | 9 | 2 | 1 |
| 2 | 4 | 8 | 5 | 1 | 9 | 7 | 6 | 3 |
| 1 | 9 | 3 | 6 | 2 | 7 | 4 | 5 | 8 |

**A143**

| 2 | 1 | 6 | 4 | 9 | 5 | 8 | 7 | 3 |
|---|---|---|---|---|---|---|---|---|
| 4 | 3 | 8 | 2 | 7 | 6 | 1 | 5 | 9 |
| 5 | 7 | 9 | 3 | 1 | 8 | 4 | 6 | 2 |
| 9 | 5 | 7 | 6 | 2 | 4 | 3 | 8 | 1 |
| 6 | 4 | 3 | 1 | 8 | 7 | 9 | 2 | 5 |
| 1 | 8 | 2 | 5 | 3 | 9 | 7 | 4 | 6 |
| 8 | 9 | 1 | 7 | 5 | 2 | 6 | 3 | 4 |
| 7 | 6 | 5 | 9 | 4 | 3 | 2 | 1 | 8 |
| 3 | 2 | 4 | 8 | 6 | 1 | 5 | 9 | 7 |

**A144**

| 4 | 9 | 2 | 1 | 5 | 7 | 8 | 6 | 3 |
|---|---|---|---|---|---|---|---|---|
| 7 | 3 | 6 | 9 | 8 | 2 | 1 | 4 | 5 |
| 8 | 5 | 1 | 4 | 6 | 3 | 2 | 9 | 7 |
| 2 | 1 | 4 | 3 | 9 | 5 | 6 | 7 | 8 |
| 3 | 6 | 7 | 8 | 1 | 4 | 5 | 2 | 9 |
| 9 | 8 | 5 | 2 | 7 | 6 | 4 | 3 | 1 |
| 1 | 4 | 3 | 5 | 2 | 9 | 7 | 8 | 6 |
| 5 | 7 | 9 | 6 | 4 | 8 | 3 | 1 | 2 |
| 6 | 2 | 8 | 7 | 3 | 1 | 9 | 5 | 4 |

**A145**

| 6 | 3 | 7 | 9 | 2 | 4 | 1 | 5 | 8 |
|---|---|---|---|---|---|---|---|---|
| 9 | 1 | 8 | 7 | 5 | 6 | 3 | 2 | 4 |
| 2 | 5 | 4 | 1 | 3 | 8 | 7 | 9 | 6 |
| 5 | 7 | 1 | 4 | 6 | 9 | 2 | 8 | 3 |
| 8 | 4 | 6 | 3 | 1 | 2 | 9 | 7 | 5 |
| 3 | 9 | 2 | 5 | 8 | 7 | 4 | 6 | 1 |
| 1 | 6 | 5 | 2 | 7 | 3 | 8 | 4 | 9 |
| 7 | 8 | 9 | 6 | 4 | 1 | 5 | 3 | 2 |
| 4 | 2 | 3 | 8 | 9 | 5 | 6 | 1 | 7 |

**A146**

| 4 | 6 | 3 | 2 | 1 | 9 | 7 | 8 | 5 |
|---|---|---|---|---|---|---|---|---|
| 5 | 1 | 2 | 8 | 3 | 7 | 6 | 4 | 9 |
| 8 | 7 | 9 | 5 | 6 | 4 | 3 | 2 | 1 |
| 6 | 5 | 1 | 9 | 8 | 2 | 4 | 7 | 3 |
| 9 | 4 | 8 | 6 | 7 | 3 | 1 | 5 | 2 |
| 2 | 3 | 7 | 4 | 5 | 1 | 9 | 6 | 8 |
| 7 | 2 | 4 | 1 | 9 | 5 | 8 | 3 | 6 |
| 3 | 9 | 6 | 7 | 2 | 8 | 5 | 1 | 4 |
| 1 | 8 | 5 | 3 | 4 | 6 | 2 | 9 | 7 |

**A147**

| 7 | 3 | 2 | 9 | 5 | 6 | 1 | 4 | 8 |
|---|---|---|---|---|---|---|---|---|
| 9 | 5 | 8 | 2 | 1 | 4 | 6 | 7 | 3 |
| 4 | 1 | 6 | 8 | 7 | 3 | 2 | 5 | 9 |
| 2 | 7 | 3 | 1 | 8 | 5 | 9 | 6 | 4 |
| 6 | 4 | 1 | 7 | 3 | 9 | 8 | 2 | 5 |
| 8 | 9 | 5 | 6 | 4 | 2 | 3 | 1 | 7 |
| 3 | 6 | 7 | 5 | 2 | 8 | 4 | 9 | 1 |
| 5 | 2 | 4 | 3 | 9 | 1 | 7 | 8 | 6 |
| 1 | 8 | 9 | 4 | 6 | 7 | 5 | 3 | 2 |

**A148**

| 4 | 1 | 3 | 5 | 2 | 7 | 8 | 9 | 6 |
|---|---|---|---|---|---|---|---|---|
| 7 | 8 | 5 | 3 | 9 | 6 | 4 | 1 | 2 |
| 9 | 2 | 6 | 1 | 8 | 4 | 5 | 3 | 7 |
| 1 | 9 | 7 | 8 | 6 | 3 | 2 | 4 | 5 |
| 8 | 5 | 4 | 7 | 1 | 2 | 9 | 6 | 3 |
| 3 | 6 | 2 | 9 | 4 | 5 | 1 | 7 | 8 |
| 6 | 3 | 9 | 2 | 5 | 1 | 7 | 8 | 4 |
| 5 | 7 | 8 | 4 | 3 | 9 | 6 | 2 | 1 |
| 2 | 4 | 1 | 6 | 7 | 8 | 3 | 5 | 9 |

**A149**

| 6 | 2 | 1 | 4 | 7 | 8 | 9 | 5 | 3 |
|---|---|---|---|---|---|---|---|---|
| 9 | 4 | 8 | 2 | 5 | 3 | 1 | 7 | 6 |
| 5 | 7 | 3 | 9 | 6 | 1 | 4 | 8 | 2 |
| 8 | 3 | 2 | 7 | 4 | 9 | 6 | 1 | 5 |
| 7 | 1 | 5 | 6 | 3 | 2 | 8 | 9 | 4 |
| 4 | 6 | 9 | 1 | 8 | 5 | 2 | 3 | 7 |
| 3 | 5 | 6 | 8 | 9 | 4 | 7 | 2 | 1 |
| 2 | 8 | 7 | 3 | 1 | 6 | 5 | 4 | 9 |
| 1 | 9 | 4 | 5 | 2 | 7 | 3 | 6 | 8 |

**A150**

| 3 | 4 | 7 | 5 | 6 | 1 | 9 | 2 | 8 |
|---|---|---|---|---|---|---|---|---|
| 6 | 1 | 5 | 9 | 8 | 2 | 7 | 4 | 3 |
| 8 | 2 | 9 | 4 | 3 | 7 | 6 | 5 | 1 |
| 5 | 8 | 1 | 7 | 9 | 4 | 3 | 6 | 2 |
| 9 | 7 | 3 | 1 | 2 | 6 | 5 | 8 | 4 |
| 2 | 6 | 4 | 8 | 5 | 3 | 1 | 7 | 9 |
| 4 | 5 | 8 | 3 | 7 | 9 | 2 | 1 | 6 |
| 7 | 3 | 6 | 2 | 1 | 8 | 4 | 9 | 5 |
| 1 | 9 | 2 | 6 | 4 | 5 | 8 | 3 | 7 |

**A151**

| 6 | 5 | 4 | 1 | 2 | 3 | 7 | 8 | 9 |
|---|---|---|---|---|---|---|---|---|
| 3 | 2 | 8 | 9 | 5 | 7 | 1 | 4 | 6 |
| 7 | 1 | 9 | 8 | 4 | 6 | 2 | 5 | 3 |
| 4 | 3 | 1 | 6 | 7 | 2 | 5 | 9 | 8 |
| 2 | 9 | 7 | 5 | 3 | 8 | 6 | 1 | 4 |
| 5 | 8 | 6 | 4 | 1 | 9 | 3 | 7 | 2 |
| 8 | 7 | 3 | 2 | 9 | 1 | 4 | 6 | 5 |
| 1 | 6 | 5 | 3 | 8 | 4 | 9 | 2 | 7 |
| 9 | 4 | 2 | 7 | 6 | 5 | 8 | 3 | 1 |

**A152**

| 3 | 9 | 7 | 6 | 1 | 5 | 4 | 2 | 8 |
|---|---|---|---|---|---|---|---|---|
| 8 | 2 | 5 | 4 | 9 | 7 | 3 | 1 | 6 |
| 1 | 6 | 4 | 8 | 2 | 3 | 5 | 7 | 9 |
| 6 | 3 | 9 | 7 | 4 | 2 | 8 | 5 | 1 |
| 7 | 4 | 8 | 1 | 5 | 6 | 2 | 9 | 3 |
| 5 | 1 | 2 | 9 | 3 | 8 | 6 | 4 | 7 |
| 4 | 7 | 3 | 5 | 6 | 1 | 9 | 8 | 2 |
| 2 | 5 | 1 | 3 | 8 | 9 | 7 | 6 | 4 |
| 9 | 8 | 6 | 2 | 7 | 4 | 1 | 3 | 5 |

**A153**

| 1 | 8 | 7 | 3 | 9 | 6 | 4 | 5 | 2 |
|---|---|---|---|---|---|---|---|---|
| 4 | 9 | 2 | 7 | 8 | 5 | 3 | 6 | 1 |
| 5 | 6 | 3 | 1 | 4 | 2 | 7 | 9 | 8 |
| 3 | 4 | 5 | 8 | 7 | 1 | 9 | 2 | 6 |
| 9 | 2 | 8 | 6 | 5 | 3 | 1 | 4 | 7 |
| 7 | 1 | 6 | 4 | 2 | 9 | 8 | 3 | 5 |
| 2 | 5 | 1 | 9 | 3 | 8 | 6 | 7 | 4 |
| 8 | 7 | 9 | 5 | 6 | 4 | 2 | 1 | 3 |
| 6 | 3 | 4 | 2 | 1 | 7 | 5 | 8 | 9 |

**A154**

| 2 | 5 | 3 | 6 | 4 | 1 | 7 | 9 | 8 |
|---|---|---|---|---|---|---|---|---|
| 8 | 4 | 1 | 7 | 2 | 9 | 3 | 6 | 5 |
| 9 | 7 | 6 | 8 | 5 | 3 | 2 | 1 | 4 |
| 7 | 1 | 5 | 2 | 3 | 4 | 9 | 8 | 6 |
| 4 | 9 | 2 | 5 | 8 | 6 | 1 | 7 | 3 |
| 3 | 6 | 8 | 1 | 9 | 7 | 4 | 5 | 2 |
| 1 | 2 | 7 | 3 | 6 | 8 | 5 | 4 | 9 |
| 5 | 8 | 9 | 4 | 1 | 2 | 6 | 3 | 7 |
| 6 | 3 | 4 | 9 | 7 | 5 | 8 | 2 | 1 |

**A155**

| 4 | 2 | 7 | 9 | 1 | 8 | 6 | 5 | 3 |
|---|---|---|---|---|---|---|---|---|
| 6 | 8 | 1 | 3 | 5 | 7 | 2 | 4 | 9 |
| 5 | 9 | 3 | 4 | 6 | 2 | 7 | 1 | 8 |
| 2 | 6 | 9 | 7 | 8 | 5 | 1 | 3 | 4 |
| 3 | 1 | 8 | 6 | 9 | 4 | 5 | 7 | 2 |
| 7 | 5 | 4 | 2 | 3 | 1 | 9 | 8 | 6 |
| 8 | 3 | 6 | 5 | 7 | 9 | 4 | 2 | 1 |
| 9 | 7 | 2 | 1 | 4 | 3 | 8 | 6 | 5 |
| 1 | 4 | 5 | 8 | 2 | 6 | 3 | 9 | 7 |

**A156**

| 9 | 6 | 1 | 7 | 2 | 4 | 3 | 5 | 8 |
|---|---|---|---|---|---|---|---|---|
| 2 | 5 | 3 | 9 | 1 | 8 | 6 | 7 | 4 |
| 7 | 8 | 4 | 3 | 5 | 6 | 2 | 1 | 9 |
| 1 | 4 | 7 | 6 | 9 | 2 | 5 | 8 | 3 |
| 8 | 9 | 2 | 5 | 3 | 7 | 4 | 6 | 1 |
| 6 | 3 | 5 | 4 | 8 | 1 | 9 | 2 | 7 |
| 4 | 2 | 6 | 8 | 7 | 3 | 1 | 9 | 5 |
| 3 | 7 | 9 | 1 | 6 | 5 | 8 | 4 | 2 |
| 5 | 1 | 8 | 2 | 4 | 9 | 7 | 3 | 6 |

A157

| 2 | 9 | 8 | 4 | 7 | 5 | 1 | 3 | 6 |
|---|---|---|---|---|---|---|---|---|
| 1 | 5 | 7 | 8 | 3 | 6 | 9 | 4 | 2 |
| 4 | 3 | 6 | 1 | 9 | 2 | 8 | 5 | 7 |
| 5 | 2 | 1 | 9 | 6 | 3 | 4 | 7 | 8 |
| 6 | 7 | 9 | 5 | 4 | 8 | 2 | 1 | 3 |
| 3 | 8 | 4 | 7 | 2 | 1 | 5 | 6 | 9 |
| 7 | 4 | 5 | 3 | 8 | 9 | 6 | 2 | 1 |
| 9 | 1 | 2 | 6 | 5 | 7 | 3 | 8 | 4 |
| 8 | 6 | 3 | 2 | 1 | 4 | 7 | 9 | 5 |

A158

| 4 | 8 | 3 | 2 | 9 | 6 | 7 | 5 | 1 |
|---|---|---|---|---|---|---|---|---|
| 6 | 7 | 5 | 1 | 8 | 3 | 2 | 9 | 4 |
| 1 | 9 | 2 | 7 | 5 | 4 | 3 | 8 | 6 |
| 9 | 4 | 6 | 8 | 2 | 5 | 1 | 7 | 3 |
| 5 | 3 | 7 | 9 | 6 | 1 | 8 | 4 | 2 |
| 8 | 2 | 1 | 3 | 4 | 7 | 9 | 6 | 5 |
| 2 | 5 | 9 | 4 | 1 | 8 | 6 | 3 | 7 |
| 3 | 6 | 8 | 5 | 7 | 2 | 4 | 1 | 9 |
| 7 | 1 | 4 | 6 | 3 | 9 | 5 | 2 | 8 |

A159

| 7 | 3 | 5 | 4 | 8 | 2 | 1 | 6 | 9 |
|---|---|---|---|---|---|---|---|---|
| 1 | 2 | 6 | 5 | 3 | 9 | 7 | 4 | 8 |
| 9 | 4 | 8 | 6 | 1 | 7 | 3 | 2 | 5 |
| 8 | 5 | 7 | 2 | 9 | 6 | 4 | 1 | 3 |
| 2 | 1 | 4 | 3 | 5 | 8 | 6 | 9 | 7 |
| 6 | 9 | 3 | 1 | 7 | 4 | 5 | 8 | 2 |
| 4 | 8 | 1 | 7 | 2 | 3 | 9 | 5 | 6 |
| 3 | 6 | 9 | 8 | 4 | 5 | 2 | 7 | 1 |
| 5 | 7 | 2 | 9 | 6 | 1 | 8 | 3 | 4 |

A160

| 4 | 1 | 3 | 7 | 5 | 2 | 6 | 9 | 8 |
|---|---|---|---|---|---|---|---|---|
| 6 | 5 | 2 | 8 | 4 | 9 | 1 | 7 | 3 |
| 9 | 8 | 7 | 1 | 6 | 3 | 4 | 2 | 5 |
| 5 | 9 | 8 | 2 | 7 | 6 | 3 | 4 | 1 |
| 2 | 4 | 1 | 9 | 3 | 5 | 8 | 6 | 7 |
| 3 | 7 | 6 | 4 | 1 | 8 | 9 | 5 | 2 |
| 7 | 3 | 4 | 6 | 2 | 1 | 5 | 8 | 9 |
| 8 | 2 | 5 | 3 | 9 | 4 | 7 | 1 | 6 |
| 1 | 6 | 9 | 5 | 8 | 7 | 2 | 3 | 4 |

A161

| 8 | 6 | 7 | 1 | 9 | 5 | 4 | 3 | 2 |
|---|---|---|---|---|---|---|---|---|
| 5 | 3 | 2 | 4 | 7 | 6 | 1 | 9 | 8 |
| 1 | 4 | 9 | 3 | 8 | 2 | 7 | 5 | 6 |
| 2 | 7 | 6 | 8 | 5 | 4 | 3 | 1 | 9 |
| 4 | 8 | 1 | 2 | 3 | 9 | 6 | 7 | 5 |
| 9 | 5 | 3 | 7 | 6 | 1 | 2 | 8 | 4 |
| 7 | 9 | 4 | 6 | 1 | 8 | 5 | 2 | 3 |
| 3 | 2 | 5 | 9 | 4 | 7 | 8 | 6 | 1 |
| 6 | 1 | 8 | 5 | 2 | 3 | 9 | 4 | 7 |

A162

| 1 | 2 | 5 | 9 | 8 | 4 | 3 | 7 | 6 |
|---|---|---|---|---|---|---|---|---|
| 3 | 4 | 9 | 7 | 6 | 2 | 1 | 8 | 5 |
| 6 | 8 | 7 | 1 | 5 | 3 | 9 | 4 | 2 |
| 2 | 5 | 3 | 8 | 4 | 7 | 6 | 9 | 1 |
| 9 | 7 | 8 | 3 | 1 | 6 | 5 | 2 | 4 |
| 4 | 1 | 6 | 2 | 9 | 5 | 7 | 3 | 8 |
| 8 | 6 | 4 | 5 | 3 | 9 | 2 | 1 | 7 |
| 5 | 9 | 2 | 4 | 7 | 1 | 8 | 6 | 3 |
| 7 | 3 | 1 | 6 | 2 | 8 | 4 | 5 | 9 |

A163

| 6 | 3 | 4 | 1 | 2 | 9 | 8 | 7 | 5 |
|---|---|---|---|---|---|---|---|---|
| 5 | 1 | 7 | 6 | 8 | 3 | 9 | 4 | 2 |
| 8 | 9 | 2 | 4 | 5 | 7 | 6 | 1 | 3 |
| 7 | 5 | 9 | 8 | 1 | 6 | 2 | 3 | 4 |
| 1 | 6 | 8 | 2 | 3 | 4 | 7 | 5 | 9 |
| 4 | 2 | 3 | 7 | 9 | 5 | 1 | 8 | 6 |
| 2 | 4 | 6 | 3 | 7 | 1 | 5 | 9 | 8 |
| 9 | 8 | 1 | 5 | 4 | 2 | 3 | 6 | 7 |
| 3 | 7 | 5 | 9 | 6 | 8 | 4 | 2 | 1 |

A164

| 1 | 5 | 6 | 8 | 4 | 9 | 3 | 2 | 7 |
|---|---|---|---|---|---|---|---|---|
| 9 | 7 | 4 | 6 | 3 | 2 | 8 | 1 | 5 |
| 3 | 8 | 2 | 7 | 5 | 1 | 4 | 6 | 9 |
| 5 | 1 | 8 | 2 | 7 | 3 | 9 | 4 | 6 |
| 4 | 9 | 3 | 1 | 6 | 5 | 7 | 8 | 2 |
| 6 | 2 | 7 | 9 | 8 | 4 | 1 | 5 | 3 |
| 2 | 3 | 5 | 4 | 9 | 8 | 6 | 7 | 1 |
| 8 | 6 | 1 | 3 | 2 | 7 | 5 | 9 | 4 |
| 7 | 4 | 9 | 5 | 1 | 6 | 2 | 3 | 8 |

A165

| 4 | 3 | 2 | 6 | 5 | 7 | 9 | 1 | 8 |
|---|---|---|---|---|---|---|---|---|
| 5 | 8 | 7 | 1 | 9 | 2 | 6 | 3 | 4 |
| 9 | 1 | 6 | 3 | 4 | 8 | 5 | 2 | 7 |
| 2 | 4 | 1 | 9 | 7 | 3 | 8 | 5 | 6 |
| 7 | 6 | 3 | 5 | 8 | 4 | 1 | 9 | 2 |
| 8 | 5 | 9 | 2 | 6 | 1 | 4 | 7 | 3 |
| 3 | 2 | 8 | 4 | 1 | 5 | 7 | 6 | 9 |
| 1 | 9 | 4 | 7 | 2 | 6 | 3 | 8 | 5 |
| 6 | 7 | 5 | 8 | 3 | 9 | 2 | 4 | 1 |

A166

| 9 | 7 | 5 | 4 | 2 | 3 | 1 | 8 | 6 |
|---|---|---|---|---|---|---|---|---|
| 6 | 8 | 2 | 5 | 9 | 1 | 3 | 4 | 7 |
| 4 | 1 | 3 | 7 | 6 | 8 | 2 | 9 | 5 |
| 8 | 5 | 9 | 3 | 4 | 2 | 7 | 6 | 1 |
| 1 | 2 | 4 | 6 | 7 | 5 | 8 | 3 | 9 |
| 7 | 3 | 6 | 1 | 8 | 9 | 5 | 2 | 4 |
| 3 | 9 | 7 | 8 | 5 | 4 | 6 | 1 | 2 |
| 2 | 6 | 1 | 9 | 3 | 7 | 4 | 5 | 8 |
| 5 | 4 | 8 | 2 | 1 | 6 | 9 | 7 | 3 |

A167

| 6 | 1 | 5 | 8 | 2 | 9 | 4 | 7 | 3 |
|---|---|---|---|---|---|---|---|---|
| 2 | 3 | 7 | 6 | 5 | 4 | 8 | 1 | 9 |
| 4 | 8 | 9 | 7 | 3 | 1 | 5 | 2 | 6 |
| 1 | 7 | 3 | 5 | 9 | 6 | 2 | 8 | 4 |
| 8 | 2 | 6 | 1 | 4 | 7 | 3 | 9 | 5 |
| 9 | 5 | 4 | 2 | 8 | 3 | 1 | 6 | 7 |
| 3 | 9 | 1 | 4 | 6 | 2 | 7 | 5 | 8 |
| 5 | 6 | 2 | 3 | 7 | 8 | 9 | 4 | 1 |
| 7 | 4 | 8 | 9 | 1 | 5 | 6 | 3 | 2 |

A168

| 6 | 2 | 4 | 7 | 8 | 9 | 5 | 3 | 1 |
|---|---|---|---|---|---|---|---|---|
| 9 | 1 | 8 | 5 | 2 | 3 | 6 | 7 | 4 |
| 7 | 3 | 5 | 4 | 1 | 6 | 8 | 9 | 2 |
| 2 | 9 | 6 | 3 | 5 | 1 | 4 | 8 | 7 |
| 5 | 7 | 3 | 8 | 4 | 2 | 1 | 6 | 9 |
| 8 | 4 | 1 | 9 | 6 | 7 | 3 | 2 | 5 |
| 3 | 8 | 2 | 1 | 9 | 4 | 7 | 5 | 6 |
| 1 | 6 | 7 | 2 | 3 | 5 | 9 | 4 | 8 |
| 4 | 5 | 9 | 6 | 7 | 8 | 2 | 1 | 3 |

A169

| 3 | 7 | 2 | 9 | 8 | 1 | 6 | 4 | 5 |
|---|---|---|---|---|---|---|---|---|
| 4 | 1 | 6 | 7 | 3 | 5 | 2 | 9 | 8 |
| 9 | 5 | 8 | 2 | 4 | 6 | 7 | 3 | 1 |
| 2 | 4 | 5 | 8 | 6 | 9 | 1 | 7 | 3 |
| 6 | 9 | 3 | 1 | 2 | 7 | 5 | 8 | 4 |
| 1 | 8 | 7 | 3 | 5 | 4 | 9 | 6 | 2 |
| 5 | 3 | 9 | 6 | 1 | 8 | 4 | 2 | 7 |
| 8 | 6 | 1 | 4 | 7 | 2 | 3 | 5 | 9 |
| 7 | 2 | 4 | 5 | 9 | 3 | 8 | 1 | 6 |

A170

| 4 | 6 | 7 | 9 | 2 | 8 | 1 | 3 | 5 |
|---|---|---|---|---|---|---|---|---|
| 8 | 9 | 1 | 5 | 4 | 3 | 7 | 2 | 6 |
| 5 | 2 | 3 | 6 | 7 | 1 | 4 | 9 | 8 |
| 6 | 5 | 4 | 2 | 8 | 7 | 3 | 1 | 9 |
| 7 | 3 | 2 | 1 | 9 | 5 | 8 | 6 | 4 |
| 1 | 8 | 9 | 3 | 6 | 4 | 2 | 5 | 7 |
| 2 | 1 | 8 | 4 | 5 | 6 | 9 | 7 | 3 |
| 9 | 7 | 5 | 8 | 3 | 2 | 6 | 4 | 1 |
| 3 | 4 | 6 | 7 | 1 | 9 | 5 | 8 | 2 |

A171

| 7 | 4 | 8 | 3 | 5 | 9 | 1 | 2 | 6 |
|---|---|---|---|---|---|---|---|---|
| 3 | 9 | 2 | 8 | 1 | 6 | 7 | 5 | 4 |
| 5 | 1 | 6 | 4 | 2 | 7 | 9 | 8 | 3 |
| 1 | 2 | 9 | 7 | 6 | 4 | 8 | 3 | 5 |
| 6 | 3 | 7 | 5 | 8 | 2 | 4 | 1 | 9 |
| 4 | 8 | 5 | 1 | 9 | 3 | 6 | 7 | 2 |
| 2 | 6 | 3 | 9 | 7 | 8 | 5 | 4 | 1 |
| 8 | 5 | 4 | 6 | 3 | 1 | 2 | 9 | 7 |
| 9 | 7 | 1 | 2 | 4 | 5 | 3 | 6 | 8 |

A172

| 3 | 9 | 2 | 6 | 1 | 5 | 4 | 8 | 7 |
|---|---|---|---|---|---|---|---|---|
| 7 | 6 | 8 | 4 | 2 | 3 | 5 | 9 | 1 |
| 4 | 1 | 5 | 8 | 7 | 9 | 3 | 2 | 6 |
| 2 | 8 | 7 | 3 | 6 | 1 | 9 | 4 | 5 |
| 1 | 5 | 4 | 2 | 9 | 8 | 6 | 7 | 3 |
| 6 | 3 | 9 | 7 | 5 | 4 | 8 | 1 | 2 |
| 8 | 7 | 6 | 9 | 3 | 2 | 1 | 5 | 4 |
| 9 | 2 | 1 | 5 | 4 | 6 | 7 | 3 | 8 |
| 5 | 4 | 3 | 1 | 8 | 7 | 2 | 6 | 9 |

A173

| 4 | 2 | 8 | 9 | 6 | 1 | 5 | 3 | 7 |
|---|---|---|---|---|---|---|---|---|
| 5 | 1 | 7 | 4 | 3 | 2 | 8 | 9 | 6 |
| 6 | 9 | 3 | 7 | 5 | 8 | 1 | 2 | 4 |
| 2 | 8 | 6 | 1 | 4 | 9 | 7 | 5 | 3 |
| 3 | 4 | 5 | 8 | 7 | 6 | 9 | 1 | 2 |
| 9 | 7 | 1 | 3 | 2 | 5 | 6 | 4 | 8 |
| 7 | 6 | 4 | 5 | 9 | 3 | 2 | 8 | 1 |
| 8 | 3 | 9 | 2 | 1 | 7 | 4 | 6 | 5 |
| 1 | 5 | 2 | 6 | 8 | 4 | 3 | 7 | 9 |

A174

| 3 | 6 | 5 | 1 | 9 | 7 | 2 | 4 | 8 |
|---|---|---|---|---|---|---|---|---|
| 7 | 9 | 4 | 5 | 2 | 8 | 3 | 1 | 6 |
| 1 | 2 | 8 | 3 | 4 | 6 | 7 | 5 | 9 |
| 8 | 3 | 7 | 9 | 6 | 1 | 5 | 2 | 4 |
| 4 | 1 | 6 | 7 | 5 | 2 | 9 | 8 | 3 |
| 9 | 5 | 2 | 4 | 8 | 3 | 1 | 6 | 7 |
| 2 | 4 | 1 | 8 | 7 | 9 | 6 | 3 | 5 |
| 6 | 8 | 9 | 2 | 3 | 5 | 4 | 7 | 1 |
| 5 | 7 | 3 | 6 | 1 | 4 | 8 | 9 | 2 |

A175

| 3 | 7 | 9 | 6 | 4 | 2 | 8 | 1 | 5 |
|---|---|---|---|---|---|---|---|---|
| 2 | 8 | 5 | 9 | 1 | 3 | 4 | 6 | 7 |
| 6 | 1 | 4 | 7 | 5 | 8 | 2 | 3 | 9 |
| 5 | 9 | 6 | 8 | 3 | 7 | 1 | 4 | 2 |
| 4 | 2 | 8 | 1 | 6 | 9 | 7 | 5 | 3 |
| 7 | 3 | 1 | 4 | 2 | 5 | 9 | 8 | 6 |
| 8 | 5 | 2 | 3 | 7 | 4 | 6 | 9 | 1 |
| 1 | 4 | 7 | 5 | 9 | 6 | 3 | 2 | 8 |
| 9 | 6 | 3 | 2 | 8 | 1 | 5 | 7 | 4 |

A176

| 8 | 5 | 4 | 7 | 1 | 9 | 2 | 6 | 3 |
|---|---|---|---|---|---|---|---|---|
| 7 | 2 | 3 | 5 | 8 | 6 | 9 | 1 | 4 |
| 1 | 6 | 9 | 2 | 3 | 4 | 5 | 7 | 8 |
| 6 | 9 | 2 | 1 | 4 | 8 | 3 | 5 | 7 |
| 3 | 7 | 8 | 9 | 5 | 2 | 6 | 4 | 1 |
| 4 | 1 | 5 | 3 | 6 | 7 | 8 | 2 | 9 |
| 2 | 8 | 7 | 6 | 9 | 1 | 4 | 3 | 5 |
| 9 | 3 | 6 | 4 | 7 | 5 | 1 | 8 | 2 |
| 5 | 4 | 1 | 8 | 2 | 3 | 7 | 9 | 6 |

A177

| 8 | 7 | 1 | 5 | 9 | 6 | 4 | 3 | 2 |
|---|---|---|---|---|---|---|---|---|
| 4 | 9 | 6 | 3 | 8 | 2 | 1 | 7 | 5 |
| 3 | 2 | 5 | 7 | 1 | 4 | 8 | 6 | 9 |
| 2 | 5 | 3 | 1 | 4 | 7 | 9 | 8 | 6 |
| 9 | 4 | 8 | 6 | 5 | 3 | 2 | 1 | 7 |
| 6 | 1 | 7 | 9 | 2 | 8 | 3 | 5 | 4 |
| 1 | 8 | 4 | 2 | 7 | 5 | 6 | 9 | 3 |
| 5 | 3 | 9 | 4 | 6 | 1 | 7 | 2 | 8 |
| 7 | 6 | 2 | 8 | 3 | 9 | 5 | 4 | 1 |

A178

| 9 | 8 | 7 | 2 | 4 | 5 | 1 | 6 | 3 |
|---|---|---|---|---|---|---|---|---|
| 6 | 2 | 3 | 8 | 9 | 1 | 4 | 7 | 5 |
| 1 | 5 | 4 | 7 | 6 | 3 | 2 | 8 | 9 |
| 7 | 1 | 5 | 6 | 3 | 8 | 9 | 4 | 2 |
| 8 | 9 | 6 | 4 | 5 | 2 | 3 | 1 | 7 |
| 3 | 4 | 2 | 9 | 1 | 7 | 8 | 5 | 6 |
| 5 | 7 | 9 | 3 | 8 | 4 | 6 | 2 | 1 |
| 4 | 3 | 1 | 5 | 2 | 6 | 7 | 9 | 8 |
| 2 | 6 | 8 | 1 | 7 | 9 | 5 | 3 | 4 |

A179

| 4 | 2 | 6 | 8 | 5 | 9 | 3 | 1 | 7 |
|---|---|---|---|---|---|---|---|---|
| 3 | 8 | 1 | 2 | 6 | 7 | 9 | 4 | 5 |
| 7 | 5 | 9 | 3 | 1 | 4 | 6 | 2 | 8 |
| 2 | 9 | 4 | 7 | 3 | 5 | 1 | 8 | 6 |
| 1 | 7 | 8 | 9 | 2 | 6 | 5 | 3 | 4 |
| 6 | 3 | 5 | 4 | 8 | 1 | 7 | 9 | 2 |
| 8 | 1 | 3 | 5 | 7 | 2 | 4 | 6 | 9 |
| 5 | 4 | 2 | 6 | 9 | 3 | 8 | 7 | 1 |
| 9 | 6 | 7 | 1 | 4 | 8 | 2 | 5 | 3 |

A180

| 9 | 5 | 3 | 4 | 6 | 8 | 7 | 1 | 2 |
|---|---|---|---|---|---|---|---|---|
| 4 | 7 | 1 | 3 | 2 | 5 | 8 | 9 | 6 |
| 2 | 6 | 8 | 7 | 9 | 1 | 3 | 4 | 5 |
| 6 | 4 | 5 | 1 | 8 | 9 | 2 | 7 | 3 |
| 1 | 8 | 7 | 2 | 3 | 6 | 4 | 5 | 9 |
| 3 | 9 | 2 | 5 | 4 | 7 | 1 | 6 | 8 |
| 8 | 2 | 9 | 6 | 1 | 4 | 5 | 3 | 7 |
| 7 | 1 | 6 | 8 | 5 | 3 | 9 | 2 | 4 |
| 5 | 3 | 4 | 9 | 7 | 2 | 6 | 8 | 1 |

A181

| 2 | 4 | 1 | 3 | 5 | 8 | 6 | 9 | 7 |
|---|---|---|---|---|---|---|---|---|
| 7 | 9 | 5 | 2 | 6 | 1 | 8 | 3 | 4 |
| 6 | 8 | 3 | 9 | 4 | 7 | 2 | 1 | 5 |
| 3 | 2 | 6 | 1 | 9 | 4 | 7 | 5 | 8 |
| 4 | 5 | 7 | 8 | 3 | 6 | 9 | 2 | 1 |
| 8 | 1 | 9 | 7 | 2 | 5 | 4 | 6 | 3 |
| 1 | 3 | 2 | 4 | 8 | 9 | 5 | 7 | 6 |
| 5 | 7 | 4 | 6 | 1 | 2 | 3 | 8 | 9 |
| 9 | 6 | 8 | 5 | 7 | 3 | 1 | 4 | 2 |

A182

| 4 | 7 | 3 | 5 | 2 | 1 | 9 | 6 | 8 |
|---|---|---|---|---|---|---|---|---|
| 5 | 6 | 8 | 4 | 9 | 3 | 7 | 1 | 2 |
| 1 | 9 | 2 | 6 | 7 | 8 | 5 | 3 | 4 |
| 8 | 5 | 6 | 7 | 1 | 9 | 4 | 2 | 3 |
| 2 | 4 | 9 | 3 | 8 | 6 | 1 | 5 | 7 |
| 3 | 1 | 7 | 2 | 5 | 4 | 8 | 9 | 6 |
| 9 | 2 | 4 | 8 | 6 | 5 | 3 | 7 | 1 |
| 6 | 8 | 5 | 1 | 3 | 7 | 2 | 4 | 9 |
| 7 | 3 | 1 | 9 | 4 | 2 | 6 | 8 | 5 |

A183

| 5 | 2 | 8 | 7 | 1 | 3 | 6 | 9 | 4 |
|---|---|---|---|---|---|---|---|---|
| 3 | 1 | 4 | 9 | 6 | 5 | 8 | 7 | 2 |
| 6 | 7 | 9 | 8 | 2 | 4 | 1 | 5 | 3 |
| 8 | 3 | 1 | 6 | 9 | 2 | 7 | 4 | 5 |
| 4 | 5 | 7 | 1 | 3 | 8 | 2 | 6 | 9 |
| 2 | 9 | 6 | 5 | 4 | 7 | 3 | 1 | 8 |
| 9 | 8 | 3 | 4 | 7 | 1 | 5 | 2 | 6 |
| 1 | 4 | 2 | 3 | 5 | 6 | 9 | 8 | 7 |
| 7 | 6 | 5 | 2 | 8 | 9 | 4 | 3 | 1 |

A184

| 3 | 5 | 6 | 2 | 9 | 8 | 1 | 4 | 7 |
|---|---|---|---|---|---|---|---|---|
| 8 | 1 | 7 | 6 | 3 | 4 | 9 | 2 | 5 |
| 9 | 4 | 2 | 1 | 5 | 7 | 8 | 3 | 6 |
| 2 | 3 | 1 | 5 | 4 | 9 | 6 | 7 | 8 |
| 7 | 6 | 5 | 8 | 2 | 1 | 4 | 9 | 3 |
| 4 | 9 | 8 | 3 | 7 | 6 | 5 | 1 | 2 |
| 5 | 2 | 9 | 4 | 8 | 3 | 7 | 6 | 1 |
| 6 | 8 | 4 | 7 | 1 | 2 | 3 | 5 | 9 |
| 1 | 7 | 3 | 9 | 6 | 5 | 2 | 8 | 4 |

A185

| 9 | 3 | 2 | 7 | 6 | 8 | 5 | 4 | 1 |
|---|---|---|---|---|---|---|---|---|
| 1 | 8 | 7 | 5 | 3 | 4 | 2 | 9 | 6 |
| 6 | 5 | 4 | 1 | 9 | 2 | 8 | 7 | 3 |
| 4 | 9 | 8 | 2 | 1 | 5 | 6 | 3 | 7 |
| 2 | 1 | 3 | 6 | 4 | 7 | 9 | 8 | 5 |
| 5 | 7 | 6 | 9 | 8 | 3 | 1 | 2 | 4 |
| 3 | 4 | 9 | 8 | 5 | 1 | 7 | 6 | 2 |
| 7 | 6 | 5 | 3 | 2 | 9 | 4 | 1 | 8 |
| 8 | 2 | 1 | 4 | 7 | 6 | 3 | 5 | 9 |

A186

| 2 | 9 | 6 | 1 | 5 | 3 | 4 | 8 | 7 |
|---|---|---|---|---|---|---|---|---|
| 3 | 7 | 5 | 2 | 4 | 8 | 6 | 9 | 1 |
| 8 | 4 | 1 | 7 | 9 | 6 | 2 | 3 | 5 |
| 1 | 5 | 3 | 6 | 8 | 2 | 7 | 4 | 9 |
| 9 | 8 | 2 | 5 | 7 | 4 | 1 | 6 | 3 |
| 4 | 6 | 7 | 9 | 3 | 1 | 5 | 2 | 8 |
| 6 | 2 | 9 | 3 | 1 | 5 | 8 | 7 | 4 |
| 7 | 1 | 8 | 4 | 6 | 9 | 3 | 5 | 2 |
| 5 | 3 | 4 | 8 | 2 | 7 | 9 | 1 | 6 |

A187

| 4 | 9 | 1 | 8 | 5 | 2 | 7 | 3 | 6 |
|---|---|---|---|---|---|---|---|---|
| 2 | 7 | 3 | 1 | 9 | 6 | 4 | 5 | 8 |
| 8 | 5 | 6 | 4 | 3 | 7 | 1 | 2 | 9 |
| 9 | 6 | 2 | 5 | 7 | 1 | 8 | 4 | 3 |
| 3 | 1 | 5 | 6 | 4 | 8 | 9 | 7 | 2 |
| 7 | 4 | 8 | 3 | 2 | 9 | 6 | 1 | 5 |
| 5 | 8 | 4 | 7 | 6 | 3 | 2 | 9 | 1 |
| 6 | 3 | 9 | 2 | 1 | 4 | 5 | 8 | 7 |
| 1 | 2 | 7 | 9 | 8 | 5 | 3 | 6 | 4 |

A188

| 2 | 6 | 9 | 7 | 1 | 3 | 8 | 5 | 4 |
|---|---|---|---|---|---|---|---|---|
| 4 | 8 | 1 | 5 | 6 | 9 | 7 | 2 | 3 |
| 5 | 7 | 3 | 8 | 4 | 2 | 1 | 6 | 9 |
| 8 | 5 | 4 | 1 | 3 | 6 | 9 | 7 | 2 |
| 7 | 9 | 2 | 4 | 8 | 5 | 6 | 3 | 1 |
| 1 | 3 | 6 | 9 | 2 | 7 | 5 | 4 | 8 |
| 9 | 4 | 7 | 3 | 5 | 1 | 2 | 8 | 6 |
| 3 | 2 | 5 | 6 | 9 | 8 | 4 | 1 | 7 |
| 6 | 1 | 8 | 2 | 7 | 4 | 3 | 9 | 5 |

A189

| 8 | 5 | 6 | 4 | 1 | 2 | 9 | 3 | 7 |
|---|---|---|---|---|---|---|---|---|
| 1 | 3 | 4 | 5 | 9 | 7 | 2 | 8 | 6 |
| 7 | 2 | 9 | 8 | 3 | 6 | 5 | 4 | 1 |
| 3 | 9 | 5 | 6 | 8 | 4 | 7 | 1 | 2 |
| 2 | 6 | 8 | 1 | 7 | 9 | 4 | 5 | 3 |
| 4 | 7 | 1 | 3 | 2 | 5 | 8 | 6 | 9 |
| 5 | 8 | 7 | 2 | 6 | 1 | 3 | 9 | 4 |
| 9 | 1 | 3 | 7 | 4 | 8 | 6 | 2 | 5 |
| 6 | 4 | 2 | 9 | 5 | 3 | 1 | 7 | 8 |

A190

| 6 | 7 | 8 | 1 | 4 | 9 | 5 | 3 | 2 |
|---|---|---|---|---|---|---|---|---|
| 4 | 2 | 3 | 8 | 6 | 5 | 7 | 1 | 9 |
| 5 | 9 | 1 | 7 | 3 | 2 | 4 | 8 | 6 |
| 9 | 3 | 5 | 2 | 7 | 8 | 1 | 6 | 4 |
| 8 | 1 | 7 | 6 | 5 | 4 | 9 | 2 | 3 |
| 2 | 6 | 4 | 3 | 9 | 1 | 8 | 5 | 7 |
| 7 | 5 | 6 | 9 | 8 | 3 | 2 | 4 | 1 |
| 1 | 4 | 9 | 5 | 2 | 6 | 3 | 7 | 8 |
| 3 | 8 | 2 | 4 | 1 | 7 | 6 | 9 | 5 |

A191

| 3 | 2 | 5 | 8 | 1 | 9 | 7 | 6 | 4 |
|---|---|---|---|---|---|---|---|---|
| 8 | 7 | 6 | 2 | 3 | 4 | 9 | 5 | 1 |
| 9 | 1 | 4 | 5 | 6 | 7 | 8 | 3 | 2 |
| 2 | 9 | 7 | 6 | 4 | 1 | 3 | 8 | 5 |
| 6 | 4 | 8 | 3 | 7 | 5 | 1 | 2 | 9 |
| 5 | 3 | 1 | 9 | 2 | 8 | 6 | 4 | 7 |
| 1 | 5 | 3 | 7 | 8 | 2 | 4 | 9 | 6 |
| 7 | 6 | 9 | 4 | 5 | 3 | 2 | 1 | 8 |
| 4 | 8 | 2 | 1 | 9 | 6 | 5 | 7 | 3 |

A192

| 9 | 8 | 2 | 7 | 5 | 6 | 4 | 3 | 1 |
|---|---|---|---|---|---|---|---|---|
| 4 | 5 | 6 | 3 | 9 | 1 | 7 | 2 | 8 |
| 7 | 1 | 3 | 2 | 8 | 4 | 9 | 6 | 5 |
| 3 | 6 | 4 | 5 | 1 | 2 | 8 | 9 | 7 |
| 5 | 7 | 9 | 8 | 4 | 3 | 6 | 1 | 2 |
| 8 | 2 | 1 | 6 | 7 | 9 | 5 | 4 | 3 |
| 1 | 3 | 8 | 4 | 6 | 5 | 2 | 7 | 9 |
| 6 | 9 | 5 | 1 | 2 | 7 | 3 | 8 | 4 |
| 2 | 4 | 7 | 9 | 3 | 8 | 1 | 5 | 6 |

A193

| 2 | 1 | 3 | 7 | 5 | 9 | 6 | 4 | 8 |
|---|---|---|---|---|---|---|---|---|
| 4 | 5 | 9 | 8 | 1 | 6 | 7 | 3 | 2 |
| 7 | 8 | 6 | 4 | 2 | 3 | 1 | 9 | 5 |
| 8 | 9 | 2 | 3 | 4 | 1 | 5 | 7 | 6 |
| 1 | 3 | 4 | 5 | 6 | 7 | 2 | 8 | 9 |
| 6 | 7 | 5 | 9 | 8 | 2 | 3 | 1 | 4 |
| 3 | 6 | 7 | 2 | 9 | 8 | 4 | 5 | 1 |
| 9 | 4 | 1 | 6 | 3 | 5 | 8 | 2 | 7 |
| 5 | 2 | 8 | 1 | 7 | 4 | 9 | 6 | 3 |

A194

| 2 | 3 | 4 | 9 | 6 | 8 | 1 | 7 | 5 |
|---|---|---|---|---|---|---|---|---|
| 5 | 6 | 1 | 2 | 7 | 3 | 8 | 4 | 9 |
| 7 | 8 | 9 | 1 | 5 | 4 | 2 | 6 | 3 |
| 9 | 1 | 3 | 4 | 8 | 7 | 6 | 5 | 2 |
| 4 | 5 | 7 | 6 | 3 | 2 | 9 | 1 | 8 |
| 8 | 2 | 6 | 5 | 1 | 9 | 4 | 3 | 7 |
| 6 | 9 | 8 | 3 | 4 | 5 | 7 | 2 | 1 |
| 1 | 7 | 5 | 8 | 2 | 6 | 3 | 9 | 4 |
| 3 | 4 | 2 | 7 | 9 | 1 | 5 | 8 | 6 |

A195

| 1 | 8 | 9 | 2 | 3 | 7 | 4 | 5 | 6 |
|---|---|---|---|---|---|---|---|---|
| 3 | 7 | 2 | 5 | 6 | 4 | 9 | 8 | 1 |
| 6 | 4 | 5 | 9 | 1 | 8 | 7 | 2 | 3 |
| 4 | 5 | 1 | 3 | 8 | 9 | 6 | 7 | 2 |
| 9 | 2 | 8 | 6 | 7 | 1 | 5 | 3 | 4 |
| 7 | 6 | 3 | 4 | 2 | 5 | 1 | 9 | 8 |
| 5 | 3 | 7 | 1 | 4 | 2 | 8 | 6 | 9 |
| 2 | 9 | 4 | 8 | 5 | 6 | 3 | 1 | 7 |
| 8 | 1 | 6 | 7 | 9 | 3 | 2 | 4 | 5 |

A196

| 2 | 6 | 7 | 5 | 1 | 9 | 8 | 3 | 4 |
|---|---|---|---|---|---|---|---|---|
| 1 | 8 | 9 | 4 | 2 | 3 | 6 | 5 | 7 |
| 3 | 5 | 4 | 6 | 8 | 7 | 9 | 1 | 2 |
| 9 | 4 | 6 | 3 | 5 | 2 | 7 | 8 | 1 |
| 7 | 3 | 1 | 8 | 4 | 6 | 2 | 9 | 5 |
| 5 | 2 | 8 | 9 | 7 | 1 | 4 | 6 | 3 |
| 8 | 7 | 2 | 1 | 6 | 5 | 3 | 4 | 9 |
| 6 | 1 | 3 | 2 | 9 | 4 | 5 | 7 | 8 |
| 4 | 9 | 5 | 7 | 3 | 8 | 1 | 2 | 6 |

A197

| 8 | 4 | 5 | 3 | 6 | 1 | 2 | 7 | 9 |
|---|---|---|---|---|---|---|---|---|
| 1 | 2 | 6 | 7 | 9 | 5 | 8 | 3 | 4 |
| 9 | 7 | 3 | 2 | 4 | 8 | 5 | 1 | 6 |
| 6 | 5 | 2 | 1 | 7 | 9 | 4 | 8 | 3 |
| 4 | 1 | 7 | 6 | 8 | 3 | 9 | 2 | 5 |
| 3 | 8 | 9 | 4 | 5 | 2 | 7 | 6 | 1 |
| 7 | 9 | 1 | 5 | 2 | 6 | 3 | 4 | 8 |
| 2 | 3 | 8 | 9 | 1 | 4 | 6 | 5 | 7 |
| 5 | 6 | 4 | 8 | 3 | 7 | 1 | 9 | 2 |

A198

| 6 | 5 | 4 | 7 | 2 | 8 | 3 | 1 | 9 |
|---|---|---|---|---|---|---|---|---|
| 2 | 1 | 9 | 4 | 6 | 3 | 7 | 8 | 5 |
| 7 | 3 | 8 | 1 | 5 | 9 | 2 | 4 | 6 |
| 5 | 7 | 1 | 9 | 3 | 4 | 8 | 6 | 2 |
| 8 | 9 | 3 | 6 | 7 | 2 | 4 | 5 | 1 |
| 4 | 2 | 6 | 8 | 1 | 5 | 9 | 7 | 3 |
| 3 | 6 | 7 | 2 | 8 | 1 | 5 | 9 | 4 |
| 9 | 8 | 5 | 3 | 4 | 6 | 1 | 2 | 7 |
| 1 | 4 | 2 | 5 | 9 | 7 | 6 | 3 | 8 |

A199

| 2 | 3 | 7 | 4 | 1 | 5 | 8 | 9 | 6 |
|---|---|---|---|---|---|---|---|---|
| 6 | 1 | 8 | 7 | 9 | 3 | 5 | 4 | 2 |
| 4 | 5 | 9 | 2 | 8 | 6 | 1 | 7 | 3 |
| 8 | 2 | 5 | 9 | 6 | 7 | 4 | 3 | 1 |
| 9 | 7 | 1 | 3 | 5 | 4 | 2 | 6 | 8 |
| 3 | 6 | 4 | 8 | 2 | 1 | 7 | 5 | 9 |
| 5 | 8 | 6 | 1 | 7 | 9 | 3 | 2 | 4 |
| 1 | 9 | 3 | 5 | 4 | 2 | 6 | 8 | 7 |
| 7 | 4 | 2 | 6 | 3 | 8 | 9 | 1 | 5 |

A200

| 8 | 9 | 6 | 2 | 3 | 7 | 5 | 1 | 4 |
|---|---|---|---|---|---|---|---|---|
| 5 | 3 | 1 | 9 | 4 | 6 | 8 | 7 | 2 |
| 2 | 4 | 7 | 1 | 8 | 5 | 3 | 9 | 6 |
| 1 | 5 | 9 | 8 | 6 | 2 | 4 | 3 | 7 |
| 6 | 8 | 4 | 3 | 7 | 9 | 2 | 5 | 1 |
| 7 | 2 | 3 | 5 | 1 | 4 | 9 | 6 | 8 |
| 3 | 6 | 2 | 7 | 9 | 8 | 1 | 4 | 5 |
| 9 | 7 | 8 | 4 | 5 | 1 | 6 | 2 | 3 |
| 4 | 1 | 5 | 6 | 2 | 3 | 7 | 8 | 9 |

A201

| 7 | 1 | 4 | 3 | 2 | 6 | 5 | 8 | 9 |
|---|---|---|---|---|---|---|---|---|
| 6 | 2 | 3 | 8 | 5 | 9 | 4 | 7 | 1 |
| 8 | 5 | 9 | 1 | 7 | 4 | 6 | 3 | 2 |
| 9 | 6 | 2 | 7 | 1 | 5 | 8 | 4 | 3 |
| 5 | 3 | 1 | 2 | 4 | 8 | 7 | 9 | 6 |
| 4 | 7 | 8 | 9 | 6 | 3 | 2 | 1 | 5 |
| 3 | 8 | 5 | 4 | 9 | 2 | 1 | 6 | 7 |
| 1 | 4 | 6 | 5 | 3 | 7 | 9 | 2 | 8 |
| 2 | 9 | 7 | 6 | 8 | 1 | 3 | 5 | 4 |

A202

| 2 | 8 | 7 | 3 | 1 | 4 | 6 | 9 | 5 |
|---|---|---|---|---|---|---|---|---|
| 5 | 9 | 1 | 7 | 6 | 2 | 4 | 3 | 8 |
| 6 | 4 | 3 | 9 | 8 | 5 | 1 | 7 | 2 |
| 1 | 7 | 5 | 6 | 2 | 3 | 9 | 8 | 4 |
| 9 | 3 | 8 | 4 | 7 | 1 | 5 | 2 | 6 |
| 4 | 2 | 6 | 8 | 5 | 9 | 3 | 1 | 7 |
| 3 | 5 | 9 | 2 | 4 | 8 | 7 | 6 | 1 |
| 7 | 1 | 2 | 5 | 3 | 6 | 8 | 4 | 9 |
| 8 | 6 | 4 | 1 | 9 | 7 | 2 | 5 | 3 |

A203

| 4 | 7 | 5 | 3 | 1 | 8 | 2 | 6 | 9 |
|---|---|---|---|---|---|---|---|---|
| 3 | 1 | 6 | 9 | 2 | 4 | 5 | 7 | 8 |
| 9 | 2 | 8 | 7 | 5 | 6 | 1 | 4 | 3 |
| 8 | 4 | 1 | 2 | 7 | 3 | 9 | 5 | 6 |
| 2 | 5 | 9 | 4 | 6 | 1 | 8 | 3 | 7 |
| 6 | 3 | 7 | 5 | 8 | 9 | 4 | 2 | 1 |
| 7 | 9 | 3 | 8 | 4 | 2 | 6 | 1 | 5 |
| 1 | 8 | 4 | 6 | 3 | 5 | 7 | 9 | 2 |
| 5 | 6 | 2 | 1 | 9 | 7 | 3 | 8 | 4 |

A204

| 4 | 2 | 8 | 9 | 3 | 7 | 6 | 1 | 5 |
|---|---|---|---|---|---|---|---|---|
| 1 | 5 | 9 | 6 | 2 | 8 | 7 | 3 | 4 |
| 7 | 6 | 3 | 1 | 5 | 4 | 8 | 2 | 9 |
| 2 | 7 | 4 | 5 | 9 | 1 | 3 | 8 | 6 |
| 5 | 8 | 1 | 4 | 6 | 3 | 2 | 9 | 7 |
| 3 | 9 | 6 | 8 | 7 | 2 | 5 | 4 | 1 |
| 9 | 1 | 5 | 3 | 8 | 6 | 4 | 7 | 2 |
| 6 | 3 | 2 | 7 | 4 | 9 | 1 | 5 | 8 |
| 8 | 4 | 7 | 2 | 1 | 5 | 9 | 6 | 3 |

A205

| 8 | 3 | 5 | 6 | 7 | 9 | 4 | 1 | 2 |
|---|---|---|---|---|---|---|---|---|
| 2 | 9 | 1 | 8 | 3 | 4 | 5 | 7 | 6 |
| 7 | 4 | 6 | 1 | 5 | 2 | 8 | 3 | 9 |
| 1 | 7 | 3 | 9 | 8 | 5 | 6 | 2 | 4 |
| 5 | 8 | 2 | 3 | 4 | 6 | 1 | 9 | 7 |
| 9 | 6 | 4 | 2 | 1 | 7 | 3 | 8 | 5 |
| 4 | 5 | 8 | 7 | 9 | 3 | 2 | 6 | 1 |
| 6 | 1 | 9 | 5 | 2 | 8 | 7 | 4 | 3 |
| 3 | 2 | 7 | 4 | 6 | 1 | 9 | 5 | 8 |

A206

| 7 | 9 | 2 | 6 | 1 | 4 | 8 | 3 | 5 |
|---|---|---|---|---|---|---|---|---|
| 1 | 8 | 5 | 3 | 9 | 7 | 4 | 6 | 2 |
| 3 | 4 | 6 | 5 | 8 | 2 | 7 | 1 | 9 |
| 6 | 3 | 4 | 7 | 5 | 8 | 2 | 9 | 1 |
| 2 | 7 | 8 | 1 | 3 | 9 | 6 | 5 | 4 |
| 9 | 5 | 1 | 2 | 4 | 6 | 3 | 7 | 8 |
| 8 | 6 | 7 | 9 | 2 | 1 | 5 | 4 | 3 |
| 4 | 1 | 3 | 8 | 6 | 5 | 9 | 2 | 7 |
| 5 | 2 | 9 | 4 | 7 | 3 | 1 | 8 | 6 |

A207

| 3 | 1 | 5 | 7 | 9 | 6 | 2 | 8 | 4 |
|---|---|---|---|---|---|---|---|---|
| 9 | 8 | 2 | 1 | 5 | 4 | 7 | 3 | 6 |
| 7 | 4 | 6 | 8 | 3 | 2 | 5 | 9 | 1 |
| 2 | 3 | 9 | 6 | 1 | 5 | 4 | 7 | 8 |
| 8 | 6 | 4 | 3 | 2 | 7 | 1 | 5 | 9 |
| 5 | 7 | 1 | 4 | 8 | 9 | 6 | 2 | 3 |
| 1 | 2 | 7 | 9 | 4 | 3 | 8 | 6 | 5 |
| 6 | 9 | 8 | 5 | 7 | 1 | 3 | 4 | 2 |
| 4 | 5 | 3 | 2 | 6 | 8 | 9 | 1 | 7 |

A208

| 1 | 3 | 7 | 8 | 9 | 5 | 4 | 6 | 2 |
|---|---|---|---|---|---|---|---|---|
| 9 | 5 | 8 | 6 | 4 | 2 | 3 | 1 | 7 |
| 6 | 4 | 2 | 3 | 7 | 1 | 8 | 9 | 5 |
| 2 | 7 | 1 | 9 | 8 | 4 | 6 | 5 | 3 |
| 4 | 8 | 9 | 5 | 6 | 3 | 2 | 7 | 1 |
| 3 | 6 | 5 | 2 | 1 | 7 | 9 | 8 | 4 |
| 8 | 2 | 3 | 7 | 5 | 6 | 1 | 4 | 9 |
| 5 | 1 | 6 | 4 | 2 | 9 | 7 | 3 | 8 |
| 7 | 9 | 4 | 1 | 3 | 8 | 5 | 2 | 6 |

A209

| 6 | 2 | 3 | 7 | 4 | 8 | 9 | 5 | 1 |
|---|---|---|---|---|---|---|---|---|
| 1 | 5 | 8 | 9 | 6 | 2 | 7 | 4 | 3 |
| 9 | 7 | 4 | 5 | 3 | 1 | 8 | 6 | 2 |
| 5 | 9 | 2 | 4 | 8 | 3 | 6 | 1 | 7 |
| 4 | 8 | 1 | 6 | 7 | 9 | 2 | 3 | 5 |
| 7 | 3 | 6 | 1 | 2 | 5 | 4 | 9 | 8 |
| 3 | 6 | 9 | 8 | 5 | 7 | 1 | 2 | 4 |
| 8 | 4 | 5 | 2 | 1 | 6 | 3 | 7 | 9 |
| 2 | 1 | 7 | 3 | 9 | 4 | 5 | 8 | 6 |

A210

| 4 | 7 | 2 | 6 | 3 | 5 | 9 | 8 | 1 |
|---|---|---|---|---|---|---|---|---|
| 6 | 8 | 3 | 1 | 9 | 2 | 7 | 5 | 4 |
| 1 | 9 | 5 | 7 | 8 | 4 | 2 | 6 | 3 |
| 3 | 5 | 1 | 9 | 7 | 6 | 4 | 2 | 8 |
| 9 | 4 | 8 | 3 | 2 | 1 | 5 | 7 | 6 |
| 7 | 2 | 6 | 5 | 4 | 8 | 1 | 3 | 9 |
| 2 | 3 | 7 | 4 | 6 | 9 | 8 | 1 | 5 |
| 5 | 6 | 9 | 8 | 1 | 7 | 3 | 4 | 2 |
| 8 | 1 | 4 | 2 | 5 | 3 | 6 | 9 | 7 |

A211

| 3 | 1 | 4 | 6 | 7 | 5 | 2 | 8 | 9 |
|---|---|---|---|---|---|---|---|---|
| 8 | 7 | 5 | 2 | 3 | 9 | 1 | 4 | 6 |
| 6 | 9 | 2 | 1 | 4 | 8 | 5 | 3 | 7 |
| 4 | 8 | 3 | 7 | 5 | 1 | 6 | 9 | 2 |
| 2 | 6 | 7 | 8 | 9 | 3 | 4 | 5 | 1 |
| 9 | 5 | 1 | 4 | 2 | 6 | 8 | 7 | 3 |
| 5 | 2 | 9 | 3 | 1 | 4 | 7 | 6 | 8 |
| 1 | 4 | 8 | 9 | 6 | 7 | 3 | 2 | 5 |
| 7 | 3 | 6 | 5 | 8 | 2 | 9 | 1 | 4 |

A212

| 6 | 3 | 4 | 9 | 5 | 1 | 7 | 2 | 8 |
|---|---|---|---|---|---|---|---|---|
| 8 | 2 | 1 | 3 | 7 | 4 | 6 | 9 | 5 |
| 9 | 7 | 5 | 8 | 2 | 6 | 4 | 3 | 1 |
| 3 | 4 | 7 | 1 | 9 | 8 | 2 | 5 | 6 |
| 5 | 1 | 8 | 4 | 6 | 2 | 9 | 7 | 3 |
| 2 | 6 | 9 | 7 | 3 | 5 | 1 | 8 | 4 |
| 7 | 8 | 6 | 5 | 4 | 9 | 3 | 1 | 2 |
| 1 | 9 | 2 | 6 | 8 | 3 | 5 | 4 | 7 |
| 4 | 5 | 3 | 2 | 1 | 7 | 8 | 6 | 9 |

A213

| 5 | 7 | 2 | 9 | 6 | 1 | 4 | 3 | 8 |
|---|---|---|---|---|---|---|---|---|
| 3 | 9 | 6 | 2 | 8 | 4 | 7 | 1 | 5 |
| 4 | 1 | 8 | 7 | 3 | 5 | 2 | 6 | 9 |
| 1 | 8 | 3 | 6 | 4 | 9 | 5 | 7 | 2 |
| 7 | 2 | 9 | 5 | 1 | 8 | 3 | 4 | 6 |
| 6 | 5 | 4 | 3 | 2 | 7 | 9 | 8 | 1 |
| 2 | 6 | 7 | 1 | 5 | 3 | 8 | 9 | 4 |
| 8 | 3 | 1 | 4 | 9 | 2 | 6 | 5 | 7 |
| 9 | 4 | 5 | 8 | 7 | 6 | 1 | 2 | 3 |

A214

| 5 | 2 | 1 | 4 | 9 | 3 | 8 | 7 | 6 |
|---|---|---|---|---|---|---|---|---|
| 4 | 9 | 7 | 6 | 8 | 2 | 1 | 5 | 3 |
| 8 | 3 | 6 | 7 | 5 | 1 | 4 | 2 | 9 |
| 1 | 8 | 2 | 3 | 7 | 9 | 6 | 4 | 5 |
| 7 | 5 | 9 | 2 | 6 | 4 | 3 | 1 | 8 |
| 6 | 4 | 3 | 8 | 1 | 5 | 2 | 9 | 7 |
| 2 | 6 | 8 | 5 | 4 | 7 | 9 | 3 | 1 |
| 9 | 7 | 4 | 1 | 3 | 6 | 5 | 8 | 2 |
| 3 | 1 | 5 | 9 | 2 | 8 | 7 | 6 | 4 |

A215

| 2 | 9 | 6 | 5 | 7 | 1 | 4 | 3 | 8 |
|---|---|---|---|---|---|---|---|---|
| 8 | 1 | 5 | 3 | 2 | 4 | 7 | 9 | 6 |
| 3 | 4 | 7 | 6 | 8 | 9 | 2 | 1 | 5 |
| 9 | 3 | 8 | 1 | 4 | 2 | 6 | 5 | 7 |
| 4 | 5 | 1 | 7 | 3 | 6 | 8 | 2 | 9 |
| 6 | 7 | 2 | 9 | 5 | 8 | 1 | 4 | 3 |
| 7 | 6 | 9 | 2 | 1 | 5 | 3 | 8 | 4 |
| 1 | 8 | 3 | 4 | 9 | 7 | 5 | 6 | 2 |
| 5 | 2 | 4 | 8 | 6 | 3 | 9 | 7 | 1 |

A216

| 6 | 1 | 9 | 4 | 7 | 2 | 8 | 5 | 3 |
|---|---|---|---|---|---|---|---|---|
| 8 | 4 | 5 | 6 | 9 | 3 | 7 | 2 | 1 |
| 7 | 3 | 2 | 5 | 1 | 8 | 6 | 4 | 9 |
| 4 | 9 | 8 | 1 | 2 | 6 | 3 | 7 | 5 |
| 1 | 7 | 6 | 3 | 4 | 5 | 2 | 9 | 8 |
| 2 | 5 | 3 | 9 | 8 | 7 | 4 | 1 | 6 |
| 3 | 6 | 4 | 2 | 5 | 1 | 9 | 8 | 7 |
| 5 | 2 | 7 | 8 | 6 | 9 | 1 | 3 | 4 |
| 9 | 8 | 1 | 7 | 3 | 4 | 5 | 6 | 2 |

A217

| 6 | 3 | 1 | 4 | 8 | 9 | 2 | 5 | 7 |
|---|---|---|---|---|---|---|---|---|
| 4 | 2 | 5 | 7 | 3 | 6 | 9 | 1 | 8 |
| 8 | 9 | 7 | 5 | 1 | 2 | 6 | 3 | 4 |
| 1 | 5 | 8 | 2 | 9 | 3 | 4 | 7 | 6 |
| 9 | 4 | 2 | 6 | 7 | 1 | 3 | 8 | 5 |
| 3 | 7 | 6 | 8 | 5 | 4 | 1 | 2 | 9 |
| 5 | 6 | 4 | 1 | 2 | 7 | 8 | 9 | 3 |
| 7 | 1 | 3 | 9 | 4 | 8 | 5 | 6 | 2 |
| 2 | 8 | 9 | 3 | 6 | 5 | 7 | 4 | 1 |

A218

| 4 | 1 | 3 | 7 | 6 | 5 | 2 | 9 | 8 |
|---|---|---|---|---|---|---|---|---|
| 8 | 7 | 6 | 9 | 2 | 3 | 1 | 5 | 4 |
| 5 | 2 | 9 | 4 | 8 | 1 | 6 | 7 | 3 |
| 1 | 3 | 8 | 6 | 4 | 7 | 5 | 2 | 9 |
| 7 | 5 | 2 | 8 | 1 | 9 | 4 | 3 | 6 |
| 6 | 9 | 4 | 5 | 3 | 2 | 7 | 8 | 1 |
| 9 | 6 | 7 | 3 | 5 | 4 | 8 | 1 | 2 |
| 2 | 4 | 5 | 1 | 9 | 8 | 3 | 6 | 7 |
| 3 | 8 | 1 | 2 | 7 | 6 | 9 | 4 | 5 |

A219

| 9 | 5 | 3 | 4 | 8 | 1 | 6 | 7 | 2 |
|---|---|---|---|---|---|---|---|---|
| 1 | 8 | 2 | 7 | 6 | 9 | 3 | 4 | 5 |
| 7 | 6 | 4 | 5 | 2 | 3 | 8 | 1 | 9 |
| 6 | 4 | 8 | 1 | 3 | 5 | 9 | 2 | 7 |
| 3 | 1 | 9 | 8 | 7 | 2 | 5 | 6 | 4 |
| 2 | 7 | 5 | 9 | 4 | 6 | 1 | 3 | 8 |
| 5 | 3 | 6 | 2 | 9 | 4 | 7 | 8 | 1 |
| 4 | 9 | 7 | 6 | 1 | 8 | 2 | 5 | 3 |
| 8 | 2 | 1 | 3 | 5 | 7 | 4 | 9 | 6 |

A220

| 8 | 3 | 5 | 6 | 7 | 1 | 4 | 9 | 2 |
|---|---|---|---|---|---|---|---|---|
| 6 | 1 | 4 | 2 | 9 | 5 | 3 | 8 | 7 |
| 7 | 9 | 2 | 3 | 8 | 4 | 5 | 6 | 1 |
| 5 | 4 | 1 | 9 | 6 | 7 | 8 | 2 | 3 |
| 3 | 7 | 6 | 8 | 5 | 2 | 1 | 4 | 9 |
| 9 | 2 | 8 | 4 | 1 | 3 | 7 | 5 | 6 |
| 4 | 6 | 3 | 1 | 2 | 8 | 9 | 7 | 5 |
| 1 | 5 | 9 | 7 | 4 | 6 | 2 | 3 | 8 |
| 2 | 8 | 7 | 5 | 3 | 9 | 6 | 1 | 4 |

A221

| 7 | 6 | 8 | 5 | 3 | 2 | 4 | 1 | 9 |
|---|---|---|---|---|---|---|---|---|
| 3 | 5 | 2 | 4 | 1 | 9 | 7 | 6 | 8 |
| 1 | 4 | 9 | 8 | 7 | 6 | 5 | 2 | 3 |
| 5 | 3 | 7 | 1 | 2 | 4 | 8 | 9 | 6 |
| 9 | 2 | 6 | 3 | 5 | 8 | 1 | 4 | 7 |
| 8 | 1 | 4 | 6 | 9 | 7 | 3 | 5 | 2 |
| 2 | 7 | 5 | 9 | 8 | 1 | 6 | 3 | 4 |
| 6 | 9 | 3 | 7 | 4 | 5 | 2 | 8 | 1 |
| 4 | 8 | 1 | 2 | 6 | 3 | 9 | 7 | 5 |

A222

| 3 | 9 | 2 | 7 | 5 | 8 | 6 | 4 | 1 |
|---|---|---|---|---|---|---|---|---|
| 7 | 6 | 5 | 4 | 9 | 1 | 2 | 8 | 3 |
| 4 | 1 | 8 | 6 | 3 | 2 | 5 | 9 | 7 |
| 5 | 2 | 7 | 8 | 4 | 6 | 1 | 3 | 9 |
| 1 | 3 | 4 | 5 | 7 | 9 | 8 | 2 | 6 |
| 6 | 8 | 9 | 1 | 2 | 3 | 7 | 5 | 4 |
| 9 | 7 | 3 | 2 | 1 | 5 | 4 | 6 | 8 |
| 8 | 5 | 1 | 9 | 6 | 4 | 3 | 7 | 2 |
| 2 | 4 | 6 | 3 | 8 | 7 | 9 | 1 | 5 |

A223

| 3 | 9 | 2 | 6 | 4 | 8 | 5 | 1 | 7 |
|---|---|---|---|---|---|---|---|---|
| 6 | 8 | 1 | 7 | 5 | 2 | 3 | 4 | 9 |
| 5 | 4 | 7 | 3 | 1 | 9 | 6 | 2 | 8 |
| 9 | 3 | 6 | 1 | 8 | 7 | 2 | 5 | 4 |
| 4 | 2 | 8 | 5 | 9 | 6 | 1 | 7 | 3 |
| 7 | 1 | 5 | 4 | 2 | 3 | 8 | 9 | 6 |
| 2 | 7 | 3 | 9 | 6 | 1 | 4 | 8 | 5 |
| 8 | 6 | 4 | 2 | 7 | 5 | 9 | 3 | 1 |
| 1 | 5 | 9 | 8 | 3 | 4 | 7 | 6 | 2 |

A224

| 3 | 9 | 1 | 2 | 8 | 5 | 6 | 7 | 4 |
|---|---|---|---|---|---|---|---|---|
| 8 | 5 | 2 | 7 | 6 | 4 | 9 | 1 | 3 |
| 7 | 4 | 6 | 3 | 9 | 1 | 5 | 8 | 2 |
| 1 | 2 | 9 | 5 | 7 | 8 | 3 | 4 | 6 |
| 5 | 8 | 4 | 6 | 2 | 3 | 7 | 9 | 1 |
| 6 | 7 | 3 | 4 | 1 | 9 | 2 | 5 | 8 |
| 2 | 1 | 5 | 8 | 3 | 7 | 4 | 6 | 9 |
| 4 | 6 | 8 | 9 | 5 | 2 | 1 | 3 | 7 |
| 9 | 3 | 7 | 1 | 4 | 6 | 8 | 2 | 5 |

A225

| 3 | 4 | 7 | 2 | 6 | 9 | 8 | 1 | 5 |
|---|---|---|---|---|---|---|---|---|
| 6 | 5 | 9 | 8 | 1 | 3 | 4 | 2 | 7 |
| 1 | 2 | 8 | 7 | 5 | 4 | 6 | 3 | 9 |
| 4 | 9 | 2 | 1 | 8 | 5 | 3 | 7 | 6 |
| 5 | 6 | 1 | 3 | 7 | 2 | 9 | 8 | 4 |
| 7 | 8 | 3 | 9 | 4 | 6 | 1 | 5 | 2 |
| 2 | 3 | 4 | 5 | 9 | 1 | 7 | 6 | 8 |
| 9 | 7 | 5 | 6 | 3 | 8 | 2 | 4 | 1 |
| 8 | 1 | 6 | 4 | 2 | 7 | 5 | 9 | 3 |

A226

| 6 | 3 | 4 | 9 | 1 | 7 | 8 | 2 | 5 |
|---|---|---|---|---|---|---|---|---|
| 2 | 1 | 7 | 5 | 8 | 6 | 9 | 3 | 4 |
| 9 | 8 | 5 | 2 | 3 | 4 | 1 | 7 | 6 |
| 8 | 2 | 1 | 3 | 9 | 5 | 4 | 6 | 7 |
| 7 | 6 | 3 | 4 | 2 | 1 | 5 | 8 | 9 |
| 5 | 4 | 9 | 7 | 6 | 8 | 2 | 1 | 3 |
| 4 | 9 | 2 | 1 | 7 | 3 | 6 | 5 | 8 |
| 3 | 5 | 8 | 6 | 4 | 2 | 7 | 9 | 1 |
| 1 | 7 | 6 | 8 | 5 | 9 | 3 | 4 | 2 |

A227

| 1 | 8 | 9 | 5 | 4 | 6 | 3 | 7 | 2 |
|---|---|---|---|---|---|---|---|---|
| 5 | 7 | 2 | 9 | 3 | 1 | 4 | 6 | 8 |
| 4 | 3 | 6 | 2 | 8 | 7 | 9 | 1 | 5 |
| 7 | 2 | 1 | 3 | 9 | 8 | 6 | 5 | 4 |
| 8 | 9 | 3 | 4 | 6 | 5 | 1 | 2 | 7 |
| 6 | 4 | 5 | 7 | 1 | 2 | 8 | 3 | 9 |
| 2 | 6 | 8 | 1 | 5 | 4 | 7 | 9 | 3 |
| 9 | 5 | 4 | 6 | 7 | 3 | 2 | 8 | 1 |
| 3 | 1 | 7 | 8 | 2 | 9 | 5 | 4 | 6 |

A228

| 4 | 2 | 7 | 8 | 6 | 9 | 3 | 1 | 5 |
|---|---|---|---|---|---|---|---|---|
| 5 | 8 | 9 | 1 | 4 | 3 | 6 | 7 | 2 |
| 3 | 6 | 1 | 2 | 7 | 5 | 9 | 4 | 8 |
| 6 | 3 | 8 | 9 | 5 | 7 | 1 | 2 | 4 |
| 1 | 4 | 2 | 6 | 3 | 8 | 7 | 5 | 9 |
| 7 | 9 | 5 | 4 | 2 | 1 | 8 | 6 | 3 |
| 2 | 7 | 3 | 5 | 8 | 6 | 4 | 9 | 1 |
| 8 | 1 | 4 | 7 | 9 | 2 | 5 | 3 | 6 |
| 9 | 5 | 6 | 3 | 1 | 4 | 2 | 8 | 7 |

**A229**

| 5 | 4 | 7 | 2 | 3 | 1 | 6 | 8 | 9 |
|---|---|---|---|---|---|---|---|---|
| 9 | 2 | 3 | 6 | 8 | 4 | 5 | 7 | 1 |
| 1 | 6 | 8 | 5 | 7 | 9 | 4 | 3 | 2 |
| 2 | 7 | 5 | 9 | 1 | 8 | 3 | 4 | 6 |
| 8 | 1 | 9 | 3 | 4 | 6 | 7 | 2 | 5 |
| 6 | 3 | 4 | 7 | 5 | 2 | 9 | 1 | 8 |
| 4 | 5 | 2 | 1 | 6 | 3 | 8 | 9 | 7 |
| 3 | 9 | 6 | 8 | 2 | 7 | 1 | 5 | 4 |
| 7 | 8 | 1 | 4 | 9 | 5 | 2 | 6 | 3 |

**A230**

| 2 | 3 | 8 | 4 | 1 | 6 | 9 | 5 | 7 |
|---|---|---|---|---|---|---|---|---|
| 5 | 9 | 6 | 3 | 7 | 2 | 8 | 4 | 1 |
| 4 | 1 | 7 | 9 | 8 | 5 | 2 | 3 | 6 |
| 9 | 7 | 5 | 6 | 4 | 8 | 1 | 2 | 3 |
| 6 | 8 | 2 | 5 | 3 | 1 | 4 | 7 | 9 |
| 3 | 4 | 1 | 7 | 2 | 9 | 6 | 8 | 5 |
| 1 | 5 | 4 | 2 | 6 | 7 | 3 | 9 | 8 |
| 8 | 2 | 9 | 1 | 5 | 3 | 7 | 6 | 4 |
| 7 | 6 | 3 | 8 | 9 | 4 | 5 | 1 | 2 |

**A231**

| 6 | 4 | 1 | 3 | 9 | 5 | 7 | 8 | 2 |
|---|---|---|---|---|---|---|---|---|
| 5 | 7 | 8 | 1 | 6 | 2 | 4 | 3 | 9 |
| 3 | 9 | 2 | 8 | 4 | 7 | 5 | 6 | 1 |
| 4 | 2 | 7 | 9 | 3 | 6 | 1 | 5 | 8 |
| 1 | 3 | 6 | 7 | 5 | 8 | 9 | 2 | 4 |
| 8 | 5 | 9 | 4 | 2 | 1 | 6 | 7 | 3 |
| 7 | 8 | 3 | 5 | 1 | 9 | 2 | 4 | 6 |
| 2 | 1 | 5 | 6 | 8 | 4 | 3 | 9 | 7 |
| 9 | 6 | 4 | 2 | 7 | 3 | 8 | 1 | 5 |

**A232**

| 6 | 2 | 3 | 8 | 4 | 1 | 5 | 9 | 7 |
|---|---|---|---|---|---|---|---|---|
| 7 | 5 | 4 | 3 | 9 | 6 | 8 | 2 | 1 |
| 1 | 8 | 9 | 7 | 2 | 5 | 4 | 6 | 3 |
| 2 | 4 | 1 | 9 | 5 | 7 | 6 | 3 | 8 |
| 8 | 9 | 6 | 2 | 3 | 4 | 7 | 1 | 5 |
| 5 | 3 | 7 | 6 | 1 | 8 | 2 | 4 | 9 |
| 4 | 7 | 8 | 1 | 6 | 3 | 9 | 5 | 2 |
| 9 | 1 | 5 | 4 | 8 | 2 | 3 | 7 | 6 |
| 3 | 6 | 2 | 5 | 7 | 9 | 1 | 8 | 4 |

**A233**

| 7 | 1 | 9 | 3 | 2 | 4 | 8 | 5 | 6 |
|---|---|---|---|---|---|---|---|---|
| 8 | 6 | 2 | 1 | 7 | 5 | 3 | 9 | 4 |
| 5 | 3 | 4 | 9 | 8 | 6 | 2 | 7 | 1 |
| 3 | 4 | 1 | 7 | 6 | 2 | 9 | 8 | 5 |
| 2 | 8 | 7 | 5 | 9 | 1 | 6 | 4 | 3 |
| 9 | 5 | 6 | 8 | 4 | 3 | 7 | 1 | 2 |
| 4 | 9 | 3 | 2 | 1 | 8 | 5 | 6 | 7 |
| 6 | 7 | 5 | 4 | 3 | 9 | 1 | 2 | 8 |
| 1 | 2 | 8 | 6 | 5 | 7 | 4 | 3 | 9 |

**A234**

| 8 | 3 | 5 | 6 | 1 | 4 | 2 | 7 | 9 |
|---|---|---|---|---|---|---|---|---|
| 7 | 9 | 4 | 2 | 5 | 8 | 6 | 1 | 3 |
| 1 | 6 | 2 | 7 | 9 | 3 | 8 | 5 | 4 |
| 3 | 5 | 8 | 1 | 2 | 9 | 7 | 4 | 6 |
| 4 | 7 | 9 | 3 | 6 | 5 | 1 | 8 | 2 |
| 2 | 1 | 6 | 8 | 4 | 7 | 3 | 9 | 5 |
| 5 | 8 | 3 | 9 | 7 | 6 | 4 | 2 | 1 |
| 6 | 4 | 1 | 5 | 8 | 2 | 9 | 3 | 7 |
| 9 | 2 | 7 | 4 | 3 | 1 | 5 | 6 | 8 |

**A235**

| 1 | 5 | 4 | 6 | 3 | 7 | 8 | 2 | 9 |
|---|---|---|---|---|---|---|---|---|
| 9 | 3 | 7 | 8 | 2 | 5 | 1 | 6 | 4 |
| 2 | 8 | 6 | 1 | 9 | 4 | 5 | 3 | 7 |
| 5 | 4 | 9 | 3 | 7 | 2 | 6 | 1 | 8 |
| 6 | 7 | 3 | 5 | 8 | 1 | 9 | 4 | 2 |
| 8 | 2 | 1 | 9 | 4 | 6 | 3 | 7 | 5 |
| 3 | 9 | 2 | 7 | 1 | 8 | 4 | 5 | 6 |
| 7 | 1 | 5 | 4 | 6 | 9 | 2 | 8 | 3 |
| 4 | 6 | 8 | 2 | 5 | 3 | 7 | 9 | 1 |

**A236**

| 8 | 2 | 9 | 3 | 5 | 1 | 6 | 7 | 4 |
|---|---|---|---|---|---|---|---|---|
| 7 | 4 | 3 | 6 | 2 | 9 | 1 | 8 | 5 |
| 6 | 1 | 5 | 4 | 7 | 8 | 3 | 2 | 9 |
| 9 | 6 | 4 | 7 | 8 | 3 | 2 | 5 | 1 |
| 5 | 8 | 1 | 9 | 6 | 2 | 7 | 4 | 3 |
| 3 | 7 | 2 | 1 | 4 | 5 | 8 | 9 | 6 |
| 4 | 5 | 8 | 2 | 1 | 6 | 9 | 3 | 7 |
| 2 | 9 | 6 | 5 | 3 | 7 | 4 | 1 | 8 |
| 1 | 3 | 7 | 8 | 9 | 4 | 5 | 6 | 2 |

**A237**

| 9 | 3 | 5 | 4 | 7 | 1 | 2 | 6 | 8 |
|---|---|---|---|---|---|---|---|---|
| 6 | 2 | 1 | 5 | 9 | 8 | 7 | 4 | 3 |
| 7 | 4 | 8 | 3 | 6 | 2 | 5 | 1 | 9 |
| 1 | 7 | 2 | 6 | 8 | 9 | 4 | 3 | 5 |
| 3 | 9 | 6 | 1 | 5 | 4 | 8 | 7 | 2 |
| 8 | 5 | 4 | 2 | 3 | 7 | 6 | 9 | 1 |
| 5 | 6 | 9 | 8 | 4 | 3 | 1 | 2 | 7 |
| 4 | 1 | 3 | 7 | 2 | 5 | 9 | 8 | 6 |
| 2 | 8 | 7 | 9 | 1 | 6 | 3 | 5 | 4 |

**A238**

| 2 | 9 | 8 | 4 | 7 | 1 | 6 | 3 | 5 |
|---|---|---|---|---|---|---|---|---|
| 5 | 4 | 3 | 6 | 9 | 2 | 1 | 8 | 7 |
| 7 | 6 | 1 | 3 | 8 | 5 | 4 | 9 | 2 |
| 3 | 2 | 6 | 5 | 4 | 8 | 7 | 1 | 9 |
| 9 | 1 | 4 | 7 | 3 | 6 | 5 | 2 | 8 |
| 8 | 7 | 5 | 1 | 2 | 9 | 3 | 6 | 4 |
| 4 | 3 | 9 | 8 | 6 | 7 | 2 | 5 | 1 |
| 1 | 8 | 7 | 2 | 5 | 3 | 9 | 4 | 6 |
| 6 | 5 | 2 | 9 | 1 | 4 | 8 | 7 | 3 |

**A239**

| 1 | 7 | 2 | 4 | 9 | 8 | 5 | 6 | 3 |
|---|---|---|---|---|---|---|---|---|
| 4 | 3 | 8 | 6 | 5 | 2 | 9 | 1 | 7 |
| 6 | 5 | 9 | 7 | 3 | 1 | 2 | 4 | 8 |
| 7 | 4 | 3 | 2 | 8 | 5 | 6 | 9 | 1 |
| 9 | 1 | 5 | 3 | 4 | 6 | 8 | 7 | 2 |
| 8 | 2 | 6 | 9 | 1 | 7 | 4 | 3 | 5 |
| 2 | 9 | 1 | 8 | 7 | 4 | 3 | 5 | 6 |
| 3 | 6 | 7 | 5 | 2 | 9 | 1 | 8 | 4 |
| 5 | 8 | 4 | 1 | 6 | 3 | 7 | 2 | 9 |

**A240**

| 5 | 1 | 6 | 2 | 4 | 3 | 8 | 7 | 9 |
|---|---|---|---|---|---|---|---|---|
| 2 | 9 | 3 | 6 | 8 | 7 | 5 | 1 | 4 |
| 4 | 7 | 8 | 1 | 9 | 5 | 6 | 3 | 2 |
| 6 | 3 | 9 | 4 | 1 | 8 | 7 | 2 | 5 |
| 8 | 5 | 2 | 7 | 3 | 6 | 4 | 9 | 1 |
| 7 | 4 | 1 | 5 | 2 | 9 | 3 | 8 | 6 |
| 1 | 6 | 5 | 8 | 7 | 2 | 9 | 4 | 3 |
| 9 | 8 | 4 | 3 | 6 | 1 | 2 | 5 | 7 |
| 3 | 2 | 7 | 9 | 5 | 4 | 1 | 6 | 8 |

A241

| 6 | 8 | 7 | 4 | 2 | 3 | 5 | 1 | 9 |
|---|---|---|---|---|---|---|---|---|
| 2 | 1 | 4 | 9 | 5 | 8 | 6 | 7 | 3 |
| 9 | 5 | 3 | 1 | 7 | 6 | 8 | 2 | 4 |
| 7 | 9 | 2 | 8 | 6 | 1 | 3 | 4 | 5 |
| 1 | 3 | 8 | 7 | 4 | 5 | 9 | 6 | 2 |
| 4 | 6 | 5 | 2 | 3 | 9 | 1 | 8 | 7 |
| 5 | 4 | 9 | 6 | 8 | 2 | 7 | 3 | 1 |
| 8 | 7 | 1 | 3 | 9 | 4 | 2 | 5 | 6 |
| 3 | 2 | 6 | 5 | 1 | 7 | 4 | 9 | 8 |

A242

| 7 | 1 | 8 | 6 | 2 | 3 | 9 | 4 | 5 |
|---|---|---|---|---|---|---|---|---|
| 3 | 9 | 2 | 1 | 4 | 5 | 7 | 6 | 8 |
| 4 | 5 | 6 | 8 | 9 | 7 | 2 | 1 | 3 |
| 1 | 7 | 5 | 2 | 6 | 4 | 8 | 3 | 9 |
| 8 | 2 | 4 | 3 | 1 | 9 | 5 | 7 | 6 |
| 6 | 3 | 9 | 7 | 5 | 8 | 1 | 2 | 4 |
| 9 | 6 | 1 | 4 | 8 | 2 | 3 | 5 | 7 |
| 5 | 4 | 7 | 9 | 3 | 1 | 6 | 8 | 2 |
| 2 | 8 | 3 | 5 | 7 | 6 | 4 | 9 | 1 |

A243

| 9 | 7 | 4 | 8 | 6 | 1 | 3 | 5 | 2 |
|---|---|---|---|---|---|---|---|---|
| 1 | 3 | 2 | 7 | 9 | 5 | 4 | 6 | 8 |
| 6 | 8 | 5 | 2 | 3 | 4 | 9 | 7 | 1 |
| 5 | 2 | 9 | 1 | 8 | 6 | 7 | 4 | 3 |
| 3 | 1 | 6 | 4 | 7 | 2 | 8 | 9 | 5 |
| 7 | 4 | 8 | 9 | 5 | 3 | 1 | 2 | 6 |
| 4 | 9 | 1 | 5 | 2 | 8 | 6 | 3 | 7 |
| 2 | 6 | 7 | 3 | 1 | 9 | 5 | 8 | 4 |
| 8 | 5 | 3 | 6 | 4 | 7 | 2 | 1 | 9 |

A244

| 7 | 9 | 3 | 4 | 8 | 1 | 6 | 2 | 5 |
|---|---|---|---|---|---|---|---|---|
| 4 | 1 | 2 | 5 | 6 | 7 | 9 | 8 | 3 |
| 5 | 8 | 6 | 9 | 2 | 3 | 1 | 4 | 7 |
| 8 | 3 | 1 | 2 | 9 | 5 | 7 | 6 | 4 |
| 6 | 7 | 9 | 1 | 4 | 8 | 5 | 3 | 2 |
| 2 | 5 | 4 | 3 | 7 | 6 | 8 | 9 | 1 |
| 3 | 6 | 7 | 8 | 5 | 2 | 4 | 1 | 9 |
| 9 | 2 | 5 | 6 | 1 | 4 | 3 | 7 | 8 |
| 1 | 4 | 8 | 7 | 3 | 9 | 2 | 5 | 6 |

A245

| 5 | 3 | 6 | 7 | 8 | 1 | 2 | 4 | 9 |
|---|---|---|---|---|---|---|---|---|
| 2 | 4 | 8 | 9 | 3 | 6 | 1 | 7 | 5 |
| 9 | 7 | 1 | 5 | 2 | 4 | 8 | 3 | 6 |
| 4 | 8 | 7 | 1 | 6 | 5 | 3 | 9 | 2 |
| 3 | 6 | 2 | 8 | 4 | 9 | 7 | 5 | 1 |
| 1 | 5 | 9 | 2 | 7 | 3 | 4 | 6 | 8 |
| 6 | 1 | 4 | 3 | 5 | 8 | 9 | 2 | 7 |
| 7 | 9 | 3 | 6 | 1 | 2 | 5 | 8 | 4 |
| 8 | 2 | 5 | 4 | 9 | 7 | 6 | 1 | 3 |

A246

| 1 | 4 | 2 | 5 | 8 | 3 | 7 | 6 | 9 |
|---|---|---|---|---|---|---|---|---|
| 5 | 3 | 9 | 6 | 7 | 1 | 2 | 4 | 8 |
| 8 | 6 | 7 | 9 | 4 | 2 | 5 | 1 | 3 |
| 6 | 2 | 4 | 7 | 3 | 9 | 1 | 8 | 5 |
| 3 | 8 | 5 | 2 | 1 | 4 | 9 | 7 | 6 |
| 9 | 7 | 1 | 8 | 6 | 5 | 3 | 2 | 4 |
| 7 | 5 | 6 | 1 | 9 | 8 | 4 | 3 | 2 |
| 2 | 1 | 3 | 4 | 5 | 6 | 8 | 9 | 7 |
| 4 | 9 | 8 | 3 | 2 | 7 | 6 | 5 | 1 |

A247

| 3 | 9 | 5 | 8 | 6 | 2 | 7 | 1 | 4 |
|---|---|---|---|---|---|---|---|---|
| 2 | 6 | 1 | 7 | 4 | 9 | 3 | 8 | 5 |
| 4 | 8 | 7 | 1 | 5 | 3 | 9 | 6 | 2 |
| 5 | 2 | 3 | 4 | 9 | 6 | 8 | 7 | 1 |
| 9 | 7 | 8 | 5 | 2 | 1 | 6 | 4 | 3 |
| 1 | 4 | 6 | 3 | 8 | 7 | 5 | 2 | 9 |
| 6 | 5 | 9 | 2 | 7 | 4 | 1 | 3 | 8 |
| 7 | 3 | 2 | 9 | 1 | 8 | 4 | 5 | 6 |
| 8 | 1 | 4 | 6 | 3 | 5 | 2 | 9 | 7 |

A248

| 6 | 1 | 7 | 3 | 4 | 8 | 5 | 2 | 9 |
|---|---|---|---|---|---|---|---|---|
| 3 | 9 | 8 | 1 | 5 | 2 | 6 | 7 | 4 |
| 5 | 4 | 2 | 9 | 7 | 6 | 3 | 8 | 1 |
| 8 | 3 | 4 | 7 | 1 | 5 | 2 | 9 | 6 |
| 2 | 5 | 9 | 6 | 8 | 4 | 1 | 3 | 7 |
| 1 | 7 | 6 | 2 | 3 | 9 | 4 | 5 | 8 |
| 9 | 8 | 1 | 5 | 6 | 3 | 7 | 4 | 2 |
| 7 | 2 | 5 | 4 | 9 | 1 | 8 | 6 | 3 |
| 4 | 6 | 3 | 8 | 2 | 7 | 9 | 1 | 5 |

A249

| 4 | 2 | 3 | 9 | 7 | 8 | 1 | 5 | 6 |
|---|---|---|---|---|---|---|---|---|
| 6 | 1 | 9 | 5 | 4 | 3 | 7 | 8 | 2 |
| 8 | 7 | 5 | 1 | 2 | 6 | 3 | 4 | 9 |
| 9 | 3 | 1 | 4 | 8 | 2 | 6 | 7 | 5 |
| 7 | 5 | 8 | 6 | 1 | 9 | 4 | 2 | 3 |
| 2 | 4 | 6 | 3 | 5 | 7 | 8 | 9 | 1 |
| 1 | 6 | 4 | 8 | 9 | 5 | 2 | 3 | 7 |
| 5 | 8 | 2 | 7 | 3 | 1 | 9 | 6 | 4 |
| 3 | 9 | 7 | 2 | 6 | 4 | 5 | 1 | 8 |

A250

| 1 | 9 | 6 | 4 | 3 | 5 | 2 | 8 | 7 |
|---|---|---|---|---|---|---|---|---|
| 4 | 3 | 7 | 1 | 2 | 8 | 9 | 6 | 5 |
| 2 | 8 | 5 | 6 | 7 | 9 | 4 | 3 | 1 |
| 3 | 5 | 8 | 9 | 1 | 2 | 6 | 7 | 4 |
| 7 | 1 | 2 | 8 | 4 | 6 | 3 | 5 | 9 |
| 6 | 4 | 9 | 7 | 5 | 3 | 8 | 1 | 2 |
| 9 | 6 | 4 | 5 | 8 | 7 | 1 | 2 | 3 |
| 8 | 7 | 3 | 2 | 9 | 1 | 5 | 4 | 6 |
| 5 | 2 | 1 | 3 | 6 | 4 | 7 | 9 | 8 |

A251

| 6 | 4 | 7 | 5 | 9 | 3 | 2 | 1 | 8 |
|---|---|---|---|---|---|---|---|---|
| 3 | 1 | 2 | 7 | 8 | 4 | 9 | 5 | 6 |
| 5 | 8 | 9 | 1 | 6 | 2 | 4 | 3 | 7 |
| 1 | 9 | 3 | 4 | 7 | 5 | 6 | 8 | 2 |
| 2 | 5 | 8 | 6 | 3 | 9 | 7 | 4 | 1 |
| 4 | 7 | 6 | 2 | 1 | 8 | 5 | 9 | 3 |
| 9 | 2 | 1 | 8 | 5 | 6 | 3 | 7 | 4 |
| 7 | 3 | 4 | 9 | 2 | 1 | 8 | 6 | 5 |
| 8 | 6 | 5 | 3 | 4 | 7 | 1 | 2 | 9 |

A252

| 7 | 9 | 3 | 6 | 2 | 4 | 5 | 8 | 1 |
|---|---|---|---|---|---|---|---|---|
| 6 | 1 | 8 | 5 | 7 | 9 | 3 | 2 | 4 |
| 5 | 2 | 4 | 8 | 1 | 3 | 9 | 7 | 6 |
| 3 | 6 | 1 | 9 | 5 | 8 | 7 | 4 | 2 |
| 4 | 5 | 7 | 3 | 6 | 2 | 8 | 1 | 9 |
| 9 | 8 | 2 | 7 | 4 | 1 | 6 | 3 | 5 |
| 1 | 7 | 5 | 4 | 3 | 6 | 2 | 9 | 8 |
| 8 | 4 | 6 | 2 | 9 | 7 | 1 | 5 | 3 |
| 2 | 3 | 9 | 1 | 8 | 5 | 4 | 6 | 7 |

A253

| | | | | | | | | |
|---|---|---|---|---|---|---|---|---|
| 2 | 4 | 3 | 9 | 5 | 8 | 6 | 1 | 7 |
| 9 | 5 | 1 | 4 | 7 | 6 | 8 | 3 | 2 |
| 6 | 8 | 7 | 2 | 3 | 1 | 4 | 5 | 9 |
| 7 | 3 | 8 | 6 | 1 | 2 | 5 | 9 | 4 |
| 5 | 1 | 9 | 3 | 4 | 7 | 2 | 8 | 6 |
| 4 | 6 | 2 | 8 | 9 | 5 | 3 | 7 | 1 |
| 1 | 9 | 6 | 5 | 8 | 4 | 7 | 2 | 3 |
| 8 | 7 | 4 | 1 | 2 | 3 | 9 | 6 | 5 |
| 3 | 2 | 5 | 7 | 6 | 9 | 1 | 4 | 8 |

A254

| | | | | | | | | |
|---|---|---|---|---|---|---|---|---|
| 9 | 2 | 1 | 3 | 5 | 8 | 4 | 7 | 6 |
| 8 | 7 | 4 | 1 | 6 | 9 | 2 | 5 | 3 |
| 6 | 3 | 5 | 7 | 2 | 4 | 8 | 1 | 9 |
| 5 | 4 | 9 | 8 | 3 | 1 | 6 | 2 | 7 |
| 3 | 8 | 7 | 6 | 9 | 2 | 1 | 4 | 5 |
| 1 | 6 | 2 | 4 | 7 | 5 | 9 | 3 | 8 |
| 2 | 1 | 3 | 5 | 8 | 6 | 7 | 9 | 4 |
| 7 | 9 | 8 | 2 | 4 | 3 | 5 | 6 | 1 |
| 4 | 5 | 6 | 9 | 1 | 7 | 3 | 8 | 2 |

A255

| | | | | | | | | |
|---|---|---|---|---|---|---|---|---|
| 9 | 1 | 8 | 6 | 5 | 2 | 4 | 3 | 7 |
| 5 | 4 | 6 | 7 | 1 | 3 | 2 | 9 | 8 |
| 7 | 2 | 3 | 4 | 9 | 8 | 1 | 5 | 6 |
| 4 | 6 | 9 | 3 | 7 | 5 | 8 | 1 | 2 |
| 1 | 7 | 5 | 8 | 2 | 4 | 9 | 6 | 3 |
| 8 | 3 | 2 | 9 | 6 | 1 | 5 | 7 | 4 |
| 6 | 8 | 7 | 5 | 4 | 9 | 3 | 2 | 1 |
| 3 | 9 | 1 | 2 | 8 | 6 | 7 | 4 | 5 |
| 2 | 5 | 4 | 1 | 3 | 7 | 6 | 8 | 9 |

A256

| | | | | | | | | |
|---|---|---|---|---|---|---|---|---|
| 1 | 3 | 5 | 6 | 4 | 2 | 8 | 9 | 7 |
| 2 | 8 | 6 | 7 | 3 | 9 | 4 | 5 | 1 |
| 7 | 4 | 9 | 5 | 8 | 1 | 2 | 3 | 6 |
| 6 | 1 | 4 | 2 | 5 | 7 | 9 | 8 | 3 |
| 9 | 7 | 2 | 3 | 1 | 8 | 5 | 6 | 4 |
| 3 | 5 | 8 | 4 | 9 | 6 | 7 | 1 | 2 |
| 5 | 6 | 1 | 8 | 2 | 4 | 3 | 7 | 9 |
| 4 | 9 | 3 | 1 | 7 | 5 | 6 | 2 | 8 |
| 8 | 2 | 7 | 9 | 6 | 3 | 1 | 4 | 5 |

A257

| | | | | | | | | |
|---|---|---|---|---|---|---|---|---|
| 3 | 9 | 4 | 6 | 2 | 7 | 1 | 8 | 5 |
| 5 | 1 | 6 | 8 | 3 | 9 | 4 | 7 | 2 |
| 7 | 2 | 8 | 1 | 5 | 4 | 3 | 9 | 6 |
| 2 | 6 | 9 | 4 | 7 | 3 | 8 | 5 | 1 |
| 4 | 8 | 5 | 2 | 1 | 6 | 7 | 3 | 9 |
| 1 | 3 | 7 | 5 | 9 | 8 | 2 | 6 | 4 |
| 8 | 5 | 3 | 9 | 4 | 1 | 6 | 2 | 7 |
| 6 | 4 | 2 | 7 | 8 | 5 | 9 | 1 | 3 |
| 9 | 7 | 1 | 3 | 6 | 2 | 5 | 4 | 8 |

A258

| | | | | | | | | |
|---|---|---|---|---|---|---|---|---|
| 4 | 3 | 6 | 7 | 2 | 8 | 1 | 9 | 5 |
| 7 | 1 | 5 | 6 | 3 | 9 | 8 | 2 | 4 |
| 2 | 9 | 8 | 5 | 1 | 4 | 3 | 7 | 6 |
| 5 | 2 | 9 | 3 | 6 | 7 | 4 | 8 | 1 |
| 3 | 7 | 1 | 4 | 8 | 5 | 2 | 6 | 9 |
| 8 | 6 | 4 | 1 | 9 | 2 | 7 | 5 | 3 |
| 6 | 4 | 2 | 8 | 5 | 1 | 9 | 3 | 7 |
| 9 | 5 | 7 | 2 | 4 | 3 | 6 | 1 | 8 |
| 1 | 8 | 3 | 9 | 7 | 6 | 5 | 4 | 2 |

A259

| | | | | | | | | |
|---|---|---|---|---|---|---|---|---|
| 3 | 2 | 9 | 6 | 7 | 5 | 4 | 8 | 1 |
| 4 | 7 | 5 | 8 | 9 | 1 | 6 | 2 | 3 |
| 8 | 1 | 6 | 4 | 3 | 2 | 9 | 7 | 5 |
| 9 | 4 | 2 | 7 | 1 | 3 | 5 | 6 | 8 |
| 5 | 6 | 7 | 2 | 4 | 8 | 1 | 3 | 9 |
| 1 | 8 | 3 | 5 | 6 | 9 | 2 | 4 | 7 |
| 2 | 3 | 1 | 9 | 8 | 6 | 7 | 5 | 4 |
| 7 | 5 | 8 | 1 | 2 | 4 | 3 | 9 | 6 |
| 6 | 9 | 4 | 3 | 5 | 7 | 8 | 1 | 2 |

A260

| | | | | | | | | |
|---|---|---|---|---|---|---|---|---|
| 3 | 5 | 9 | 1 | 8 | 7 | 6 | 2 | 4 |
| 6 | 8 | 2 | 3 | 4 | 9 | 7 | 1 | 5 |
| 4 | 1 | 7 | 5 | 2 | 6 | 8 | 3 | 9 |
| 7 | 3 | 1 | 4 | 5 | 8 | 2 | 9 | 6 |
| 2 | 4 | 5 | 9 | 6 | 1 | 3 | 7 | 8 |
| 9 | 6 | 8 | 7 | 3 | 2 | 5 | 4 | 1 |
| 1 | 7 | 6 | 8 | 9 | 3 | 4 | 5 | 2 |
| 5 | 2 | 3 | 6 | 1 | 4 | 9 | 8 | 7 |
| 8 | 9 | 4 | 2 | 7 | 5 | 1 | 6 | 3 |

A261

| | | | | | | | | |
|---|---|---|---|---|---|---|---|---|
| 6 | 3 | 1 | 4 | 5 | 9 | 8 | 2 | 7 |
| 4 | 2 | 8 | 1 | 6 | 7 | 5 | 3 | 9 |
| 7 | 9 | 5 | 2 | 3 | 8 | 1 | 6 | 4 |
| 9 | 4 | 3 | 8 | 7 | 1 | 2 | 5 | 6 |
| 5 | 7 | 2 | 3 | 9 | 6 | 4 | 8 | 1 |
| 8 | 1 | 6 | 5 | 4 | 2 | 9 | 7 | 3 |
| 3 | 6 | 4 | 9 | 8 | 5 | 7 | 1 | 2 |
| 2 | 5 | 7 | 6 | 1 | 4 | 3 | 9 | 8 |
| 1 | 8 | 9 | 7 | 2 | 3 | 6 | 4 | 5 |

A262

| | | | | | | | | |
|---|---|---|---|---|---|---|---|---|
| 5 | 8 | 3 | 2 | 4 | 7 | 6 | 9 | 1 |
| 2 | 6 | 4 | 9 | 5 | 1 | 3 | 8 | 7 |
| 1 | 9 | 7 | 8 | 6 | 3 | 5 | 4 | 2 |
| 8 | 4 | 2 | 1 | 9 | 6 | 7 | 5 | 3 |
| 6 | 7 | 5 | 4 | 3 | 8 | 1 | 2 | 9 |
| 9 | 3 | 1 | 7 | 2 | 5 | 4 | 6 | 8 |
| 4 | 5 | 9 | 3 | 7 | 2 | 8 | 1 | 6 |
| 7 | 2 | 8 | 6 | 1 | 4 | 9 | 3 | 5 |
| 3 | 1 | 6 | 5 | 8 | 9 | 2 | 7 | 4 |

A263

| | | | | | | | | |
|---|---|---|---|---|---|---|---|---|
| 3 | 7 | 1 | 4 | 2 | 5 | 8 | 9 | 6 |
| 6 | 2 | 5 | 9 | 7 | 8 | 3 | 1 | 4 |
| 9 | 4 | 8 | 1 | 3 | 6 | 7 | 2 | 5 |
| 5 | 8 | 7 | 2 | 9 | 1 | 4 | 6 | 3 |
| 4 | 9 | 6 | 7 | 5 | 3 | 1 | 8 | 2 |
| 1 | 3 | 2 | 6 | 8 | 4 | 5 | 7 | 9 |
| 2 | 1 | 9 | 3 | 4 | 7 | 6 | 5 | 8 |
| 7 | 5 | 3 | 8 | 6 | 2 | 9 | 4 | 1 |
| 8 | 6 | 4 | 5 | 1 | 9 | 2 | 3 | 7 |

A264

| | | | | | | | | |
|---|---|---|---|---|---|---|---|---|
| 8 | 7 | 5 | 4 | 1 | 3 | 6 | 2 | 9 |
| 9 | 6 | 3 | 8 | 5 | 2 | 1 | 7 | 4 |
| 4 | 2 | 1 | 6 | 7 | 9 | 5 | 3 | 8 |
| 6 | 1 | 8 | 7 | 4 | 5 | 3 | 9 | 2 |
| 5 | 3 | 2 | 9 | 6 | 8 | 4 | 1 | 7 |
| 7 | 9 | 4 | 2 | 3 | 1 | 8 | 5 | 6 |
| 1 | 8 | 9 | 3 | 2 | 4 | 7 | 6 | 5 |
| 2 | 5 | 6 | 1 | 8 | 7 | 9 | 4 | 3 |
| 3 | 4 | 7 | 5 | 9 | 6 | 2 | 8 | 1 |

A265

| | | | | | | | | |
|---|---|---|---|---|---|---|---|---|
| 3 | 6 | 1 | 7 | 8 | 9 | 2 | 5 | 4 |
| 8 | 7 | 5 | 2 | 4 | 3 | 9 | 6 | 1 |
| 9 | 2 | 4 | 6 | 1 | 5 | 8 | 3 | 7 |
| 2 | 9 | 7 | 1 | 3 | 8 | 6 | 4 | 5 |
| 5 | 3 | 8 | 9 | 6 | 4 | 1 | 7 | 2 |
| 4 | 1 | 6 | 5 | 7 | 2 | 3 | 8 | 9 |
| 1 | 5 | 3 | 8 | 2 | 7 | 4 | 9 | 6 |
| 7 | 8 | 2 | 4 | 9 | 6 | 5 | 1 | 3 |
| 6 | 4 | 9 | 3 | 5 | 1 | 7 | 2 | 8 |

A266

| | | | | | | | | |
|---|---|---|---|---|---|---|---|---|
| 9 | 6 | 1 | 8 | 4 | 5 | 2 | 7 | 3 |
| 8 | 2 | 5 | 3 | 7 | 6 | 4 | 1 | 9 |
| 3 | 7 | 4 | 1 | 2 | 9 | 6 | 8 | 5 |
| 2 | 4 | 3 | 9 | 1 | 7 | 5 | 6 | 8 |
| 5 | 1 | 7 | 6 | 8 | 2 | 3 | 9 | 4 |
| 6 | 8 | 9 | 5 | 3 | 4 | 7 | 2 | 1 |
| 4 | 5 | 6 | 7 | 9 | 8 | 1 | 3 | 2 |
| 1 | 9 | 2 | 4 | 6 | 3 | 8 | 5 | 7 |
| 7 | 3 | 8 | 2 | 5 | 1 | 9 | 4 | 6 |

A267

| | | | | | | | | |
|---|---|---|---|---|---|---|---|---|
| 2 | 8 | 9 | 5 | 4 | 6 | 7 | 3 | 1 |
| 7 | 1 | 4 | 3 | 2 | 8 | 6 | 9 | 5 |
| 6 | 3 | 5 | 1 | 9 | 7 | 2 | 8 | 4 |
| 3 | 2 | 1 | 9 | 6 | 4 | 8 | 5 | 7 |
| 8 | 5 | 7 | 2 | 3 | 1 | 4 | 6 | 9 |
| 9 | 4 | 6 | 7 | 8 | 5 | 1 | 2 | 3 |
| 5 | 6 | 3 | 4 | 1 | 2 | 9 | 7 | 8 |
| 4 | 7 | 2 | 8 | 5 | 9 | 3 | 1 | 6 |
| 1 | 9 | 8 | 6 | 7 | 3 | 5 | 4 | 2 |

A268

| | | | | | | | | |
|---|---|---|---|---|---|---|---|---|
| 6 | 7 | 9 | 2 | 1 | 8 | 3 | 5 | 4 |
| 3 | 8 | 4 | 9 | 7 | 5 | 2 | 1 | 6 |
| 2 | 5 | 1 | 4 | 3 | 6 | 8 | 7 | 9 |
| 4 | 3 | 6 | 8 | 2 | 1 | 5 | 9 | 7 |
| 5 | 9 | 2 | 7 | 6 | 3 | 4 | 8 | 1 |
| 7 | 1 | 8 | 5 | 4 | 9 | 6 | 2 | 3 |
| 9 | 4 | 5 | 6 | 8 | 7 | 1 | 3 | 2 |
| 1 | 6 | 7 | 3 | 5 | 2 | 9 | 4 | 8 |
| 8 | 2 | 3 | 1 | 9 | 4 | 7 | 6 | 5 |

A269

| | | | | | | | | |
|---|---|---|---|---|---|---|---|---|
| 4 | 2 | 5 | 9 | 1 | 7 | 3 | 6 | 8 |
| 7 | 1 | 6 | 3 | 5 | 8 | 2 | 9 | 4 |
| 9 | 8 | 3 | 2 | 6 | 4 | 5 | 7 | 1 |
| 6 | 5 | 7 | 1 | 8 | 2 | 4 | 3 | 9 |
| 2 | 4 | 1 | 6 | 3 | 9 | 8 | 5 | 7 |
| 3 | 9 | 8 | 7 | 4 | 5 | 6 | 1 | 2 |
| 8 | 7 | 9 | 5 | 2 | 3 | 1 | 4 | 6 |
| 1 | 3 | 4 | 8 | 9 | 6 | 7 | 2 | 5 |
| 5 | 6 | 2 | 4 | 7 | 1 | 9 | 8 | 3 |

A270

| | | | | | | | | |
|---|---|---|---|---|---|---|---|---|
| 8 | 9 | 1 | 6 | 2 | 3 | 7 | 5 | 4 |
| 2 | 5 | 3 | 8 | 7 | 4 | 1 | 6 | 9 |
| 4 | 7 | 6 | 1 | 9 | 5 | 2 | 8 | 3 |
| 9 | 3 | 7 | 5 | 1 | 6 | 8 | 4 | 2 |
| 5 | 8 | 2 | 9 | 4 | 7 | 6 | 3 | 1 |
| 6 | 1 | 4 | 3 | 8 | 2 | 5 | 9 | 7 |
| 3 | 2 | 8 | 4 | 5 | 1 | 9 | 7 | 6 |
| 7 | 6 | 5 | 2 | 3 | 9 | 4 | 1 | 8 |
| 1 | 4 | 9 | 7 | 6 | 8 | 3 | 2 | 5 |

A271

| | | | | | | | | |
|---|---|---|---|---|---|---|---|---|
| 3 | 4 | 9 | 2 | 6 | 5 | 8 | 7 | 1 |
| 8 | 2 | 1 | 9 | 7 | 3 | 4 | 5 | 6 |
| 7 | 6 | 5 | 4 | 8 | 1 | 9 | 3 | 2 |
| 6 | 1 | 4 | 3 | 5 | 7 | 2 | 9 | 8 |
| 9 | 8 | 7 | 1 | 2 | 6 | 3 | 4 | 5 |
| 5 | 3 | 2 | 8 | 9 | 4 | 6 | 1 | 7 |
| 4 | 9 | 6 | 5 | 1 | 2 | 7 | 8 | 3 |
| 2 | 5 | 3 | 7 | 4 | 8 | 1 | 6 | 9 |
| 1 | 7 | 8 | 6 | 3 | 9 | 5 | 2 | 4 |

A272

| | | | | | | | | |
|---|---|---|---|---|---|---|---|---|
| 2 | 8 | 3 | 6 | 9 | 1 | 4 | 7 | 5 |
| 5 | 1 | 9 | 2 | 4 | 7 | 8 | 6 | 3 |
| 7 | 4 | 6 | 3 | 8 | 5 | 2 | 1 | 9 |
| 3 | 5 | 1 | 8 | 7 | 2 | 9 | 4 | 6 |
| 6 | 7 | 4 | 9 | 1 | 3 | 5 | 8 | 2 |
| 9 | 2 | 8 | 4 | 5 | 6 | 1 | 3 | 7 |
| 1 | 3 | 2 | 5 | 6 | 4 | 7 | 9 | 8 |
| 4 | 9 | 5 | 7 | 3 | 8 | 6 | 2 | 1 |
| 8 | 6 | 7 | 1 | 2 | 9 | 3 | 5 | 4 |

A273

| | | | | | | | | |
|---|---|---|---|---|---|---|---|---|
| 3 | 7 | 6 | 8 | 5 | 9 | 1 | 4 | 2 |
| 8 | 5 | 2 | 4 | 3 | 1 | 9 | 6 | 7 |
| 4 | 9 | 1 | 6 | 7 | 2 | 3 | 5 | 8 |
| 6 | 3 | 5 | 9 | 1 | 7 | 2 | 8 | 4 |
| 1 | 4 | 8 | 2 | 6 | 5 | 7 | 3 | 9 |
| 7 | 2 | 9 | 3 | 4 | 8 | 5 | 1 | 6 |
| 5 | 6 | 7 | 1 | 9 | 4 | 8 | 2 | 3 |
| 2 | 1 | 4 | 7 | 8 | 3 | 6 | 9 | 5 |
| 9 | 8 | 3 | 5 | 2 | 6 | 4 | 7 | 1 |

A274

| | | | | | | | | |
|---|---|---|---|---|---|---|---|---|
| 6 | 9 | 8 | 4 | 5 | 2 | 1 | 7 | 3 |
| 3 | 5 | 7 | 8 | 9 | 1 | 2 | 6 | 4 |
| 2 | 1 | 4 | 3 | 6 | 7 | 9 | 5 | 8 |
| 9 | 6 | 5 | 1 | 4 | 8 | 7 | 3 | 2 |
| 7 | 8 | 1 | 6 | 2 | 3 | 5 | 4 | 9 |
| 4 | 2 | 3 | 5 | 7 | 9 | 6 | 8 | 1 |
| 1 | 4 | 6 | 2 | 8 | 5 | 3 | 9 | 7 |
| 8 | 7 | 2 | 9 | 3 | 6 | 4 | 1 | 5 |
| 5 | 3 | 9 | 7 | 1 | 4 | 8 | 2 | 6 |

A275

| | | | | | | | | |
|---|---|---|---|---|---|---|---|---|
| 7 | 9 | 5 | 2 | 6 | 8 | 4 | 1 | 3 |
| 6 | 4 | 2 | 1 | 7 | 3 | 8 | 5 | 9 |
| 1 | 3 | 8 | 5 | 9 | 4 | 6 | 7 | 2 |
| 2 | 7 | 6 | 8 | 1 | 9 | 5 | 3 | 4 |
| 8 | 5 | 4 | 3 | 2 | 6 | 7 | 9 | 1 |
| 9 | 1 | 3 | 4 | 5 | 7 | 2 | 8 | 6 |
| 5 | 8 | 9 | 6 | 4 | 1 | 3 | 2 | 7 |
| 3 | 6 | 1 | 7 | 8 | 2 | 9 | 4 | 5 |
| 4 | 2 | 7 | 9 | 3 | 5 | 1 | 6 | 8 |

A276

| | | | | | | | | |
|---|---|---|---|---|---|---|---|---|
| 5 | 9 | 3 | 4 | 2 | 8 | 7 | 6 | 1 |
| 7 | 1 | 8 | 6 | 9 | 5 | 3 | 2 | 4 |
| 2 | 6 | 4 | 7 | 3 | 1 | 8 | 5 | 9 |
| 1 | 3 | 2 | 9 | 8 | 6 | 5 | 4 | 7 |
| 6 | 7 | 5 | 3 | 1 | 4 | 2 | 9 | 8 |
| 8 | 4 | 9 | 5 | 7 | 2 | 1 | 3 | 6 |
| 4 | 2 | 6 | 8 | 5 | 7 | 9 | 1 | 3 |
| 9 | 5 | 7 | 1 | 6 | 3 | 4 | 8 | 2 |
| 3 | 8 | 1 | 2 | 4 | 9 | 6 | 7 | 5 |

**A277**

| 8 | 2 | 6 | 1 | 5 | 9 | 3 | 7 | 4 |
|---|---|---|---|---|---|---|---|---|
| 4 | 5 | 7 | 2 | 6 | 3 | 9 | 1 | 8 |
| 3 | 9 | 1 | 4 | 7 | 8 | 6 | 2 | 5 |
| 6 | 8 | 5 | 7 | 9 | 1 | 2 | 4 | 3 |
| 9 | 4 | 2 | 8 | 3 | 5 | 1 | 6 | 7 |
| 1 | 7 | 3 | 6 | 2 | 4 | 5 | 8 | 9 |
| 2 | 6 | 9 | 5 | 8 | 7 | 4 | 3 | 1 |
| 5 | 1 | 8 | 3 | 4 | 6 | 7 | 9 | 2 |
| 7 | 3 | 4 | 9 | 1 | 2 | 8 | 5 | 6 |

**A278**

| 7 | 8 | 2 | 3 | 5 | 4 | 9 | 6 | 1 |
|---|---|---|---|---|---|---|---|---|
| 9 | 6 | 4 | 8 | 7 | 1 | 3 | 5 | 2 |
| 3 | 1 | 5 | 9 | 2 | 6 | 7 | 8 | 4 |
| 8 | 7 | 1 | 6 | 3 | 9 | 4 | 2 | 5 |
| 4 | 5 | 6 | 2 | 8 | 7 | 1 | 3 | 9 |
| 2 | 9 | 3 | 4 | 1 | 5 | 6 | 7 | 8 |
| 1 | 3 | 7 | 5 | 4 | 8 | 2 | 9 | 6 |
| 5 | 4 | 9 | 7 | 6 | 2 | 8 | 1 | 3 |
| 6 | 2 | 8 | 1 | 9 | 3 | 5 | 4 | 7 |

**A279**

| 2 | 1 | 6 | 9 | 3 | 4 | 7 | 8 | 5 |
|---|---|---|---|---|---|---|---|---|
| 3 | 7 | 4 | 1 | 8 | 5 | 6 | 9 | 2 |
| 5 | 9 | 8 | 6 | 2 | 7 | 1 | 4 | 3 |
| 4 | 8 | 5 | 2 | 1 | 6 | 9 | 3 | 7 |
| 9 | 6 | 7 | 4 | 5 | 3 | 2 | 1 | 8 |
| 1 | 3 | 2 | 7 | 9 | 8 | 4 | 5 | 6 |
| 6 | 4 | 3 | 5 | 7 | 9 | 8 | 2 | 1 |
| 7 | 5 | 1 | 8 | 4 | 2 | 3 | 6 | 9 |
| 8 | 2 | 9 | 3 | 6 | 1 | 5 | 7 | 4 |

**A280**

| 9 | 5 | 4 | 3 | 2 | 1 | 6 | 7 | 8 |
|---|---|---|---|---|---|---|---|---|
| 7 | 2 | 6 | 5 | 4 | 8 | 9 | 3 | 1 |
| 3 | 1 | 8 | 9 | 6 | 7 | 2 | 5 | 4 |
| 1 | 9 | 7 | 8 | 5 | 3 | 4 | 2 | 6 |
| 2 | 4 | 3 | 7 | 9 | 6 | 1 | 8 | 5 |
| 8 | 6 | 5 | 4 | 1 | 2 | 3 | 9 | 7 |
| 4 | 7 | 1 | 2 | 8 | 9 | 5 | 6 | 3 |
| 5 | 8 | 2 | 6 | 3 | 4 | 7 | 1 | 9 |
| 6 | 3 | 9 | 1 | 7 | 5 | 8 | 4 | 2 |

**A281**

| 2 | 5 | 4 | 6 | 9 | 3 | 7 | 8 | 1 |
|---|---|---|---|---|---|---|---|---|
| 9 | 1 | 7 | 5 | 8 | 2 | 6 | 3 | 4 |
| 3 | 6 | 8 | 1 | 4 | 7 | 9 | 5 | 2 |
| 1 | 4 | 5 | 2 | 7 | 8 | 3 | 6 | 9 |
| 7 | 3 | 6 | 9 | 1 | 5 | 2 | 4 | 8 |
| 8 | 2 | 9 | 3 | 6 | 4 | 1 | 7 | 5 |
| 5 | 7 | 1 | 4 | 2 | 6 | 8 | 9 | 3 |
| 6 | 9 | 3 | 8 | 5 | 1 | 4 | 2 | 7 |
| 4 | 8 | 2 | 7 | 3 | 9 | 5 | 1 | 6 |

**A282**

| 1 | 3 | 9 | 2 | 6 | 7 | 4 | 8 | 5 |
|---|---|---|---|---|---|---|---|---|
| 5 | 2 | 7 | 8 | 3 | 4 | 1 | 6 | 9 |
| 8 | 6 | 4 | 9 | 5 | 1 | 2 | 3 | 7 |
| 2 | 4 | 1 | 6 | 9 | 3 | 5 | 7 | 8 |
| 6 | 5 | 8 | 4 | 7 | 2 | 3 | 9 | 1 |
| 9 | 7 | 3 | 5 | 1 | 8 | 6 | 4 | 2 |
| 7 | 8 | 6 | 1 | 4 | 5 | 9 | 2 | 3 |
| 4 | 1 | 2 | 3 | 8 | 9 | 7 | 5 | 6 |
| 3 | 9 | 5 | 7 | 2 | 6 | 8 | 1 | 4 |

**A283**

| 9 | 6 | 4 | 7 | 2 | 3 | 1 | 8 | 5 |
|---|---|---|---|---|---|---|---|---|
| 7 | 5 | 1 | 9 | 8 | 4 | 6 | 2 | 3 |
| 2 | 3 | 8 | 5 | 1 | 6 | 4 | 7 | 9 |
| 4 | 8 | 5 | 2 | 3 | 9 | 7 | 6 | 1 |
| 1 | 7 | 2 | 8 | 6 | 5 | 9 | 3 | 4 |
| 3 | 9 | 6 | 1 | 4 | 7 | 8 | 5 | 2 |
| 5 | 1 | 7 | 6 | 9 | 2 | 3 | 4 | 8 |
| 6 | 4 | 9 | 3 | 5 | 8 | 2 | 1 | 7 |
| 8 | 2 | 3 | 4 | 7 | 1 | 5 | 9 | 6 |

**A284**

| 6 | 1 | 4 | 7 | 9 | 2 | 5 | 3 | 8 |
|---|---|---|---|---|---|---|---|---|
| 2 | 9 | 5 | 1 | 3 | 8 | 4 | 7 | 6 |
| 8 | 3 | 7 | 4 | 6 | 5 | 2 | 9 | 1 |
| 7 | 2 | 6 | 9 | 1 | 3 | 8 | 4 | 5 |
| 9 | 5 | 1 | 6 | 8 | 4 | 3 | 2 | 7 |
| 3 | 4 | 8 | 2 | 5 | 7 | 6 | 1 | 9 |
| 5 | 6 | 9 | 3 | 4 | 1 | 7 | 8 | 2 |
| 1 | 7 | 3 | 8 | 2 | 6 | 9 | 5 | 4 |
| 4 | 8 | 2 | 5 | 7 | 9 | 1 | 6 | 3 |

**A285**

| 3 | 7 | 9 | 8 | 5 | 6 | 2 | 1 | 4 |
|---|---|---|---|---|---|---|---|---|
| 5 | 8 | 4 | 1 | 7 | 2 | 9 | 6 | 3 |
| 1 | 6 | 2 | 3 | 4 | 9 | 8 | 5 | 7 |
| 8 | 2 | 6 | 7 | 9 | 4 | 1 | 3 | 5 |
| 7 | 1 | 5 | 6 | 3 | 8 | 4 | 2 | 9 |
| 4 | 9 | 3 | 2 | 1 | 5 | 6 | 7 | 8 |
| 9 | 4 | 7 | 5 | 2 | 1 | 3 | 8 | 6 |
| 6 | 5 | 1 | 4 | 8 | 3 | 7 | 9 | 2 |
| 2 | 3 | 8 | 9 | 6 | 7 | 5 | 4 | 1 |

**A286**

| 5 | 2 | 9 | 8 | 6 | 4 | 7 | 3 | 1 |
|---|---|---|---|---|---|---|---|---|
| 7 | 8 | 4 | 3 | 5 | 1 | 9 | 6 | 2 |
| 3 | 6 | 1 | 7 | 9 | 2 | 4 | 8 | 5 |
| 4 | 9 | 8 | 2 | 3 | 5 | 1 | 7 | 6 |
| 1 | 3 | 5 | 4 | 7 | 6 | 8 | 2 | 9 |
| 6 | 7 | 2 | 9 | 1 | 8 | 3 | 5 | 4 |
| 2 | 4 | 7 | 6 | 8 | 9 | 5 | 1 | 3 |
| 9 | 5 | 3 | 1 | 2 | 7 | 6 | 4 | 8 |
| 8 | 1 | 6 | 5 | 4 | 3 | 2 | 9 | 7 |

**A287**

| 4 | 2 | 5 | 6 | 8 | 3 | 9 | 7 | 1 |
|---|---|---|---|---|---|---|---|---|
| 6 | 7 | 9 | 4 | 5 | 1 | 8 | 2 | 3 |
| 8 | 3 | 1 | 9 | 2 | 7 | 5 | 6 | 4 |
| 9 | 1 | 2 | 8 | 7 | 6 | 4 | 3 | 5 |
| 3 | 5 | 6 | 1 | 4 | 2 | 7 | 8 | 9 |
| 7 | 4 | 8 | 3 | 9 | 5 | 6 | 1 | 2 |
| 1 | 6 | 7 | 5 | 3 | 4 | 2 | 9 | 8 |
| 2 | 9 | 4 | 7 | 1 | 8 | 3 | 5 | 6 |
| 5 | 8 | 3 | 2 | 6 | 9 | 1 | 4 | 7 |

**A288**

| 8 | 7 | 4 | 1 | 5 | 9 | 3 | 2 | 6 |
|---|---|---|---|---|---|---|---|---|
| 3 | 9 | 2 | 4 | 6 | 8 | 1 | 7 | 5 |
| 1 | 6 | 5 | 7 | 2 | 3 | 4 | 9 | 8 |
| 4 | 3 | 9 | 2 | 8 | 1 | 5 | 6 | 7 |
| 2 | 5 | 1 | 9 | 7 | 6 | 8 | 3 | 4 |
| 6 | 8 | 7 | 3 | 4 | 5 | 2 | 1 | 9 |
| 9 | 4 | 6 | 5 | 1 | 2 | 7 | 8 | 3 |
| 7 | 2 | 3 | 8 | 9 | 4 | 6 | 5 | 1 |
| 5 | 1 | 8 | 6 | 3 | 7 | 9 | 4 | 2 |

**A289**

| | | | | | | | | |
|---|---|---|---|---|---|---|---|---|
| 9 | 1 | 7 | 8 | 4 | 5 | 6 | 3 | 2 |
| 4 | 8 | 2 | 6 | 9 | 3 | 7 | 1 | 5 |
| 6 | 5 | 3 | 7 | 2 | 1 | 9 | 4 | 8 |
| 1 | 2 | 5 | 3 | 6 | 4 | 8 | 7 | 9 |
| 3 | 4 | 8 | 5 | 7 | 9 | 2 | 6 | 1 |
| 7 | 9 | 6 | 1 | 8 | 2 | 3 | 5 | 4 |
| 8 | 7 | 1 | 9 | 5 | 6 | 4 | 2 | 3 |
| 2 | 3 | 9 | 4 | 1 | 7 | 5 | 8 | 6 |
| 5 | 6 | 4 | 2 | 3 | 8 | 1 | 9 | 7 |

**A290**

| | | | | | | | | |
|---|---|---|---|---|---|---|---|---|
| 3 | 7 | 4 | 6 | 8 | 5 | 1 | 9 | 2 |
| 8 | 1 | 6 | 3 | 2 | 9 | 7 | 4 | 5 |
| 5 | 2 | 9 | 4 | 1 | 7 | 8 | 6 | 3 |
| 6 | 4 | 5 | 8 | 7 | 3 | 9 | 2 | 1 |
| 9 | 8 | 1 | 5 | 4 | 2 | 6 | 3 | 7 |
| 2 | 3 | 7 | 9 | 6 | 1 | 5 | 8 | 4 |
| 7 | 9 | 2 | 1 | 3 | 6 | 4 | 5 | 8 |
| 1 | 5 | 8 | 2 | 9 | 4 | 3 | 7 | 6 |
| 4 | 6 | 3 | 7 | 5 | 8 | 2 | 1 | 9 |

**A291**

| | | | | | | | | |
|---|---|---|---|---|---|---|---|---|
| 6 | 5 | 4 | 3 | 1 | 9 | 8 | 2 | 7 |
| 9 | 7 | 1 | 8 | 2 | 5 | 3 | 4 | 6 |
| 3 | 2 | 8 | 7 | 4 | 6 | 1 | 5 | 9 |
| 8 | 4 | 7 | 6 | 9 | 2 | 5 | 3 | 1 |
| 2 | 3 | 6 | 1 | 5 | 8 | 7 | 9 | 4 |
| 1 | 9 | 5 | 4 | 7 | 3 | 2 | 6 | 8 |
| 5 | 6 | 2 | 9 | 8 | 1 | 4 | 7 | 3 |
| 4 | 8 | 9 | 5 | 3 | 7 | 6 | 1 | 2 |
| 7 | 1 | 3 | 2 | 6 | 4 | 9 | 8 | 5 |

**A292**

| | | | | | | | | |
|---|---|---|---|---|---|---|---|---|
| 5 | 8 | 7 | 3 | 2 | 4 | 9 | 6 | 1 |
| 3 | 4 | 6 | 1 | 9 | 8 | 2 | 5 | 7 |
| 1 | 9 | 2 | 5 | 7 | 6 | 3 | 8 | 4 |
| 7 | 2 | 1 | 6 | 5 | 3 | 8 | 4 | 9 |
| 8 | 5 | 4 | 9 | 1 | 2 | 6 | 7 | 3 |
| 6 | 3 | 9 | 4 | 8 | 7 | 5 | 1 | 2 |
| 4 | 1 | 5 | 2 | 6 | 9 | 7 | 3 | 8 |
| 9 | 7 | 3 | 8 | 4 | 5 | 1 | 2 | 6 |
| 2 | 6 | 8 | 7 | 3 | 1 | 4 | 9 | 5 |

**A293**

| | | | | | | | | |
|---|---|---|---|---|---|---|---|---|
| 3 | 4 | 9 | 8 | 1 | 7 | 6 | 2 | 5 |
| 1 | 5 | 7 | 2 | 3 | 6 | 8 | 9 | 4 |
| 2 | 6 | 8 | 4 | 5 | 9 | 1 | 3 | 7 |
| 4 | 7 | 6 | 1 | 9 | 3 | 2 | 5 | 8 |
| 9 | 8 | 2 | 6 | 4 | 5 | 3 | 7 | 1 |
| 5 | 3 | 1 | 7 | 8 | 2 | 9 | 4 | 6 |
| 8 | 1 | 5 | 9 | 2 | 4 | 7 | 6 | 3 |
| 6 | 9 | 4 | 3 | 7 | 1 | 5 | 8 | 2 |
| 7 | 2 | 3 | 5 | 6 | 8 | 4 | 1 | 9 |

**A294**

| | | | | | | | | |
|---|---|---|---|---|---|---|---|---|
| 5 | 4 | 3 | 6 | 1 | 7 | 2 | 8 | 9 |
| 8 | 6 | 7 | 2 | 3 | 9 | 5 | 1 | 4 |
| 1 | 2 | 9 | 8 | 5 | 4 | 7 | 6 | 3 |
| 6 | 5 | 1 | 7 | 8 | 3 | 4 | 9 | 2 |
| 2 | 3 | 4 | 5 | 9 | 6 | 1 | 7 | 8 |
| 9 | 7 | 8 | 4 | 2 | 1 | 6 | 3 | 5 |
| 7 | 9 | 6 | 3 | 4 | 2 | 8 | 5 | 1 |
| 4 | 1 | 5 | 9 | 6 | 8 | 3 | 2 | 7 |
| 3 | 8 | 2 | 1 | 7 | 5 | 9 | 4 | 6 |

**A295**

| | | | | | | | | |
|---|---|---|---|---|---|---|---|---|
| 7 | 3 | 4 | 9 | 8 | 1 | 5 | 2 | 6 |
| 8 | 1 | 2 | 6 | 5 | 7 | 4 | 9 | 3 |
| 6 | 5 | 9 | 2 | 3 | 4 | 1 | 7 | 8 |
| 9 | 7 | 8 | 1 | 2 | 6 | 3 | 5 | 4 |
| 2 | 4 | 1 | 3 | 7 | 5 | 6 | 8 | 9 |
| 3 | 6 | 5 | 4 | 9 | 8 | 7 | 1 | 2 |
| 1 | 8 | 6 | 5 | 4 | 2 | 9 | 3 | 7 |
| 4 | 2 | 3 | 7 | 1 | 9 | 8 | 6 | 5 |
| 5 | 9 | 7 | 8 | 6 | 3 | 2 | 4 | 1 |

**A296**

| | | | | | | | | |
|---|---|---|---|---|---|---|---|---|
| 1 | 5 | 2 | 7 | 9 | 4 | 6 | 3 | 8 |
| 6 | 4 | 8 | 1 | 3 | 5 | 7 | 2 | 9 |
| 7 | 3 | 9 | 6 | 8 | 2 | 5 | 4 | 1 |
| 4 | 9 | 6 | 8 | 7 | 3 | 2 | 1 | 5 |
| 2 | 8 | 1 | 5 | 4 | 6 | 3 | 9 | 7 |
| 5 | 7 | 3 | 9 | 2 | 1 | 4 | 8 | 6 |
| 8 | 2 | 5 | 3 | 6 | 9 | 1 | 7 | 4 |
| 9 | 1 | 4 | 2 | 5 | 7 | 8 | 6 | 3 |
| 3 | 6 | 7 | 4 | 1 | 8 | 9 | 5 | 2 |

**A297**

| | | | | | | | | |
|---|---|---|---|---|---|---|---|---|
| 4 | 2 | 5 | 7 | 3 | 6 | 9 | 8 | 1 |
| 3 | 7 | 6 | 9 | 8 | 1 | 2 | 4 | 5 |
| 1 | 8 | 9 | 4 | 2 | 5 | 3 | 6 | 7 |
| 8 | 3 | 1 | 2 | 9 | 4 | 5 | 7 | 6 |
| 6 | 5 | 2 | 8 | 1 | 7 | 4 | 3 | 9 |
| 7 | 9 | 4 | 6 | 5 | 3 | 8 | 1 | 2 |
| 9 | 1 | 7 | 3 | 4 | 2 | 6 | 5 | 8 |
| 5 | 4 | 8 | 1 | 6 | 9 | 7 | 2 | 3 |
| 2 | 6 | 3 | 5 | 7 | 8 | 1 | 9 | 4 |

**A298**

| | | | | | | | | |
|---|---|---|---|---|---|---|---|---|
| 4 | 3 | 8 | 9 | 6 | 5 | 1 | 2 | 7 |
| 5 | 2 | 7 | 8 | 1 | 4 | 6 | 3 | 9 |
| 9 | 6 | 1 | 2 | 7 | 3 | 8 | 5 | 4 |
| 2 | 7 | 5 | 3 | 8 | 6 | 4 | 9 | 1 |
| 6 | 1 | 4 | 5 | 9 | 2 | 3 | 7 | 8 |
| 3 | 8 | 9 | 1 | 4 | 7 | 2 | 6 | 5 |
| 8 | 4 | 2 | 7 | 3 | 9 | 5 | 1 | 6 |
| 7 | 5 | 6 | 4 | 2 | 1 | 9 | 8 | 3 |
| 1 | 9 | 3 | 6 | 5 | 8 | 7 | 4 | 2 |

**A299**

| | | | | | | | | |
|---|---|---|---|---|---|---|---|---|
| 3 | 1 | 7 | 8 | 6 | 2 | 5 | 4 | 9 |
| 6 | 9 | 8 | 5 | 4 | 1 | 3 | 2 | 7 |
| 2 | 5 | 4 | 9 | 3 | 7 | 8 | 1 | 6 |
| 9 | 2 | 5 | 3 | 8 | 6 | 4 | 7 | 1 |
| 1 | 8 | 3 | 7 | 9 | 4 | 6 | 5 | 2 |
| 7 | 4 | 6 | 1 | 2 | 5 | 9 | 3 | 8 |
| 8 | 7 | 9 | 2 | 5 | 3 | 1 | 6 | 4 |
| 4 | 3 | 2 | 6 | 1 | 9 | 7 | 8 | 5 |
| 5 | 6 | 1 | 4 | 7 | 8 | 2 | 9 | 3 |

**A300**

| | | | | | | | | |
|---|---|---|---|---|---|---|---|---|
| 3 | 6 | 7 | 5 | 2 | 4 | 8 | 1 | 9 |
| 4 | 8 | 2 | 9 | 6 | 1 | 3 | 5 | 7 |
| 5 | 9 | 1 | 7 | 3 | 8 | 4 | 2 | 6 |
| 2 | 4 | 6 | 1 | 8 | 7 | 5 | 9 | 3 |
| 9 | 7 | 8 | 3 | 4 | 5 | 1 | 6 | 2 |
| 1 | 3 | 5 | 2 | 9 | 6 | 7 | 8 | 4 |
| 8 | 2 | 9 | 4 | 5 | 3 | 6 | 7 | 1 |
| 6 | 1 | 4 | 8 | 7 | 2 | 9 | 3 | 5 |
| 7 | 5 | 3 | 6 | 1 | 9 | 2 | 4 | 8 |

A301

| 2 | 5 | 6 | 1 | 4 | 9 | 3 | 8 | 7 |
|---|---|---|---|---|---|---|---|---|
| 4 | 1 | 9 | 7 | 3 | 8 | 6 | 5 | 2 |
| 7 | 8 | 3 | 6 | 2 | 5 | 9 | 1 | 4 |
| 6 | 4 | 7 | 2 | 5 | 1 | 8 | 3 | 9 |
| 9 | 3 | 1 | 4 | 8 | 6 | 7 | 2 | 5 |
| 5 | 2 | 8 | 9 | 7 | 3 | 4 | 6 | 1 |
| 8 | 9 | 4 | 3 | 1 | 2 | 5 | 7 | 6 |
| 1 | 6 | 5 | 8 | 9 | 7 | 2 | 4 | 3 |
| 3 | 7 | 2 | 5 | 6 | 4 | 1 | 9 | 8 |

A302

| 7 | 9 | 5 | 3 | 6 | 2 | 1 | 4 | 8 |
|---|---|---|---|---|---|---|---|---|
| 4 | 3 | 1 | 8 | 9 | 7 | 6 | 2 | 5 |
| 8 | 6 | 2 | 1 | 4 | 5 | 9 | 7 | 3 |
| 1 | 8 | 4 | 7 | 2 | 6 | 5 | 3 | 9 |
| 3 | 7 | 6 | 9 | 5 | 1 | 4 | 8 | 2 |
| 5 | 2 | 9 | 4 | 8 | 3 | 7 | 1 | 6 |
| 6 | 4 | 3 | 2 | 7 | 9 | 8 | 5 | 1 |
| 2 | 5 | 8 | 6 | 1 | 4 | 3 | 9 | 7 |
| 9 | 1 | 7 | 5 | 3 | 8 | 2 | 6 | 4 |

A303

| 1 | 2 | 9 | 6 | 4 | 8 | 5 | 7 | 3 |
|---|---|---|---|---|---|---|---|---|
| 3 | 4 | 5 | 9 | 7 | 1 | 8 | 6 | 2 |
| 8 | 7 | 6 | 2 | 5 | 3 | 9 | 4 | 1 |
| 6 | 3 | 2 | 5 | 8 | 9 | 4 | 1 | 7 |
| 4 | 5 | 7 | 1 | 3 | 6 | 2 | 8 | 9 |
| 9 | 8 | 1 | 7 | 2 | 4 | 6 | 3 | 5 |
| 5 | 6 | 8 | 3 | 1 | 2 | 7 | 9 | 4 |
| 2 | 1 | 4 | 8 | 9 | 7 | 3 | 5 | 6 |
| 7 | 9 | 3 | 4 | 6 | 5 | 1 | 2 | 8 |

A304

| 4 | 2 | 6 | 1 | 3 | 8 | 9 | 7 | 5 |
|---|---|---|---|---|---|---|---|---|
| 9 | 1 | 5 | 7 | 2 | 4 | 3 | 8 | 6 |
| 7 | 8 | 3 | 9 | 5 | 6 | 1 | 2 | 4 |
| 6 | 7 | 8 | 3 | 4 | 9 | 2 | 5 | 1 |
| 1 | 9 | 2 | 6 | 8 | 5 | 7 | 4 | 3 |
| 3 | 5 | 4 | 2 | 1 | 7 | 8 | 6 | 9 |
| 8 | 6 | 7 | 5 | 9 | 3 | 4 | 1 | 2 |
| 5 | 3 | 1 | 4 | 7 | 2 | 6 | 9 | 8 |
| 2 | 4 | 9 | 8 | 6 | 1 | 5 | 3 | 7 |

A305

| 7 | 1 | 4 | 6 | 8 | 2 | 9 | 5 | 3 |
|---|---|---|---|---|---|---|---|---|
| 2 | 9 | 6 | 5 | 3 | 1 | 7 | 8 | 4 |
| 8 | 5 | 3 | 9 | 4 | 7 | 1 | 2 | 6 |
| 9 | 6 | 8 | 1 | 7 | 4 | 2 | 3 | 5 |
| 5 | 4 | 2 | 8 | 9 | 3 | 6 | 1 | 7 |
| 3 | 7 | 1 | 2 | 5 | 6 | 8 | 4 | 9 |
| 6 | 2 | 5 | 3 | 1 | 9 | 4 | 7 | 8 |
| 1 | 3 | 7 | 4 | 6 | 8 | 5 | 9 | 2 |
| 4 | 8 | 9 | 7 | 2 | 5 | 3 | 6 | 1 |

A306

| 8 | 3 | 7 | 1 | 2 | 9 | 5 | 6 | 4 |
|---|---|---|---|---|---|---|---|---|
| 6 | 2 | 4 | 7 | 5 | 3 | 9 | 8 | 1 |
| 1 | 9 | 5 | 4 | 6 | 8 | 7 | 3 | 2 |
| 4 | 8 | 9 | 2 | 3 | 7 | 6 | 1 | 5 |
| 2 | 6 | 1 | 9 | 8 | 5 | 4 | 7 | 3 |
| 5 | 7 | 3 | 6 | 1 | 4 | 8 | 2 | 9 |
| 9 | 5 | 8 | 3 | 7 | 1 | 2 | 4 | 6 |
| 3 | 4 | 2 | 8 | 9 | 6 | 1 | 5 | 7 |
| 7 | 1 | 6 | 5 | 4 | 2 | 3 | 9 | 8 |

A307

| 5 | 8 | 2 | 7 | 1 | 4 | 3 | 9 | 6 |
|---|---|---|---|---|---|---|---|---|
| 1 | 7 | 9 | 6 | 2 | 3 | 4 | 5 | 8 |
| 4 | 6 | 3 | 8 | 5 | 9 | 7 | 2 | 1 |
| 3 | 1 | 7 | 5 | 9 | 2 | 6 | 8 | 4 |
| 8 | 9 | 4 | 3 | 6 | 1 | 5 | 7 | 2 |
| 6 | 2 | 5 | 4 | 8 | 7 | 1 | 3 | 9 |
| 2 | 5 | 6 | 1 | 3 | 8 | 9 | 4 | 7 |
| 7 | 3 | 8 | 9 | 4 | 6 | 2 | 1 | 5 |
| 9 | 4 | 1 | 2 | 7 | 5 | 8 | 6 | 3 |

A308

| 3 | 7 | 6 | 9 | 2 | 5 | 4 | 8 | 1 |
|---|---|---|---|---|---|---|---|---|
| 9 | 8 | 1 | 4 | 7 | 3 | 5 | 2 | 6 |
| 2 | 5 | 4 | 1 | 8 | 6 | 3 | 7 | 9 |
| 6 | 2 | 3 | 5 | 9 | 1 | 8 | 4 | 7 |
| 7 | 4 | 5 | 6 | 3 | 8 | 1 | 9 | 2 |
| 8 | 1 | 9 | 2 | 4 | 7 | 6 | 5 | 3 |
| 5 | 9 | 2 | 3 | 1 | 4 | 7 | 6 | 8 |
| 4 | 3 | 8 | 7 | 6 | 9 | 2 | 1 | 5 |
| 1 | 6 | 7 | 8 | 5 | 2 | 9 | 3 | 4 |

A309

| 3 | 6 | 9 | 1 | 4 | 7 | 2 | 8 | 5 |
|---|---|---|---|---|---|---|---|---|
| 8 | 7 | 2 | 9 | 3 | 5 | 4 | 6 | 1 |
| 4 | 5 | 1 | 6 | 2 | 8 | 3 | 7 | 9 |
| 1 | 9 | 8 | 4 | 5 | 3 | 6 | 2 | 7 |
| 7 | 4 | 6 | 2 | 9 | 1 | 5 | 3 | 8 |
| 5 | 2 | 3 | 7 | 8 | 6 | 1 | 9 | 4 |
| 2 | 8 | 7 | 5 | 6 | 4 | 9 | 1 | 3 |
| 6 | 1 | 5 | 3 | 7 | 9 | 8 | 4 | 2 |
| 9 | 3 | 4 | 8 | 1 | 2 | 7 | 5 | 6 |

A310

| 3 | 4 | 9 | 6 | 7 | 8 | 5 | 1 | 2 |
|---|---|---|---|---|---|---|---|---|
| 8 | 1 | 5 | 2 | 9 | 3 | 6 | 7 | 4 |
| 6 | 7 | 2 | 5 | 4 | 1 | 3 | 9 | 8 |
| 4 | 5 | 7 | 1 | 3 | 9 | 2 | 8 | 6 |
| 2 | 3 | 6 | 7 | 8 | 5 | 1 | 4 | 9 |
| 1 | 9 | 8 | 4 | 6 | 2 | 7 | 3 | 5 |
| 9 | 6 | 1 | 3 | 5 | 4 | 8 | 2 | 7 |
| 7 | 2 | 4 | 8 | 1 | 6 | 9 | 5 | 3 |
| 5 | 8 | 3 | 9 | 2 | 7 | 4 | 6 | 1 |

A311

| 8 | 5 | 4 | 1 | 9 | 7 | 2 | 6 | 3 |
|---|---|---|---|---|---|---|---|---|
| 2 | 1 | 7 | 5 | 3 | 6 | 9 | 4 | 8 |
| 9 | 6 | 3 | 2 | 8 | 4 | 7 | 5 | 1 |
| 4 | 8 | 1 | 3 | 6 | 2 | 5 | 9 | 7 |
| 6 | 9 | 5 | 4 | 7 | 8 | 3 | 1 | 2 |
| 3 | 7 | 2 | 9 | 1 | 5 | 6 | 8 | 4 |
| 5 | 2 | 9 | 7 | 4 | 1 | 8 | 3 | 6 |
| 7 | 4 | 6 | 8 | 5 | 3 | 1 | 2 | 9 |
| 1 | 3 | 8 | 6 | 2 | 9 | 4 | 7 | 5 |

A312

| 6 | 5 | 7 | 2 | 1 | 8 | 3 | 9 | 4 |
|---|---|---|---|---|---|---|---|---|
| 1 | 9 | 8 | 3 | 7 | 4 | 2 | 5 | 6 |
| 3 | 4 | 2 | 6 | 5 | 9 | 8 | 7 | 1 |
| 4 | 6 | 5 | 1 | 3 | 7 | 9 | 8 | 2 |
| 9 | 7 | 3 | 4 | 8 | 2 | 6 | 1 | 5 |
| 2 | 8 | 1 | 9 | 6 | 5 | 4 | 3 | 7 |
| 7 | 2 | 6 | 8 | 9 | 1 | 5 | 4 | 3 |
| 8 | 1 | 4 | 5 | 2 | 3 | 7 | 6 | 9 |
| 5 | 3 | 9 | 7 | 4 | 6 | 1 | 2 | 8 |

A313

| 1 | 8 | 6 | 4 | 2 | 5 | 7 | 9 | 3 |
|---|---|---|---|---|---|---|---|---|
| 4 | 2 | 9 | 6 | 3 | 7 | 1 | 8 | 5 |
| 7 | 5 | 3 | 8 | 1 | 9 | 6 | 2 | 4 |
| 5 | 1 | 4 | 2 | 8 | 3 | 9 | 6 | 7 |
| 6 | 7 | 8 | 5 | 9 | 4 | 3 | 1 | 2 |
| 9 | 3 | 2 | 7 | 6 | 1 | 4 | 5 | 8 |
| 8 | 4 | 7 | 9 | 5 | 6 | 2 | 3 | 1 |
| 3 | 9 | 5 | 1 | 4 | 2 | 8 | 7 | 6 |
| 2 | 6 | 1 | 3 | 7 | 8 | 5 | 4 | 9 |

A314

| 7 | 3 | 6 | 4 | 9 | 5 | 1 | 2 | 8 |
|---|---|---|---|---|---|---|---|---|
| 9 | 2 | 8 | 3 | 7 | 1 | 5 | 6 | 4 |
| 1 | 4 | 5 | 6 | 8 | 2 | 3 | 7 | 9 |
| 8 | 7 | 3 | 9 | 4 | 6 | 2 | 1 | 5 |
| 4 | 6 | 1 | 5 | 2 | 7 | 9 | 8 | 3 |
| 5 | 9 | 2 | 1 | 3 | 8 | 7 | 4 | 6 |
| 6 | 1 | 4 | 7 | 5 | 3 | 8 | 9 | 2 |
| 3 | 8 | 7 | 2 | 6 | 9 | 4 | 5 | 1 |
| 2 | 5 | 9 | 8 | 1 | 4 | 6 | 3 | 7 |

A315

| 4 | 8 | 9 | 2 | 6 | 3 | 1 | 5 | 7 |
|---|---|---|---|---|---|---|---|---|
| 1 | 7 | 3 | 5 | 8 | 9 | 6 | 2 | 4 |
| 5 | 6 | 2 | 1 | 4 | 7 | 3 | 9 | 8 |
| 2 | 3 | 1 | 8 | 7 | 5 | 9 | 4 | 6 |
| 7 | 9 | 6 | 4 | 3 | 2 | 5 | 8 | 1 |
| 8 | 4 | 5 | 6 | 9 | 1 | 2 | 7 | 3 |
| 3 | 1 | 7 | 9 | 5 | 4 | 8 | 6 | 2 |
| 6 | 5 | 4 | 3 | 2 | 8 | 7 | 1 | 9 |
| 9 | 2 | 8 | 7 | 1 | 6 | 4 | 3 | 5 |

A316

| 4 | 2 | 7 | 6 | 3 | 1 | 9 | 8 | 5 |
|---|---|---|---|---|---|---|---|---|
| 1 | 9 | 3 | 5 | 2 | 8 | 6 | 7 | 4 |
| 8 | 5 | 6 | 7 | 9 | 4 | 1 | 3 | 2 |
| 3 | 7 | 5 | 1 | 4 | 6 | 8 | 2 | 9 |
| 6 | 4 | 1 | 2 | 8 | 9 | 3 | 5 | 7 |
| 2 | 8 | 9 | 3 | 5 | 7 | 4 | 6 | 1 |
| 9 | 3 | 4 | 8 | 7 | 2 | 5 | 1 | 6 |
| 7 | 1 | 8 | 4 | 6 | 5 | 2 | 9 | 3 |
| 5 | 6 | 2 | 9 | 1 | 3 | 7 | 4 | 8 |

A317

| 5 | 8 | 7 | 9 | 1 | 2 | 4 | 6 | 3 |
|---|---|---|---|---|---|---|---|---|
| 9 | 6 | 3 | 5 | 8 | 4 | 7 | 2 | 1 |
| 2 | 4 | 1 | 7 | 3 | 6 | 9 | 8 | 5 |
| 8 | 3 | 4 | 2 | 5 | 1 | 6 | 9 | 7 |
| 7 | 5 | 2 | 6 | 9 | 3 | 1 | 4 | 8 |
| 1 | 9 | 6 | 4 | 7 | 8 | 3 | 5 | 2 |
| 4 | 7 | 8 | 3 | 2 | 9 | 5 | 1 | 6 |
| 3 | 2 | 9 | 1 | 6 | 5 | 8 | 7 | 4 |
| 6 | 1 | 5 | 8 | 4 | 7 | 2 | 3 | 9 |

A318

| 8 | 2 | 7 | 9 | 4 | 6 | 3 | 5 | 1 |
|---|---|---|---|---|---|---|---|---|
| 4 | 6 | 9 | 3 | 1 | 5 | 2 | 7 | 8 |
| 5 | 3 | 1 | 2 | 8 | 7 | 6 | 9 | 4 |
| 3 | 9 | 4 | 5 | 6 | 1 | 8 | 2 | 7 |
| 6 | 7 | 2 | 8 | 9 | 3 | 4 | 1 | 5 |
| 1 | 8 | 5 | 4 | 7 | 2 | 9 | 6 | 3 |
| 7 | 4 | 3 | 6 | 5 | 9 | 1 | 8 | 2 |
| 2 | 1 | 6 | 7 | 3 | 8 | 5 | 4 | 9 |
| 9 | 5 | 8 | 1 | 2 | 4 | 7 | 3 | 6 |

A319

| 1 | 9 | 6 | 7 | 3 | 8 | 2 | 5 | 4 |
|---|---|---|---|---|---|---|---|---|
| 2 | 5 | 8 | 1 | 6 | 4 | 9 | 7 | 3 |
| 7 | 3 | 4 | 5 | 9 | 2 | 1 | 8 | 6 |
| 9 | 4 | 5 | 3 | 7 | 6 | 8 | 1 | 2 |
| 3 | 2 | 1 | 8 | 4 | 9 | 7 | 6 | 5 |
| 6 | 8 | 7 | 2 | 1 | 5 | 3 | 4 | 9 |
| 8 | 1 | 9 | 4 | 5 | 3 | 6 | 2 | 7 |
| 4 | 7 | 3 | 6 | 2 | 1 | 5 | 9 | 8 |
| 5 | 6 | 2 | 9 | 8 | 7 | 4 | 3 | 1 |

A320

| 4 | 1 | 2 | 8 | 3 | 5 | 6 | 9 | 7 |
|---|---|---|---|---|---|---|---|---|
| 7 | 8 | 3 | 9 | 6 | 4 | 5 | 1 | 2 |
| 5 | 6 | 9 | 7 | 2 | 1 | 8 | 3 | 4 |
| 6 | 5 | 8 | 3 | 1 | 7 | 2 | 4 | 9 |
| 3 | 2 | 7 | 6 | 4 | 9 | 1 | 5 | 8 |
| 1 | 9 | 4 | 2 | 5 | 8 | 3 | 7 | 6 |
| 2 | 3 | 1 | 4 | 9 | 6 | 7 | 8 | 5 |
| 9 | 7 | 6 | 5 | 8 | 3 | 4 | 2 | 1 |
| 8 | 4 | 5 | 1 | 7 | 2 | 9 | 6 | 3 |

A321

| 3 | 4 | 2 | 7 | 1 | 6 | 9 | 5 | 8 |
|---|---|---|---|---|---|---|---|---|
| 6 | 7 | 9 | 3 | 5 | 8 | 2 | 1 | 4 |
| 1 | 8 | 5 | 4 | 2 | 9 | 3 | 7 | 6 |
| 2 | 3 | 7 | 8 | 9 | 4 | 5 | 6 | 1 |
| 9 | 5 | 6 | 2 | 7 | 1 | 8 | 4 | 3 |
| 4 | 1 | 8 | 6 | 3 | 5 | 7 | 9 | 2 |
| 8 | 2 | 1 | 5 | 6 | 7 | 4 | 3 | 9 |
| 5 | 6 | 3 | 9 | 4 | 2 | 1 | 8 | 7 |
| 7 | 9 | 4 | 1 | 8 | 3 | 6 | 2 | 5 |

A322

| 9 | 7 | 6 | 1 | 4 | 3 | 2 | 5 | 8 |
|---|---|---|---|---|---|---|---|---|
| 3 | 2 | 5 | 9 | 7 | 8 | 6 | 1 | 4 |
| 4 | 1 | 8 | 6 | 5 | 2 | 9 | 7 | 3 |
| 8 | 4 | 2 | 5 | 3 | 1 | 7 | 6 | 9 |
| 6 | 9 | 1 | 7 | 2 | 4 | 8 | 3 | 5 |
| 7 | 5 | 3 | 8 | 9 | 6 | 1 | 4 | 2 |
| 1 | 3 | 4 | 2 | 6 | 9 | 5 | 8 | 7 |
| 5 | 6 | 9 | 4 | 8 | 7 | 3 | 2 | 1 |
| 2 | 8 | 7 | 3 | 1 | 5 | 4 | 9 | 6 |

A323

| 9 | 2 | 4 | 8 | 6 | 3 | 5 | 7 | 1 |
|---|---|---|---|---|---|---|---|---|
| 5 | 7 | 6 | 9 | 2 | 1 | 3 | 8 | 4 |
| 3 | 8 | 1 | 5 | 4 | 7 | 6 | 2 | 9 |
| 2 | 1 | 8 | 4 | 7 | 5 | 9 | 6 | 3 |
| 4 | 9 | 3 | 6 | 1 | 8 | 2 | 5 | 7 |
| 6 | 5 | 7 | 3 | 9 | 2 | 1 | 4 | 8 |
| 8 | 6 | 9 | 2 | 3 | 4 | 7 | 1 | 5 |
| 1 | 3 | 5 | 7 | 8 | 6 | 4 | 9 | 2 |
| 7 | 4 | 2 | 1 | 5 | 9 | 8 | 3 | 6 |

A324

| 1 | 4 | 6 | 2 | 5 | 3 | 7 | 9 | 8 |
|---|---|---|---|---|---|---|---|---|
| 3 | 9 | 7 | 8 | 1 | 4 | 5 | 2 | 6 |
| 5 | 2 | 8 | 7 | 6 | 9 | 3 | 4 | 1 |
| 6 | 7 | 1 | 5 | 9 | 8 | 4 | 3 | 2 |
| 9 | 8 | 5 | 4 | 3 | 2 | 1 | 6 | 7 |
| 4 | 3 | 2 | 6 | 7 | 1 | 8 | 5 | 9 |
| 2 | 6 | 4 | 3 | 8 | 7 | 9 | 1 | 5 |
| 8 | 5 | 9 | 1 | 4 | 6 | 2 | 7 | 3 |
| 7 | 1 | 3 | 9 | 2 | 5 | 6 | 8 | 4 |

## A325

| 9 | 4 | 2 | 3 | 8 | 6 | 7 | 5 | 1 |
|---|---|---|---|---|---|---|---|---|
| 3 | 5 | 7 | 1 | 4 | 2 | 8 | 9 | 6 |
| 1 | 6 | 8 | 7 | 5 | 9 | 3 | 4 | 2 |
| 8 | 1 | 5 | 4 | 6 | 7 | 9 | 2 | 3 |
| 4 | 7 | 9 | 5 | 2 | 3 | 1 | 6 | 8 |
| 2 | 3 | 6 | 8 | 9 | 1 | 5 | 7 | 4 |
| 7 | 8 | 4 | 2 | 3 | 5 | 6 | 1 | 9 |
| 5 | 9 | 3 | 6 | 1 | 4 | 2 | 8 | 7 |
| 6 | 2 | 1 | 9 | 7 | 8 | 4 | 3 | 5 |

## A326

| 7 | 4 | 5 | 1 | 3 | 6 | 8 | 9 | 2 |
|---|---|---|---|---|---|---|---|---|
| 2 | 6 | 3 | 8 | 4 | 9 | 5 | 1 | 7 |
| 8 | 9 | 1 | 5 | 7 | 2 | 3 | 6 | 4 |
| 1 | 2 | 6 | 9 | 8 | 5 | 7 | 4 | 3 |
| 4 | 5 | 7 | 2 | 6 | 3 | 9 | 8 | 1 |
| 9 | 3 | 8 | 4 | 1 | 7 | 6 | 2 | 5 |
| 6 | 1 | 4 | 3 | 5 | 8 | 2 | 7 | 9 |
| 5 | 7 | 2 | 6 | 9 | 1 | 4 | 3 | 8 |
| 3 | 8 | 9 | 7 | 2 | 4 | 1 | 5 | 6 |

## A327

| 4 | 9 | 7 | 6 | 3 | 5 | 8 | 1 | 2 |
|---|---|---|---|---|---|---|---|---|
| 3 | 6 | 8 | 1 | 4 | 2 | 9 | 7 | 5 |
| 2 | 5 | 1 | 9 | 8 | 7 | 4 | 6 | 3 |
| 6 | 8 | 3 | 2 | 1 | 4 | 7 | 5 | 9 |
| 9 | 2 | 5 | 3 | 7 | 8 | 1 | 4 | 6 |
| 7 | 1 | 4 | 5 | 6 | 9 | 2 | 3 | 8 |
| 8 | 3 | 9 | 7 | 5 | 1 | 6 | 2 | 4 |
| 1 | 4 | 6 | 8 | 2 | 3 | 5 | 9 | 7 |
| 5 | 7 | 2 | 4 | 9 | 6 | 3 | 8 | 1 |

## A328

| 7 | 8 | 6 | 2 | 5 | 9 | 3 | 4 | 1 |
|---|---|---|---|---|---|---|---|---|
| 4 | 3 | 5 | 1 | 7 | 8 | 9 | 2 | 6 |
| 9 | 2 | 1 | 4 | 6 | 3 | 8 | 5 | 7 |
| 3 | 1 | 2 | 7 | 4 | 5 | 6 | 8 | 9 |
| 5 | 9 | 7 | 6 | 8 | 2 | 4 | 1 | 3 |
| 8 | 6 | 4 | 9 | 3 | 1 | 2 | 7 | 5 |
| 6 | 4 | 3 | 8 | 1 | 7 | 5 | 9 | 2 |
| 2 | 7 | 8 | 5 | 9 | 6 | 1 | 3 | 4 |
| 1 | 5 | 9 | 3 | 2 | 4 | 7 | 6 | 8 |

## A329

| 2 | 1 | 3 | 6 | 7 | 9 | 8 | 4 | 5 |
|---|---|---|---|---|---|---|---|---|
| 4 | 8 | 6 | 1 | 3 | 5 | 2 | 9 | 7 |
| 5 | 7 | 9 | 8 | 4 | 2 | 1 | 6 | 3 |
| 6 | 5 | 1 | 4 | 2 | 3 | 7 | 8 | 9 |
| 3 | 2 | 8 | 7 | 9 | 1 | 6 | 5 | 4 |
| 9 | 4 | 7 | 5 | 8 | 6 | 3 | 1 | 2 |
| 8 | 9 | 5 | 3 | 6 | 7 | 4 | 2 | 1 |
| 1 | 3 | 4 | 2 | 5 | 8 | 9 | 7 | 6 |
| 7 | 6 | 2 | 9 | 1 | 4 | 5 | 3 | 8 |

## A330

| 9 | 4 | 7 | 8 | 1 | 3 | 6 | 5 | 2 |
|---|---|---|---|---|---|---|---|---|
| 1 | 5 | 6 | 2 | 7 | 4 | 9 | 8 | 3 |
| 3 | 2 | 8 | 5 | 9 | 6 | 4 | 1 | 7 |
| 2 | 1 | 5 | 3 | 4 | 7 | 8 | 9 | 6 |
| 8 | 3 | 4 | 6 | 5 | 9 | 2 | 7 | 1 |
| 7 | 6 | 9 | 1 | 2 | 8 | 5 | 3 | 4 |
| 4 | 7 | 2 | 9 | 8 | 1 | 3 | 6 | 5 |
| 6 | 8 | 1 | 4 | 3 | 5 | 7 | 2 | 9 |
| 5 | 9 | 3 | 7 | 6 | 2 | 1 | 4 | 8 |

## A331

| 9 | 1 | 8 | 5 | 2 | 6 | 7 | 3 | 4 |
|---|---|---|---|---|---|---|---|---|
| 4 | 3 | 5 | 9 | 1 | 7 | 6 | 8 | 2 |
| 7 | 2 | 6 | 3 | 8 | 4 | 5 | 1 | 9 |
| 1 | 8 | 3 | 7 | 5 | 2 | 9 | 4 | 6 |
| 6 | 9 | 2 | 4 | 3 | 1 | 8 | 7 | 5 |
| 5 | 4 | 7 | 6 | 9 | 8 | 1 | 2 | 3 |
| 2 | 6 | 4 | 8 | 7 | 5 | 3 | 9 | 1 |
| 8 | 5 | 9 | 1 | 4 | 3 | 2 | 6 | 7 |
| 3 | 7 | 1 | 2 | 6 | 9 | 4 | 5 | 8 |

## A332

| 6 | 2 | 3 | 4 | 7 | 1 | 9 | 5 | 8 |
|---|---|---|---|---|---|---|---|---|
| 9 | 4 | 8 | 2 | 3 | 5 | 7 | 6 | 1 |
| 5 | 7 | 1 | 8 | 9 | 6 | 4 | 2 | 3 |
| 7 | 9 | 6 | 1 | 4 | 8 | 5 | 3 | 2 |
| 1 | 5 | 4 | 3 | 2 | 9 | 6 | 8 | 7 |
| 8 | 3 | 2 | 6 | 5 | 7 | 1 | 9 | 4 |
| 2 | 6 | 7 | 9 | 8 | 4 | 3 | 1 | 5 |
| 3 | 1 | 5 | 7 | 6 | 2 | 8 | 4 | 9 |
| 4 | 8 | 9 | 5 | 1 | 3 | 2 | 7 | 6 |

## A333

| 3 | 2 | 6 | 1 | 5 | 7 | 4 | 8 | 9 |
|---|---|---|---|---|---|---|---|---|
| 5 | 7 | 9 | 3 | 8 | 4 | 2 | 1 | 6 |
| 1 | 8 | 4 | 9 | 2 | 6 | 5 | 3 | 7 |
| 8 | 9 | 1 | 5 | 4 | 2 | 6 | 7 | 3 |
| 4 | 6 | 2 | 7 | 3 | 1 | 9 | 5 | 8 |
| 7 | 5 | 3 | 8 | 6 | 9 | 1 | 4 | 2 |
| 6 | 3 | 5 | 4 | 9 | 8 | 7 | 2 | 1 |
| 9 | 1 | 8 | 2 | 7 | 5 | 3 | 6 | 4 |
| 2 | 4 | 7 | 6 | 1 | 3 | 8 | 9 | 5 |

## A334

| 7 | 1 | 6 | 2 | 8 | 3 | 9 | 5 | 4 |
|---|---|---|---|---|---|---|---|---|
| 4 | 5 | 9 | 6 | 1 | 7 | 2 | 3 | 8 |
| 3 | 2 | 8 | 9 | 5 | 4 | 6 | 1 | 7 |
| 2 | 3 | 5 | 8 | 7 | 9 | 4 | 6 | 1 |
| 9 | 4 | 7 | 3 | 6 | 1 | 5 | 8 | 2 |
| 6 | 8 | 1 | 5 | 4 | 2 | 3 | 7 | 9 |
| 5 | 6 | 2 | 7 | 9 | 8 | 1 | 4 | 3 |
| 8 | 9 | 4 | 1 | 3 | 6 | 7 | 2 | 5 |
| 1 | 7 | 3 | 4 | 2 | 5 | 8 | 9 | 6 |

## A335

| 7 | 3 | 1 | 9 | 8 | 6 | 5 | 2 | 4 |
|---|---|---|---|---|---|---|---|---|
| 6 | 2 | 8 | 3 | 4 | 5 | 9 | 7 | 1 |
| 4 | 5 | 9 | 2 | 1 | 7 | 3 | 8 | 6 |
| 8 | 4 | 5 | 6 | 9 | 3 | 7 | 1 | 2 |
| 2 | 1 | 3 | 8 | 7 | 4 | 6 | 5 | 9 |
| 9 | 6 | 7 | 1 | 5 | 2 | 8 | 4 | 3 |
| 1 | 9 | 2 | 7 | 3 | 8 | 4 | 6 | 5 |
| 5 | 7 | 6 | 4 | 2 | 9 | 1 | 3 | 8 |
| 3 | 8 | 4 | 5 | 6 | 1 | 2 | 9 | 7 |

## A336

| 6 | 7 | 3 | 9 | 5 | 1 | 4 | 2 | 8 |
|---|---|---|---|---|---|---|---|---|
| 5 | 9 | 4 | 6 | 2 | 8 | 7 | 3 | 1 |
| 1 | 2 | 8 | 4 | 7 | 3 | 6 | 9 | 5 |
| 3 | 1 | 5 | 7 | 8 | 2 | 9 | 4 | 6 |
| 9 | 6 | 7 | 5 | 3 | 4 | 8 | 1 | 2 |
| 8 | 4 | 2 | 1 | 6 | 9 | 5 | 7 | 3 |
| 4 | 8 | 6 | 3 | 1 | 7 | 2 | 5 | 9 |
| 7 | 5 | 1 | 2 | 9 | 6 | 3 | 8 | 4 |
| 2 | 3 | 9 | 8 | 4 | 5 | 1 | 6 | 7 |

A337

| 1 | 7 | 9 | 3 | 2 | 4 | 5 | 6 | 8 |
|---|---|---|---|---|---|---|---|---|
| 8 | 5 | 3 | 7 | 6 | 1 | 2 | 9 | 4 |
| 4 | 6 | 2 | 8 | 9 | 5 | 3 | 1 | 7 |
| 6 | 3 | 5 | 9 | 4 | 7 | 8 | 2 | 1 |
| 2 | 9 | 1 | 5 | 8 | 3 | 4 | 7 | 6 |
| 7 | 8 | 4 | 2 | 1 | 6 | 9 | 3 | 5 |
| 5 | 1 | 6 | 4 | 3 | 9 | 7 | 8 | 2 |
| 3 | 4 | 8 | 6 | 7 | 2 | 1 | 5 | 9 |
| 9 | 2 | 7 | 1 | 5 | 8 | 6 | 4 | 3 |

A338

| 2 | 4 | 3 | 7 | 1 | 6 | 9 | 8 | 5 |
|---|---|---|---|---|---|---|---|---|
| 5 | 8 | 6 | 4 | 2 | 9 | 1 | 3 | 7 |
| 9 | 1 | 7 | 5 | 3 | 8 | 2 | 4 | 6 |
| 3 | 7 | 4 | 8 | 9 | 1 | 6 | 5 | 2 |
| 6 | 9 | 8 | 2 | 5 | 7 | 3 | 1 | 4 |
| 1 | 2 | 5 | 6 | 4 | 3 | 7 | 9 | 8 |
| 7 | 5 | 1 | 3 | 8 | 2 | 4 | 6 | 9 |
| 8 | 3 | 2 | 9 | 6 | 4 | 5 | 7 | 1 |
| 4 | 6 | 9 | 1 | 7 | 5 | 8 | 2 | 3 |

A339

| 8 | 3 | 7 | 4 | 5 | 2 | 9 | 1 | 6 |
|---|---|---|---|---|---|---|---|---|
| 9 | 4 | 6 | 1 | 3 | 7 | 2 | 5 | 8 |
| 1 | 5 | 2 | 8 | 6 | 9 | 4 | 7 | 3 |
| 4 | 1 | 3 | 2 | 7 | 6 | 8 | 9 | 5 |
| 6 | 7 | 8 | 5 | 9 | 1 | 3 | 2 | 4 |
| 5 | 2 | 9 | 3 | 8 | 4 | 1 | 6 | 7 |
| 3 | 9 | 1 | 6 | 4 | 5 | 7 | 8 | 2 |
| 7 | 6 | 4 | 9 | 2 | 8 | 5 | 3 | 1 |
| 2 | 8 | 5 | 7 | 1 | 3 | 6 | 4 | 9 |

A340

| 1 | 6 | 5 | 8 | 3 | 7 | 4 | 2 | 9 |
|---|---|---|---|---|---|---|---|---|
| 8 | 7 | 2 | 5 | 4 | 9 | 3 | 1 | 6 |
| 4 | 3 | 9 | 6 | 1 | 2 | 7 | 8 | 5 |
| 2 | 8 | 7 | 4 | 6 | 3 | 5 | 9 | 1 |
| 3 | 4 | 6 | 1 | 9 | 5 | 8 | 7 | 2 |
| 5 | 9 | 1 | 7 | 2 | 8 | 6 | 4 | 3 |
| 9 | 5 | 4 | 3 | 7 | 1 | 2 | 6 | 8 |
| 6 | 1 | 8 | 2 | 5 | 4 | 9 | 3 | 7 |
| 7 | 2 | 3 | 9 | 8 | 6 | 1 | 5 | 4 |

A341

| 3 | 9 | 8 | 5 | 4 | 7 | 6 | 1 | 2 |
|---|---|---|---|---|---|---|---|---|
| 7 | 5 | 2 | 1 | 6 | 3 | 8 | 4 | 9 |
| 1 | 6 | 4 | 8 | 9 | 2 | 5 | 7 | 3 |
| 8 | 7 | 9 | 2 | 3 | 5 | 1 | 6 | 4 |
| 6 | 3 | 1 | 4 | 7 | 9 | 2 | 8 | 5 |
| 2 | 4 | 5 | 6 | 1 | 8 | 3 | 9 | 7 |
| 5 | 1 | 6 | 7 | 2 | 4 | 9 | 3 | 8 |
| 4 | 8 | 3 | 9 | 5 | 1 | 7 | 2 | 6 |
| 9 | 2 | 7 | 3 | 8 | 6 | 4 | 5 | 1 |

A342

| 7 | 3 | 6 | 9 | 2 | 5 | 1 | 4 | 8 |
|---|---|---|---|---|---|---|---|---|
| 2 | 9 | 5 | 1 | 8 | 4 | 3 | 6 | 7 |
| 1 | 4 | 8 | 6 | 7 | 3 | 5 | 2 | 9 |
| 4 | 2 | 3 | 7 | 1 | 8 | 6 | 9 | 5 |
| 6 | 5 | 9 | 4 | 3 | 2 | 7 | 8 | 1 |
| 8 | 1 | 7 | 5 | 6 | 9 | 4 | 3 | 2 |
| 3 | 7 | 1 | 2 | 9 | 6 | 8 | 5 | 4 |
| 9 | 8 | 4 | 3 | 5 | 1 | 2 | 7 | 6 |
| 5 | 6 | 2 | 8 | 4 | 7 | 9 | 1 | 3 |

A343

| 2 | 3 | 6 | 5 | 4 | 8 | 7 | 1 | 9 |
|---|---|---|---|---|---|---|---|---|
| 1 | 7 | 9 | 2 | 6 | 3 | 5 | 8 | 4 |
| 4 | 5 | 8 | 7 | 9 | 1 | 6 | 2 | 3 |
| 8 | 4 | 2 | 3 | 1 | 5 | 9 | 6 | 7 |
| 7 | 1 | 3 | 6 | 2 | 9 | 4 | 5 | 8 |
| 6 | 9 | 5 | 8 | 7 | 4 | 2 | 3 | 1 |
| 9 | 6 | 4 | 1 | 3 | 2 | 8 | 7 | 5 |
| 3 | 8 | 7 | 4 | 5 | 6 | 1 | 9 | 2 |
| 5 | 2 | 1 | 9 | 8 | 7 | 3 | 4 | 6 |

A344

| 2 | 6 | 3 | 1 | 7 | 5 | 8 | 9 | 4 |
|---|---|---|---|---|---|---|---|---|
| 9 | 4 | 1 | 3 | 6 | 8 | 7 | 5 | 2 |
| 7 | 8 | 5 | 2 | 9 | 4 | 3 | 6 | 1 |
| 3 | 2 | 9 | 4 | 8 | 6 | 1 | 7 | 5 |
| 5 | 1 | 6 | 9 | 2 | 7 | 4 | 8 | 3 |
| 8 | 7 | 4 | 5 | 1 | 3 | 9 | 2 | 6 |
| 1 | 5 | 8 | 6 | 3 | 9 | 2 | 4 | 7 |
| 6 | 3 | 7 | 8 | 4 | 2 | 5 | 1 | 9 |
| 4 | 9 | 2 | 7 | 5 | 1 | 6 | 3 | 8 |

A345

| 4 | 3 | 2 | 6 | 8 | 1 | 9 | 7 | 5 |
|---|---|---|---|---|---|---|---|---|
| 9 | 8 | 6 | 3 | 7 | 5 | 1 | 4 | 2 |
| 1 | 7 | 5 | 9 | 2 | 4 | 3 | 8 | 6 |
| 2 | 6 | 8 | 7 | 1 | 3 | 4 | 5 | 9 |
| 3 | 5 | 1 | 4 | 9 | 2 | 7 | 6 | 8 |
| 7 | 9 | 4 | 8 | 5 | 6 | 2 | 3 | 1 |
| 6 | 2 | 7 | 5 | 3 | 9 | 8 | 1 | 4 |
| 5 | 1 | 3 | 2 | 4 | 8 | 6 | 9 | 7 |
| 8 | 4 | 9 | 1 | 6 | 7 | 5 | 2 | 3 |

A346

| 3 | 6 | 2 | 5 | 9 | 8 | 4 | 7 | 1 |
|---|---|---|---|---|---|---|---|---|
| 8 | 4 | 7 | 6 | 3 | 1 | 9 | 2 | 5 |
| 5 | 9 | 1 | 4 | 7 | 2 | 3 | 6 | 8 |
| 2 | 3 | 9 | 8 | 5 | 7 | 1 | 4 | 6 |
| 1 | 5 | 4 | 9 | 6 | 3 | 7 | 8 | 2 |
| 6 | 7 | 8 | 1 | 2 | 4 | 5 | 9 | 3 |
| 9 | 8 | 6 | 7 | 1 | 5 | 2 | 3 | 4 |
| 7 | 1 | 3 | 2 | 4 | 6 | 8 | 5 | 9 |
| 4 | 2 | 5 | 3 | 8 | 9 | 6 | 1 | 7 |

A347

| 6 | 3 | 5 | 1 | 9 | 4 | 8 | 2 | 7 |
|---|---|---|---|---|---|---|---|---|
| 7 | 9 | 1 | 8 | 2 | 3 | 6 | 4 | 5 |
| 8 | 4 | 2 | 5 | 6 | 7 | 3 | 1 | 9 |
| 5 | 7 | 4 | 9 | 1 | 8 | 2 | 6 | 3 |
| 2 | 8 | 6 | 7 | 3 | 5 | 4 | 9 | 1 |
| 9 | 1 | 3 | 6 | 4 | 2 | 5 | 7 | 8 |
| 4 | 6 | 7 | 3 | 5 | 1 | 9 | 8 | 2 |
| 3 | 2 | 8 | 4 | 7 | 9 | 1 | 5 | 6 |
| 1 | 5 | 9 | 2 | 8 | 6 | 7 | 3 | 4 |

A348

| 4 | 5 | 6 | 1 | 9 | 7 | 3 | 8 | 2 |
|---|---|---|---|---|---|---|---|---|
| 1 | 7 | 8 | 3 | 2 | 6 | 9 | 4 | 5 |
| 2 | 9 | 3 | 5 | 8 | 4 | 1 | 6 | 7 |
| 5 | 6 | 9 | 4 | 1 | 8 | 2 | 7 | 3 |
| 8 | 3 | 4 | 7 | 5 | 2 | 6 | 1 | 9 |
| 7 | 1 | 2 | 9 | 6 | 3 | 4 | 5 | 8 |
| 6 | 2 | 5 | 8 | 4 | 9 | 7 | 3 | 1 |
| 9 | 8 | 7 | 6 | 3 | 1 | 5 | 2 | 4 |
| 3 | 4 | 1 | 2 | 7 | 5 | 8 | 9 | 6 |

A349

| 9 | 6 | 8 | 1 | 2 | 3 | 4 | 7 | 5 |
|---|---|---|---|---|---|---|---|---|
| 1 | 4 | 3 | 5 | 7 | 9 | 8 | 6 | 2 |
| 2 | 5 | 7 | 8 | 4 | 6 | 3 | 9 | 1 |
| 6 | 2 | 1 | 9 | 3 | 4 | 7 | 5 | 8 |
| 4 | 8 | 9 | 7 | 1 | 5 | 6 | 2 | 3 |
| 3 | 7 | 5 | 6 | 8 | 2 | 9 | 1 | 4 |
| 7 | 1 | 4 | 2 | 6 | 8 | 5 | 3 | 9 |
| 5 | 3 | 2 | 4 | 9 | 7 | 1 | 8 | 6 |
| 8 | 9 | 6 | 3 | 5 | 1 | 2 | 4 | 7 |

A350

| 7 | 1 | 9 | 3 | 6 | 8 | 5 | 4 | 2 |
|---|---|---|---|---|---|---|---|---|
| 3 | 4 | 6 | 2 | 5 | 7 | 8 | 9 | 1 |
| 5 | 2 | 8 | 9 | 4 | 1 | 3 | 7 | 6 |
| 8 | 5 | 1 | 7 | 9 | 4 | 2 | 6 | 3 |
| 2 | 9 | 3 | 1 | 8 | 6 | 4 | 5 | 7 |
| 4 | 6 | 7 | 5 | 3 | 2 | 9 | 1 | 8 |
| 9 | 7 | 5 | 6 | 2 | 3 | 1 | 8 | 4 |
| 6 | 8 | 2 | 4 | 1 | 9 | 7 | 3 | 5 |
| 1 | 3 | 4 | 8 | 7 | 5 | 6 | 2 | 9 |

A351

| 5 | 2 | 1 | 4 | 3 | 8 | 6 | 7 | 9 |
|---|---|---|---|---|---|---|---|---|
| 9 | 4 | 3 | 5 | 6 | 7 | 1 | 8 | 2 |
| 8 | 7 | 6 | 9 | 1 | 2 | 4 | 5 | 3 |
| 6 | 9 | 2 | 7 | 8 | 4 | 5 | 3 | 1 |
| 7 | 1 | 8 | 3 | 9 | 5 | 2 | 6 | 4 |
| 3 | 5 | 4 | 6 | 2 | 1 | 8 | 9 | 7 |
| 4 | 8 | 5 | 2 | 7 | 9 | 3 | 1 | 6 |
| 2 | 6 | 9 | 1 | 5 | 3 | 7 | 4 | 8 |
| 1 | 3 | 7 | 8 | 4 | 6 | 9 | 2 | 5 |

A352

| 6 | 9 | 8 | 1 | 5 | 7 | 3 | 4 | 2 |
|---|---|---|---|---|---|---|---|---|
| 5 | 7 | 2 | 4 | 3 | 6 | 8 | 9 | 1 |
| 1 | 4 | 3 | 8 | 9 | 2 | 6 | 5 | 7 |
| 7 | 8 | 5 | 3 | 1 | 9 | 4 | 2 | 6 |
| 4 | 2 | 1 | 6 | 7 | 8 | 5 | 3 | 9 |
| 3 | 6 | 9 | 2 | 4 | 5 | 7 | 1 | 8 |
| 8 | 5 | 7 | 9 | 2 | 3 | 1 | 6 | 4 |
| 9 | 1 | 6 | 5 | 8 | 4 | 2 | 7 | 3 |
| 2 | 3 | 4 | 7 | 6 | 1 | 9 | 8 | 5 |

A353

| 4 | 1 | 3 | 7 | 6 | 8 | 5 | 9 | 2 |
|---|---|---|---|---|---|---|---|---|
| 7 | 6 | 9 | 2 | 1 | 5 | 3 | 8 | 4 |
| 5 | 8 | 2 | 3 | 4 | 9 | 1 | 6 | 7 |
| 8 | 9 | 6 | 1 | 7 | 3 | 4 | 2 | 5 |
| 3 | 7 | 4 | 8 | 5 | 2 | 9 | 1 | 6 |
| 2 | 5 | 1 | 4 | 9 | 6 | 7 | 3 | 8 |
| 6 | 3 | 5 | 9 | 8 | 7 | 2 | 4 | 1 |
| 9 | 4 | 7 | 6 | 2 | 1 | 8 | 5 | 3 |
| 1 | 2 | 8 | 5 | 3 | 4 | 6 | 7 | 9 |

A354

| 7 | 4 | 9 | 5 | 2 | 3 | 1 | 6 | 8 |
|---|---|---|---|---|---|---|---|---|
| 8 | 3 | 2 | 1 | 6 | 4 | 7 | 9 | 5 |
| 6 | 5 | 1 | 9 | 7 | 8 | 4 | 2 | 3 |
| 9 | 1 | 7 | 8 | 3 | 5 | 6 | 4 | 2 |
| 3 | 2 | 8 | 6 | 4 | 1 | 9 | 5 | 7 |
| 4 | 6 | 5 | 2 | 9 | 7 | 3 | 8 | 1 |
| 2 | 7 | 3 | 4 | 8 | 6 | 5 | 1 | 9 |
| 1 | 8 | 6 | 7 | 5 | 9 | 2 | 3 | 4 |
| 5 | 9 | 4 | 3 | 1 | 2 | 8 | 7 | 6 |

A355

| 9 | 8 | 6 | 7 | 2 | 1 | 5 | 3 | 4 |
|---|---|---|---|---|---|---|---|---|
| 3 | 1 | 4 | 9 | 5 | 8 | 6 | 7 | 2 |
| 7 | 5 | 2 | 3 | 4 | 6 | 1 | 8 | 9 |
| 1 | 6 | 3 | 5 | 8 | 9 | 4 | 2 | 7 |
| 4 | 9 | 7 | 6 | 1 | 2 | 8 | 5 | 3 |
| 8 | 2 | 5 | 4 | 3 | 7 | 9 | 1 | 6 |
| 5 | 7 | 8 | 2 | 9 | 4 | 3 | 6 | 1 |
| 6 | 3 | 9 | 1 | 7 | 5 | 2 | 4 | 8 |
| 2 | 4 | 1 | 8 | 6 | 3 | 7 | 9 | 5 |

A356

| 5 | 9 | 2 | 3 | 6 | 8 | 4 | 7 | 1 |
|---|---|---|---|---|---|---|---|---|
| 7 | 8 | 1 | 2 | 4 | 5 | 3 | 6 | 9 |
| 6 | 4 | 3 | 7 | 1 | 9 | 2 | 8 | 5 |
| 2 | 6 | 7 | 1 | 9 | 4 | 8 | 5 | 3 |
| 9 | 1 | 4 | 8 | 5 | 3 | 7 | 2 | 6 |
| 3 | 5 | 8 | 6 | 7 | 2 | 1 | 9 | 4 |
| 1 | 2 | 9 | 4 | 8 | 6 | 5 | 3 | 7 |
| 4 | 3 | 5 | 9 | 2 | 7 | 6 | 1 | 8 |
| 8 | 7 | 6 | 5 | 3 | 1 | 9 | 4 | 2 |

A357

| 2 | 9 | 1 | 3 | 8 | 5 | 6 | 7 | 4 |
|---|---|---|---|---|---|---|---|---|
| 4 | 7 | 5 | 2 | 9 | 6 | 3 | 8 | 1 |
| 8 | 6 | 3 | 4 | 1 | 7 | 5 | 2 | 9 |
| 9 | 4 | 8 | 5 | 6 | 2 | 1 | 3 | 7 |
| 7 | 5 | 6 | 1 | 4 | 3 | 8 | 9 | 2 |
| 1 | 3 | 2 | 9 | 7 | 8 | 4 | 6 | 5 |
| 6 | 2 | 7 | 8 | 5 | 1 | 9 | 4 | 3 |
| 3 | 1 | 9 | 6 | 2 | 4 | 7 | 5 | 8 |
| 5 | 8 | 4 | 7 | 3 | 9 | 2 | 1 | 6 |

A358

| 1 | 8 | 7 | 5 | 2 | 3 | 4 | 6 | 9 |
|---|---|---|---|---|---|---|---|---|
| 2 | 5 | 9 | 4 | 6 | 1 | 8 | 3 | 7 |
| 6 | 3 | 4 | 9 | 7 | 8 | 5 | 1 | 2 |
| 7 | 6 | 3 | 2 | 8 | 5 | 1 | 9 | 4 |
| 5 | 1 | 2 | 3 | 4 | 9 | 6 | 7 | 8 |
| 9 | 4 | 8 | 7 | 1 | 6 | 2 | 5 | 3 |
| 8 | 7 | 5 | 6 | 9 | 4 | 3 | 2 | 1 |
| 3 | 2 | 1 | 8 | 5 | 7 | 9 | 4 | 6 |
| 4 | 9 | 6 | 1 | 3 | 2 | 7 | 8 | 5 |

A359

| 9 | 7 | 5 | 1 | 8 | 2 | 6 | 3 | 4 |
|---|---|---|---|---|---|---|---|---|
| 4 | 6 | 8 | 7 | 9 | 3 | 1 | 2 | 5 |
| 1 | 2 | 3 | 5 | 4 | 6 | 7 | 8 | 9 |
| 6 | 5 | 7 | 9 | 3 | 1 | 2 | 4 | 8 |
| 3 | 8 | 4 | 2 | 6 | 7 | 9 | 5 | 1 |
| 2 | 9 | 1 | 4 | 5 | 8 | 3 | 6 | 7 |
| 8 | 1 | 9 | 6 | 2 | 4 | 5 | 7 | 3 |
| 7 | 4 | 2 | 3 | 1 | 5 | 8 | 9 | 6 |
| 5 | 3 | 6 | 8 | 7 | 9 | 4 | 1 | 2 |

A360

| 1 | 8 | 6 | 9 | 2 | 3 | 7 | 5 | 4 |
|---|---|---|---|---|---|---|---|---|
| 5 | 4 | 3 | 7 | 8 | 1 | 6 | 9 | 2 |
| 2 | 9 | 7 | 6 | 5 | 4 | 3 | 1 | 8 |
| 7 | 1 | 9 | 2 | 3 | 6 | 8 | 4 | 5 |
| 8 | 3 | 5 | 4 | 1 | 7 | 9 | 2 | 6 |
| 6 | 2 | 4 | 5 | 9 | 8 | 1 | 3 | 7 |
| 3 | 7 | 1 | 8 | 4 | 2 | 5 | 6 | 9 |
| 9 | 6 | 2 | 1 | 7 | 5 | 4 | 8 | 3 |
| 4 | 5 | 8 | 3 | 6 | 9 | 2 | 7 | 1 |

A361

| 6 | 9 | 8 | 4 | 2 | 1 | 5 | 3 | 7 |
|---|---|---|---|---|---|---|---|---|
| 3 | 5 | 7 | 9 | 8 | 6 | 4 | 2 | 1 |
| 1 | 4 | 2 | 5 | 7 | 3 | 9 | 8 | 6 |
| 9 | 7 | 3 | 8 | 1 | 2 | 6 | 5 | 4 |
| 4 | 1 | 5 | 3 | 6 | 9 | 8 | 7 | 2 |
| 2 | 8 | 6 | 7 | 4 | 5 | 3 | 1 | 9 |
| 7 | 3 | 9 | 1 | 5 | 4 | 2 | 6 | 8 |
| 8 | 6 | 4 | 2 | 3 | 7 | 1 | 9 | 5 |
| 5 | 2 | 1 | 6 | 9 | 8 | 7 | 4 | 3 |

A362

| 6 | 8 | 5 | 7 | 3 | 4 | 9 | 1 | 2 |
|---|---|---|---|---|---|---|---|---|
| 4 | 7 | 1 | 2 | 9 | 6 | 8 | 5 | 3 |
| 2 | 3 | 9 | 1 | 5 | 8 | 7 | 4 | 6 |
| 3 | 6 | 4 | 8 | 2 | 9 | 5 | 7 | 1 |
| 1 | 2 | 8 | 5 | 6 | 7 | 3 | 9 | 4 |
| 9 | 5 | 7 | 3 | 4 | 1 | 2 | 6 | 8 |
| 7 | 9 | 6 | 4 | 8 | 3 | 1 | 2 | 5 |
| 8 | 4 | 2 | 9 | 1 | 5 | 6 | 3 | 7 |
| 5 | 1 | 3 | 6 | 7 | 2 | 4 | 8 | 9 |

A363

| 4 | 9 | 1 | 7 | 8 | 5 | 2 | 6 | 3 |
|---|---|---|---|---|---|---|---|---|
| 2 | 7 | 6 | 1 | 4 | 3 | 8 | 9 | 5 |
| 5 | 8 | 3 | 6 | 9 | 2 | 4 | 1 | 7 |
| 9 | 5 | 2 | 4 | 1 | 8 | 3 | 7 | 6 |
| 8 | 6 | 4 | 5 | 3 | 7 | 9 | 2 | 1 |
| 3 | 1 | 7 | 9 | 2 | 6 | 5 | 8 | 4 |
| 6 | 4 | 5 | 8 | 7 | 9 | 1 | 3 | 2 |
| 7 | 2 | 9 | 3 | 5 | 1 | 6 | 4 | 8 |
| 1 | 3 | 8 | 2 | 6 | 4 | 7 | 5 | 9 |

A364

| 5 | 2 | 1 | 8 | 7 | 6 | 3 | 4 | 9 |
|---|---|---|---|---|---|---|---|---|
| 3 | 8 | 6 | 9 | 2 | 4 | 5 | 7 | 1 |
| 9 | 7 | 4 | 3 | 1 | 5 | 2 | 8 | 6 |
| 6 | 1 | 7 | 4 | 5 | 3 | 8 | 9 | 2 |
| 4 | 9 | 5 | 2 | 6 | 8 | 1 | 3 | 7 |
| 2 | 3 | 8 | 1 | 9 | 7 | 6 | 5 | 4 |
| 7 | 5 | 3 | 6 | 4 | 2 | 9 | 1 | 8 |
| 1 | 4 | 2 | 5 | 8 | 9 | 7 | 6 | 3 |
| 8 | 6 | 9 | 7 | 3 | 1 | 4 | 2 | 5 |

A365

| 6 | 4 | 7 | 3 | 5 | 2 | 1 | 8 | 9 |
|---|---|---|---|---|---|---|---|---|
| 2 | 5 | 1 | 8 | 7 | 9 | 6 | 4 | 3 |
| 8 | 9 | 3 | 1 | 6 | 4 | 5 | 2 | 7 |
| 9 | 6 | 2 | 4 | 3 | 8 | 7 | 5 | 1 |
| 7 | 3 | 5 | 6 | 2 | 1 | 4 | 9 | 8 |
| 4 | 1 | 8 | 7 | 9 | 5 | 2 | 3 | 6 |
| 5 | 2 | 6 | 9 | 8 | 7 | 3 | 1 | 4 |
| 1 | 7 | 9 | 2 | 4 | 3 | 8 | 6 | 5 |
| 3 | 8 | 4 | 5 | 1 | 6 | 9 | 7 | 2 |

A366

| 6 | 4 | 1 | 3 | 2 | 9 | 7 | 8 | 5 |
|---|---|---|---|---|---|---|---|---|
| 8 | 3 | 2 | 5 | 7 | 1 | 4 | 6 | 9 |
| 5 | 9 | 7 | 4 | 8 | 6 | 3 | 1 | 2 |
| 7 | 5 | 8 | 9 | 6 | 4 | 2 | 3 | 1 |
| 3 | 6 | 4 | 2 | 1 | 5 | 9 | 7 | 8 |
| 1 | 2 | 9 | 7 | 3 | 8 | 5 | 4 | 6 |
| 2 | 1 | 5 | 8 | 4 | 7 | 6 | 9 | 3 |
| 4 | 8 | 3 | 6 | 9 | 2 | 1 | 5 | 7 |
| 9 | 7 | 6 | 1 | 5 | 3 | 8 | 2 | 4 |

A367

| 9 | 6 | 3 | 8 | 5 | 1 | 7 | 4 | 2 |
|---|---|---|---|---|---|---|---|---|
| 8 | 4 | 1 | 2 | 3 | 7 | 9 | 5 | 6 |
| 5 | 7 | 2 | 9 | 6 | 4 | 1 | 3 | 8 |
| 6 | 8 | 9 | 7 | 1 | 5 | 4 | 2 | 3 |
| 3 | 2 | 7 | 6 | 4 | 9 | 8 | 1 | 5 |
| 4 | 1 | 5 | 3 | 2 | 8 | 6 | 7 | 9 |
| 1 | 3 | 8 | 5 | 7 | 6 | 2 | 9 | 4 |
| 7 | 5 | 6 | 4 | 9 | 2 | 3 | 8 | 1 |
| 2 | 9 | 4 | 1 | 8 | 3 | 5 | 6 | 7 |

A368

| 5 | 4 | 8 | 1 | 9 | 3 | 6 | 2 | 7 |
|---|---|---|---|---|---|---|---|---|
| 9 | 6 | 7 | 4 | 2 | 8 | 1 | 3 | 5 |
| 2 | 3 | 1 | 7 | 6 | 5 | 9 | 8 | 4 |
| 1 | 2 | 3 | 8 | 7 | 4 | 5 | 6 | 9 |
| 8 | 7 | 4 | 9 | 5 | 6 | 2 | 1 | 3 |
| 6 | 5 | 9 | 2 | 3 | 1 | 7 | 4 | 8 |
| 4 | 1 | 6 | 5 | 8 | 9 | 3 | 7 | 2 |
| 7 | 8 | 5 | 3 | 1 | 2 | 4 | 9 | 6 |
| 3 | 9 | 2 | 6 | 4 | 7 | 8 | 5 | 1 |

A369

| 7 | 5 | 6 | 8 | 2 | 4 | 3 | 9 | 1 |
|---|---|---|---|---|---|---|---|---|
| 4 | 3 | 1 | 7 | 5 | 9 | 8 | 2 | 6 |
| 2 | 9 | 8 | 1 | 3 | 6 | 4 | 7 | 5 |
| 6 | 2 | 3 | 9 | 4 | 5 | 1 | 8 | 7 |
| 9 | 1 | 4 | 6 | 8 | 7 | 5 | 3 | 2 |
| 5 | 8 | 7 | 3 | 1 | 2 | 6 | 4 | 9 |
| 3 | 6 | 2 | 4 | 9 | 1 | 7 | 5 | 8 |
| 1 | 4 | 5 | 2 | 7 | 8 | 9 | 6 | 3 |
| 8 | 7 | 9 | 5 | 6 | 3 | 2 | 1 | 4 |

A370

| 7 | 6 | 5 | 9 | 4 | 8 | 1 | 2 | 3 |
|---|---|---|---|---|---|---|---|---|
| 1 | 2 | 8 | 7 | 5 | 3 | 6 | 4 | 9 |
| 4 | 9 | 3 | 1 | 2 | 6 | 8 | 7 | 5 |
| 8 | 7 | 6 | 4 | 9 | 5 | 3 | 1 | 2 |
| 5 | 3 | 4 | 6 | 1 | 2 | 9 | 8 | 7 |
| 2 | 1 | 9 | 8 | 3 | 7 | 5 | 6 | 4 |
| 9 | 4 | 2 | 3 | 6 | 1 | 7 | 5 | 8 |
| 3 | 8 | 1 | 5 | 7 | 4 | 2 | 9 | 6 |
| 6 | 5 | 7 | 2 | 8 | 9 | 4 | 3 | 1 |

A371

| 9 | 1 | 5 | 4 | 7 | 8 | 3 | 6 | 2 |
|---|---|---|---|---|---|---|---|---|
| 8 | 7 | 3 | 2 | 5 | 6 | 4 | 1 | 9 |
| 6 | 4 | 2 | 3 | 9 | 1 | 5 | 8 | 7 |
| 4 | 5 | 1 | 6 | 3 | 7 | 2 | 9 | 8 |
| 3 | 2 | 9 | 8 | 1 | 5 | 6 | 7 | 4 |
| 7 | 6 | 8 | 9 | 2 | 4 | 1 | 5 | 3 |
| 1 | 8 | 6 | 7 | 4 | 3 | 9 | 2 | 5 |
| 2 | 3 | 7 | 5 | 6 | 9 | 8 | 4 | 1 |
| 5 | 9 | 4 | 1 | 8 | 2 | 7 | 3 | 6 |

A372

| 1 | 7 | 5 | 8 | 3 | 9 | 4 | 2 | 6 |
|---|---|---|---|---|---|---|---|---|
| 8 | 3 | 2 | 5 | 4 | 6 | 1 | 7 | 9 |
| 9 | 6 | 4 | 2 | 1 | 7 | 3 | 8 | 5 |
| 6 | 8 | 3 | 9 | 2 | 4 | 7 | 5 | 1 |
| 7 | 2 | 1 | 6 | 5 | 8 | 9 | 3 | 4 |
| 5 | 4 | 9 | 1 | 7 | 3 | 2 | 6 | 8 |
| 4 | 5 | 8 | 3 | 9 | 2 | 6 | 1 | 7 |
| 3 | 9 | 6 | 7 | 8 | 1 | 5 | 4 | 2 |
| 2 | 1 | 7 | 4 | 6 | 5 | 8 | 9 | 3 |

**A373**

| 6 | 5 | 1 | 7 | 2 | 3 | 9 | 4 | 8 |
|---|---|---|---|---|---|---|---|---|
| 7 | 4 | 2 | 9 | 5 | 8 | 1 | 3 | 6 |
| 8 | 3 | 9 | 1 | 4 | 6 | 7 | 5 | 2 |
| 5 | 9 | 7 | 2 | 6 | 4 | 3 | 8 | 1 |
| 2 | 8 | 6 | 3 | 1 | 5 | 4 | 7 | 9 |
| 4 | 1 | 3 | 8 | 7 | 9 | 2 | 6 | 5 |
| 3 | 6 | 5 | 4 | 9 | 2 | 8 | 1 | 7 |
| 1 | 2 | 8 | 5 | 3 | 7 | 6 | 9 | 4 |
| 9 | 7 | 4 | 6 | 8 | 1 | 5 | 2 | 3 |

**A374**

| 9 | 3 | 2 | 4 | 1 | 8 | 6 | 7 | 5 |
|---|---|---|---|---|---|---|---|---|
| 7 | 8 | 5 | 6 | 3 | 9 | 1 | 2 | 4 |
| 6 | 4 | 1 | 5 | 2 | 7 | 3 | 8 | 9 |
| 4 | 5 | 8 | 3 | 6 | 1 | 2 | 9 | 7 |
| 2 | 6 | 9 | 7 | 4 | 5 | 8 | 1 | 3 |
| 1 | 7 | 3 | 9 | 8 | 2 | 5 | 4 | 6 |
| 3 | 1 | 7 | 8 | 9 | 6 | 4 | 5 | 2 |
| 8 | 9 | 4 | 2 | 5 | 3 | 7 | 6 | 1 |
| 5 | 2 | 6 | 1 | 7 | 4 | 9 | 3 | 8 |

**A375**

| 5 | 9 | 7 | 3 | 8 | 4 | 2 | 6 | 1 |
|---|---|---|---|---|---|---|---|---|
| 2 | 4 | 1 | 5 | 7 | 6 | 8 | 3 | 9 |
| 8 | 6 | 3 | 1 | 2 | 9 | 7 | 5 | 4 |
| 1 | 3 | 8 | 7 | 6 | 5 | 4 | 9 | 2 |
| 4 | 7 | 9 | 8 | 3 | 2 | 5 | 1 | 6 |
| 6 | 5 | 2 | 4 | 9 | 1 | 3 | 8 | 7 |
| 9 | 8 | 6 | 2 | 5 | 7 | 1 | 4 | 3 |
| 7 | 1 | 5 | 9 | 4 | 3 | 6 | 2 | 8 |
| 3 | 2 | 4 | 6 | 1 | 8 | 9 | 7 | 5 |

**A376**

| 2 | 3 | 1 | 7 | 6 | 4 | 9 | 5 | 8 |
|---|---|---|---|---|---|---|---|---|
| 6 | 7 | 9 | 1 | 5 | 8 | 2 | 3 | 4 |
| 8 | 4 | 5 | 9 | 2 | 3 | 7 | 1 | 6 |
| 4 | 2 | 7 | 8 | 1 | 9 | 3 | 6 | 5 |
| 9 | 1 | 8 | 5 | 3 | 6 | 4 | 2 | 7 |
| 5 | 6 | 3 | 2 | 4 | 7 | 1 | 8 | 9 |
| 7 | 9 | 6 | 3 | 8 | 1 | 5 | 4 | 2 |
| 1 | 8 | 2 | 4 | 7 | 5 | 6 | 9 | 3 |
| 3 | 5 | 4 | 6 | 9 | 2 | 8 | 7 | 1 |

**A377**

| 9 | 5 | 4 | 7 | 3 | 6 | 2 | 1 | 8 |
|---|---|---|---|---|---|---|---|---|
| 2 | 6 | 8 | 5 | 4 | 1 | 3 | 7 | 9 |
| 3 | 1 | 7 | 9 | 2 | 8 | 6 | 4 | 5 |
| 8 | 7 | 6 | 4 | 1 | 2 | 5 | 9 | 3 |
| 5 | 2 | 1 | 3 | 6 | 9 | 4 | 8 | 7 |
| 4 | 9 | 3 | 8 | 5 | 7 | 1 | 2 | 6 |
| 1 | 8 | 5 | 6 | 9 | 4 | 7 | 3 | 2 |
| 6 | 4 | 9 | 2 | 7 | 3 | 8 | 5 | 1 |
| 7 | 3 | 2 | 1 | 8 | 5 | 9 | 6 | 4 |

**A378**

| 1 | 6 | 7 | 5 | 8 | 2 | 9 | 4 | 3 |
|---|---|---|---|---|---|---|---|---|
| 9 | 2 | 5 | 4 | 3 | 6 | 8 | 7 | 1 |
| 8 | 3 | 4 | 9 | 1 | 7 | 6 | 5 | 2 |
| 6 | 4 | 2 | 8 | 5 | 1 | 3 | 9 | 7 |
| 3 | 7 | 9 | 2 | 6 | 4 | 1 | 8 | 5 |
| 5 | 8 | 1 | 7 | 9 | 3 | 2 | 6 | 4 |
| 2 | 9 | 8 | 1 | 7 | 5 | 4 | 3 | 6 |
| 4 | 5 | 6 | 3 | 2 | 8 | 7 | 1 | 9 |
| 7 | 1 | 3 | 6 | 4 | 9 | 5 | 2 | 8 |

**A379**

| 9 | 1 | 7 | 8 | 5 | 2 | 3 | 6 | 4 |
|---|---|---|---|---|---|---|---|---|
| 8 | 3 | 2 | 6 | 9 | 4 | 7 | 5 | 1 |
| 6 | 5 | 4 | 1 | 7 | 3 | 2 | 9 | 8 |
| 4 | 7 | 9 | 5 | 2 | 8 | 1 | 3 | 6 |
| 3 | 8 | 1 | 7 | 6 | 9 | 4 | 2 | 5 |
| 2 | 6 | 5 | 3 | 4 | 1 | 8 | 7 | 9 |
| 5 | 4 | 6 | 2 | 8 | 7 | 9 | 1 | 3 |
| 7 | 9 | 3 | 4 | 1 | 6 | 5 | 8 | 2 |
| 1 | 2 | 8 | 9 | 3 | 5 | 6 | 4 | 7 |

**A380**

| 9 | 2 | 6 | 8 | 5 | 4 | 7 | 3 | 1 |
|---|---|---|---|---|---|---|---|---|
| 8 | 5 | 3 | 1 | 7 | 6 | 4 | 9 | 2 |
| 7 | 1 | 4 | 9 | 3 | 2 | 6 | 8 | 5 |
| 2 | 6 | 9 | 4 | 1 | 8 | 5 | 7 | 3 |
| 3 | 4 | 8 | 5 | 6 | 7 | 2 | 1 | 9 |
| 5 | 7 | 1 | 3 | 2 | 9 | 8 | 4 | 6 |
| 6 | 9 | 2 | 7 | 8 | 3 | 1 | 5 | 4 |
| 4 | 8 | 5 | 2 | 9 | 1 | 3 | 6 | 7 |
| 1 | 3 | 7 | 6 | 4 | 5 | 9 | 2 | 8 |

**A381**

| 3 | 9 | 7 | 5 | 2 | 8 | 4 | 1 | 6 |
|---|---|---|---|---|---|---|---|---|
| 8 | 1 | 4 | 6 | 9 | 3 | 5 | 2 | 7 |
| 5 | 6 | 2 | 7 | 1 | 4 | 3 | 9 | 8 |
| 1 | 5 | 3 | 8 | 7 | 9 | 6 | 4 | 2 |
| 6 | 2 | 8 | 1 | 4 | 5 | 9 | 7 | 3 |
| 4 | 7 | 9 | 3 | 6 | 2 | 8 | 5 | 1 |
| 2 | 8 | 1 | 4 | 5 | 6 | 7 | 3 | 9 |
| 7 | 3 | 5 | 9 | 8 | 1 | 2 | 6 | 4 |
| 9 | 4 | 6 | 2 | 3 | 7 | 1 | 8 | 5 |

**A382**

| 9 | 5 | 8 | 3 | 1 | 4 | 6 | 7 | 2 |
|---|---|---|---|---|---|---|---|---|
| 6 | 3 | 4 | 7 | 8 | 2 | 9 | 5 | 1 |
| 1 | 2 | 7 | 9 | 6 | 5 | 4 | 8 | 3 |
| 7 | 8 | 3 | 2 | 4 | 1 | 5 | 9 | 6 |
| 5 | 4 | 1 | 6 | 3 | 9 | 8 | 2 | 7 |
| 2 | 9 | 6 | 5 | 7 | 8 | 1 | 3 | 4 |
| 3 | 7 | 5 | 1 | 9 | 6 | 2 | 4 | 8 |
| 4 | 1 | 2 | 8 | 5 | 7 | 3 | 6 | 9 |
| 8 | 6 | 9 | 4 | 2 | 3 | 7 | 1 | 5 |

**A383**

| 3 | 7 | 5 | 6 | 9 | 4 | 1 | 2 | 8 |
|---|---|---|---|---|---|---|---|---|
| 1 | 2 | 8 | 5 | 3 | 7 | 6 | 4 | 9 |
| 4 | 6 | 9 | 2 | 1 | 8 | 5 | 7 | 3 |
| 6 | 9 | 4 | 7 | 2 | 3 | 8 | 1 | 5 |
| 7 | 8 | 1 | 4 | 6 | 5 | 3 | 9 | 2 |
| 2 | 5 | 3 | 9 | 8 | 1 | 7 | 6 | 4 |
| 8 | 3 | 7 | 1 | 4 | 2 | 9 | 5 | 6 |
| 9 | 1 | 2 | 8 | 5 | 6 | 4 | 3 | 7 |
| 5 | 4 | 6 | 3 | 7 | 9 | 2 | 8 | 1 |

**A384**

| 5 | 4 | 8 | 9 | 2 | 6 | 1 | 3 | 7 |
|---|---|---|---|---|---|---|---|---|
| 6 | 3 | 7 | 8 | 4 | 1 | 2 | 9 | 5 |
| 2 | 9 | 1 | 3 | 7 | 5 | 6 | 8 | 4 |
| 4 | 1 | 5 | 7 | 8 | 9 | 3 | 6 | 2 |
| 8 | 2 | 6 | 1 | 3 | 4 | 5 | 7 | 9 |
| 3 | 7 | 9 | 6 | 5 | 2 | 4 | 1 | 8 |
| 9 | 5 | 3 | 2 | 6 | 7 | 8 | 4 | 1 |
| 7 | 8 | 4 | 5 | 1 | 3 | 9 | 2 | 6 |
| 1 | 6 | 2 | 4 | 9 | 8 | 7 | 5 | 3 |

A385

| 2 | 9 | 1 | 3 | 5 | 4 | 7 | 8 | 6 |
|---|---|---|---|---|---|---|---|---|
| 5 | 3 | 7 | 1 | 6 | 8 | 9 | 4 | 2 |
| 4 | 8 | 6 | 9 | 7 | 2 | 3 | 1 | 5 |
| 6 | 5 | 3 | 7 | 4 | 1 | 2 | 9 | 8 |
| 7 | 4 | 9 | 8 | 2 | 3 | 6 | 5 | 1 |
| 1 | 2 | 8 | 6 | 9 | 5 | 4 | 7 | 3 |
| 9 | 1 | 4 | 5 | 3 | 6 | 8 | 2 | 7 |
| 8 | 6 | 2 | 4 | 1 | 7 | 5 | 3 | 9 |
| 3 | 7 | 5 | 2 | 8 | 9 | 1 | 6 | 4 |

A386

| 7 | 2 | 3 | 8 | 4 | 5 | 1 | 6 | 9 |
|---|---|---|---|---|---|---|---|---|
| 8 | 5 | 1 | 6 | 9 | 7 | 3 | 4 | 2 |
| 9 | 6 | 4 | 1 | 2 | 3 | 8 | 7 | 5 |
| 6 | 4 | 2 | 3 | 7 | 8 | 5 | 9 | 1 |
| 1 | 9 | 8 | 4 | 5 | 2 | 7 | 3 | 6 |
| 3 | 7 | 5 | 9 | 6 | 1 | 4 | 2 | 8 |
| 5 | 3 | 6 | 2 | 8 | 4 | 9 | 1 | 7 |
| 4 | 8 | 9 | 7 | 1 | 6 | 2 | 5 | 3 |
| 2 | 1 | 7 | 5 | 3 | 9 | 6 | 8 | 4 |

A387

| 5 | 8 | 3 | 1 | 4 | 9 | 2 | 7 | 6 |
|---|---|---|---|---|---|---|---|---|
| 6 | 2 | 1 | 5 | 7 | 3 | 4 | 8 | 9 |
| 7 | 9 | 4 | 8 | 6 | 2 | 5 | 1 | 3 |
| 3 | 5 | 7 | 9 | 8 | 4 | 6 | 2 | 1 |
| 9 | 1 | 6 | 3 | 2 | 7 | 8 | 5 | 4 |
| 2 | 4 | 8 | 6 | 1 | 5 | 3 | 9 | 7 |
| 4 | 6 | 2 | 7 | 9 | 8 | 1 | 3 | 5 |
| 1 | 3 | 9 | 2 | 5 | 6 | 7 | 4 | 8 |
| 8 | 7 | 5 | 4 | 3 | 1 | 9 | 6 | 2 |

A388

| 5 | 2 | 4 | 8 | 6 | 9 | 3 | 1 | 7 |
|---|---|---|---|---|---|---|---|---|
| 6 | 7 | 8 | 3 | 1 | 2 | 4 | 9 | 5 |
| 1 | 3 | 9 | 7 | 4 | 5 | 2 | 6 | 8 |
| 9 | 1 | 5 | 2 | 3 | 6 | 8 | 7 | 4 |
| 3 | 4 | 6 | 1 | 8 | 7 | 5 | 2 | 9 |
| 2 | 8 | 7 | 5 | 9 | 4 | 6 | 3 | 1 |
| 8 | 6 | 2 | 4 | 7 | 1 | 9 | 5 | 3 |
| 4 | 9 | 1 | 6 | 5 | 3 | 7 | 8 | 2 |
| 7 | 5 | 3 | 9 | 2 | 8 | 1 | 4 | 6 |

A389

| 1 | 9 | 4 | 3 | 5 | 2 | 8 | 6 | 7 |
|---|---|---|---|---|---|---|---|---|
| 5 | 6 | 8 | 7 | 4 | 9 | 1 | 2 | 3 |
| 3 | 7 | 2 | 6 | 8 | 1 | 9 | 5 | 4 |
| 7 | 2 | 3 | 9 | 6 | 5 | 4 | 8 | 1 |
| 9 | 5 | 6 | 4 | 1 | 8 | 7 | 3 | 2 |
| 4 | 8 | 1 | 2 | 3 | 7 | 6 | 9 | 5 |
| 8 | 1 | 9 | 5 | 7 | 3 | 2 | 4 | 6 |
| 2 | 4 | 5 | 1 | 9 | 6 | 3 | 7 | 8 |
| 6 | 3 | 7 | 8 | 2 | 4 | 5 | 1 | 9 |

A390

| 4 | 9 | 2 | 7 | 6 | 8 | 1 | 3 | 5 |
|---|---|---|---|---|---|---|---|---|
| 5 | 3 | 7 | 9 | 1 | 4 | 2 | 8 | 6 |
| 6 | 8 | 1 | 2 | 3 | 5 | 9 | 4 | 7 |
| 1 | 2 | 8 | 5 | 4 | 3 | 7 | 6 | 9 |
| 9 | 5 | 6 | 8 | 2 | 7 | 4 | 1 | 3 |
| 3 | 7 | 4 | 6 | 9 | 1 | 5 | 2 | 8 |
| 7 | 6 | 9 | 1 | 8 | 2 | 3 | 5 | 4 |
| 8 | 1 | 3 | 4 | 5 | 9 | 6 | 7 | 2 |
| 2 | 4 | 5 | 3 | 7 | 6 | 8 | 9 | 1 |

A391

| 2 | 8 | 7 | 5 | 4 | 9 | 1 | 3 | 6 |
|---|---|---|---|---|---|---|---|---|
| 1 | 9 | 4 | 3 | 7 | 6 | 2 | 5 | 8 |
| 6 | 5 | 3 | 2 | 1 | 8 | 4 | 9 | 7 |
| 9 | 6 | 5 | 4 | 8 | 2 | 3 | 7 | 1 |
| 8 | 4 | 1 | 7 | 6 | 3 | 5 | 2 | 9 |
| 7 | 3 | 2 | 9 | 5 | 1 | 8 | 6 | 4 |
| 5 | 7 | 6 | 8 | 3 | 4 | 9 | 1 | 2 |
| 4 | 1 | 9 | 6 | 2 | 5 | 7 | 8 | 3 |
| 3 | 2 | 8 | 1 | 9 | 7 | 6 | 4 | 5 |

A392

| 5 | 3 | 7 | 4 | 8 | 1 | 2 | 9 | 6 |
|---|---|---|---|---|---|---|---|---|
| 9 | 1 | 8 | 2 | 6 | 7 | 3 | 4 | 5 |
| 4 | 6 | 2 | 5 | 9 | 3 | 7 | 1 | 8 |
| 1 | 8 | 4 | 6 | 3 | 2 | 9 | 5 | 7 |
| 7 | 2 | 6 | 8 | 5 | 9 | 4 | 3 | 1 |
| 3 | 5 | 9 | 1 | 7 | 4 | 6 | 8 | 2 |
| 2 | 9 | 3 | 7 | 1 | 5 | 8 | 6 | 4 |
| 6 | 7 | 1 | 3 | 4 | 8 | 5 | 2 | 9 |
| 8 | 4 | 5 | 9 | 2 | 6 | 1 | 7 | 3 |

A393

| 8 | 6 | 2 | 1 | 3 | 9 | 7 | 5 | 4 |
|---|---|---|---|---|---|---|---|---|
| 4 | 7 | 1 | 2 | 8 | 5 | 3 | 6 | 9 |
| 3 | 5 | 9 | 4 | 7 | 6 | 1 | 2 | 8 |
| 5 | 1 | 6 | 8 | 4 | 3 | 9 | 7 | 2 |
| 7 | 9 | 4 | 5 | 1 | 2 | 8 | 3 | 6 |
| 2 | 3 | 8 | 9 | 6 | 7 | 4 | 1 | 5 |
| 1 | 4 | 7 | 6 | 5 | 8 | 2 | 9 | 3 |
| 9 | 8 | 5 | 3 | 2 | 1 | 6 | 4 | 7 |
| 6 | 2 | 3 | 7 | 9 | 4 | 5 | 8 | 1 |

A394

| 1 | 3 | 5 | 9 | 4 | 2 | 8 | 7 | 6 |
|---|---|---|---|---|---|---|---|---|
| 6 | 2 | 9 | 1 | 7 | 8 | 3 | 4 | 5 |
| 4 | 8 | 7 | 6 | 5 | 3 | 1 | 9 | 2 |
| 2 | 5 | 6 | 7 | 3 | 9 | 4 | 8 | 1 |
| 9 | 1 | 8 | 5 | 2 | 4 | 7 | 6 | 3 |
| 3 | 7 | 4 | 8 | 1 | 6 | 5 | 2 | 9 |
| 8 | 6 | 3 | 4 | 9 | 5 | 2 | 1 | 7 |
| 5 | 4 | 1 | 2 | 6 | 7 | 9 | 3 | 8 |
| 7 | 9 | 2 | 3 | 8 | 1 | 6 | 5 | 4 |

A395

| 6 | 9 | 4 | 7 | 8 | 3 | 5 | 2 | 1 |
|---|---|---|---|---|---|---|---|---|
| 5 | 8 | 3 | 1 | 4 | 2 | 7 | 9 | 6 |
| 7 | 2 | 1 | 6 | 9 | 5 | 3 | 8 | 4 |
| 9 | 5 | 7 | 3 | 2 | 6 | 1 | 4 | 8 |
| 3 | 4 | 2 | 8 | 5 | 1 | 9 | 6 | 7 |
| 1 | 6 | 8 | 9 | 7 | 4 | 2 | 5 | 3 |
| 2 | 1 | 6 | 5 | 3 | 8 | 4 | 7 | 9 |
| 4 | 3 | 9 | 2 | 6 | 7 | 8 | 1 | 5 |
| 8 | 7 | 5 | 4 | 1 | 9 | 6 | 3 | 2 |

A396

| 3 | 6 | 4 | 2 | 1 | 5 | 9 | 8 | 7 |
|---|---|---|---|---|---|---|---|---|
| 8 | 1 | 9 | 4 | 6 | 7 | 3 | 5 | 2 |
| 2 | 7 | 5 | 9 | 8 | 3 | 4 | 1 | 6 |
| 7 | 8 | 6 | 3 | 4 | 9 | 5 | 2 | 1 |
| 9 | 2 | 3 | 1 | 5 | 8 | 7 | 6 | 4 |
| 5 | 4 | 1 | 6 | 7 | 2 | 8 | 9 | 3 |
| 6 | 5 | 7 | 8 | 2 | 4 | 1 | 3 | 9 |
| 1 | 3 | 8 | 7 | 9 | 6 | 2 | 4 | 5 |
| 4 | 9 | 2 | 5 | 3 | 1 | 6 | 7 | 8 |

**A397**

| 8 | 5 | 3 | 6 | 9 | 1 | 7 | 2 | 4 |
|---|---|---|---|---|---|---|---|---|
| 6 | 1 | 9 | 2 | 7 | 4 | 5 | 3 | 8 |
| 7 | 2 | 4 | 3 | 8 | 5 | 9 | 1 | 6 |
| 2 | 4 | 1 | 8 | 5 | 9 | 6 | 7 | 3 |
| 9 | 3 | 6 | 4 | 2 | 7 | 1 | 8 | 5 |
| 5 | 7 | 8 | 1 | 3 | 6 | 2 | 4 | 9 |
| 4 | 9 | 2 | 7 | 6 | 3 | 8 | 5 | 1 |
| 3 | 8 | 5 | 9 | 1 | 2 | 4 | 6 | 7 |
| 1 | 6 | 7 | 5 | 4 | 8 | 3 | 9 | 2 |

**A398**

| 7 | 8 | 3 | 4 | 9 | 1 | 6 | 5 | 2 |
|---|---|---|---|---|---|---|---|---|
| 5 | 9 | 1 | 7 | 2 | 6 | 8 | 3 | 4 |
| 2 | 4 | 6 | 5 | 8 | 3 | 9 | 1 | 7 |
| 6 | 1 | 4 | 2 | 3 | 7 | 5 | 8 | 9 |
| 9 | 2 | 8 | 6 | 4 | 5 | 3 | 7 | 1 |
| 3 | 7 | 5 | 9 | 1 | 8 | 2 | 4 | 6 |
| 8 | 6 | 2 | 1 | 5 | 4 | 7 | 9 | 3 |
| 1 | 3 | 9 | 8 | 7 | 2 | 4 | 6 | 5 |
| 4 | 5 | 7 | 3 | 6 | 9 | 1 | 2 | 8 |

**A399**

| 1 | 7 | 8 | 3 | 4 | 5 | 6 | 9 | 2 |
|---|---|---|---|---|---|---|---|---|
| 6 | 2 | 3 | 9 | 7 | 1 | 4 | 8 | 5 |
| 4 | 9 | 5 | 8 | 6 | 2 | 3 | 7 | 1 |
| 8 | 5 | 2 | 6 | 3 | 4 | 7 | 1 | 9 |
| 7 | 3 | 6 | 2 | 1 | 9 | 8 | 5 | 4 |
| 9 | 1 | 4 | 7 | 5 | 8 | 2 | 6 | 3 |
| 3 | 4 | 1 | 5 | 8 | 7 | 9 | 2 | 6 |
| 5 | 8 | 9 | 4 | 2 | 6 | 1 | 3 | 7 |
| 2 | 6 | 7 | 1 | 9 | 3 | 5 | 4 | 8 |

**A400**

| 2 | 6 | 4 | 5 | 1 | 9 | 3 | 8 | 7 |
|---|---|---|---|---|---|---|---|---|
| 7 | 3 | 8 | 4 | 2 | 6 | 5 | 9 | 1 |
| 5 | 9 | 1 | 8 | 3 | 7 | 2 | 6 | 4 |
| 3 | 4 | 9 | 7 | 6 | 5 | 1 | 2 | 8 |
| 1 | 8 | 7 | 2 | 9 | 4 | 6 | 5 | 3 |
| 6 | 5 | 2 | 1 | 8 | 3 | 4 | 7 | 9 |
| 8 | 1 | 5 | 9 | 4 | 2 | 7 | 3 | 6 |
| 4 | 7 | 6 | 3 | 5 | 8 | 9 | 1 | 2 |
| 9 | 2 | 3 | 6 | 7 | 1 | 8 | 4 | 5 |

**A401**

| 3 | 8 | 9 | 6 | 1 | 2 | 4 | 5 | 7 |
|---|---|---|---|---|---|---|---|---|
| 2 | 1 | 5 | 4 | 7 | 9 | 8 | 3 | 6 |
| 7 | 6 | 4 | 5 | 8 | 3 | 2 | 9 | 1 |
| 4 | 3 | 2 | 8 | 5 | 1 | 7 | 6 | 9 |
| 1 | 9 | 7 | 2 | 4 | 6 | 5 | 8 | 3 |
| 8 | 5 | 6 | 9 | 3 | 7 | 1 | 2 | 4 |
| 9 | 2 | 1 | 7 | 6 | 5 | 3 | 4 | 8 |
| 5 | 4 | 3 | 1 | 9 | 8 | 6 | 7 | 2 |
| 6 | 7 | 8 | 3 | 2 | 4 | 9 | 1 | 5 |

**A402**

| 5 | 2 | 4 | 6 | 1 | 3 | 8 | 7 | 9 |
|---|---|---|---|---|---|---|---|---|
| 1 | 3 | 6 | 7 | 9 | 8 | 2 | 5 | 4 |
| 8 | 7 | 9 | 4 | 5 | 2 | 3 | 6 | 1 |
| 3 | 6 | 5 | 1 | 2 | 7 | 4 | 9 | 8 |
| 4 | 8 | 7 | 3 | 6 | 9 | 1 | 2 | 5 |
| 2 | 9 | 1 | 8 | 4 | 5 | 7 | 3 | 6 |
| 9 | 5 | 8 | 2 | 7 | 1 | 6 | 4 | 3 |
| 6 | 1 | 2 | 9 | 3 | 4 | 5 | 8 | 7 |
| 7 | 4 | 3 | 5 | 8 | 6 | 9 | 1 | 2 |

**A403**

| 8 | 2 | 9 | 5 | 4 | 3 | 7 | 1 | 6 |
|---|---|---|---|---|---|---|---|---|
| 4 | 1 | 6 | 9 | 7 | 8 | 3 | 5 | 2 |
| 3 | 5 | 7 | 6 | 2 | 1 | 4 | 8 | 9 |
| 1 | 8 | 2 | 7 | 9 | 6 | 5 | 3 | 4 |
| 7 | 6 | 4 | 2 | 3 | 5 | 1 | 9 | 8 |
| 9 | 3 | 5 | 1 | 8 | 4 | 2 | 6 | 7 |
| 2 | 7 | 1 | 8 | 5 | 9 | 6 | 4 | 3 |
| 6 | 9 | 3 | 4 | 1 | 7 | 8 | 2 | 5 |
| 5 | 4 | 8 | 3 | 6 | 2 | 9 | 7 | 1 |

**A404**

| 5 | 8 | 4 | 2 | 6 | 7 | 1 | 9 | 3 |
|---|---|---|---|---|---|---|---|---|
| 2 | 9 | 7 | 3 | 8 | 1 | 4 | 6 | 5 |
| 6 | 1 | 3 | 5 | 9 | 4 | 2 | 7 | 8 |
| 9 | 7 | 6 | 8 | 1 | 5 | 3 | 4 | 2 |
| 1 | 4 | 8 | 7 | 2 | 3 | 6 | 5 | 9 |
| 3 | 5 | 2 | 6 | 4 | 9 | 7 | 8 | 1 |
| 7 | 2 | 9 | 4 | 3 | 8 | 5 | 1 | 6 |
| 4 | 3 | 1 | 9 | 5 | 6 | 8 | 2 | 7 |
| 8 | 6 | 5 | 1 | 7 | 2 | 9 | 3 | 4 |

**A405**

| 1 | 5 | 6 | 3 | 7 | 2 | 8 | 9 | 4 |
|---|---|---|---|---|---|---|---|---|
| 3 | 2 | 8 | 9 | 6 | 4 | 7 | 1 | 5 |
| 4 | 7 | 9 | 5 | 1 | 8 | 3 | 6 | 2 |
| 8 | 9 | 3 | 7 | 2 | 6 | 4 | 5 | 1 |
| 5 | 1 | 2 | 8 | 4 | 9 | 6 | 3 | 7 |
| 7 | 6 | 4 | 1 | 3 | 5 | 2 | 8 | 9 |
| 6 | 3 | 5 | 2 | 9 | 7 | 1 | 4 | 8 |
| 2 | 8 | 1 | 4 | 5 | 3 | 9 | 7 | 6 |
| 9 | 4 | 7 | 6 | 8 | 1 | 5 | 2 | 3 |

**A406**

| 2 | 6 | 5 | 1 | 7 | 9 | 4 | 3 | 8 |
|---|---|---|---|---|---|---|---|---|
| 1 | 8 | 9 | 3 | 5 | 4 | 6 | 2 | 7 |
| 4 | 7 | 3 | 6 | 8 | 2 | 1 | 5 | 9 |
| 7 | 9 | 1 | 4 | 3 | 8 | 2 | 6 | 5 |
| 5 | 4 | 2 | 7 | 6 | 1 | 8 | 9 | 3 |
| 6 | 3 | 8 | 2 | 9 | 5 | 7 | 1 | 4 |
| 8 | 1 | 4 | 9 | 2 | 3 | 5 | 7 | 6 |
| 3 | 5 | 6 | 8 | 1 | 7 | 9 | 4 | 2 |
| 9 | 2 | 7 | 5 | 4 | 6 | 3 | 8 | 1 |

**A407**

| 4 | 5 | 1 | 3 | 7 | 8 | 6 | 9 | 2 |
|---|---|---|---|---|---|---|---|---|
| 2 | 7 | 9 | 6 | 5 | 1 | 8 | 4 | 3 |
| 6 | 8 | 3 | 2 | 4 | 9 | 1 | 5 | 7 |
| 3 | 4 | 2 | 1 | 6 | 5 | 9 | 7 | 8 |
| 5 | 9 | 8 | 7 | 3 | 4 | 2 | 6 | 1 |
| 7 | 1 | 6 | 8 | 9 | 2 | 4 | 3 | 5 |
| 1 | 3 | 4 | 9 | 2 | 7 | 5 | 8 | 6 |
| 8 | 6 | 5 | 4 | 1 | 3 | 7 | 2 | 9 |
| 9 | 2 | 7 | 5 | 8 | 6 | 3 | 1 | 4 |

**A408**

| 7 | 2 | 5 | 8 | 1 | 6 | 9 | 3 | 4 |
|---|---|---|---|---|---|---|---|---|
| 3 | 1 | 9 | 5 | 4 | 2 | 8 | 6 | 7 |
| 6 | 4 | 8 | 9 | 3 | 7 | 5 | 2 | 1 |
| 4 | 5 | 6 | 2 | 8 | 3 | 1 | 7 | 9 |
| 9 | 3 | 1 | 7 | 6 | 4 | 2 | 8 | 5 |
| 2 | 8 | 7 | 1 | 9 | 5 | 6 | 4 | 3 |
| 8 | 6 | 4 | 3 | 5 | 9 | 7 | 1 | 2 |
| 5 | 7 | 3 | 6 | 2 | 1 | 4 | 9 | 8 |
| 1 | 9 | 2 | 4 | 7 | 8 | 3 | 5 | 6 |

A409

| 6 | 1 | 4 | 8 | 2 | 9 | 3 | 7 | 5 |
|---|---|---|---|---|---|---|---|---|
| 8 | 3 | 5 | 1 | 7 | 6 | 4 | 9 | 2 |
| 2 | 9 | 7 | 4 | 5 | 3 | 8 | 1 | 6 |
| 9 | 4 | 8 | 3 | 6 | 7 | 2 | 5 | 1 |
| 7 | 5 | 3 | 2 | 9 | 1 | 6 | 4 | 8 |
| 1 | 2 | 6 | 5 | 4 | 8 | 7 | 3 | 9 |
| 4 | 6 | 1 | 9 | 3 | 2 | 5 | 8 | 7 |
| 5 | 7 | 9 | 6 | 8 | 4 | 1 | 2 | 3 |
| 3 | 8 | 2 | 7 | 1 | 5 | 9 | 6 | 4 |

A410

| 2 | 4 | 8 | 5 | 3 | 1 | 9 | 7 | 6 |
|---|---|---|---|---|---|---|---|---|
| 3 | 9 | 1 | 2 | 7 | 6 | 5 | 8 | 4 |
| 7 | 6 | 5 | 4 | 8 | 9 | 2 | 1 | 3 |
| 4 | 5 | 9 | 6 | 1 | 8 | 3 | 2 | 7 |
| 8 | 3 | 6 | 7 | 4 | 2 | 1 | 9 | 5 |
| 1 | 7 | 2 | 9 | 5 | 3 | 6 | 4 | 8 |
| 5 | 1 | 4 | 3 | 2 | 7 | 8 | 6 | 9 |
| 6 | 8 | 7 | 1 | 9 | 5 | 4 | 3 | 2 |
| 9 | 2 | 3 | 8 | 6 | 4 | 7 | 5 | 1 |

A411

| 5 | 1 | 3 | 7 | 6 | 4 | 8 | 9 | 2 |
|---|---|---|---|---|---|---|---|---|
| 9 | 2 | 4 | 5 | 1 | 8 | 7 | 6 | 3 |
| 7 | 8 | 6 | 2 | 9 | 3 | 5 | 1 | 4 |
| 4 | 7 | 5 | 1 | 8 | 2 | 6 | 3 | 9 |
| 8 | 3 | 9 | 4 | 5 | 6 | 2 | 7 | 1 |
| 1 | 6 | 2 | 9 | 3 | 7 | 4 | 8 | 5 |
| 3 | 4 | 1 | 6 | 7 | 5 | 9 | 2 | 8 |
| 2 | 9 | 7 | 8 | 4 | 1 | 3 | 5 | 6 |
| 6 | 5 | 8 | 3 | 2 | 9 | 1 | 4 | 7 |

A412

| 9 | 7 | 4 | 5 | 1 | 2 | 3 | 8 | 6 |
|---|---|---|---|---|---|---|---|---|
| 1 | 2 | 6 | 3 | 8 | 7 | 4 | 5 | 9 |
| 5 | 8 | 3 | 9 | 4 | 6 | 2 | 1 | 7 |
| 7 | 3 | 9 | 1 | 6 | 8 | 5 | 4 | 2 |
| 8 | 6 | 1 | 4 | 2 | 5 | 7 | 9 | 3 |
| 4 | 5 | 2 | 7 | 9 | 3 | 8 | 6 | 1 |
| 6 | 4 | 8 | 2 | 7 | 9 | 1 | 3 | 5 |
| 3 | 9 | 7 | 8 | 5 | 1 | 6 | 2 | 4 |
| 2 | 1 | 5 | 6 | 3 | 4 | 9 | 7 | 8 |

A413

| 3 | 2 | 6 | 8 | 4 | 1 | 5 | 9 | 7 |
|---|---|---|---|---|---|---|---|---|
| 9 | 8 | 4 | 7 | 5 | 6 | 3 | 2 | 1 |
| 7 | 5 | 1 | 3 | 9 | 2 | 4 | 8 | 6 |
| 6 | 3 | 9 | 4 | 2 | 8 | 1 | 7 | 5 |
| 4 | 7 | 2 | 6 | 1 | 5 | 8 | 3 | 9 |
| 5 | 1 | 8 | 9 | 7 | 3 | 6 | 4 | 2 |
| 8 | 9 | 7 | 5 | 6 | 4 | 2 | 1 | 3 |
| 1 | 4 | 5 | 2 | 3 | 9 | 7 | 6 | 8 |
| 2 | 6 | 3 | 1 | 8 | 7 | 9 | 5 | 4 |

A414

| 3 | 7 | 9 | 6 | 4 | 1 | 5 | 2 | 8 |
|---|---|---|---|---|---|---|---|---|
| 5 | 8 | 4 | 2 | 3 | 7 | 1 | 6 | 9 |
| 2 | 6 | 1 | 9 | 8 | 5 | 3 | 4 | 7 |
| 7 | 2 | 6 | 1 | 9 | 8 | 4 | 3 | 5 |
| 8 | 1 | 5 | 3 | 7 | 4 | 2 | 9 | 6 |
| 9 | 4 | 3 | 5 | 2 | 6 | 8 | 7 | 1 |
| 1 | 5 | 2 | 4 | 6 | 9 | 7 | 8 | 3 |
| 6 | 3 | 7 | 8 | 1 | 2 | 9 | 5 | 4 |
| 4 | 9 | 8 | 7 | 5 | 3 | 6 | 1 | 2 |

A415

| 3 | 8 | 6 | 4 | 2 | 7 | 1 | 9 | 5 |
|---|---|---|---|---|---|---|---|---|
| 2 | 9 | 4 | 8 | 5 | 1 | 6 | 3 | 7 |
| 7 | 5 | 1 | 3 | 6 | 9 | 4 | 8 | 2 |
| 8 | 4 | 9 | 7 | 3 | 5 | 2 | 1 | 6 |
| 5 | 6 | 7 | 9 | 1 | 2 | 8 | 4 | 3 |
| 1 | 2 | 3 | 6 | 4 | 8 | 5 | 7 | 9 |
| 9 | 1 | 2 | 5 | 8 | 3 | 7 | 6 | 4 |
| 4 | 3 | 8 | 2 | 7 | 6 | 9 | 5 | 1 |
| 6 | 7 | 5 | 1 | 9 | 4 | 3 | 2 | 8 |

A416

| 3 | 8 | 2 | 7 | 5 | 9 | 6 | 4 | 1 |
|---|---|---|---|---|---|---|---|---|
| 5 | 6 | 4 | 2 | 1 | 8 | 9 | 3 | 7 |
| 7 | 1 | 9 | 6 | 3 | 4 | 8 | 5 | 2 |
| 6 | 3 | 5 | 8 | 7 | 1 | 4 | 2 | 9 |
| 9 | 4 | 7 | 5 | 6 | 2 | 1 | 8 | 3 |
| 1 | 2 | 8 | 4 | 9 | 3 | 5 | 7 | 6 |
| 4 | 9 | 1 | 3 | 2 | 5 | 7 | 6 | 8 |
| 8 | 7 | 3 | 1 | 4 | 6 | 2 | 9 | 5 |
| 2 | 5 | 6 | 9 | 8 | 7 | 3 | 1 | 4 |

A417

| 6 | 9 | 8 | 3 | 7 | 2 | 5 | 1 | 4 |
|---|---|---|---|---|---|---|---|---|
| 3 | 4 | 7 | 6 | 1 | 5 | 2 | 9 | 8 |
| 1 | 2 | 5 | 8 | 9 | 4 | 3 | 6 | 7 |
| 5 | 3 | 4 | 2 | 6 | 7 | 9 | 8 | 1 |
| 7 | 6 | 9 | 5 | 8 | 1 | 4 | 3 | 2 |
| 8 | 1 | 2 | 4 | 3 | 9 | 7 | 5 | 6 |
| 2 | 5 | 6 | 9 | 4 | 8 | 1 | 7 | 3 |
| 4 | 8 | 1 | 7 | 5 | 3 | 6 | 2 | 9 |
| 9 | 7 | 3 | 1 | 2 | 6 | 8 | 4 | 5 |

A418

| 3 | 4 | 7 | 6 | 5 | 1 | 8 | 2 | 9 |
|---|---|---|---|---|---|---|---|---|
| 1 | 8 | 9 | 7 | 2 | 3 | 5 | 6 | 4 |
| 6 | 2 | 5 | 4 | 8 | 9 | 7 | 3 | 1 |
| 5 | 9 | 4 | 3 | 7 | 6 | 2 | 1 | 8 |
| 8 | 6 | 1 | 2 | 4 | 5 | 3 | 9 | 7 |
| 7 | 3 | 2 | 9 | 1 | 8 | 6 | 4 | 5 |
| 2 | 5 | 3 | 1 | 9 | 7 | 4 | 8 | 6 |
| 4 | 1 | 8 | 5 | 6 | 2 | 9 | 7 | 3 |
| 9 | 7 | 6 | 8 | 3 | 4 | 1 | 5 | 2 |

A419

| 8 | 1 | 6 | 5 | 4 | 7 | 2 | 9 | 3 |
|---|---|---|---|---|---|---|---|---|
| 9 | 7 | 4 | 1 | 3 | 2 | 5 | 6 | 8 |
| 5 | 2 | 3 | 6 | 9 | 8 | 7 | 1 | 4 |
| 6 | 3 | 8 | 9 | 5 | 1 | 4 | 7 | 2 |
| 7 | 5 | 9 | 4 | 2 | 3 | 1 | 8 | 6 |
| 1 | 4 | 2 | 8 | 7 | 6 | 3 | 5 | 9 |
| 2 | 8 | 5 | 7 | 6 | 4 | 9 | 3 | 1 |
| 4 | 6 | 7 | 3 | 1 | 9 | 8 | 2 | 5 |
| 3 | 9 | 1 | 2 | 8 | 5 | 6 | 4 | 7 |

A420

| 8 | 9 | 4 | 1 | 2 | 3 | 5 | 6 | 7 |
|---|---|---|---|---|---|---|---|---|
| 7 | 3 | 6 | 5 | 9 | 4 | 8 | 2 | 1 |
| 5 | 1 | 2 | 7 | 6 | 8 | 4 | 9 | 3 |
| 3 | 2 | 1 | 6 | 5 | 9 | 7 | 4 | 8 |
| 9 | 6 | 5 | 8 | 4 | 7 | 1 | 3 | 2 |
| 4 | 7 | 8 | 3 | 1 | 2 | 9 | 5 | 6 |
| 1 | 4 | 7 | 9 | 3 | 6 | 2 | 8 | 5 |
| 2 | 5 | 3 | 4 | 8 | 1 | 6 | 7 | 9 |
| 6 | 8 | 9 | 2 | 7 | 5 | 3 | 1 | 4 |

**A421**

| 8 | 7 | 6 | 4 | 5 | 2 | 9 | 3 | 1 |
|---|---|---|---|---|---|---|---|---|
| 4 | 3 | 9 | 8 | 7 | 1 | 5 | 2 | 6 |
| 1 | 2 | 5 | 3 | 9 | 6 | 7 | 4 | 8 |
| 6 | 4 | 1 | 5 | 3 | 9 | 8 | 7 | 2 |
| 3 | 5 | 7 | 6 | 2 | 8 | 1 | 9 | 4 |
| 9 | 8 | 2 | 1 | 4 | 7 | 6 | 5 | 3 |
| 2 | 9 | 8 | 7 | 6 | 3 | 4 | 1 | 5 |
| 5 | 1 | 3 | 9 | 8 | 4 | 2 | 6 | 7 |
| 7 | 6 | 4 | 2 | 1 | 5 | 3 | 8 | 9 |

**A422**

| 9 | 5 | 8 | 4 | 7 | 3 | 1 | 2 | 6 |
|---|---|---|---|---|---|---|---|---|
| 3 | 7 | 1 | 2 | 6 | 5 | 4 | 8 | 9 |
| 2 | 6 | 4 | 8 | 1 | 9 | 5 | 3 | 7 |
| 1 | 9 | 3 | 6 | 5 | 4 | 8 | 7 | 2 |
| 5 | 2 | 7 | 1 | 9 | 8 | 6 | 4 | 3 |
| 4 | 8 | 6 | 7 | 3 | 2 | 9 | 1 | 5 |
| 8 | 4 | 9 | 3 | 2 | 6 | 7 | 5 | 1 |
| 7 | 3 | 5 | 9 | 8 | 1 | 2 | 6 | 4 |
| 6 | 1 | 2 | 5 | 4 | 7 | 3 | 9 | 8 |

**A423**

| 3 | 2 | 7 | 4 | 9 | 5 | 6 | 1 | 8 |
|---|---|---|---|---|---|---|---|---|
| 9 | 5 | 8 | 1 | 2 | 6 | 4 | 7 | 3 |
| 1 | 4 | 6 | 3 | 8 | 7 | 5 | 9 | 2 |
| 2 | 7 | 3 | 5 | 4 | 1 | 8 | 6 | 9 |
| 8 | 1 | 5 | 6 | 3 | 9 | 2 | 4 | 7 |
| 4 | 6 | 9 | 8 | 7 | 2 | 1 | 3 | 5 |
| 6 | 3 | 2 | 9 | 5 | 4 | 7 | 8 | 1 |
| 5 | 8 | 4 | 7 | 1 | 3 | 9 | 2 | 6 |
| 7 | 9 | 1 | 2 | 6 | 8 | 3 | 5 | 4 |

**A424**

| 4 | 3 | 1 | 5 | 9 | 2 | 6 | 8 | 7 |
|---|---|---|---|---|---|---|---|---|
| 2 | 8 | 9 | 6 | 7 | 1 | 5 | 4 | 3 |
| 7 | 5 | 6 | 8 | 4 | 3 | 9 | 1 | 2 |
| 3 | 1 | 2 | 9 | 8 | 7 | 4 | 5 | 6 |
| 5 | 6 | 8 | 1 | 2 | 4 | 7 | 3 | 9 |
| 9 | 4 | 7 | 3 | 5 | 6 | 8 | 2 | 1 |
| 6 | 2 | 4 | 7 | 3 | 5 | 1 | 9 | 8 |
| 8 | 7 | 3 | 4 | 1 | 9 | 2 | 6 | 5 |
| 1 | 9 | 5 | 2 | 6 | 8 | 3 | 7 | 4 |

**A425**

| 4 | 2 | 8 | 3 | 6 | 5 | 9 | 1 | 7 |
|---|---|---|---|---|---|---|---|---|
| 5 | 7 | 1 | 2 | 8 | 9 | 6 | 3 | 4 |
| 9 | 3 | 6 | 4 | 1 | 7 | 2 | 8 | 5 |
| 7 | 9 | 2 | 1 | 5 | 8 | 4 | 6 | 3 |
| 3 | 1 | 5 | 9 | 4 | 6 | 7 | 2 | 8 |
| 8 | 6 | 4 | 7 | 3 | 2 | 1 | 5 | 9 |
| 2 | 5 | 9 | 6 | 7 | 3 | 8 | 4 | 1 |
| 1 | 8 | 7 | 5 | 2 | 4 | 3 | 9 | 6 |
| 6 | 4 | 3 | 8 | 9 | 1 | 5 | 7 | 2 |

**A426**

| 7 | 2 | 9 | 3 | 1 | 4 | 5 | 6 | 8 |
|---|---|---|---|---|---|---|---|---|
| 5 | 6 | 8 | 7 | 2 | 9 | 1 | 4 | 3 |
| 3 | 4 | 1 | 8 | 5 | 6 | 7 | 9 | 2 |
| 4 | 8 | 2 | 6 | 7 | 5 | 9 | 3 | 1 |
| 1 | 7 | 3 | 9 | 8 | 2 | 6 | 5 | 4 |
| 9 | 5 | 6 | 4 | 3 | 1 | 8 | 2 | 7 |
| 6 | 3 | 5 | 1 | 4 | 8 | 2 | 7 | 9 |
| 8 | 9 | 4 | 2 | 6 | 7 | 3 | 1 | 5 |
| 2 | 1 | 7 | 5 | 9 | 3 | 4 | 8 | 6 |

**A427**

| 3 | 6 | 5 | 7 | 2 | 8 | 4 | 9 | 1 |
|---|---|---|---|---|---|---|---|---|
| 8 | 1 | 2 | 5 | 9 | 4 | 6 | 3 | 7 |
| 9 | 7 | 4 | 3 | 6 | 1 | 8 | 2 | 5 |
| 5 | 4 | 9 | 2 | 8 | 3 | 7 | 1 | 6 |
| 7 | 2 | 8 | 6 | 1 | 9 | 5 | 4 | 3 |
| 1 | 3 | 6 | 4 | 5 | 7 | 2 | 8 | 9 |
| 6 | 5 | 3 | 1 | 4 | 2 | 9 | 7 | 8 |
| 2 | 9 | 1 | 8 | 7 | 6 | 3 | 5 | 4 |
| 4 | 8 | 7 | 9 | 3 | 5 | 1 | 6 | 2 |

**A428**

| 7 | 4 | 2 | 5 | 9 | 8 | 1 | 6 | 3 |
|---|---|---|---|---|---|---|---|---|
| 6 | 8 | 1 | 7 | 3 | 2 | 9 | 4 | 5 |
| 5 | 9 | 3 | 4 | 6 | 1 | 2 | 7 | 8 |
| 8 | 5 | 4 | 2 | 7 | 3 | 6 | 9 | 1 |
| 3 | 6 | 9 | 1 | 8 | 4 | 7 | 5 | 2 |
| 1 | 2 | 7 | 9 | 5 | 6 | 8 | 3 | 4 |
| 9 | 1 | 8 | 6 | 4 | 5 | 3 | 2 | 7 |
| 4 | 3 | 6 | 8 | 2 | 7 | 5 | 1 | 9 |
| 2 | 7 | 5 | 3 | 1 | 9 | 4 | 8 | 6 |

**A429**

| 2 | 9 | 8 | 6 | 5 | 3 | 7 | 4 | 1 |
|---|---|---|---|---|---|---|---|---|
| 3 | 6 | 1 | 4 | 7 | 9 | 8 | 2 | 5 |
| 4 | 7 | 5 | 8 | 1 | 2 | 9 | 6 | 3 |
| 8 | 2 | 3 | 7 | 9 | 6 | 5 | 1 | 4 |
| 7 | 1 | 6 | 5 | 4 | 8 | 2 | 3 | 9 |
| 5 | 4 | 9 | 2 | 3 | 1 | 6 | 8 | 7 |
| 9 | 8 | 4 | 1 | 2 | 5 | 3 | 7 | 6 |
| 6 | 3 | 7 | 9 | 8 | 4 | 1 | 5 | 2 |
| 1 | 5 | 2 | 3 | 6 | 7 | 4 | 9 | 8 |

**A430**

| 5 | 6 | 1 | 2 | 8 | 9 | 7 | 4 | 3 |
|---|---|---|---|---|---|---|---|---|
| 3 | 8 | 9 | 5 | 4 | 7 | 6 | 1 | 2 |
| 7 | 4 | 2 | 3 | 6 | 1 | 9 | 5 | 8 |
| 9 | 3 | 5 | 6 | 2 | 4 | 1 | 8 | 7 |
| 4 | 2 | 7 | 9 | 1 | 8 | 5 | 3 | 6 |
| 6 | 1 | 8 | 7 | 3 | 5 | 2 | 9 | 4 |
| 1 | 9 | 3 | 8 | 7 | 2 | 4 | 6 | 5 |
| 2 | 5 | 6 | 4 | 9 | 3 | 8 | 7 | 1 |
| 8 | 7 | 4 | 1 | 5 | 6 | 3 | 2 | 9 |

**A431**

| 1 | 5 | 6 | 3 | 9 | 2 | 8 | 7 | 4 |
|---|---|---|---|---|---|---|---|---|
| 4 | 3 | 7 | 1 | 8 | 6 | 5 | 2 | 9 |
| 2 | 8 | 9 | 4 | 5 | 7 | 1 | 3 | 6 |
| 8 | 1 | 3 | 5 | 7 | 9 | 6 | 4 | 2 |
| 9 | 6 | 2 | 8 | 1 | 4 | 7 | 5 | 3 |
| 5 | 7 | 4 | 6 | 2 | 3 | 9 | 8 | 1 |
| 6 | 4 | 8 | 9 | 3 | 5 | 2 | 1 | 7 |
| 7 | 9 | 5 | 2 | 4 | 1 | 3 | 6 | 8 |
| 3 | 2 | 1 | 7 | 6 | 8 | 4 | 9 | 5 |

**A432**

| 8 | 5 | 2 | 1 | 3 | 9 | 4 | 7 | 6 |
|---|---|---|---|---|---|---|---|---|
| 7 | 6 | 4 | 2 | 5 | 8 | 9 | 3 | 1 |
| 9 | 1 | 3 | 6 | 7 | 4 | 2 | 5 | 8 |
| 5 | 4 | 9 | 7 | 2 | 1 | 6 | 8 | 3 |
| 3 | 2 | 7 | 9 | 8 | 6 | 1 | 4 | 5 |
| 1 | 8 | 6 | 5 | 4 | 3 | 7 | 2 | 9 |
| 6 | 3 | 8 | 4 | 9 | 2 | 5 | 1 | 7 |
| 2 | 9 | 5 | 8 | 1 | 7 | 3 | 6 | 4 |
| 4 | 7 | 1 | 3 | 6 | 5 | 8 | 9 | 2 |

A433

| 3 | 2 | 1 | 9 | 5 | 7 | 8 | 4 | 6 |
|---|---|---|---|---|---|---|---|---|
| 9 | 7 | 4 | 8 | 1 | 6 | 2 | 5 | 3 |
| 5 | 8 | 6 | 3 | 4 | 2 | 9 | 7 | 1 |
| 7 | 1 | 3 | 2 | 6 | 5 | 4 | 9 | 8 |
| 2 | 9 | 8 | 4 | 3 | 1 | 7 | 6 | 5 |
| 6 | 4 | 5 | 7 | 9 | 8 | 1 | 3 | 2 |
| 8 | 3 | 7 | 5 | 2 | 9 | 6 | 1 | 4 |
| 1 | 5 | 9 | 6 | 8 | 4 | 3 | 2 | 7 |
| 4 | 6 | 2 | 1 | 7 | 3 | 5 | 8 | 9 |

A434

| 6 | 8 | 1 | 2 | 9 | 4 | 3 | 7 | 5 |
|---|---|---|---|---|---|---|---|---|
| 4 | 7 | 9 | 1 | 5 | 3 | 6 | 2 | 8 |
| 3 | 2 | 5 | 8 | 6 | 7 | 1 | 9 | 4 |
| 5 | 1 | 6 | 9 | 8 | 2 | 4 | 3 | 7 |
| 2 | 3 | 4 | 6 | 7 | 5 | 9 | 8 | 1 |
| 8 | 9 | 7 | 3 | 4 | 1 | 2 | 5 | 6 |
| 1 | 5 | 3 | 7 | 2 | 6 | 8 | 4 | 9 |
| 9 | 4 | 2 | 5 | 1 | 8 | 7 | 6 | 3 |
| 7 | 6 | 8 | 4 | 3 | 9 | 5 | 1 | 2 |

A435

| 4 | 7 | 3 | 2 | 6 | 9 | 5 | 1 | 8 |
|---|---|---|---|---|---|---|---|---|
| 8 | 1 | 9 | 7 | 4 | 5 | 3 | 6 | 2 |
| 2 | 6 | 5 | 3 | 8 | 1 | 4 | 7 | 9 |
| 9 | 4 | 1 | 8 | 2 | 6 | 7 | 3 | 5 |
| 3 | 8 | 6 | 5 | 7 | 4 | 9 | 2 | 1 |
| 7 | 5 | 2 | 9 | 1 | 3 | 6 | 8 | 4 |
| 6 | 9 | 4 | 1 | 3 | 2 | 8 | 5 | 7 |
| 1 | 3 | 8 | 4 | 5 | 7 | 2 | 9 | 6 |
| 5 | 2 | 7 | 6 | 9 | 8 | 1 | 4 | 3 |

A436

| 9 | 1 | 6 | 3 | 4 | 8 | 5 | 2 | 7 |
|---|---|---|---|---|---|---|---|---|
| 2 | 7 | 8 | 5 | 1 | 9 | 6 | 3 | 4 |
| 3 | 5 | 4 | 6 | 7 | 2 | 8 | 1 | 9 |
| 1 | 3 | 2 | 8 | 6 | 4 | 7 | 9 | 5 |
| 7 | 4 | 9 | 2 | 5 | 1 | 3 | 6 | 8 |
| 8 | 6 | 5 | 9 | 3 | 7 | 2 | 4 | 1 |
| 6 | 9 | 7 | 1 | 8 | 3 | 4 | 5 | 2 |
| 4 | 2 | 3 | 7 | 9 | 5 | 1 | 8 | 6 |
| 5 | 8 | 1 | 4 | 2 | 6 | 9 | 7 | 3 |

A437

| 9 | 7 | 1 | 2 | 5 | 6 | 3 | 8 | 4 |
|---|---|---|---|---|---|---|---|---|
| 6 | 3 | 2 | 7 | 8 | 4 | 5 | 1 | 9 |
| 8 | 4 | 5 | 9 | 1 | 3 | 7 | 2 | 6 |
| 7 | 8 | 4 | 3 | 6 | 5 | 2 | 9 | 1 |
| 1 | 5 | 6 | 4 | 9 | 2 | 8 | 7 | 3 |
| 2 | 9 | 3 | 1 | 7 | 8 | 4 | 6 | 5 |
| 3 | 2 | 8 | 6 | 4 | 1 | 9 | 5 | 7 |
| 5 | 1 | 9 | 8 | 3 | 7 | 6 | 4 | 2 |
| 4 | 6 | 7 | 5 | 2 | 9 | 1 | 3 | 8 |

A438

| 9 | 2 | 1 | 8 | 3 | 4 | 5 | 6 | 7 |
|---|---|---|---|---|---|---|---|---|
| 8 | 7 | 3 | 5 | 2 | 6 | 4 | 9 | 1 |
| 5 | 6 | 4 | 7 | 1 | 9 | 3 | 8 | 2 |
| 1 | 8 | 2 | 3 | 6 | 7 | 9 | 4 | 5 |
| 3 | 5 | 7 | 4 | 9 | 2 | 6 | 1 | 8 |
| 4 | 9 | 6 | 1 | 8 | 5 | 2 | 7 | 3 |
| 2 | 3 | 9 | 6 | 7 | 1 | 8 | 5 | 4 |
| 6 | 1 | 5 | 2 | 4 | 8 | 7 | 3 | 9 |
| 7 | 4 | 8 | 9 | 5 | 3 | 1 | 2 | 6 |

A439

| 1 | 3 | 6 | 4 | 2 | 7 | 9 | 8 | 5 |
|---|---|---|---|---|---|---|---|---|
| 4 | 2 | 8 | 5 | 1 | 9 | 6 | 3 | 7 |
| 9 | 7 | 5 | 6 | 8 | 3 | 4 | 1 | 2 |
| 7 | 5 | 4 | 8 | 9 | 6 | 3 | 2 | 1 |
| 2 | 8 | 9 | 3 | 5 | 1 | 7 | 4 | 6 |
| 3 | 6 | 1 | 7 | 4 | 2 | 8 | 5 | 9 |
| 8 | 4 | 7 | 2 | 6 | 5 | 1 | 9 | 3 |
| 5 | 1 | 3 | 9 | 7 | 4 | 2 | 6 | 8 |
| 6 | 9 | 2 | 1 | 3 | 8 | 5 | 7 | 4 |

A440

| 6 | 9 | 7 | 5 | 3 | 2 | 1 | 8 | 4 |
|---|---|---|---|---|---|---|---|---|
| 2 | 3 | 1 | 4 | 9 | 8 | 5 | 6 | 7 |
| 4 | 8 | 5 | 1 | 7 | 6 | 9 | 3 | 2 |
| 8 | 4 | 3 | 2 | 5 | 7 | 6 | 1 | 9 |
| 5 | 1 | 9 | 6 | 4 | 3 | 7 | 2 | 8 |
| 7 | 2 | 6 | 8 | 1 | 9 | 3 | 4 | 5 |
| 9 | 6 | 4 | 7 | 2 | 1 | 8 | 5 | 3 |
| 3 | 5 | 8 | 9 | 6 | 4 | 2 | 7 | 1 |
| 1 | 7 | 2 | 3 | 8 | 5 | 4 | 9 | 6 |

A441

| 2 | 3 | 1 | 5 | 8 | 6 | 9 | 7 | 4 |
|---|---|---|---|---|---|---|---|---|
| 7 | 4 | 9 | 3 | 2 | 1 | 8 | 6 | 5 |
| 8 | 6 | 5 | 7 | 4 | 9 | 2 | 1 | 3 |
| 6 | 5 | 7 | 8 | 1 | 3 | 4 | 9 | 2 |
| 1 | 9 | 3 | 2 | 5 | 4 | 6 | 8 | 7 |
| 4 | 8 | 2 | 9 | 6 | 7 | 3 | 5 | 1 |
| 5 | 7 | 8 | 6 | 3 | 2 | 1 | 4 | 9 |
| 3 | 1 | 6 | 4 | 9 | 5 | 7 | 2 | 8 |
| 9 | 2 | 4 | 1 | 7 | 8 | 5 | 3 | 6 |

A442

| 8 | 7 | 6 | 3 | 1 | 4 | 9 | 5 | 2 |
|---|---|---|---|---|---|---|---|---|
| 4 | 1 | 9 | 8 | 2 | 5 | 3 | 7 | 6 |
| 2 | 3 | 5 | 6 | 9 | 7 | 4 | 1 | 8 |
| 9 | 5 | 8 | 4 | 3 | 1 | 6 | 2 | 7 |
| 6 | 2 | 3 | 7 | 5 | 9 | 1 | 8 | 4 |
| 1 | 4 | 7 | 2 | 8 | 6 | 5 | 9 | 3 |
| 3 | 9 | 2 | 1 | 4 | 8 | 7 | 6 | 5 |
| 5 | 6 | 4 | 9 | 7 | 2 | 8 | 3 | 1 |
| 7 | 8 | 1 | 5 | 6 | 3 | 2 | 4 | 9 |

A443

| 7 | 6 | 2 | 8 | 5 | 1 | 3 | 9 | 4 |
|---|---|---|---|---|---|---|---|---|
| 8 | 4 | 3 | 6 | 9 | 7 | 1 | 2 | 5 |
| 5 | 1 | 9 | 2 | 4 | 3 | 6 | 8 | 7 |
| 2 | 7 | 6 | 4 | 1 | 5 | 8 | 3 | 9 |
| 9 | 8 | 4 | 3 | 6 | 2 | 5 | 7 | 1 |
| 1 | 3 | 5 | 9 | 7 | 8 | 4 | 6 | 2 |
| 4 | 2 | 1 | 7 | 8 | 6 | 9 | 5 | 3 |
| 3 | 5 | 8 | 1 | 2 | 9 | 7 | 4 | 6 |
| 6 | 9 | 7 | 5 | 3 | 4 | 2 | 1 | 8 |

A444

| 3 | 5 | 9 | 7 | 8 | 1 | 4 | 6 | 2 |
|---|---|---|---|---|---|---|---|---|
| 1 | 6 | 8 | 2 | 3 | 4 | 5 | 9 | 7 |
| 2 | 4 | 7 | 6 | 5 | 9 | 8 | 1 | 3 |
| 4 | 1 | 6 | 9 | 7 | 2 | 3 | 8 | 5 |
| 9 | 3 | 2 | 8 | 4 | 5 | 6 | 7 | 1 |
| 8 | 7 | 5 | 1 | 6 | 3 | 9 | 2 | 4 |
| 5 | 8 | 1 | 4 | 2 | 6 | 7 | 3 | 9 |
| 6 | 2 | 4 | 3 | 9 | 7 | 1 | 5 | 8 |
| 7 | 9 | 3 | 5 | 1 | 8 | 2 | 4 | 6 |

A445

| 1 | 9 | 2 | 3 | 7 | 5 | 4 | 6 | 8 |
|---|---|---|---|---|---|---|---|---|
| 8 | 3 | 6 | 2 | 4 | 9 | 1 | 5 | 7 |
| 7 | 4 | 5 | 1 | 6 | 8 | 9 | 3 | 2 |
| 3 | 6 | 1 | 8 | 5 | 4 | 2 | 7 | 9 |
| 4 | 7 | 9 | 6 | 2 | 3 | 5 | 8 | 1 |
| 2 | 5 | 8 | 7 | 9 | 1 | 3 | 4 | 6 |
| 5 | 8 | 4 | 9 | 1 | 7 | 6 | 2 | 3 |
| 6 | 1 | 3 | 4 | 8 | 2 | 7 | 9 | 5 |
| 9 | 2 | 7 | 5 | 3 | 6 | 8 | 1 | 4 |

A446

| 7 | 6 | 2 | 4 | 8 | 9 | 3 | 5 | 1 |
|---|---|---|---|---|---|---|---|---|
| 3 | 5 | 9 | 7 | 1 | 6 | 8 | 2 | 4 |
| 4 | 1 | 8 | 3 | 5 | 2 | 7 | 9 | 6 |
| 6 | 9 | 3 | 8 | 2 | 4 | 5 | 1 | 7 |
| 8 | 4 | 7 | 5 | 6 | 1 | 2 | 3 | 9 |
| 1 | 2 | 5 | 9 | 3 | 7 | 6 | 4 | 8 |
| 5 | 7 | 4 | 6 | 9 | 3 | 1 | 8 | 2 |
| 9 | 8 | 1 | 2 | 7 | 5 | 4 | 6 | 3 |
| 2 | 3 | 6 | 1 | 4 | 8 | 9 | 7 | 5 |

A447

| 4 | 1 | 5 | 6 | 7 | 9 | 2 | 3 | 8 |
|---|---|---|---|---|---|---|---|---|
| 9 | 6 | 2 | 5 | 8 | 3 | 7 | 4 | 1 |
| 7 | 3 | 8 | 4 | 2 | 1 | 5 | 6 | 9 |
| 3 | 7 | 1 | 2 | 6 | 4 | 9 | 8 | 5 |
| 2 | 4 | 9 | 1 | 5 | 8 | 6 | 7 | 3 |
| 8 | 5 | 6 | 3 | 9 | 7 | 1 | 2 | 4 |
| 5 | 9 | 7 | 8 | 3 | 6 | 4 | 1 | 2 |
| 1 | 2 | 3 | 7 | 4 | 5 | 8 | 9 | 6 |
| 6 | 8 | 4 | 9 | 1 | 2 | 3 | 5 | 7 |

A448

| 8 | 6 | 4 | 9 | 5 | 3 | 1 | 2 | 7 |
|---|---|---|---|---|---|---|---|---|
| 1 | 5 | 7 | 2 | 8 | 4 | 3 | 6 | 9 |
| 3 | 9 | 2 | 1 | 6 | 7 | 4 | 8 | 5 |
| 2 | 8 | 6 | 4 | 9 | 5 | 7 | 3 | 1 |
| 5 | 7 | 1 | 3 | 2 | 8 | 9 | 4 | 6 |
| 4 | 3 | 9 | 6 | 7 | 1 | 2 | 5 | 8 |
| 6 | 1 | 3 | 5 | 4 | 9 | 8 | 7 | 2 |
| 9 | 2 | 8 | 7 | 3 | 6 | 5 | 1 | 4 |
| 7 | 4 | 5 | 8 | 1 | 2 | 6 | 9 | 3 |

A449

| 6 | 9 | 7 | 4 | 3 | 1 | 8 | 5 | 2 |
|---|---|---|---|---|---|---|---|---|
| 4 | 2 | 5 | 8 | 6 | 7 | 3 | 9 | 1 |
| 8 | 1 | 3 | 5 | 9 | 2 | 4 | 7 | 6 |
| 9 | 8 | 1 | 3 | 2 | 4 | 7 | 6 | 5 |
| 5 | 7 | 4 | 1 | 8 | 6 | 2 | 3 | 9 |
| 3 | 6 | 2 | 9 | 7 | 5 | 1 | 8 | 4 |
| 2 | 4 | 8 | 7 | 5 | 9 | 6 | 1 | 3 |
| 1 | 3 | 9 | 6 | 4 | 8 | 5 | 2 | 7 |
| 7 | 5 | 6 | 2 | 1 | 3 | 9 | 4 | 8 |

A450

| 1 | 5 | 9 | 2 | 8 | 6 | 7 | 4 | 3 |
|---|---|---|---|---|---|---|---|---|
| 8 | 3 | 2 | 5 | 4 | 7 | 6 | 1 | 9 |
| 6 | 4 | 7 | 9 | 1 | 3 | 5 | 2 | 8 |
| 4 | 9 | 3 | 1 | 7 | 5 | 2 | 8 | 6 |
| 2 | 1 | 8 | 6 | 9 | 4 | 3 | 5 | 7 |
| 5 | 7 | 6 | 8 | 3 | 2 | 1 | 9 | 4 |
| 3 | 2 | 1 | 4 | 6 | 9 | 8 | 7 | 5 |
| 9 | 6 | 5 | 7 | 2 | 8 | 4 | 3 | 1 |
| 7 | 8 | 4 | 3 | 5 | 1 | 9 | 6 | 2 |

A451

| 7 | 1 | 5 | 4 | 2 | 8 | 9 | 3 | 6 |
|---|---|---|---|---|---|---|---|---|
| 4 | 2 | 9 | 6 | 3 | 1 | 5 | 8 | 7 |
| 3 | 6 | 8 | 7 | 5 | 9 | 4 | 1 | 2 |
| 2 | 5 | 7 | 8 | 1 | 4 | 6 | 9 | 3 |
| 9 | 3 | 4 | 2 | 6 | 7 | 8 | 5 | 1 |
| 6 | 8 | 1 | 3 | 9 | 5 | 7 | 2 | 4 |
| 8 | 7 | 3 | 9 | 4 | 2 | 1 | 6 | 5 |
| 1 | 9 | 6 | 5 | 7 | 3 | 2 | 4 | 8 |
| 5 | 4 | 2 | 1 | 8 | 6 | 3 | 7 | 9 |

A452

| 4 | 7 | 5 | 1 | 8 | 2 | 9 | 3 | 6 |
|---|---|---|---|---|---|---|---|---|
| 1 | 9 | 3 | 6 | 5 | 4 | 7 | 8 | 2 |
| 2 | 8 | 6 | 9 | 7 | 3 | 1 | 5 | 4 |
| 3 | 2 | 9 | 5 | 1 | 8 | 6 | 4 | 7 |
| 6 | 1 | 8 | 4 | 9 | 7 | 3 | 2 | 5 |
| 5 | 4 | 7 | 3 | 2 | 6 | 8 | 9 | 1 |
| 7 | 3 | 4 | 2 | 6 | 9 | 5 | 1 | 8 |
| 8 | 5 | 2 | 7 | 3 | 1 | 4 | 6 | 9 |
| 9 | 6 | 1 | 8 | 4 | 5 | 2 | 7 | 3 |

A453

| 6 | 1 | 9 | 7 | 2 | 3 | 8 | 4 | 5 |
|---|---|---|---|---|---|---|---|---|
| 8 | 2 | 7 | 9 | 5 | 4 | 3 | 6 | 1 |
| 3 | 5 | 4 | 8 | 6 | 1 | 7 | 2 | 9 |
| 5 | 3 | 8 | 1 | 9 | 2 | 4 | 7 | 6 |
| 7 | 4 | 1 | 5 | 8 | 6 | 2 | 9 | 3 |
| 9 | 6 | 2 | 4 | 3 | 7 | 1 | 5 | 8 |
| 4 | 8 | 3 | 6 | 7 | 9 | 5 | 1 | 2 |
| 1 | 9 | 5 | 2 | 4 | 8 | 6 | 3 | 7 |
| 2 | 7 | 6 | 3 | 1 | 5 | 9 | 8 | 4 |

A454

| 2 | 4 | 6 | 1 | 5 | 3 | 9 | 8 | 7 |
|---|---|---|---|---|---|---|---|---|
| 3 | 9 | 5 | 7 | 8 | 4 | 2 | 1 | 6 |
| 8 | 7 | 1 | 6 | 2 | 9 | 4 | 5 | 3 |
| 7 | 6 | 9 | 2 | 1 | 8 | 5 | 3 | 4 |
| 4 | 5 | 8 | 3 | 9 | 6 | 1 | 7 | 2 |
| 1 | 2 | 3 | 5 | 4 | 7 | 8 | 6 | 9 |
| 6 | 1 | 2 | 4 | 3 | 5 | 7 | 9 | 8 |
| 9 | 3 | 4 | 8 | 7 | 1 | 6 | 2 | 5 |
| 5 | 8 | 7 | 9 | 6 | 2 | 3 | 4 | 1 |

A455

| 7 | 8 | 9 | 4 | 6 | 3 | 5 | 1 | 2 |
|---|---|---|---|---|---|---|---|---|
| 2 | 4 | 3 | 9 | 5 | 1 | 7 | 8 | 6 |
| 1 | 5 | 6 | 7 | 8 | 2 | 9 | 3 | 4 |
| 8 | 1 | 4 | 5 | 2 | 7 | 6 | 9 | 3 |
| 6 | 7 | 5 | 3 | 1 | 9 | 2 | 4 | 8 |
| 3 | 9 | 2 | 8 | 4 | 6 | 1 | 5 | 7 |
| 9 | 3 | 8 | 2 | 7 | 5 | 4 | 6 | 1 |
| 4 | 2 | 1 | 6 | 9 | 8 | 3 | 7 | 5 |
| 5 | 6 | 7 | 1 | 3 | 4 | 8 | 2 | 9 |

A456

| 7 | 4 | 5 | 6 | 2 | 8 | 1 | 9 | 3 |
|---|---|---|---|---|---|---|---|---|
| 6 | 2 | 9 | 3 | 5 | 1 | 4 | 8 | 7 |
| 1 | 8 | 3 | 7 | 9 | 4 | 6 | 5 | 2 |
| 5 | 9 | 1 | 4 | 3 | 6 | 2 | 7 | 8 |
| 2 | 7 | 4 | 1 | 8 | 5 | 3 | 6 | 9 |
| 3 | 6 | 8 | 2 | 7 | 9 | 5 | 1 | 4 |
| 8 | 1 | 2 | 5 | 4 | 7 | 9 | 3 | 6 |
| 9 | 3 | 6 | 8 | 1 | 2 | 7 | 4 | 5 |
| 4 | 5 | 7 | 9 | 6 | 3 | 8 | 2 | 1 |

A457

| 8 | 7 | 9 | 5 | 1 | 4 | 3 | 2 | 6 |
|---|---|---|---|---|---|---|---|---|
| 2 | 6 | 1 | 9 | 3 | 7 | 5 | 4 | 8 |
| 4 | 5 | 3 | 8 | 2 | 6 | 7 | 9 | 1 |
| 3 | 4 | 7 | 6 | 8 | 1 | 2 | 5 | 9 |
| 1 | 9 | 6 | 4 | 5 | 2 | 8 | 7 | 3 |
| 5 | 8 | 2 | 7 | 9 | 3 | 1 | 6 | 4 |
| 6 | 2 | 8 | 3 | 4 | 5 | 9 | 1 | 7 |
| 9 | 1 | 4 | 2 | 7 | 8 | 6 | 3 | 5 |
| 7 | 3 | 5 | 1 | 6 | 9 | 4 | 8 | 2 |

A458

| 3 | 6 | 5 | 7 | 1 | 2 | 9 | 4 | 8 |
|---|---|---|---|---|---|---|---|---|
| 1 | 8 | 7 | 6 | 4 | 9 | 3 | 5 | 2 |
| 2 | 9 | 4 | 5 | 3 | 8 | 7 | 1 | 6 |
| 9 | 3 | 2 | 4 | 6 | 1 | 5 | 8 | 7 |
| 7 | 4 | 6 | 9 | 8 | 5 | 2 | 3 | 1 |
| 5 | 1 | 8 | 3 | 2 | 7 | 4 | 6 | 9 |
| 6 | 7 | 1 | 2 | 5 | 3 | 8 | 9 | 4 |
| 8 | 2 | 3 | 1 | 9 | 4 | 6 | 7 | 5 |
| 4 | 5 | 9 | 8 | 7 | 6 | 1 | 2 | 3 |

A459

| 9 | 3 | 8 | 2 | 1 | 5 | 7 | 6 | 4 |
|---|---|---|---|---|---|---|---|---|
| 7 | 5 | 4 | 8 | 6 | 9 | 2 | 1 | 3 |
| 2 | 6 | 1 | 4 | 3 | 7 | 9 | 8 | 5 |
| 4 | 7 | 2 | 3 | 8 | 6 | 1 | 5 | 9 |
| 8 | 1 | 5 | 9 | 4 | 2 | 6 | 3 | 7 |
| 6 | 9 | 3 | 5 | 7 | 1 | 4 | 2 | 8 |
| 3 | 8 | 6 | 7 | 2 | 4 | 5 | 9 | 1 |
| 1 | 4 | 9 | 6 | 5 | 3 | 8 | 7 | 2 |
| 5 | 2 | 7 | 1 | 9 | 8 | 3 | 4 | 6 |

A460

| 7 | 6 | 8 | 4 | 5 | 1 | 9 | 2 | 3 |
|---|---|---|---|---|---|---|---|---|
| 5 | 4 | 1 | 3 | 2 | 9 | 8 | 7 | 6 |
| 2 | 3 | 9 | 8 | 6 | 7 | 4 | 5 | 1 |
| 1 | 5 | 2 | 9 | 8 | 3 | 7 | 6 | 4 |
| 6 | 9 | 4 | 5 | 7 | 2 | 3 | 1 | 8 |
| 8 | 7 | 3 | 1 | 4 | 6 | 2 | 9 | 5 |
| 4 | 1 | 6 | 2 | 9 | 8 | 5 | 3 | 7 |
| 3 | 2 | 5 | 7 | 1 | 4 | 6 | 8 | 9 |
| 9 | 8 | 7 | 6 | 3 | 5 | 1 | 4 | 2 |

A461

| 2 | 3 | 8 | 6 | 9 | 4 | 1 | 7 | 5 |
|---|---|---|---|---|---|---|---|---|
| 4 | 6 | 1 | 5 | 7 | 3 | 8 | 2 | 9 |
| 9 | 7 | 5 | 2 | 1 | 8 | 3 | 4 | 6 |
| 6 | 8 | 3 | 9 | 4 | 7 | 2 | 5 | 1 |
| 1 | 4 | 2 | 8 | 3 | 5 | 9 | 6 | 7 |
| 7 | 5 | 9 | 1 | 2 | 6 | 4 | 3 | 8 |
| 3 | 2 | 6 | 7 | 8 | 9 | 5 | 1 | 4 |
| 8 | 1 | 7 | 4 | 5 | 2 | 6 | 9 | 3 |
| 5 | 9 | 4 | 3 | 6 | 1 | 7 | 8 | 2 |

A462

| 4 | 8 | 2 | 3 | 5 | 6 | 9 | 1 | 7 |
|---|---|---|---|---|---|---|---|---|
| 9 | 3 | 1 | 4 | 8 | 7 | 5 | 2 | 6 |
| 5 | 7 | 6 | 1 | 9 | 2 | 8 | 3 | 4 |
| 8 | 5 | 9 | 6 | 2 | 4 | 3 | 7 | 1 |
| 2 | 1 | 7 | 5 | 3 | 9 | 4 | 6 | 8 |
| 3 | 6 | 4 | 8 | 7 | 1 | 2 | 9 | 5 |
| 6 | 2 | 8 | 7 | 4 | 3 | 1 | 5 | 9 |
| 7 | 9 | 5 | 2 | 1 | 8 | 6 | 4 | 3 |
| 1 | 4 | 3 | 9 | 6 | 5 | 7 | 8 | 2 |

A463

| 6 | 3 | 1 | 4 | 7 | 5 | 2 | 9 | 8 |
|---|---|---|---|---|---|---|---|---|
| 7 | 5 | 9 | 6 | 2 | 8 | 1 | 4 | 3 |
| 8 | 2 | 4 | 9 | 1 | 3 | 6 | 5 | 7 |
| 5 | 6 | 7 | 8 | 3 | 2 | 9 | 1 | 4 |
| 4 | 8 | 3 | 1 | 5 | 9 | 7 | 2 | 6 |
| 1 | 9 | 2 | 7 | 4 | 6 | 3 | 8 | 5 |
| 3 | 7 | 5 | 2 | 9 | 4 | 8 | 6 | 1 |
| 9 | 4 | 6 | 3 | 8 | 1 | 5 | 7 | 2 |
| 2 | 1 | 8 | 5 | 6 | 7 | 4 | 3 | 9 |

A464

| 8 | 3 | 1 | 2 | 6 | 4 | 5 | 9 | 7 |
|---|---|---|---|---|---|---|---|---|
| 2 | 7 | 5 | 1 | 8 | 9 | 3 | 4 | 6 |
| 9 | 4 | 6 | 3 | 5 | 7 | 8 | 2 | 1 |
| 3 | 1 | 7 | 4 | 9 | 5 | 6 | 8 | 2 |
| 4 | 6 | 2 | 8 | 1 | 3 | 7 | 5 | 9 |
| 5 | 8 | 9 | 7 | 2 | 6 | 4 | 1 | 3 |
| 7 | 2 | 4 | 9 | 3 | 8 | 1 | 6 | 5 |
| 6 | 9 | 3 | 5 | 4 | 1 | 2 | 7 | 8 |
| 1 | 5 | 8 | 6 | 7 | 2 | 9 | 3 | 4 |

A465

| 9 | 7 | 3 | 8 | 2 | 6 | 5 | 1 | 4 |
|---|---|---|---|---|---|---|---|---|
| 1 | 5 | 6 | 7 | 4 | 3 | 9 | 8 | 2 |
| 8 | 4 | 2 | 5 | 1 | 9 | 7 | 6 | 3 |
| 5 | 3 | 1 | 2 | 7 | 8 | 4 | 9 | 6 |
| 2 | 8 | 4 | 9 | 6 | 1 | 3 | 5 | 7 |
| 6 | 9 | 7 | 4 | 3 | 5 | 1 | 2 | 8 |
| 4 | 2 | 9 | 6 | 5 | 7 | 8 | 3 | 1 |
| 7 | 1 | 8 | 3 | 9 | 2 | 6 | 4 | 5 |
| 3 | 6 | 5 | 1 | 8 | 4 | 2 | 7 | 9 |

A466

| 5 | 7 | 2 | 1 | 9 | 8 | 3 | 6 | 4 |
|---|---|---|---|---|---|---|---|---|
| 6 | 3 | 4 | 7 | 2 | 5 | 1 | 8 | 9 |
| 1 | 9 | 8 | 4 | 3 | 6 | 7 | 2 | 5 |
| 7 | 2 | 9 | 8 | 6 | 1 | 4 | 5 | 3 |
| 8 | 5 | 1 | 3 | 4 | 2 | 6 | 9 | 7 |
| 4 | 6 | 3 | 5 | 7 | 9 | 2 | 1 | 8 |
| 2 | 4 | 6 | 9 | 5 | 3 | 8 | 7 | 1 |
| 9 | 1 | 7 | 2 | 8 | 4 | 5 | 3 | 6 |
| 3 | 8 | 5 | 6 | 1 | 7 | 9 | 4 | 2 |

A467

| 7 | 3 | 5 | 8 | 2 | 4 | 1 | 9 | 6 |
|---|---|---|---|---|---|---|---|---|
| 8 | 1 | 2 | 9 | 6 | 3 | 5 | 7 | 4 |
| 6 | 9 | 4 | 5 | 1 | 7 | 8 | 3 | 2 |
| 1 | 2 | 8 | 4 | 7 | 6 | 9 | 5 | 3 |
| 9 | 4 | 6 | 3 | 8 | 5 | 7 | 2 | 1 |
| 3 | 5 | 7 | 1 | 9 | 2 | 4 | 6 | 8 |
| 2 | 8 | 1 | 7 | 3 | 9 | 6 | 4 | 5 |
| 5 | 7 | 3 | 6 | 4 | 8 | 2 | 1 | 9 |
| 4 | 6 | 9 | 2 | 5 | 1 | 3 | 8 | 7 |

A468

| 6 | 3 | 2 | 8 | 7 | 9 | 1 | 5 | 4 |
|---|---|---|---|---|---|---|---|---|
| 1 | 8 | 9 | 5 | 4 | 6 | 2 | 7 | 3 |
| 7 | 4 | 5 | 2 | 1 | 3 | 9 | 6 | 8 |
| 2 | 5 | 8 | 3 | 9 | 7 | 6 | 4 | 1 |
| 3 | 6 | 7 | 4 | 8 | 1 | 5 | 2 | 9 |
| 9 | 1 | 4 | 6 | 2 | 5 | 3 | 8 | 7 |
| 4 | 9 | 3 | 7 | 5 | 2 | 8 | 1 | 6 |
| 5 | 7 | 6 | 1 | 3 | 8 | 4 | 9 | 2 |
| 8 | 2 | 1 | 9 | 6 | 4 | 7 | 3 | 5 |

A469

| 3 | 4 | 5 | 8 | 7 | 1 | 9 | 2 | 6 |
|---|---|---|---|---|---|---|---|---|
| 8 | 1 | 2 | 6 | 9 | 3 | 5 | 7 | 4 |
| 9 | 6 | 7 | 4 | 5 | 2 | 3 | 1 | 8 |
| 5 | 2 | 8 | 7 | 3 | 4 | 1 | 6 | 9 |
| 7 | 3 | 4 | 1 | 6 | 9 | 2 | 8 | 5 |
| 1 | 9 | 6 | 5 | 2 | 8 | 7 | 4 | 3 |
| 4 | 7 | 9 | 2 | 8 | 5 | 6 | 3 | 1 |
| 6 | 5 | 1 | 3 | 4 | 7 | 8 | 9 | 2 |
| 2 | 8 | 3 | 9 | 1 | 6 | 4 | 5 | 7 |

A470

| 7 | 9 | 8 | 3 | 2 | 1 | 6 | 4 | 5 |
|---|---|---|---|---|---|---|---|---|
| 1 | 5 | 6 | 4 | 9 | 8 | 7 | 3 | 2 |
| 2 | 3 | 4 | 5 | 6 | 7 | 1 | 9 | 8 |
| 8 | 6 | 3 | 1 | 4 | 5 | 9 | 2 | 7 |
| 9 | 4 | 7 | 6 | 8 | 2 | 3 | 5 | 1 |
| 5 | 1 | 2 | 9 | 7 | 3 | 4 | 8 | 6 |
| 6 | 2 | 5 | 7 | 3 | 4 | 8 | 1 | 9 |
| 4 | 8 | 9 | 2 | 1 | 6 | 5 | 7 | 3 |
| 3 | 7 | 1 | 8 | 5 | 9 | 2 | 6 | 4 |

A471

| 7 | 9 | 8 | 3 | 2 | 1 | 6 | 4 | 5 |
|---|---|---|---|---|---|---|---|---|
| 1 | 5 | 6 | 4 | 9 | 8 | 7 | 3 | 2 |
| 2 | 3 | 4 | 5 | 6 | 7 | 1 | 9 | 8 |
| 8 | 6 | 3 | 1 | 4 | 5 | 9 | 2 | 7 |
| 9 | 4 | 7 | 6 | 8 | 2 | 3 | 5 | 1 |
| 5 | 1 | 2 | 9 | 7 | 3 | 4 | 8 | 6 |
| 6 | 2 | 5 | 7 | 3 | 4 | 8 | 1 | 9 |
| 4 | 8 | 9 | 2 | 1 | 6 | 5 | 7 | 3 |
| 3 | 7 | 1 | 8 | 5 | 9 | 2 | 6 | 4 |

A472

| 8 | 3 | 7 | 4 | 5 | 2 | 6 | 1 | 9 |
|---|---|---|---|---|---|---|---|---|
| 2 | 4 | 9 | 6 | 1 | 8 | 3 | 7 | 5 |
| 6 | 1 | 5 | 9 | 7 | 3 | 4 | 8 | 2 |
| 5 | 2 | 4 | 7 | 6 | 1 | 9 | 3 | 8 |
| 3 | 9 | 8 | 2 | 4 | 5 | 1 | 6 | 7 |
| 7 | 6 | 1 | 8 | 3 | 9 | 5 | 2 | 4 |
| 9 | 7 | 3 | 1 | 8 | 4 | 2 | 5 | 6 |
| 1 | 8 | 2 | 5 | 9 | 6 | 7 | 4 | 3 |
| 4 | 5 | 6 | 3 | 2 | 7 | 8 | 9 | 1 |

A473

| 1 | 5 | 9 | 8 | 3 | 4 | 7 | 2 | 6 |
|---|---|---|---|---|---|---|---|---|
| 3 | 7 | 2 | 6 | 1 | 9 | 8 | 5 | 4 |
| 8 | 6 | 4 | 7 | 2 | 5 | 9 | 3 | 1 |
| 4 | 2 | 1 | 3 | 9 | 8 | 6 | 7 | 5 |
| 7 | 8 | 3 | 2 | 5 | 6 | 4 | 1 | 9 |
| 6 | 9 | 5 | 1 | 4 | 7 | 2 | 8 | 3 |
| 2 | 1 | 6 | 9 | 7 | 3 | 5 | 4 | 8 |
| 9 | 4 | 7 | 5 | 8 | 1 | 3 | 6 | 2 |
| 5 | 3 | 8 | 4 | 6 | 2 | 1 | 9 | 7 |

A474

| 1 | 3 | 9 | 2 | 5 | 8 | 4 | 7 | 6 |
|---|---|---|---|---|---|---|---|---|
| 7 | 4 | 8 | 6 | 9 | 3 | 5 | 2 | 1 |
| 5 | 2 | 6 | 4 | 1 | 7 | 8 | 9 | 3 |
| 6 | 9 | 1 | 3 | 7 | 5 | 2 | 8 | 4 |
| 4 | 7 | 2 | 9 | 8 | 6 | 3 | 1 | 5 |
| 8 | 5 | 3 | 1 | 4 | 2 | 9 | 6 | 7 |
| 2 | 1 | 5 | 8 | 6 | 4 | 7 | 3 | 9 |
| 9 | 8 | 4 | 7 | 3 | 1 | 6 | 5 | 2 |
| 3 | 6 | 7 | 5 | 2 | 9 | 1 | 4 | 8 |

A475

| 1 | 5 | 4 | 9 | 2 | 8 | 6 | 3 | 7 |
|---|---|---|---|---|---|---|---|---|
| 7 | 9 | 3 | 5 | 4 | 6 | 2 | 1 | 8 |
| 6 | 2 | 8 | 3 | 1 | 7 | 9 | 4 | 5 |
| 2 | 7 | 6 | 4 | 5 | 3 | 1 | 8 | 9 |
| 5 | 8 | 1 | 7 | 6 | 9 | 3 | 2 | 4 |
| 4 | 3 | 9 | 2 | 8 | 1 | 7 | 5 | 6 |
| 8 | 1 | 2 | 6 | 9 | 5 | 4 | 7 | 3 |
| 9 | 4 | 7 | 8 | 3 | 2 | 5 | 6 | 1 |
| 3 | 6 | 5 | 1 | 7 | 4 | 8 | 9 | 2 |

A476

| 6 | 8 | 2 | 3 | 9 | 1 | 7 | 5 | 4 |
|---|---|---|---|---|---|---|---|---|
| 5 | 7 | 1 | 2 | 6 | 4 | 8 | 3 | 9 |
| 4 | 3 | 9 | 7 | 8 | 5 | 2 | 1 | 6 |
| 7 | 6 | 8 | 9 | 3 | 2 | 5 | 4 | 1 |
| 9 | 1 | 5 | 6 | 4 | 7 | 3 | 2 | 8 |
| 3 | 2 | 4 | 1 | 5 | 8 | 9 | 6 | 7 |
| 2 | 4 | 7 | 8 | 1 | 3 | 6 | 9 | 5 |
| 1 | 9 | 3 | 5 | 7 | 6 | 4 | 8 | 2 |
| 8 | 5 | 6 | 4 | 2 | 9 | 1 | 7 | 3 |

A477

| 9 | 3 | 1 | 8 | 4 | 7 | 5 | 6 | 2 |
|---|---|---|---|---|---|---|---|---|
| 6 | 7 | 4 | 5 | 3 | 2 | 1 | 9 | 8 |
| 2 | 5 | 8 | 9 | 6 | 1 | 4 | 3 | 7 |
| 3 | 8 | 7 | 4 | 2 | 6 | 9 | 5 | 1 |
| 1 | 2 | 9 | 7 | 5 | 3 | 8 | 4 | 6 |
| 4 | 6 | 5 | 1 | 8 | 9 | 7 | 2 | 3 |
| 7 | 1 | 6 | 3 | 9 | 4 | 2 | 8 | 5 |
| 8 | 9 | 3 | 2 | 1 | 5 | 6 | 7 | 4 |
| 5 | 4 | 2 | 6 | 7 | 8 | 3 | 1 | 9 |

A478

| 4 | 6 | 8 | 2 | 3 | 9 | 1 | 7 | 5 |
|---|---|---|---|---|---|---|---|---|
| 5 | 7 | 2 | 1 | 8 | 4 | 6 | 9 | 3 |
| 1 | 3 | 9 | 6 | 7 | 5 | 8 | 2 | 4 |
| 7 | 1 | 6 | 8 | 5 | 2 | 3 | 4 | 9 |
| 2 | 9 | 5 | 4 | 6 | 3 | 7 | 1 | 8 |
| 3 | 8 | 4 | 7 | 9 | 1 | 2 | 5 | 6 |
| 6 | 4 | 7 | 9 | 2 | 8 | 5 | 3 | 1 |
| 9 | 2 | 3 | 5 | 1 | 6 | 4 | 8 | 7 |
| 8 | 5 | 1 | 3 | 4 | 7 | 9 | 6 | 2 |

A479

| 9 | 1 | 2 | 8 | 3 | 5 | 4 | 6 | 7 |
|---|---|---|---|---|---|---|---|---|
| 4 | 7 | 3 | 9 | 1 | 6 | 5 | 8 | 2 |
| 5 | 8 | 6 | 4 | 2 | 7 | 3 | 9 | 1 |
| 7 | 4 | 1 | 3 | 8 | 9 | 2 | 5 | 6 |
| 3 | 6 | 9 | 2 | 5 | 4 | 7 | 1 | 8 |
| 8 | 2 | 5 | 7 | 6 | 1 | 9 | 3 | 4 |
| 1 | 9 | 7 | 6 | 4 | 3 | 8 | 2 | 5 |
| 6 | 3 | 8 | 5 | 7 | 2 | 1 | 4 | 9 |
| 2 | 5 | 4 | 1 | 9 | 8 | 6 | 7 | 3 |

A480

| 7 | 1 | 8 | 3 | 9 | 4 | 2 | 6 | 5 |
|---|---|---|---|---|---|---|---|---|
| 5 | 3 | 4 | 1 | 6 | 2 | 7 | 9 | 8 |
| 2 | 9 | 6 | 5 | 7 | 8 | 1 | 3 | 4 |
| 4 | 7 | 1 | 6 | 3 | 9 | 8 | 5 | 2 |
| 8 | 5 | 3 | 7 | 2 | 1 | 9 | 4 | 6 |
| 6 | 2 | 9 | 4 | 8 | 5 | 3 | 1 | 7 |
| 1 | 6 | 2 | 8 | 5 | 3 | 4 | 7 | 9 |
| 3 | 8 | 7 | 9 | 4 | 6 | 5 | 2 | 1 |
| 9 | 4 | 5 | 2 | 1 | 7 | 6 | 8 | 3 |

B001

| 5 | 2 | 3 | 8 | 4 | 1 | 7 | 6 |
|---|---|---|---|---|---|---|---|
| 6 | 1 | 7 | 4 | 3 | 5 | 8 | 2 |
| 1 | 4 | 6 | 2 | 7 | 3 | 5 | 8 |
| 7 | 5 | 8 | 3 | 2 | 4 | 6 | 1 |
| 2 | 6 | 4 | 1 | 8 | 7 | 3 | 5 |
| 3 | 8 | 5 | 7 | 6 | 2 | 1 | 4 |
| 8 | 7 | 2 | 5 | 1 | 6 | 4 | 3 |
| 4 | 3 | 1 | 6 | 5 | 8 | 2 | 7 |

B002

| 7 | 2 | 3 | 8 | 1 | 5 | 4 | 6 |
|---|---|---|---|---|---|---|---|
| 4 | 5 | 1 | 6 | 2 | 3 | 8 | 7 |
| 8 | 7 | 4 | 2 | 5 | 1 | 6 | 3 |
| 6 | 1 | 5 | 3 | 4 | 7 | 2 | 8 |
| 3 | 4 | 6 | 7 | 8 | 2 | 5 | 1 |
| 1 | 8 | 2 | 5 | 3 | 6 | 7 | 4 |
| 2 | 3 | 7 | 4 | 6 | 8 | 1 | 5 |
| 5 | 6 | 8 | 1 | 7 | 4 | 3 | 2 |

B003

| 7 | 4 | 3 | 6 | 2 | 5 | 8 | 1 |
|---|---|---|---|---|---|---|---|
| 2 | 8 | 5 | 1 | 6 | 7 | 4 | 3 |
| 4 | 5 | 6 | 8 | 1 | 3 | 2 | 7 |
| 1 | 3 | 7 | 2 | 5 | 4 | 6 | 8 |
| 3 | 1 | 2 | 7 | 4 | 8 | 5 | 6 |
| 5 | 6 | 8 | 4 | 3 | 1 | 7 | 2 |
| 8 | 2 | 1 | 5 | 7 | 6 | 3 | 4 |
| 6 | 7 | 4 | 3 | 8 | 2 | 1 | 5 |

B004

| 6 | 3 | 1 | 8 | 2 | 4 | 5 | 7 |
|---|---|---|---|---|---|---|---|
| 7 | 2 | 4 | 5 | 1 | 8 | 3 | 6 |
| 2 | 4 | 8 | 3 | 7 | 6 | 1 | 5 |
| 1 | 5 | 6 | 7 | 4 | 2 | 8 | 3 |
| 3 | 8 | 7 | 2 | 5 | 1 | 6 | 4 |
| 4 | 6 | 5 | 1 | 8 | 3 | 7 | 2 |
| 5 | 1 | 2 | 6 | 3 | 7 | 4 | 8 |
| 8 | 7 | 3 | 4 | 6 | 5 | 2 | 1 |

B005

| 7 | 8 | 6 | 3 | 4 | 1 | 5 | 2 |
|---|---|---|---|---|---|---|---|
| 4 | 5 | 1 | 2 | 6 | 8 | 7 | 3 |
| 5 | 1 | 3 | 7 | 2 | 4 | 8 | 6 |
| 8 | 2 | 4 | 6 | 1 | 5 | 3 | 7 |
| 1 | 7 | 2 | 5 | 8 | 3 | 6 | 4 |
| 6 | 3 | 8 | 4 | 7 | 2 | 1 | 5 |
| 2 | 6 | 5 | 1 | 3 | 7 | 4 | 8 |
| 3 | 4 | 7 | 8 | 5 | 6 | 2 | 1 |

B006

| 4 | 5 | 3 | 8 | 2 | 1 | 6 | 7 |
|---|---|---|---|---|---|---|---|
| 2 | 6 | 1 | 7 | 4 | 8 | 5 | 3 |
| 1 | 4 | 2 | 5 | 8 | 3 | 7 | 6 |
| 6 | 8 | 7 | 3 | 1 | 2 | 4 | 5 |
| 7 | 1 | 8 | 6 | 5 | 4 | 3 | 2 |
| 5 | 3 | 4 | 2 | 6 | 7 | 1 | 8 |
| 3 | 2 | 5 | 1 | 7 | 6 | 8 | 4 |
| 8 | 7 | 6 | 4 | 3 | 5 | 2 | 1 |

B007

| 7 | 1 | 6 | 4 | 5 | 8 | 2 | 3 |
|---|---|---|---|---|---|---|---|
| 5 | 3 | 2 | 8 | 1 | 7 | 6 | 4 |
| 4 | 2 | 5 | 6 | 3 | 1 | 7 | 8 |
| 3 | 7 | 8 | 1 | 2 | 5 | 4 | 6 |
| 1 | 8 | 4 | 5 | 6 | 2 | 3 | 7 |
| 2 | 6 | 7 | 3 | 8 | 4 | 5 | 1 |
| 6 | 4 | 1 | 2 | 7 | 3 | 8 | 5 |
| 8 | 5 | 3 | 7 | 4 | 6 | 1 | 2 |

B008

| 7 | 6 | 8 | 3 | 4 | 5 | 2 | 1 |
|---|---|---|---|---|---|---|---|
| 1 | 4 | 2 | 5 | 3 | 8 | 6 | 7 |
| 8 | 7 | 3 | 4 | 5 | 2 | 1 | 6 |
| 6 | 1 | 5 | 2 | 8 | 7 | 3 | 4 |
| 2 | 8 | 1 | 7 | 6 | 4 | 5 | 3 |
| 5 | 3 | 4 | 6 | 2 | 1 | 7 | 8 |
| 4 | 5 | 6 | 1 | 7 | 3 | 8 | 2 |
| 3 | 2 | 7 | 8 | 1 | 6 | 4 | 5 |

B009

| 7 | 8 | 1 | 4 | 2 | 5 | 3 | 6 |
|---|---|---|---|---|---|---|---|
| 5 | 6 | 3 | 2 | 7 | 1 | 4 | 8 |
| 2 | 3 | 5 | 8 | 6 | 7 | 1 | 4 |
| 6 | 4 | 7 | 1 | 8 | 3 | 5 | 2 |
| 8 | 1 | 6 | 3 | 4 | 2 | 7 | 5 |
| 4 | 7 | 2 | 5 | 3 | 8 | 6 | 1 |
| 3 | 5 | 8 | 6 | 1 | 4 | 2 | 7 |
| 1 | 2 | 4 | 7 | 5 | 6 | 8 | 3 |

B010

| 6 | 1 | 7 | 5 | 4 | 2 | 3 | 8 |
|---|---|---|---|---|---|---|---|
| 4 | 3 | 8 | 2 | 7 | 1 | 6 | 5 |
| 3 | 8 | 1 | 6 | 2 | 5 | 4 | 7 |
| 5 | 4 | 2 | 7 | 1 | 3 | 8 | 6 |
| 1 | 7 | 5 | 4 | 8 | 6 | 2 | 3 |
| 2 | 6 | 3 | 8 | 5 | 4 | 7 | 1 |
| 8 | 2 | 6 | 1 | 3 | 7 | 5 | 4 |
| 7 | 5 | 4 | 3 | 6 | 8 | 1 | 2 |

B011

| 6 | 3 | 1 | 7 | 5 | 4 | 8 | 2 |
|---|---|---|---|---|---|---|---|
| 2 | 5 | 4 | 8 | 3 | 7 | 6 | 1 |
| 8 | 7 | 3 | 2 | 4 | 1 | 5 | 6 |
| 5 | 1 | 6 | 4 | 7 | 8 | 2 | 3 |
| 1 | 2 | 7 | 5 | 8 | 6 | 3 | 4 |
| 4 | 6 | 8 | 3 | 1 | 2 | 7 | 5 |
| 7 | 4 | 5 | 6 | 2 | 3 | 1 | 8 |
| 3 | 8 | 2 | 1 | 6 | 5 | 4 | 7 |

B012

| 2 | 4 | 3 | 6 | 7 | 1 | 5 | 8 |
|---|---|---|---|---|---|---|---|
| 1 | 8 | 5 | 7 | 4 | 6 | 2 | 3 |
| 8 | 5 | 4 | 2 | 6 | 7 | 3 | 1 |
| 6 | 7 | 1 | 3 | 5 | 8 | 4 | 2 |
| 5 | 3 | 8 | 4 | 1 | 2 | 7 | 6 |
| 7 | 2 | 6 | 1 | 3 | 5 | 8 | 4 |
| 4 | 1 | 7 | 8 | 2 | 3 | 6 | 5 |
| 3 | 6 | 2 | 5 | 8 | 4 | 1 | 7 |

**B013**

| 4 | 3 | 1 | 8 | 5 | 6 | 2 | 7 |
|---|---|---|---|---|---|---|---|
| 6 | 2 | 5 | 7 | 3 | 4 | 8 | 1 |
| 5 | 7 | 8 | 6 | 4 | 2 | 1 | 3 |
| 1 | 4 | 2 | 3 | 6 | 7 | 5 | 8 |
| 2 | 8 | 3 | 1 | 7 | 5 | 4 | 6 |
| 7 | 6 | 4 | 5 | 8 | 1 | 3 | 2 |
| 8 | 5 | 7 | 2 | 1 | 3 | 6 | 4 |
| 3 | 1 | 6 | 4 | 2 | 8 | 7 | 5 |

**B014**

| 5 | 8 | 7 | 6 | 4 | 2 | 1 | 3 |
|---|---|---|---|---|---|---|---|
| 2 | 3 | 1 | 4 | 6 | 8 | 7 | 5 |
| 8 | 5 | 2 | 3 | 1 | 6 | 4 | 7 |
| 7 | 6 | 4 | 1 | 8 | 3 | 5 | 2 |
| 1 | 4 | 3 | 2 | 7 | 5 | 8 | 6 |
| 6 | 7 | 5 | 8 | 3 | 4 | 2 | 1 |
| 3 | 1 | 8 | 5 | 2 | 7 | 6 | 4 |
| 4 | 2 | 6 | 7 | 5 | 1 | 3 | 8 |

**B015**

| 4 | 7 | 5 | 2 | 8 | 1 | 3 | 6 |
|---|---|---|---|---|---|---|---|
| 1 | 8 | 3 | 6 | 4 | 2 | 5 | 7 |
| 3 | 6 | 2 | 4 | 1 | 8 | 7 | 5 |
| 8 | 1 | 7 | 5 | 3 | 6 | 2 | 4 |
| 5 | 2 | 4 | 7 | 6 | 3 | 8 | 1 |
| 6 | 3 | 1 | 8 | 5 | 7 | 4 | 2 |
| 7 | 4 | 6 | 3 | 2 | 5 | 1 | 8 |
| 2 | 5 | 8 | 1 | 7 | 4 | 6 | 3 |

**B016**

| 3 | 2 | 4 | 1 | 6 | 5 | 7 | 8 |
|---|---|---|---|---|---|---|---|
| 7 | 6 | 5 | 8 | 2 | 3 | 1 | 4 |
| 4 | 5 | 2 | 3 | 8 | 7 | 6 | 1 |
| 6 | 8 | 1 | 7 | 5 | 2 | 4 | 3 |
| 5 | 7 | 3 | 4 | 1 | 8 | 2 | 6 |
| 8 | 1 | 6 | 2 | 3 | 4 | 5 | 7 |
| 1 | 3 | 7 | 5 | 4 | 6 | 8 | 2 |
| 2 | 4 | 8 | 6 | 7 | 1 | 3 | 5 |

**B017**

| 6 | 4 | 5 | 7 | 2 | 8 | 1 | 3 |
|---|---|---|---|---|---|---|---|
| 2 | 8 | 3 | 1 | 6 | 5 | 4 | 7 |
| 3 | 1 | 7 | 8 | 4 | 6 | 2 | 5 |
| 4 | 2 | 6 | 5 | 7 | 3 | 8 | 1 |
| 5 | 3 | 8 | 2 | 1 | 4 | 7 | 6 |
| 7 | 6 | 1 | 4 | 3 | 2 | 5 | 8 |
| 1 | 5 | 4 | 6 | 8 | 7 | 3 | 2 |
| 8 | 7 | 2 | 3 | 5 | 1 | 6 | 4 |

**B018**

| 1 | 6 | 4 | 8 | 2 | 5 | 3 | 7 |
|---|---|---|---|---|---|---|---|
| 2 | 7 | 3 | 5 | 4 | 1 | 8 | 6 |
| 8 | 2 | 5 | 3 | 7 | 4 | 6 | 1 |
| 4 | 1 | 7 | 6 | 3 | 2 | 5 | 8 |
| 3 | 4 | 6 | 1 | 8 | 7 | 2 | 5 |
| 5 | 8 | 2 | 7 | 6 | 3 | 1 | 4 |
| 7 | 5 | 8 | 2 | 1 | 6 | 4 | 3 |
| 6 | 3 | 1 | 4 | 5 | 8 | 7 | 2 |

**B019**

| 1 | 7 | 8 | 4 | 6 | 3 | 5 | 2 |
|---|---|---|---|---|---|---|---|
| 5 | 2 | 6 | 3 | 8 | 7 | 4 | 1 |
| 7 | 8 | 3 | 2 | 5 | 6 | 1 | 4 |
| 4 | 6 | 1 | 5 | 3 | 2 | 7 | 8 |
| 2 | 4 | 5 | 1 | 7 | 8 | 6 | 3 |
| 6 | 3 | 7 | 8 | 1 | 4 | 2 | 5 |
| 3 | 5 | 4 | 6 | 2 | 1 | 8 | 7 |
| 8 | 1 | 2 | 7 | 4 | 5 | 3 | 6 |

**B020**

| 4 | 7 | 2 | 1 | 5 | 3 | 8 | 6 |
|---|---|---|---|---|---|---|---|
| 6 | 3 | 5 | 8 | 1 | 2 | 7 | 4 |
| 7 | 1 | 8 | 5 | 6 | 4 | 2 | 3 |
| 3 | 4 | 6 | 2 | 8 | 1 | 5 | 7 |
| 2 | 5 | 4 | 3 | 7 | 6 | 1 | 8 |
| 8 | 6 | 1 | 7 | 4 | 5 | 3 | 2 |
| 1 | 2 | 7 | 4 | 3 | 8 | 6 | 5 |
| 5 | 8 | 3 | 6 | 2 | 7 | 4 | 1 |

**B021**

| 4 | 5 | 8 | 2 | 3 | 1 | 6 | 7 |
|---|---|---|---|---|---|---|---|
| 6 | 1 | 7 | 3 | 5 | 8 | 2 | 4 |
| 7 | 4 | 3 | 6 | 2 | 5 | 1 | 8 |
| 5 | 2 | 1 | 8 | 4 | 6 | 7 | 3 |
| 8 | 7 | 4 | 1 | 6 | 2 | 3 | 5 |
| 2 | 3 | 6 | 5 | 8 | 7 | 4 | 1 |
| 1 | 8 | 2 | 4 | 7 | 3 | 5 | 6 |
| 3 | 6 | 5 | 7 | 1 | 4 | 8 | 2 |

**B022**

| 7 | 4 | 8 | 1 | 3 | 5 | 6 | 2 |
|---|---|---|---|---|---|---|---|
| 2 | 3 | 5 | 6 | 4 | 7 | 8 | 1 |
| 5 | 2 | 6 | 8 | 1 | 4 | 7 | 3 |
| 3 | 7 | 1 | 4 | 6 | 8 | 2 | 5 |
| 6 | 8 | 2 | 3 | 5 | 1 | 4 | 7 |
| 4 | 1 | 7 | 5 | 8 | 2 | 3 | 6 |
| 8 | 5 | 3 | 7 | 2 | 6 | 1 | 4 |
| 1 | 6 | 4 | 2 | 7 | 3 | 5 | 8 |

**B023**

| 4 | 6 | 1 | 5 | 7 | 8 | 2 | 3 |
|---|---|---|---|---|---|---|---|
| 8 | 7 | 3 | 2 | 1 | 6 | 5 | 4 |
| 7 | 2 | 5 | 6 | 3 | 1 | 4 | 8 |
| 1 | 8 | 4 | 3 | 6 | 5 | 7 | 2 |
| 5 | 3 | 2 | 7 | 8 | 4 | 6 | 1 |
| 6 | 1 | 8 | 4 | 5 | 2 | 3 | 7 |
| 3 | 4 | 6 | 8 | 2 | 7 | 1 | 5 |
| 2 | 5 | 7 | 1 | 4 | 3 | 8 | 6 |

**B024**

| 1 | 6 | 7 | 8 | 2 | 4 | 5 | 3 |
|---|---|---|---|---|---|---|---|
| 2 | 3 | 4 | 5 | 7 | 8 | 6 | 1 |
| 6 | 2 | 8 | 4 | 5 | 1 | 3 | 7 |
| 3 | 5 | 1 | 7 | 4 | 6 | 8 | 2 |
| 4 | 1 | 3 | 2 | 6 | 5 | 7 | 8 |
| 7 | 8 | 5 | 6 | 3 | 2 | 1 | 4 |
| 5 | 7 | 2 | 1 | 8 | 3 | 4 | 6 |
| 8 | 4 | 6 | 3 | 1 | 7 | 2 | 5 |

B025

| | | | | | | | |
|---|---|---|---|---|---|---|---|
| 4 | 2 | 6 | 8 | 7 | 5 | 1 | 3 |
| 3 | 5 | 1 | 7 | 2 | 8 | 4 | 6 |
| 2 | 6 | 8 | 5 | 4 | 7 | 3 | 1 |
| 1 | 4 | 7 | 3 | 5 | 2 | 6 | 8 |
| 8 | 7 | 4 | 1 | 6 | 3 | 5 | 2 |
| 5 | 3 | 2 | 6 | 8 | 1 | 7 | 4 |
| 7 | 8 | 3 | 4 | 1 | 6 | 2 | 5 |
| 6 | 1 | 5 | 2 | 3 | 4 | 8 | 7 |

B026

| | | | | | | | |
|---|---|---|---|---|---|---|---|
| 8 | 3 | 6 | 4 | 7 | 5 | 2 | 1 |
| 5 | 2 | 1 | 7 | 6 | 4 | 3 | 8 |
| 4 | 1 | 7 | 8 | 3 | 2 | 6 | 5 |
| 3 | 5 | 2 | 6 | 4 | 1 | 8 | 7 |
| 6 | 4 | 3 | 5 | 1 | 8 | 7 | 2 |
| 1 | 7 | 8 | 2 | 5 | 3 | 4 | 6 |
| 2 | 6 | 4 | 1 | 8 | 7 | 5 | 3 |
| 7 | 8 | 5 | 3 | 2 | 6 | 1 | 4 |

B027

| | | | | | | | |
|---|---|---|---|---|---|---|---|
| 7 | 6 | 8 | 1 | 5 | 2 | 4 | 3 |
| 5 | 4 | 3 | 2 | 8 | 6 | 1 | 7 |
| 4 | 3 | 2 | 7 | 6 | 8 | 5 | 1 |
| 6 | 8 | 1 | 5 | 4 | 7 | 3 | 2 |
| 8 | 1 | 7 | 6 | 3 | 4 | 2 | 5 |
| 3 | 2 | 5 | 4 | 7 | 1 | 6 | 8 |
| 1 | 7 | 6 | 3 | 2 | 5 | 8 | 4 |
| 2 | 5 | 4 | 8 | 1 | 3 | 7 | 6 |

B028

| | | | | | | | |
|---|---|---|---|---|---|---|---|
| 7 | 6 | 2 | 5 | 3 | 8 | 4 | 1 |
| 8 | 1 | 4 | 3 | 7 | 6 | 5 | 2 |
| 1 | 2 | 6 | 4 | 8 | 3 | 7 | 5 |
| 5 | 7 | 3 | 8 | 2 | 1 | 6 | 4 |
| 4 | 3 | 1 | 7 | 5 | 2 | 8 | 6 |
| 2 | 5 | 8 | 6 | 1 | 4 | 3 | 7 |
| 3 | 4 | 7 | 1 | 6 | 5 | 2 | 8 |
| 6 | 8 | 5 | 2 | 4 | 7 | 1 | 3 |

B029

| | | | | | | | |
|---|---|---|---|---|---|---|---|
| 1 | 8 | 2 | 7 | 3 | 4 | 5 | 6 |
| 6 | 3 | 4 | 5 | 2 | 1 | 7 | 8 |
| 2 | 7 | 5 | 1 | 8 | 3 | 6 | 4 |
| 4 | 6 | 3 | 8 | 1 | 5 | 2 | 7 |
| 3 | 1 | 6 | 4 | 7 | 2 | 8 | 5 |
| 7 | 5 | 8 | 2 | 4 | 6 | 3 | 1 |
| 8 | 2 | 1 | 6 | 5 | 7 | 4 | 3 |
| 5 | 4 | 7 | 3 | 6 | 8 | 1 | 2 |

B030

| | | | | | | | |
|---|---|---|---|---|---|---|---|
| 2 | 6 | 7 | 4 | 5 | 3 | 8 | 1 |
| 8 | 5 | 3 | 1 | 2 | 7 | 6 | 4 |
| 5 | 1 | 8 | 7 | 6 | 2 | 4 | 3 |
| 3 | 4 | 2 | 6 | 7 | 5 | 1 | 8 |
| 6 | 7 | 4 | 3 | 1 | 8 | 5 | 2 |
| 1 | 2 | 5 | 8 | 3 | 4 | 7 | 6 |
| 7 | 8 | 6 | 2 | 4 | 1 | 3 | 5 |
| 4 | 3 | 1 | 5 | 8 | 6 | 2 | 7 |

C001

| | | | | | | | |
|---|---|---|---|---|---|---|---|
| 7 | 4 | 8 | 3 | 6 | 5 | 1 | 2 |
| 3 | 1 | 2 | 8 | 7 | 4 | 6 | 5 |
| 4 | 5 | 6 | 2 | 1 | 7 | 3 | 8 |
| 2 | 8 | 5 | 6 | 4 | 1 | 7 | 3 |
| 1 | 3 | 7 | 5 | 2 | 6 | 8 | 4 |
| 6 | 7 | 3 | 4 | 8 | 2 | 5 | 1 |
| 5 | 6 | 4 | 1 | 3 | 8 | 2 | 7 |
| 8 | 2 | 1 | 7 | 5 | 3 | 4 | 6 |

C002

| | | | | | | | |
|---|---|---|---|---|---|---|---|
| 5 | 1 | 4 | 3 | 2 | 8 | 7 | 6 |
| 8 | 4 | 2 | 5 | 6 | 7 | 1 | 3 |
| 3 | 2 | 5 | 7 | 8 | 1 | 6 | 4 |
| 6 | 3 | 7 | 1 | 5 | 2 | 4 | 8 |
| 1 | 8 | 6 | 2 | 7 | 4 | 3 | 5 |
| 7 | 5 | 3 | 4 | 1 | 6 | 8 | 2 |
| 4 | 7 | 8 | 6 | 3 | 5 | 2 | 1 |
| 2 | 6 | 1 | 8 | 4 | 3 | 5 | 7 |

C003

| | | | | | | | |
|---|---|---|---|---|---|---|---|
| 3 | 1 | 2 | 4 | 5 | 8 | 7 | 6 |
| 7 | 8 | 3 | 5 | 6 | 4 | 1 | 2 |
| 1 | 6 | 8 | 7 | 2 | 3 | 5 | 4 |
| 5 | 4 | 6 | 2 | 7 | 1 | 8 | 3 |
| 2 | 7 | 4 | 6 | 8 | 5 | 3 | 1 |
| 8 | 2 | 1 | 3 | 4 | 7 | 6 | 5 |
| 4 | 3 | 5 | 8 | 1 | 6 | 2 | 7 |
| 6 | 5 | 7 | 1 | 3 | 2 | 4 | 8 |

C004

| | | | | | | | |
|---|---|---|---|---|---|---|---|
| 5 | 7 | 4 | 6 | 3 | 2 | 1 | 8 |
| 8 | 2 | 5 | 3 | 1 | 4 | 7 | 6 |
| 2 | 3 | 1 | 8 | 6 | 7 | 5 | 4 |
| 4 | 6 | 7 | 1 | 2 | 3 | 8 | 5 |
| 6 | 1 | 3 | 2 | 8 | 5 | 4 | 7 |
| 3 | 4 | 8 | 7 | 5 | 6 | 2 | 1 |
| 7 | 8 | 2 | 5 | 4 | 1 | 6 | 3 |
| 1 | 5 | 6 | 4 | 7 | 8 | 3 | 2 |

C005

| | | | | | | | |
|---|---|---|---|---|---|---|---|
| 6 | 5 | 1 | 8 | 4 | 7 | 2 | 3 |
| 4 | 2 | 3 | 7 | 1 | 6 | 8 | 5 |
| 3 | 8 | 6 | 4 | 5 | 2 | 7 | 1 |
| 1 | 7 | 2 | 5 | 6 | 3 | 4 | 8 |
| 7 | 4 | 5 | 6 | 3 | 8 | 1 | 2 |
| 2 | 6 | 8 | 1 | 7 | 5 | 3 | 4 |
| 5 | 3 | 4 | 2 | 8 | 1 | 6 | 7 |
| 8 | 1 | 7 | 3 | 2 | 4 | 5 | 6 |

C006

| | | | | | | | |
|---|---|---|---|---|---|---|---|
| 1 | 2 | 8 | 6 | 4 | 3 | 7 | 5 |
| 5 | 1 | 2 | 7 | 3 | 6 | 8 | 4 |
| 8 | 3 | 4 | 5 | 6 | 7 | 1 | 2 |
| 4 | 6 | 7 | 3 | 2 | 8 | 5 | 1 |
| 6 | 7 | 3 | 2 | 5 | 1 | 4 | 8 |
| 7 | 8 | 5 | 4 | 1 | 2 | 6 | 3 |
| 2 | 5 | 6 | 1 | 8 | 4 | 3 | 7 |
| 3 | 4 | 1 | 8 | 7 | 5 | 2 | 6 |

C007

| 6 | 4 | 7 | 3 | 5 | 8 | 1 | 2 |
|---|---|---|---|---|---|---|---|
| 7 | 5 | 8 | 2 | 4 | 1 | 6 | 3 |
| 5 | 3 | 6 | 1 | 2 | 4 | 7 | 8 |
| 8 | 1 | 2 | 6 | 3 | 7 | 4 | 5 |
| 4 | 8 | 5 | 7 | 6 | 2 | 3 | 1 |
| 3 | 2 | 4 | 8 | 1 | 6 | 5 | 7 |
| 1 | 7 | 3 | 4 | 8 | 5 | 2 | 6 |
| 2 | 6 | 1 | 5 | 7 | 3 | 8 | 4 |

C008

| 8 | 7 | 1 | 2 | 5 | 3 | 6 | 4 |
|---|---|---|---|---|---|---|---|
| 5 | 6 | 2 | 4 | 1 | 7 | 3 | 8 |
| 4 | 1 | 8 | 7 | 6 | 2 | 5 | 3 |
| 7 | 3 | 4 | 5 | 8 | 1 | 2 | 6 |
| 6 | 2 | 5 | 1 | 3 | 4 | 8 | 7 |
| 2 | 4 | 3 | 8 | 7 | 6 | 1 | 5 |
| 3 | 8 | 7 | 6 | 2 | 5 | 4 | 1 |
| 1 | 5 | 6 | 3 | 4 | 8 | 7 | 2 |

C009

| 6 | 7 | 4 | 5 | 1 | 2 | 3 | 8 |
|---|---|---|---|---|---|---|---|
| 8 | 1 | 5 | 4 | 7 | 3 | 6 | 2 |
| 4 | 2 | 6 | 7 | 3 | 5 | 8 | 1 |
| 7 | 6 | 3 | 8 | 2 | 1 | 5 | 4 |
| 1 | 4 | 7 | 3 | 5 | 8 | 2 | 6 |
| 5 | 3 | 1 | 2 | 8 | 6 | 4 | 7 |
| 2 | 5 | 8 | 1 | 6 | 4 | 7 | 3 |
| 3 | 8 | 2 | 6 | 4 | 7 | 1 | 5 |

C010

| 6 | 1 | 4 | 5 | 3 | 2 | 8 | 7 |
|---|---|---|---|---|---|---|---|
| 2 | 5 | 8 | 1 | 7 | 4 | 3 | 6 |
| 3 | 7 | 2 | 6 | 4 | 8 | 1 | 5 |
| 4 | 2 | 3 | 7 | 1 | 6 | 5 | 8 |
| 5 | 6 | 1 | 8 | 2 | 7 | 4 | 3 |
| 1 | 8 | 6 | 2 | 5 | 3 | 7 | 4 |
| 7 | 3 | 5 | 4 | 8 | 1 | 6 | 2 |
| 8 | 4 | 7 | 3 | 6 | 5 | 2 | 1 |

C011

| 3 | 8 | 7 | 1 | 6 | 4 | 5 | 2 |
|---|---|---|---|---|---|---|---|
| 5 | 2 | 6 | 8 | 4 | 3 | 1 | 7 |
| 4 | 7 | 1 | 5 | 2 | 6 | 3 | 8 |
| 6 | 1 | 2 | 4 | 3 | 8 | 7 | 5 |
| 8 | 6 | 3 | 7 | 5 | 1 | 2 | 4 |
| 1 | 3 | 8 | 2 | 7 | 5 | 4 | 6 |
| 2 | 5 | 4 | 3 | 8 | 7 | 6 | 1 |
| 7 | 4 | 5 | 6 | 1 | 2 | 8 | 3 |

C012

| 6 | 7 | 4 | 8 | 3 | 2 | 5 | 1 |
|---|---|---|---|---|---|---|---|
| 2 | 5 | 1 | 7 | 4 | 8 | 6 | 3 |
| 3 | 4 | 5 | 2 | 8 | 1 | 7 | 6 |
| 7 | 1 | 3 | 5 | 6 | 4 | 2 | 8 |
| 8 | 6 | 2 | 4 | 1 | 5 | 3 | 7 |
| 4 | 2 | 8 | 6 | 7 | 3 | 1 | 5 |
| 1 | 8 | 6 | 3 | 5 | 7 | 4 | 2 |
| 5 | 3 | 7 | 1 | 2 | 6 | 8 | 4 |

C013

| 4 | 2 | 6 | 1 | 3 | 7 | 8 | 5 |
|---|---|---|---|---|---|---|---|
| 5 | 7 | 4 | 2 | 1 | 6 | 3 | 8 |
| 3 | 6 | 8 | 5 | 7 | 4 | 1 | 2 |
| 6 | 5 | 1 | 3 | 8 | 2 | 4 | 7 |
| 8 | 3 | 7 | 4 | 6 | 5 | 2 | 1 |
| 7 | 4 | 5 | 8 | 2 | 1 | 6 | 3 |
| 2 | 1 | 3 | 7 | 4 | 8 | 5 | 6 |
| 1 | 8 | 2 | 6 | 5 | 3 | 7 | 4 |

C014

| 1 | 6 | 5 | 3 | 2 | 7 | 4 | 8 |
|---|---|---|---|---|---|---|---|
| 7 | 4 | 8 | 2 | 5 | 1 | 3 | 6 |
| 2 | 3 | 7 | 8 | 6 | 4 | 5 | 1 |
| 5 | 1 | 2 | 4 | 3 | 6 | 8 | 7 |
| 3 | 7 | 6 | 5 | 1 | 8 | 2 | 4 |
| 6 | 8 | 3 | 7 | 4 | 2 | 1 | 5 |
| 4 | 2 | 1 | 6 | 8 | 5 | 7 | 3 |
| 8 | 5 | 4 | 1 | 7 | 3 | 6 | 2 |

C015

| 4 | 8 | 3 | 6 | 5 | 2 | 1 | 7 |
|---|---|---|---|---|---|---|---|
| 5 | 6 | 2 | 7 | 8 | 4 | 3 | 1 |
| 2 | 3 | 7 | 1 | 6 | 8 | 4 | 5 |
| 7 | 1 | 4 | 8 | 3 | 5 | 6 | 2 |
| 3 | 5 | 6 | 4 | 1 | 7 | 2 | 8 |
| 8 | 4 | 5 | 3 | 2 | 1 | 7 | 6 |
| 1 | 7 | 8 | 2 | 4 | 6 | 5 | 3 |
| 6 | 2 | 1 | 5 | 7 | 3 | 8 | 4 |

C016

| 3 | 6 | 1 | 4 | 2 | 5 | 7 | 8 |
|---|---|---|---|---|---|---|---|
| 5 | 7 | 2 | 6 | 8 | 1 | 3 | 4 |
| 8 | 4 | 7 | 2 | 3 | 6 | 1 | 5 |
| 7 | 8 | 5 | 1 | 4 | 3 | 6 | 2 |
| 4 | 5 | 6 | 3 | 1 | 2 | 8 | 7 |
| 2 | 3 | 8 | 7 | 6 | 4 | 5 | 1 |
| 1 | 2 | 3 | 8 | 5 | 7 | 4 | 6 |
| 6 | 1 | 4 | 5 | 7 | 8 | 2 | 3 |

C017

| 2 | 3 | 5 | 7 | 4 | 6 | 1 | 8 |
|---|---|---|---|---|---|---|---|
| 6 | 2 | 1 | 8 | 3 | 7 | 5 | 4 |
| 5 | 1 | 4 | 6 | 8 | 2 | 7 | 3 |
| 3 | 7 | 8 | 2 | 1 | 4 | 6 | 5 |
| 8 | 6 | 7 | 3 | 2 | 5 | 4 | 1 |
| 7 | 4 | 6 | 1 | 5 | 3 | 8 | 2 |
| 4 | 8 | 2 | 5 | 7 | 1 | 3 | 6 |
| 1 | 5 | 3 | 4 | 6 | 8 | 2 | 7 |

C018

| 3 | 2 | 4 | 1 | 6 | 7 | 8 | 5 |
|---|---|---|---|---|---|---|---|
| 2 | 7 | 5 | 8 | 3 | 6 | 4 | 1 |
| 5 | 8 | 3 | 6 | 1 | 4 | 7 | 2 |
| 8 | 6 | 1 | 4 | 7 | 5 | 2 | 3 |
| 4 | 1 | 6 | 5 | 8 | 2 | 3 | 7 |
| 1 | 3 | 7 | 2 | 4 | 8 | 5 | 6 |
| 7 | 5 | 8 | 3 | 2 | 1 | 6 | 4 |
| 6 | 4 | 2 | 7 | 5 | 3 | 1 | 8 |

C019

| 1 | 5 | 2 | 6 | 4 | 7 | 8 | 3 |
|---|---|---|---|---|---|---|---|
| 5 | 8 | 7 | 3 | 1 | 6 | 2 | 4 |
| 8 | 6 | 1 | 4 | 3 | 2 | 5 | 7 |
| 4 | 2 | 6 | 7 | 8 | 5 | 3 | 1 |
| 2 | 4 | 5 | 8 | 7 | 3 | 1 | 6 |
| 7 | 1 | 3 | 2 | 5 | 4 | 6 | 8 |
| 3 | 7 | 8 | 5 | 6 | 1 | 4 | 2 |
| 6 | 3 | 4 | 1 | 2 | 8 | 7 | 5 |

C020

| 4 | 6 | 5 | 1 | 3 | 8 | 2 | 7 |
|---|---|---|---|---|---|---|---|
| 6 | 2 | 7 | 3 | 1 | 5 | 8 | 4 |
| 1 | 3 | 8 | 4 | 7 | 2 | 6 | 5 |
| 5 | 7 | 4 | 2 | 8 | 6 | 3 | 1 |
| 8 | 1 | 3 | 7 | 2 | 4 | 5 | 6 |
| 2 | 5 | 6 | 8 | 4 | 1 | 7 | 3 |
| 7 | 4 | 2 | 5 | 6 | 3 | 1 | 8 |
| 3 | 8 | 1 | 6 | 5 | 7 | 4 | 2 |

C021

| 8 | 2 | 7 | 5 | 3 | 6 | 4 | 1 |
|---|---|---|---|---|---|---|---|
| 4 | 6 | 1 | 3 | 7 | 5 | 8 | 2 |
| 6 | 5 | 8 | 1 | 4 | 2 | 7 | 3 |
| 3 | 7 | 2 | 4 | 8 | 1 | 5 | 6 |
| 2 | 1 | 5 | 8 | 6 | 7 | 3 | 4 |
| 7 | 4 | 3 | 2 | 1 | 8 | 6 | 5 |
| 5 | 3 | 6 | 7 | 2 | 4 | 1 | 8 |
| 1 | 8 | 4 | 6 | 5 | 3 | 2 | 7 |

C022

| 4 | 5 | 1 | 3 | 2 | 8 | 7 | 6 |
|---|---|---|---|---|---|---|---|
| 5 | 8 | 4 | 2 | 6 | 7 | 3 | 1 |
| 7 | 2 | 3 | 6 | 1 | 4 | 8 | 5 |
| 8 | 1 | 6 | 7 | 3 | 5 | 2 | 4 |
| 3 | 6 | 7 | 5 | 8 | 1 | 4 | 2 |
| 1 | 4 | 5 | 8 | 7 | 2 | 6 | 3 |
| 2 | 3 | 8 | 1 | 4 | 6 | 5 | 7 |
| 6 | 7 | 2 | 4 | 5 | 3 | 1 | 8 |

C023

| 1 | 3 | 4 | 5 | 2 | 6 | 8 | 7 |
|---|---|---|---|---|---|---|---|
| 8 | 6 | 7 | 2 | 5 | 1 | 3 | 4 |
| 2 | 5 | 1 | 6 | 4 | 8 | 7 | 3 |
| 4 | 7 | 8 | 3 | 6 | 5 | 2 | 1 |
| 5 | 8 | 2 | 4 | 3 | 7 | 1 | 6 |
| 7 | 4 | 3 | 8 | 1 | 2 | 6 | 5 |
| 6 | 2 | 5 | 1 | 7 | 3 | 4 | 8 |
| 3 | 1 | 6 | 7 | 8 | 4 | 5 | 2 |

C024

| 5 | 2 | 6 | 7 | 3 | 1 | 8 | 4 |
|---|---|---|---|---|---|---|---|
| 8 | 1 | 7 | 2 | 5 | 4 | 3 | 6 |
| 7 | 8 | 4 | 1 | 6 | 2 | 5 | 3 |
| 6 | 5 | 3 | 8 | 1 | 7 | 4 | 2 |
| 4 | 3 | 8 | 6 | 2 | 5 | 7 | 1 |
| 2 | 4 | 1 | 5 | 8 | 3 | 6 | 7 |
| 1 | 7 | 5 | 3 | 4 | 6 | 2 | 8 |
| 3 | 6 | 2 | 4 | 7 | 8 | 1 | 5 |

C025

| 8 | 3 | 7 | 4 | 1 | 5 | 2 | 6 |
|---|---|---|---|---|---|---|---|
| 2 | 7 | 6 | 5 | 4 | 8 | 1 | 3 |
| 6 | 5 | 8 | 1 | 2 | 3 | 7 | 4 |
| 3 | 4 | 1 | 2 | 8 | 6 | 5 | 7 |
| 4 | 1 | 5 | 8 | 6 | 7 | 3 | 2 |
| 7 | 2 | 4 | 6 | 3 | 1 | 8 | 5 |
| 1 | 6 | 3 | 7 | 5 | 2 | 4 | 8 |
| 5 | 8 | 2 | 3 | 7 | 4 | 6 | 1 |

C026

| 3 | 8 | 4 | 5 | 7 | 1 | 6 | 2 |
|---|---|---|---|---|---|---|---|
| 1 | 5 | 3 | 6 | 4 | 7 | 2 | 8 |
| 2 | 7 | 6 | 1 | 8 | 4 | 5 | 3 |
| 7 | 4 | 8 | 3 | 2 | 6 | 1 | 5 |
| 5 | 1 | 2 | 4 | 6 | 3 | 8 | 7 |
| 6 | 3 | 5 | 8 | 1 | 2 | 7 | 4 |
| 4 | 6 | 7 | 2 | 5 | 8 | 3 | 1 |
| 8 | 2 | 1 | 7 | 3 | 5 | 4 | 6 |

C027

| 7 | 4 | 8 | 3 | 5 | 2 | 1 | 6 |
|---|---|---|---|---|---|---|---|
| 3 | 2 | 1 | 5 | 4 | 6 | 8 | 7 |
| 4 | 6 | 5 | 2 | 8 | 3 | 7 | 1 |
| 2 | 8 | 6 | 7 | 3 | 1 | 5 | 4 |
| 8 | 7 | 4 | 1 | 6 | 5 | 3 | 2 |
| 5 | 1 | 7 | 8 | 2 | 4 | 6 | 3 |
| 6 | 5 | 3 | 4 | 1 | 7 | 2 | 8 |
| 1 | 3 | 2 | 6 | 7 | 8 | 4 | 5 |

C028

| 5 | 7 | 6 | 4 | 2 | 3 | 1 | 8 |
|---|---|---|---|---|---|---|---|
| 8 | 6 | 1 | 3 | 5 | 7 | 2 | 4 |
| 4 | 3 | 7 | 2 | 1 | 8 | 5 | 6 |
| 2 | 5 | 4 | 8 | 7 | 6 | 3 | 1 |
| 3 | 1 | 5 | 7 | 6 | 4 | 8 | 2 |
| 6 | 8 | 2 | 1 | 3 | 5 | 4 | 7 |
| 1 | 4 | 3 | 6 | 8 | 2 | 7 | 5 |
| 7 | 2 | 8 | 5 | 4 | 1 | 6 | 3 |

C029

| 7 | 6 | 5 | 1 | 4 | 2 | 8 | 3 |
|---|---|---|---|---|---|---|---|
| 3 | 1 | 8 | 6 | 7 | 5 | 2 | 4 |
| 2 | 4 | 7 | 3 | 1 | 8 | 6 | 5 |
| 5 | 8 | 2 | 4 | 6 | 1 | 3 | 7 |
| 6 | 5 | 3 | 2 | 8 | 4 | 7 | 1 |
| 8 | 2 | 4 | 7 | 5 | 3 | 1 | 6 |
| 4 | 7 | 1 | 8 | 3 | 6 | 5 | 2 |
| 1 | 3 | 6 | 5 | 2 | 7 | 4 | 8 |

C030

| 2 | 8 | 3 | 1 | 5 | 7 | 4 | 6 |
|---|---|---|---|---|---|---|---|
| 5 | 4 | 1 | 6 | 3 | 8 | 7 | 2 |
| 6 | 1 | 2 | 8 | 4 | 5 | 3 | 7 |
| 7 | 5 | 4 | 2 | 1 | 3 | 6 | 8 |
| 1 | 3 | 8 | 4 | 7 | 6 | 2 | 5 |
| 3 | 7 | 6 | 5 | 8 | 2 | 1 | 4 |
| 8 | 6 | 7 | 3 | 2 | 4 | 5 | 1 |
| 4 | 2 | 5 | 7 | 6 | 1 | 8 | 3 |

D001

| 3 | 4 | 2 | 1 | 5 | 6 | 8 | 7 |
|---|---|---|---|---|---|---|---|
| 7 | 8 | 5 | 6 | 4 | 2 | 3 | 1 |
| 8 | 2 | 6 | 7 | 3 | 4 | 1 | 5 |
| 5 | 3 | 1 | 4 | 8 | 7 | 6 | 2 |
| 6 | 5 | 8 | 3 | 7 | 1 | 2 | 4 |
| 4 | 1 | 7 | 2 | 6 | 3 | 5 | 8 |
| 2 | 6 | 4 | 8 | 1 | 5 | 7 | 3 |
| 1 | 7 | 3 | 5 | 2 | 8 | 4 | 6 |

D002

| 2 | 8 | 1 | 7 | 4 | 3 | 5 | 6 |
|---|---|---|---|---|---|---|---|
| 5 | 3 | 6 | 4 | 1 | 7 | 2 | 8 |
| 6 | 4 | 3 | 5 | 8 | 2 | 7 | 1 |
| 1 | 7 | 2 | 8 | 3 | 5 | 6 | 4 |
| 3 | 2 | 8 | 1 | 5 | 6 | 4 | 7 |
| 4 | 5 | 7 | 6 | 2 | 1 | 8 | 3 |
| 8 | 6 | 5 | 3 | 7 | 4 | 1 | 2 |
| 7 | 1 | 4 | 2 | 6 | 8 | 3 | 5 |

D003

| 5 | 3 | 2 | 4 | 1 | 6 | 7 | 8 |
|---|---|---|---|---|---|---|---|
| 8 | 7 | 6 | 1 | 4 | 5 | 3 | 2 |
| 7 | 4 | 3 | 2 | 6 | 8 | 1 | 5 |
| 6 | 1 | 8 | 5 | 7 | 2 | 4 | 3 |
| 3 | 6 | 4 | 8 | 2 | 7 | 5 | 1 |
| 2 | 5 | 1 | 7 | 8 | 3 | 6 | 4 |
| 1 | 2 | 7 | 3 | 5 | 4 | 8 | 6 |
| 4 | 8 | 5 | 6 | 3 | 1 | 2 | 7 |

D004

| 5 | 4 | 8 | 7 | 1 | 2 | 6 | 3 |
|---|---|---|---|---|---|---|---|
| 2 | 6 | 3 | 1 | 8 | 5 | 4 | 7 |
| 1 | 7 | 6 | 5 | 2 | 8 | 3 | 4 |
| 4 | 8 | 2 | 3 | 5 | 7 | 1 | 6 |
| 8 | 3 | 1 | 6 | 7 | 4 | 2 | 5 |
| 7 | 5 | 4 | 2 | 3 | 6 | 8 | 1 |
| 3 | 2 | 5 | 4 | 6 | 1 | 7 | 8 |
| 6 | 1 | 7 | 8 | 4 | 3 | 5 | 2 |

D005

| 7 | 5 | 6 | 8 | 1 | 4 | 2 | 3 |
|---|---|---|---|---|---|---|---|
| 1 | 4 | 3 | 2 | 5 | 6 | 8 | 7 |
| 4 | 7 | 2 | 5 | 3 | 8 | 1 | 6 |
| 3 | 8 | 1 | 6 | 4 | 5 | 7 | 2 |
| 5 | 1 | 4 | 7 | 2 | 3 | 6 | 8 |
| 2 | 6 | 8 | 3 | 7 | 1 | 4 | 5 |
| 8 | 3 | 7 | 4 | 6 | 2 | 5 | 1 |
| 6 | 2 | 5 | 1 | 8 | 7 | 3 | 4 |

D006

| 7 | 4 | 6 | 1 | 8 | 5 | 3 | 2 |
|---|---|---|---|---|---|---|---|
| 2 | 8 | 5 | 3 | 7 | 1 | 4 | 6 |
| 3 | 7 | 2 | 8 | 1 | 6 | 5 | 4 |
| 5 | 1 | 4 | 6 | 2 | 8 | 7 | 3 |
| 6 | 2 | 1 | 4 | 5 | 3 | 8 | 7 |
| 8 | 5 | 3 | 7 | 6 | 4 | 2 | 1 |
| 1 | 3 | 8 | 2 | 4 | 7 | 6 | 5 |
| 4 | 6 | 7 | 5 | 3 | 2 | 1 | 8 |

D007

| 2 | 1 | 5 | 3 | 8 | 4 | 6 | 7 |
|---|---|---|---|---|---|---|---|
| 7 | 6 | 4 | 8 | 1 | 2 | 3 | 5 |
| 6 | 4 | 3 | 7 | 2 | 8 | 5 | 1 |
| 5 | 8 | 1 | 2 | 6 | 7 | 4 | 3 |
| 4 | 2 | 7 | 5 | 3 | 6 | 1 | 8 |
| 8 | 3 | 6 | 1 | 4 | 5 | 7 | 2 |
| 1 | 7 | 2 | 6 | 5 | 3 | 8 | 4 |
| 3 | 5 | 8 | 4 | 7 | 1 | 2 | 6 |

D008

| 4 | 1 | 8 | 7 | 6 | 2 | 3 | 5 |
|---|---|---|---|---|---|---|---|
| 2 | 3 | 6 | 5 | 7 | 4 | 1 | 8 |
| 5 | 8 | 7 | 6 | 4 | 3 | 2 | 1 |
| 3 | 4 | 2 | 1 | 5 | 8 | 6 | 7 |
| 1 | 2 | 4 | 3 | 8 | 7 | 5 | 6 |
| 6 | 7 | 5 | 8 | 2 | 1 | 4 | 3 |
| 7 | 6 | 1 | 2 | 3 | 5 | 8 | 4 |
| 8 | 5 | 3 | 4 | 1 | 6 | 7 | 2 |

D009

| 4 | 6 | 1 | 8 | 5 | 2 | 3 | 7 |
|---|---|---|---|---|---|---|---|
| 7 | 5 | 3 | 2 | 6 | 1 | 8 | 4 |
| 8 | 1 | 2 | 5 | 7 | 4 | 6 | 3 |
| 6 | 3 | 7 | 4 | 2 | 8 | 1 | 5 |
| 5 | 8 | 4 | 7 | 1 | 3 | 2 | 6 |
| 1 | 2 | 6 | 3 | 4 | 5 | 7 | 8 |
| 2 | 4 | 8 | 6 | 3 | 7 | 5 | 1 |
| 3 | 7 | 5 | 1 | 8 | 6 | 4 | 2 |

D010

| 7 | 1 | 2 | 5 | 8 | 6 | 3 | 4 |
|---|---|---|---|---|---|---|---|
| 4 | 3 | 8 | 6 | 1 | 7 | 2 | 5 |
| 3 | 5 | 7 | 4 | 6 | 2 | 1 | 8 |
| 2 | 6 | 1 | 8 | 4 | 3 | 5 | 7 |
| 8 | 2 | 4 | 3 | 5 | 1 | 7 | 6 |
| 6 | 7 | 5 | 1 | 2 | 4 | 8 | 3 |
| 1 | 8 | 6 | 7 | 3 | 5 | 4 | 2 |
| 5 | 4 | 3 | 2 | 7 | 8 | 6 | 1 |

D011

| 3 | 8 | 2 | 5 | 1 | 6 | 7 | 4 |
|---|---|---|---|---|---|---|---|
| 4 | 1 | 6 | 7 | 2 | 8 | 5 | 3 |
| 8 | 7 | 4 | 2 | 3 | 1 | 6 | 5 |
| 6 | 3 | 5 | 1 | 4 | 7 | 2 | 8 |
| 7 | 6 | 3 | 4 | 5 | 2 | 8 | 1 |
| 5 | 2 | 1 | 8 | 6 | 3 | 4 | 7 |
| 1 | 5 | 7 | 6 | 8 | 4 | 3 | 2 |
| 2 | 4 | 8 | 3 | 7 | 5 | 1 | 6 |

D012

| 7 | 6 | 5 | 1 | 4 | 2 | 8 | 3 |
|---|---|---|---|---|---|---|---|
| 3 | 2 | 4 | 8 | 7 | 6 | 1 | 5 |
| 4 | 5 | 6 | 7 | 8 | 1 | 3 | 2 |
| 2 | 1 | 8 | 3 | 6 | 5 | 7 | 4 |
| 5 | 8 | 7 | 2 | 3 | 4 | 6 | 1 |
| 1 | 4 | 3 | 6 | 2 | 7 | 5 | 8 |
| 6 | 3 | 1 | 4 | 5 | 8 | 2 | 7 |
| 8 | 7 | 2 | 5 | 1 | 3 | 4 | 6 |

D013

| | | | | | | | |
|---|---|---|---|---|---|---|---|
| 8 | 6 | 1 | 3 | 2 | 4 | 7 | 5 |
| 2 | 5 | 4 | 7 | 8 | 3 | 6 | 1 |
| 3 | 4 | 5 | 2 | 7 | 1 | 8 | 6 |
| 7 | 1 | 6 | 8 | 4 | 5 | 2 | 3 |
| 5 | 7 | 8 | 1 | 3 | 6 | 4 | 2 |
| 6 | 3 | 2 | 4 | 1 | 7 | 5 | 8 |
| 1 | 2 | 7 | 5 | 6 | 8 | 3 | 4 |
| 4 | 8 | 3 | 6 | 5 | 2 | 1 | 7 |

D014

| | | | | | | | |
|---|---|---|---|---|---|---|---|
| 7 | 3 | 1 | 8 | 5 | 4 | 2 | 6 |
| 5 | 4 | 6 | 2 | 3 | 7 | 8 | 1 |
| 8 | 5 | 7 | 6 | 2 | 3 | 1 | 4 |
| 4 | 1 | 2 | 3 | 7 | 6 | 5 | 8 |
| 6 | 2 | 4 | 5 | 1 | 8 | 7 | 3 |
| 3 | 7 | 8 | 1 | 4 | 2 | 6 | 5 |
| 1 | 6 | 3 | 7 | 8 | 5 | 4 | 2 |
| 2 | 8 | 5 | 4 | 6 | 1 | 3 | 7 |

D015

| | | | | | | | |
|---|---|---|---|---|---|---|---|
| 3 | 6 | 7 | 5 | 4 | 1 | 8 | 2 |
| 2 | 8 | 4 | 1 | 6 | 7 | 3 | 5 |
| 1 | 2 | 8 | 4 | 7 | 5 | 6 | 3 |
| 6 | 3 | 5 | 7 | 2 | 8 | 4 | 1 |
| 7 | 4 | 1 | 2 | 8 | 3 | 5 | 6 |
| 8 | 5 | 6 | 3 | 1 | 2 | 7 | 4 |
| 5 | 7 | 2 | 6 | 3 | 4 | 1 | 8 |
| 4 | 1 | 3 | 8 | 5 | 6 | 2 | 7 |

D016

| | | | | | | | |
|---|---|---|---|---|---|---|---|
| 6 | 1 | 5 | 3 | 4 | 8 | 2 | 7 |
| 8 | 2 | 7 | 4 | 5 | 6 | 1 | 3 |
| 5 | 8 | 1 | 6 | 2 | 3 | 7 | 4 |
| 7 | 3 | 4 | 2 | 6 | 1 | 5 | 8 |
| 1 | 4 | 6 | 7 | 3 | 5 | 8 | 2 |
| 3 | 5 | 2 | 8 | 1 | 7 | 4 | 6 |
| 2 | 6 | 8 | 1 | 7 | 4 | 3 | 5 |
| 4 | 7 | 3 | 5 | 8 | 2 | 6 | 1 |

D017

| | | | | | | | |
|---|---|---|---|---|---|---|---|
| 2 | 4 | 6 | 5 | 7 | 8 | 1 | 3 |
| 8 | 3 | 1 | 7 | 2 | 6 | 4 | 5 |
| 5 | 7 | 3 | 8 | 6 | 1 | 2 | 4 |
| 4 | 1 | 2 | 6 | 3 | 7 | 5 | 8 |
| 6 | 5 | 7 | 4 | 1 | 3 | 8 | 2 |
| 3 | 2 | 8 | 1 | 4 | 5 | 7 | 6 |
| 1 | 6 | 5 | 2 | 8 | 4 | 3 | 7 |
| 7 | 8 | 4 | 3 | 5 | 2 | 6 | 1 |

D018

| | | | | | | | |
|---|---|---|---|---|---|---|---|
| 3 | 5 | 1 | 7 | 8 | 2 | 6 | 4 |
| 2 | 4 | 6 | 8 | 1 | 3 | 5 | 7 |
| 6 | 1 | 8 | 4 | 2 | 5 | 7 | 3 |
| 5 | 3 | 7 | 2 | 4 | 6 | 1 | 8 |
| 1 | 2 | 3 | 6 | 7 | 8 | 4 | 5 |
| 8 | 7 | 4 | 5 | 6 | 1 | 3 | 2 |
| 4 | 8 | 5 | 1 | 3 | 7 | 2 | 6 |
| 7 | 6 | 2 | 3 | 5 | 4 | 8 | 1 |

D019

| | | | | | | | |
|---|---|---|---|---|---|---|---|
| 7 | 5 | 3 | 8 | 6 | 4 | 1 | 2 |
| 2 | 4 | 6 | 1 | 7 | 5 | 8 | 3 |
| 8 | 2 | 7 | 4 | 1 | 6 | 3 | 5 |
| 5 | 3 | 1 | 6 | 4 | 8 | 2 | 7 |
| 3 | 1 | 4 | 7 | 5 | 2 | 6 | 8 |
| 6 | 8 | 5 | 2 | 3 | 1 | 7 | 4 |
| 4 | 6 | 2 | 3 | 8 | 7 | 5 | 1 |
| 1 | 7 | 8 | 5 | 2 | 3 | 4 | 6 |

D020

| | | | | | | | |
|---|---|---|---|---|---|---|---|
| 4 | 6 | 7 | 3 | 8 | 1 | 5 | 2 |
| 2 | 1 | 8 | 5 | 6 | 7 | 3 | 4 |
| 5 | 8 | 1 | 7 | 2 | 4 | 6 | 3 |
| 6 | 2 | 3 | 4 | 1 | 5 | 8 | 7 |
| 3 | 7 | 5 | 6 | 4 | 8 | 2 | 1 |
| 8 | 4 | 2 | 1 | 3 | 6 | 7 | 5 |
| 7 | 3 | 4 | 8 | 5 | 2 | 1 | 6 |
| 1 | 5 | 6 | 2 | 7 | 3 | 4 | 8 |

D021

| | | | | | | | |
|---|---|---|---|---|---|---|---|
| 2 | 5 | 8 | 3 | 4 | 7 | 1 | 6 |
| 4 | 7 | 1 | 6 | 5 | 8 | 2 | 3 |
| 7 | 6 | 5 | 1 | 8 | 4 | 3 | 2 |
| 8 | 4 | 3 | 2 | 7 | 1 | 6 | 5 |
| 1 | 2 | 7 | 5 | 6 | 3 | 4 | 8 |
| 3 | 8 | 6 | 4 | 1 | 2 | 5 | 7 |
| 6 | 1 | 2 | 8 | 3 | 5 | 7 | 4 |
| 5 | 3 | 4 | 7 | 2 | 6 | 8 | 1 |

D022

| | | | | | | | |
|---|---|---|---|---|---|---|---|
| 2 | 5 | 8 | 4 | 3 | 7 | 6 | 1 |
| 1 | 7 | 3 | 6 | 2 | 4 | 5 | 8 |
| 5 | 1 | 2 | 3 | 8 | 6 | 4 | 7 |
| 7 | 4 | 6 | 8 | 5 | 2 | 1 | 3 |
| 8 | 3 | 5 | 7 | 4 | 1 | 2 | 6 |
| 6 | 2 | 4 | 1 | 7 | 3 | 8 | 5 |
| 4 | 6 | 7 | 5 | 1 | 8 | 3 | 2 |
| 3 | 8 | 1 | 2 | 6 | 5 | 7 | 4 |

D023

| | | | | | | | |
|---|---|---|---|---|---|---|---|
| 7 | 3 | 1 | 2 | 5 | 4 | 8 | 6 |
| 4 | 6 | 8 | 5 | 2 | 3 | 7 | 1 |
| 5 | 8 | 4 | 6 | 7 | 2 | 1 | 3 |
| 2 | 1 | 7 | 3 | 6 | 5 | 4 | 8 |
| 1 | 7 | 5 | 8 | 4 | 6 | 3 | 2 |
| 3 | 2 | 6 | 4 | 1 | 8 | 5 | 7 |
| 8 | 4 | 2 | 7 | 3 | 1 | 6 | 5 |
| 6 | 5 | 3 | 1 | 8 | 7 | 2 | 4 |

D024

| | | | | | | | |
|---|---|---|---|---|---|---|---|
| 7 | 4 | 5 | 2 | 8 | 6 | 1 | 3 |
| 6 | 8 | 3 | 1 | 4 | 5 | 7 | 2 |
| 5 | 7 | 1 | 3 | 2 | 8 | 6 | 4 |
| 8 | 6 | 2 | 4 | 3 | 7 | 5 | 1 |
| 1 | 5 | 4 | 7 | 6 | 2 | 3 | 8 |
| 2 | 3 | 6 | 8 | 5 | 1 | 4 | 7 |
| 3 | 2 | 7 | 5 | 1 | 4 | 8 | 6 |
| 4 | 1 | 8 | 6 | 7 | 3 | 2 | 5 |

D025

| 5 | 3 | 2 | 7 | 8 | 6 | 4 | 1 |
|---|---|---|---|---|---|---|---|
| 8 | 6 | 4 | 1 | 5 | 2 | 3 | 7 |
| 6 | 4 | 3 | 5 | 1 | 7 | 8 | 2 |
| 1 | 7 | 8 | 2 | 6 | 3 | 5 | 4 |
| 3 | 8 | 7 | 4 | 2 | 1 | 6 | 5 |
| 2 | 5 | 1 | 6 | 4 | 8 | 7 | 3 |
| 4 | 1 | 6 | 3 | 7 | 5 | 2 | 8 |
| 7 | 2 | 5 | 8 | 3 | 4 | 1 | 6 |

D026

| 8 | 2 | 4 | 3 | 1 | 6 | 5 | 7 |
|---|---|---|---|---|---|---|---|
| 7 | 5 | 6 | 1 | 2 | 3 | 4 | 8 |
| 3 | 7 | 2 | 5 | 8 | 4 | 6 | 1 |
| 6 | 8 | 1 | 4 | 7 | 5 | 3 | 2 |
| 5 | 6 | 8 | 2 | 3 | 1 | 7 | 4 |
| 4 | 1 | 3 | 7 | 5 | 2 | 8 | 6 |
| 1 | 3 | 7 | 6 | 4 | 8 | 2 | 5 |
| 2 | 4 | 5 | 8 | 6 | 7 | 1 | 3 |

D027

| 4 | 6 | 5 | 1 | 7 | 8 | 3 | 2 |
|---|---|---|---|---|---|---|---|
| 8 | 3 | 7 | 2 | 5 | 1 | 4 | 6 |
| 5 | 4 | 6 | 8 | 2 | 3 | 1 | 7 |
| 2 | 1 | 3 | 7 | 4 | 5 | 6 | 8 |
| 3 | 5 | 8 | 4 | 6 | 7 | 2 | 1 |
| 1 | 7 | 2 | 6 | 8 | 4 | 5 | 3 |
| 6 | 8 | 4 | 3 | 1 | 2 | 7 | 5 |
| 7 | 2 | 1 | 5 | 3 | 6 | 8 | 4 |

D028

| 3 | 4 | 1 | 2 | 8 | 5 | 7 | 6 |
|---|---|---|---|---|---|---|---|
| 7 | 5 | 8 | 6 | 4 | 2 | 3 | 1 |
| 6 | 3 | 2 | 8 | 1 | 7 | 5 | 4 |
| 4 | 7 | 5 | 1 | 6 | 3 | 8 | 2 |
| 2 | 6 | 7 | 5 | 3 | 1 | 4 | 8 |
| 8 | 1 | 3 | 4 | 5 | 6 | 2 | 7 |
| 1 | 2 | 4 | 3 | 7 | 8 | 6 | 5 |
| 5 | 8 | 6 | 7 | 2 | 4 | 1 | 3 |

D029

| 7 | 4 | 2 | 5 | 8 | 3 | 6 | 1 |
|---|---|---|---|---|---|---|---|
| 1 | 8 | 3 | 6 | 5 | 2 | 7 | 4 |
| 3 | 5 | 8 | 2 | 4 | 7 | 1 | 6 |
| 4 | 7 | 6 | 1 | 3 | 8 | 5 | 2 |
| 5 | 1 | 4 | 3 | 7 | 6 | 2 | 8 |
| 6 | 2 | 7 | 8 | 1 | 5 | 4 | 3 |
| 8 | 6 | 5 | 4 | 2 | 1 | 3 | 7 |
| 2 | 3 | 1 | 7 | 6 | 4 | 8 | 5 |

D030

| 7 | 8 | 2 | 4 | 5 | 3 | 6 | 1 |
|---|---|---|---|---|---|---|---|
| 6 | 1 | 3 | 5 | 8 | 7 | 2 | 4 |
| 5 | 7 | 1 | 3 | 4 | 6 | 8 | 2 |
| 4 | 6 | 8 | 2 | 7 | 1 | 3 | 5 |
| 8 | 4 | 6 | 1 | 3 | 2 | 5 | 7 |
| 2 | 3 | 5 | 7 | 6 | 4 | 1 | 8 |
| 3 | 2 | 4 | 8 | 1 | 5 | 7 | 6 |
| 1 | 5 | 7 | 6 | 2 | 8 | 4 | 3 |

E001

| 7 | 4 | 2 | 3 | 8 | 1 | 5 | 6 | 9 |
|---|---|---|---|---|---|---|---|---|
| 3 | 5 | 6 | 2 | 9 | 7 | 4 | 8 | 1 |
| 9 | 8 | 1 | 6 | 4 | 5 | 3 | 7 | 2 |
| 1 | 6 | 8 | 9 | 7 | 4 | 2 | 5 | 3 |
| 5 | 7 | 3 | 1 | 2 | 6 | 9 | 4 | 8 |
| 4 | 2 | 9 | 5 | 3 | 8 | 7 | 1 | 6 |
| 8 | 3 | 7 | 4 | 1 | 2 | 6 | 9 | 5 |
| 2 | 1 | 5 | 7 | 6 | 9 | 8 | 3 | 4 |
| 6 | 9 | 4 | 8 | 5 | 3 | 1 | 2 | 7 |

E002

| 2 | 1 | 4 | 7 | 6 | 3 | 5 | 8 | 9 |
|---|---|---|---|---|---|---|---|---|
| 5 | 7 | 6 | 9 | 8 | 2 | 1 | 3 | 4 |
| 8 | 9 | 3 | 5 | 1 | 4 | 2 | 7 | 6 |
| 3 | 5 | 2 | 4 | 7 | 6 | 8 | 9 | 1 |
| 1 | 4 | 8 | 3 | 5 | 9 | 7 | 6 | 2 |
| 7 | 6 | 9 | 1 | 2 | 8 | 4 | 5 | 3 |
| 9 | 2 | 7 | 6 | 4 | 5 | 3 | 1 | 8 |
| 6 | 8 | 5 | 2 | 3 | 1 | 9 | 4 | 7 |
| 4 | 3 | 1 | 8 | 9 | 7 | 6 | 2 | 5 |

E003

| 9 | 5 | 6 | 3 | 2 | 8 | 4 | 7 | 1 |
|---|---|---|---|---|---|---|---|---|
| 4 | 3 | 1 | 6 | 5 | 7 | 9 | 2 | 8 |
| 2 | 8 | 7 | 1 | 9 | 4 | 6 | 3 | 5 |
| 6 | 1 | 9 | 8 | 3 | 5 | 2 | 4 | 7 |
| 3 | 4 | 5 | 2 | 7 | 6 | 1 | 8 | 9 |
| 7 | 2 | 8 | 4 | 1 | 9 | 3 | 5 | 6 |
| 1 | 6 | 3 | 5 | 8 | 2 | 7 | 9 | 4 |
| 5 | 9 | 4 | 7 | 6 | 3 | 8 | 1 | 2 |
| 8 | 7 | 2 | 9 | 4 | 1 | 5 | 6 | 3 |

E004

| 3 | 1 | 9 | 2 | 4 | 7 | 5 | 6 | 8 |
|---|---|---|---|---|---|---|---|---|
| 5 | 2 | 4 | 9 | 8 | 6 | 3 | 1 | 7 |
| 8 | 7 | 6 | 1 | 3 | 5 | 2 | 4 | 9 |
| 6 | 5 | 3 | 7 | 9 | 4 | 8 | 2 | 1 |
| 7 | 9 | 2 | 8 | 6 | 1 | 4 | 5 | 3 |
| 4 | 8 | 1 | 5 | 2 | 3 | 9 | 7 | 6 |
| 1 | 4 | 7 | 3 | 5 | 8 | 6 | 9 | 2 |
| 2 | 3 | 5 | 6 | 7 | 9 | 1 | 8 | 4 |
| 9 | 6 | 8 | 4 | 1 | 2 | 7 | 3 | 5 |

E005

| 6 | 1 | 3 | 2 | 4 | 5 | 8 | 7 | 9 |
|---|---|---|---|---|---|---|---|---|
| 7 | 8 | 5 | 1 | 9 | 3 | 2 | 6 | 4 |
| 9 | 4 | 2 | 7 | 6 | 8 | 5 | 1 | 3 |
| 8 | 7 | 6 | 5 | 3 | 1 | 9 | 4 | 2 |
| 5 | 3 | 4 | 9 | 7 | 2 | 1 | 8 | 6 |
| 2 | 9 | 1 | 4 | 8 | 6 | 3 | 5 | 7 |
| 1 | 6 | 8 | 3 | 2 | 7 | 4 | 9 | 5 |
| 4 | 2 | 7 | 8 | 5 | 9 | 6 | 3 | 1 |
| 3 | 5 | 9 | 6 | 1 | 4 | 7 | 2 | 8 |

E006

| 6 | 3 | 2 | 7 | 9 | 5 | 1 | 8 | 4 |
|---|---|---|---|---|---|---|---|---|
| 7 | 4 | 1 | 2 | 8 | 6 | 9 | 5 | 3 |
| 5 | 9 | 8 | 4 | 3 | 1 | 6 | 2 | 7 |
| 3 | 7 | 9 | 5 | 6 | 2 | 4 | 1 | 8 |
| 1 | 6 | 4 | 3 | 7 | 8 | 2 | 9 | 5 |
| 2 | 8 | 5 | 9 | 1 | 4 | 3 | 7 | 6 |
| 9 | 2 | 3 | 6 | 5 | 7 | 8 | 4 | 1 |
| 4 | 1 | 7 | 8 | 2 | 3 | 5 | 6 | 9 |
| 8 | 5 | 6 | 1 | 4 | 9 | 7 | 3 | 2 |

E007

| 8 | 6 | 9 | 7 | 2 | 1 | 3 | 4 | 5 |
|---|---|---|---|---|---|---|---|---|
| 4 | 2 | 3 | 6 | 5 | 9 | 8 | 7 | 1 |
| 7 | 5 | 1 | 8 | 4 | 3 | 2 | 9 | 6 |
| 1 | 3 | 2 | 5 | 7 | 4 | 6 | 8 | 9 |
| 5 | 4 | 7 | 9 | 6 | 8 | 1 | 2 | 3 |
| 9 | 8 | 6 | 1 | 3 | 2 | 7 | 5 | 4 |
| 6 | 1 | 8 | 2 | 9 | 5 | 4 | 3 | 7 |
| 2 | 9 | 4 | 3 | 1 | 7 | 5 | 6 | 8 |
| 3 | 7 | 5 | 4 | 8 | 6 | 9 | 1 | 2 |

E008

| 2 | 8 | 9 | 1 | 5 | 4 | 7 | 6 | 3 |
|---|---|---|---|---|---|---|---|---|
| 3 | 1 | 5 | 7 | 8 | 6 | 4 | 2 | 9 |
| 6 | 7 | 4 | 3 | 2 | 9 | 8 | 1 | 5 |
| 4 | 2 | 6 | 8 | 1 | 5 | 3 | 9 | 7 |
| 8 | 9 | 3 | 2 | 6 | 7 | 1 | 5 | 4 |
| 1 | 5 | 7 | 9 | 4 | 3 | 2 | 8 | 6 |
| 9 | 3 | 1 | 5 | 7 | 8 | 6 | 4 | 2 |
| 5 | 4 | 8 | 6 | 3 | 2 | 9 | 7 | 1 |
| 7 | 6 | 2 | 4 | 9 | 1 | 5 | 3 | 8 |

E009

| 7 | 2 | 8 | 6 | 4 | 9 | 1 | 3 | 5 |
|---|---|---|---|---|---|---|---|---|
| 1 | 5 | 4 | 3 | 7 | 8 | 6 | 9 | 2 |
| 9 | 3 | 6 | 2 | 5 | 1 | 8 | 7 | 4 |
| 2 | 1 | 5 | 7 | 9 | 6 | 4 | 8 | 3 |
| 8 | 6 | 9 | 4 | 2 | 3 | 7 | 5 | 1 |
| 3 | 4 | 7 | 1 | 8 | 5 | 2 | 6 | 9 |
| 6 | 8 | 3 | 5 | 1 | 4 | 9 | 2 | 7 |
| 5 | 7 | 1 | 9 | 6 | 2 | 3 | 4 | 8 |
| 4 | 9 | 2 | 8 | 3 | 7 | 5 | 1 | 6 |

E010

| 9 | 5 | 3 | 8 | 6 | 4 | 7 | 2 | 1 |
|---|---|---|---|---|---|---|---|---|
| 2 | 8 | 7 | 3 | 5 | 1 | 9 | 6 | 4 |
| 6 | 1 | 4 | 9 | 2 | 7 | 8 | 5 | 3 |
| 4 | 2 | 8 | 6 | 1 | 5 | 3 | 9 | 7 |
| 1 | 7 | 5 | 4 | 3 | 9 | 2 | 8 | 6 |
| 3 | 9 | 6 | 2 | 7 | 8 | 1 | 4 | 5 |
| 8 | 3 | 9 | 1 | 4 | 6 | 5 | 7 | 2 |
| 5 | 4 | 2 | 7 | 9 | 3 | 6 | 1 | 8 |
| 7 | 6 | 1 | 5 | 8 | 2 | 4 | 3 | 9 |

E011

| 5 | 1 | 3 | 4 | 7 | 2 | 8 | 6 | 9 |
|---|---|---|---|---|---|---|---|---|
| 7 | 8 | 2 | 5 | 6 | 9 | 4 | 1 | 3 |
| 9 | 6 | 4 | 1 | 3 | 8 | 2 | 7 | 5 |
| 8 | 2 | 5 | 7 | 9 | 3 | 6 | 4 | 1 |
| 6 | 9 | 1 | 2 | 5 | 4 | 7 | 3 | 8 |
| 3 | 4 | 7 | 8 | 1 | 6 | 5 | 9 | 2 |
| 2 | 3 | 6 | 9 | 8 | 7 | 1 | 5 | 4 |
| 1 | 7 | 8 | 3 | 4 | 5 | 9 | 2 | 6 |
| 4 | 5 | 9 | 6 | 2 | 1 | 3 | 8 | 7 |

E012

| 2 | 3 | 5 | 1 | 9 | 4 | 8 | 6 | 7 |
|---|---|---|---|---|---|---|---|---|
| 8 | 4 | 9 | 6 | 7 | 3 | 2 | 5 | 1 |
| 6 | 7 | 1 | 5 | 2 | 8 | 9 | 4 | 3 |
| 5 | 8 | 2 | 7 | 1 | 6 | 3 | 9 | 4 |
| 7 | 1 | 6 | 3 | 4 | 9 | 5 | 8 | 2 |
| 3 | 9 | 4 | 8 | 5 | 2 | 1 | 7 | 6 |
| 4 | 5 | 3 | 2 | 8 | 7 | 6 | 1 | 9 |
| 9 | 2 | 8 | 4 | 6 | 1 | 7 | 3 | 5 |
| 1 | 6 | 7 | 9 | 3 | 5 | 4 | 2 | 8 |

E013

| 6 | 3 | 8 | 7 | 9 | 1 | 2 | 4 | 5 |
|---|---|---|---|---|---|---|---|---|
| 2 | 4 | 9 | 3 | 6 | 5 | 7 | 8 | 1 |
| 7 | 1 | 5 | 4 | 8 | 2 | 3 | 9 | 6 |
| 8 | 2 | 7 | 1 | 5 | 4 | 6 | 3 | 9 |
| 4 | 9 | 3 | 6 | 2 | 7 | 1 | 5 | 8 |
| 5 | 6 | 1 | 9 | 3 | 8 | 4 | 2 | 7 |
| 9 | 8 | 6 | 2 | 7 | 3 | 5 | 1 | 4 |
| 3 | 7 | 4 | 5 | 1 | 9 | 8 | 6 | 2 |
| 1 | 5 | 2 | 8 | 4 | 6 | 9 | 7 | 3 |

E014

| 9 | 6 | 3 | 1 | 4 | 2 | 7 | 8 | 5 |
|---|---|---|---|---|---|---|---|---|
| 2 | 7 | 5 | 8 | 9 | 3 | 6 | 4 | 1 |
| 8 | 4 | 1 | 6 | 5 | 7 | 3 | 2 | 9 |
| 7 | 9 | 4 | 2 | 3 | 1 | 5 | 6 | 8 |
| 3 | 5 | 6 | 4 | 7 | 8 | 1 | 9 | 2 |
| 1 | 8 | 2 | 9 | 6 | 5 | 4 | 3 | 7 |
| 4 | 1 | 8 | 7 | 2 | 6 | 9 | 5 | 3 |
| 5 | 2 | 9 | 3 | 1 | 4 | 8 | 7 | 6 |
| 6 | 3 | 7 | 5 | 8 | 9 | 2 | 1 | 4 |

E015

| 1 | 6 | 7 | 3 | 2 | 8 | 9 | 5 | 4 |
|---|---|---|---|---|---|---|---|---|
| 9 | 2 | 8 | 5 | 6 | 4 | 3 | 7 | 1 |
| 3 | 5 | 4 | 7 | 1 | 9 | 6 | 2 | 8 |
| 6 | 9 | 1 | 8 | 4 | 2 | 5 | 3 | 7 |
| 8 | 3 | 5 | 6 | 9 | 7 | 1 | 4 | 2 |
| 4 | 7 | 2 | 1 | 3 | 5 | 8 | 6 | 9 |
| 2 | 1 | 3 | 9 | 7 | 6 | 4 | 8 | 5 |
| 7 | 8 | 6 | 4 | 5 | 1 | 2 | 9 | 3 |
| 5 | 4 | 9 | 2 | 8 | 3 | 7 | 1 | 6 |

E016

| 4 | 9 | 3 | 5 | 6 | 8 | 7 | 1 | 2 |
|---|---|---|---|---|---|---|---|---|
| 6 | 7 | 2 | 1 | 9 | 4 | 8 | 5 | 3 |
| 8 | 1 | 5 | 2 | 3 | 7 | 6 | 9 | 4 |
| 7 | 8 | 4 | 6 | 2 | 9 | 1 | 3 | 5 |
| 2 | 6 | 1 | 3 | 8 | 5 | 9 | 4 | 7 |
| 3 | 5 | 9 | 4 | 7 | 1 | 2 | 6 | 8 |
| 9 | 4 | 7 | 8 | 5 | 6 | 3 | 2 | 1 |
| 5 | 3 | 6 | 7 | 1 | 2 | 4 | 8 | 9 |
| 1 | 2 | 8 | 9 | 4 | 3 | 5 | 7 | 6 |

E017

| 2 | 3 | 7 | 4 | 5 | 1 | 8 | 9 | 6 |
|---|---|---|---|---|---|---|---|---|
| 8 | 4 | 1 | 2 | 6 | 9 | 7 | 5 | 3 |
| 6 | 5 | 9 | 3 | 7 | 8 | 4 | 1 | 2 |
| 9 | 7 | 8 | 5 | 2 | 3 | 6 | 4 | 1 |
| 1 | 2 | 3 | 6 | 9 | 4 | 5 | 7 | 8 |
| 5 | 6 | 4 | 1 | 8 | 7 | 2 | 3 | 9 |
| 4 | 1 | 2 | 7 | 3 | 6 | 9 | 8 | 5 |
| 3 | 8 | 5 | 9 | 4 | 2 | 1 | 6 | 7 |
| 7 | 9 | 6 | 8 | 1 | 5 | 3 | 2 | 4 |

E018

| 7 | 1 | 9 | 2 | 3 | 5 | 4 | 6 | 8 |
|---|---|---|---|---|---|---|---|---|
| 6 | 4 | 3 | 8 | 9 | 1 | 7 | 5 | 2 |
| 5 | 8 | 2 | 7 | 6 | 4 | 9 | 1 | 3 |
| 4 | 9 | 8 | 5 | 1 | 2 | 3 | 7 | 6 |
| 1 | 6 | 7 | 3 | 4 | 8 | 5 | 2 | 9 |
| 2 | 3 | 5 | 6 | 7 | 9 | 8 | 4 | 1 |
| 9 | 2 | 1 | 4 | 8 | 7 | 6 | 3 | 5 |
| 8 | 7 | 6 | 1 | 5 | 3 | 2 | 9 | 4 |
| 3 | 5 | 4 | 9 | 2 | 6 | 1 | 8 | 7 |

**E019**

| 6 | 5 | 7 | 2 | 1 | 3 | 9 | 8 | 4 |
|---|---|---|---|---|---|---|---|---|
| 1 | 2 | 9 | 8 | 7 | 4 | 5 | 6 | 3 |
| 8 | 4 | 3 | 6 | 5 | 9 | 1 | 2 | 7 |
| 5 | 7 | 8 | 1 | 4 | 2 | 6 | 3 | 9 |
| 9 | 1 | 6 | 7 | 3 | 5 | 8 | 4 | 2 |
| 4 | 3 | 2 | 9 | 8 | 6 | 7 | 1 | 5 |
| 2 | 6 | 5 | 4 | 9 | 1 | 3 | 7 | 8 |
| 3 | 8 | 1 | 5 | 2 | 7 | 4 | 9 | 6 |
| 7 | 9 | 4 | 3 | 6 | 8 | 2 | 5 | 1 |

**E020**

| 4 | 7 | 5 | 8 | 3 | 2 | 6 | 9 | 1 |
|---|---|---|---|---|---|---|---|---|
| 2 | 6 | 1 | 9 | 4 | 5 | 8 | 3 | 7 |
| 9 | 3 | 8 | 6 | 7 | 1 | 2 | 4 | 5 |
| 5 | 4 | 7 | 1 | 2 | 6 | 9 | 8 | 3 |
| 6 | 8 | 9 | 4 | 5 | 3 | 1 | 7 | 2 |
| 1 | 2 | 3 | 7 | 8 | 9 | 4 | 5 | 6 |
| 3 | 5 | 4 | 2 | 6 | 8 | 7 | 1 | 9 |
| 7 | 9 | 6 | 3 | 1 | 4 | 5 | 2 | 8 |
| 8 | 1 | 2 | 5 | 9 | 7 | 3 | 6 | 4 |

**E021**

| 2 | 6 | 7 | 5 | 9 | 1 | 4 | 8 | 3 |
|---|---|---|---|---|---|---|---|---|
| 4 | 9 | 8 | 3 | 2 | 7 | 5 | 6 | 1 |
| 5 | 3 | 1 | 4 | 8 | 6 | 2 | 7 | 9 |
| 1 | 2 | 3 | 6 | 7 | 9 | 8 | 5 | 4 |
| 8 | 7 | 9 | 2 | 4 | 5 | 3 | 1 | 6 |
| 6 | 5 | 4 | 1 | 3 | 8 | 9 | 2 | 7 |
| 3 | 1 | 5 | 9 | 6 | 2 | 7 | 4 | 8 |
| 9 | 8 | 6 | 7 | 5 | 4 | 1 | 3 | 2 |
| 7 | 4 | 2 | 8 | 1 | 3 | 6 | 9 | 5 |

**E022**

| 3 | 5 | 9 | 7 | 6 | 8 | 4 | 1 | 2 |
|---|---|---|---|---|---|---|---|---|
| 8 | 6 | 4 | 3 | 2 | 1 | 7 | 5 | 9 |
| 2 | 1 | 7 | 9 | 5 | 4 | 3 | 6 | 8 |
| 6 | 4 | 3 | 2 | 8 | 7 | 5 | 9 | 1 |
| 1 | 7 | 8 | 5 | 9 | 3 | 2 | 4 | 6 |
| 5 | 9 | 2 | 1 | 4 | 6 | 8 | 7 | 3 |
| 7 | 3 | 6 | 8 | 1 | 5 | 9 | 2 | 4 |
| 9 | 8 | 1 | 4 | 7 | 2 | 6 | 3 | 5 |
| 4 | 2 | 5 | 6 | 3 | 9 | 1 | 8 | 7 |

**E023**

| 5 | 9 | 7 | 3 | 4 | 1 | 8 | 6 | 2 |
|---|---|---|---|---|---|---|---|---|
| 3 | 4 | 6 | 2 | 8 | 9 | 5 | 7 | 1 |
| 2 | 1 | 8 | 6 | 5 | 7 | 4 | 3 | 9 |
| 8 | 7 | 9 | 1 | 3 | 6 | 2 | 4 | 5 |
| 6 | 5 | 2 | 4 | 9 | 8 | 3 | 1 | 7 |
| 4 | 3 | 1 | 5 | 7 | 2 | 9 | 8 | 6 |
| 7 | 2 | 3 | 9 | 1 | 4 | 6 | 5 | 8 |
| 9 | 8 | 4 | 7 | 6 | 5 | 1 | 2 | 3 |
| 1 | 6 | 5 | 8 | 2 | 3 | 7 | 9 | 4 |

**E024**

| 6 | 3 | 2 | 4 | 8 | 5 | 9 | 7 | 1 |
|---|---|---|---|---|---|---|---|---|
| 9 | 1 | 8 | 2 | 3 | 7 | 6 | 5 | 4 |
| 7 | 5 | 4 | 1 | 6 | 9 | 2 | 8 | 3 |
| 2 | 7 | 9 | 5 | 4 | 6 | 3 | 1 | 8 |
| 5 | 6 | 3 | 8 | 9 | 1 | 4 | 2 | 7 |
| 8 | 4 | 1 | 3 | 7 | 2 | 5 | 9 | 6 |
| 1 | 2 | 7 | 6 | 5 | 3 | 8 | 4 | 9 |
| 3 | 8 | 5 | 9 | 1 | 4 | 7 | 6 | 2 |
| 4 | 9 | 6 | 7 | 2 | 8 | 1 | 3 | 5 |

**E025**

| 7 | 4 | 9 | 6 | 8 | 2 | 1 | 3 | 5 |
|---|---|---|---|---|---|---|---|---|
| 8 | 2 | 3 | 9 | 1 | 5 | 7 | 4 | 6 |
| 1 | 5 | 6 | 3 | 7 | 4 | 9 | 2 | 8 |
| 2 | 3 | 7 | 4 | 5 | 1 | 8 | 6 | 9 |
| 4 | 9 | 8 | 2 | 6 | 7 | 3 | 5 | 1 |
| 5 | 6 | 1 | 8 | 3 | 9 | 4 | 7 | 2 |
| 9 | 8 | 2 | 5 | 4 | 3 | 6 | 1 | 7 |
| 6 | 7 | 4 | 1 | 2 | 8 | 5 | 9 | 3 |
| 3 | 1 | 5 | 7 | 9 | 6 | 2 | 8 | 4 |

**E026**

| 5 | 3 | 8 | 4 | 6 | 7 | 2 | 1 | 9 |
|---|---|---|---|---|---|---|---|---|
| 6 | 2 | 7 | 9 | 8 | 1 | 4 | 5 | 3 |
| 4 | 9 | 1 | 3 | 5 | 2 | 6 | 7 | 8 |
| 1 | 4 | 5 | 6 | 7 | 3 | 8 | 9 | 2 |
| 7 | 6 | 9 | 8 | 2 | 5 | 3 | 4 | 1 |
| 2 | 8 | 3 | 1 | 9 | 4 | 5 | 6 | 7 |
| 3 | 5 | 4 | 2 | 1 | 9 | 7 | 8 | 6 |
| 9 | 7 | 6 | 5 | 3 | 8 | 1 | 2 | 4 |
| 8 | 1 | 2 | 7 | 4 | 6 | 9 | 3 | 5 |

**E027**

| 5 | 2 | 8 | 7 | 1 | 3 | 4 | 9 | 6 |
|---|---|---|---|---|---|---|---|---|
| 3 | 4 | 1 | 9 | 2 | 6 | 8 | 5 | 7 |
| 9 | 6 | 7 | 4 | 8 | 5 | 1 | 2 | 3 |
| 4 | 8 | 9 | 5 | 6 | 2 | 3 | 7 | 1 |
| 6 | 5 | 3 | 1 | 7 | 8 | 9 | 4 | 2 |
| 1 | 7 | 2 | 3 | 9 | 4 | 6 | 8 | 5 |
| 2 | 3 | 4 | 6 | 5 | 9 | 7 | 1 | 8 |
| 7 | 9 | 5 | 8 | 3 | 1 | 2 | 6 | 4 |
| 8 | 1 | 6 | 2 | 4 | 7 | 5 | 3 | 9 |

**E028**

| 2 | 6 | 1 | 8 | 9 | 5 | 7 | 3 | 4 |
|---|---|---|---|---|---|---|---|---|
| 4 | 3 | 7 | 6 | 2 | 1 | 9 | 8 | 5 |
| 9 | 5 | 8 | 4 | 3 | 7 | 6 | 1 | 2 |
| 3 | 1 | 6 | 2 | 5 | 9 | 8 | 4 | 7 |
| 5 | 8 | 4 | 1 | 7 | 6 | 3 | 2 | 9 |
| 7 | 9 | 2 | 3 | 4 | 8 | 1 | 5 | 6 |
| 6 | 4 | 5 | 9 | 1 | 3 | 2 | 7 | 8 |
| 8 | 2 | 3 | 7 | 6 | 4 | 5 | 9 | 1 |
| 1 | 7 | 9 | 5 | 8 | 2 | 4 | 6 | 3 |

**E029**

| 8 | 2 | 6 | 9 | 1 | 3 | 7 | 5 | 4 |
|---|---|---|---|---|---|---|---|---|
| 1 | 5 | 3 | 4 | 7 | 2 | 9 | 8 | 6 |
| 7 | 4 | 9 | 8 | 5 | 6 | 2 | 3 | 1 |
| 5 | 3 | 4 | 6 | 2 | 9 | 1 | 7 | 8 |
| 2 | 6 | 8 | 1 | 3 | 7 | 5 | 4 | 9 |
| 9 | 1 | 7 | 5 | 4 | 8 | 6 | 2 | 3 |
| 3 | 8 | 1 | 2 | 6 | 5 | 4 | 9 | 7 |
| 4 | 7 | 5 | 3 | 9 | 1 | 8 | 6 | 2 |
| 6 | 9 | 2 | 7 | 8 | 4 | 3 | 1 | 5 |

**E030**

| 5 | 3 | 4 | 9 | 7 | 8 | 2 | 1 | 6 |
|---|---|---|---|---|---|---|---|---|
| 6 | 1 | 7 | 2 | 5 | 4 | 9 | 8 | 3 |
| 9 | 2 | 8 | 6 | 1 | 3 | 7 | 5 | 4 |
| 8 | 5 | 3 | 7 | 6 | 1 | 4 | 9 | 2 |
| 1 | 4 | 9 | 8 | 3 | 2 | 6 | 7 | 5 |
| 7 | 6 | 2 | 4 | 9 | 5 | 1 | 3 | 8 |
| 3 | 7 | 5 | 1 | 2 | 6 | 8 | 4 | 9 |
| 4 | 9 | 6 | 3 | 8 | 7 | 5 | 2 | 1 |
| 2 | 8 | 1 | 5 | 4 | 9 | 3 | 6 | 7 |